江西省普通本科高校专业综合改革试点项目资助

市场营销学

主　编	熊国保	赵　玉	戴　军	
副主编	李胜连	赵建彬	周丽春	胡婷婷
参　编	李　颖	郑　鹏	周永祥	彭志红
	康　杨	李　娟	李　争	

东南大学出版社
SOUTHEAST UNIVERSITY PRESS
·南京·

图书在版编目(CIP)数据

市场营销学 / 熊国保,赵玉,戴军主编. —南京:东南大学出版社,2016.12(2020.8 重印)

ISBN 978-7-5641-6934-3

Ⅰ.①市… Ⅱ.①熊… ②赵… ③戴… Ⅲ.①市场营销学 Ⅳ.① F713.50

中国版本图书馆 CIP 数据核字(2016)第 317791 号

市场营销学

出版发行	东南大学出版社
出 版 人	江建中
社　　址	南京市四牌楼 2 号(邮编 210096)
印　　刷	江苏凤凰数码印务有限公司
经　　销	新华书店
开　　本	787 mm × 1092 mm　1/16
印　　张	20.75
字　　数	550 千字
版　　次	2016 年 12 月第 1 版　2020 年 8 月第 2 次印刷
书　　号	ISBN 978-7-5641-6934-3
定　　价	45.00 元

* 本社图书若有印装质量问题,请直接与营销部联系,电话:025-83791830。

前　言

市场营销学是一门实践性和应用性很强的学科。在市场营销理论与实践之间建立充分和密切的联系，有利于学生加深对理论的理解，进而用理论解释实践。因此，我们在《市场营销学》这部教材的编写上非常强调理论体系完整，内容丰富新颖，贴近实践，以提高学生的悟性，培养学生的能力。

本书的特色主要体现在以下几个方面：第一，在理论体系上，保持了市场营销学体系的基本构架，保证了知识的系统性。在突出经典的市场营销理论之外，吸收了市场营销实践的最新成果。第二，在实践应用上，突出现实性和前沿性。注重案例及相关材料的实用性和新颖性，更多地选取 21 世纪以来国内外市场营销的最新实践。第三，在激发学生的学习兴趣上，注重体现知识的延展性和案例的生动性。在引入正文之前安排"引入案例"，以引起学生对本章内容的兴趣和关注；各章内容中有针对性地穿插典型案例和相关知识介绍，以增加内容的可读性。第四，在培养学生的能力上，每章安排了"思考题"和"案例分析"，突出了理论知识的巩固和应用能力的培养。第五，在学习方法上，为学生进行全面指导。包括各章介绍与学习重点，应掌握的知识点和应培养的能力、学习的方法和技巧，各章小结及与其他章节的联系等。

本书是编者基于社会对市场营销人才的需求及市场营销教学改革和教材建设的需要，在多年市场营销教学及参阅相关专家市场营销论著和研究成果的基础上，汇聚了整个团队的智慧和心血编写而成的。本书由熊国保、赵玉和戴军担任主编，李胜连、赵建彬、周丽春、胡婷婷担任副主编。参加编写的人员及分工如下：赵建彬编写了第一章，胡婷婷编写了第二章，郑鹏编写了第三章，李颖编写了第四章和第五章，周永祥编写了第六章，李争编写了第七章和第八章，李娟编写了第九章，赵玉编写了第十章，李胜连编写了第十一章和第十二章，彭志红编写了第十三章和第十四章部分，康杨编写了第十四章部分，全书由周丽春老师负责校对和统稿。

本书在编写过程中，获得江西省普通高校专业综合改革试点项目资助，并得到了东华理工大学经济与管理学院营销系和企管系老师的关心和支持，他们对该教材特色的提炼提出自己的真知灼见。本书的编写还借鉴了国内外营销学者的研究成果，除注明出处的部分外，限于体例未能一一列出。在此，向众多市场营销学者和师友表示衷心的谢意！

由于水平有限，缺点和不足在所难免，恳请广大专家、学者和读者不吝赐教。

编者

2016 年 11 月

目 录

第一章 市场营销学总论 ... 1
- 第一节 市场概念与特点 ... 2
- 第二节 市场营销概念 ... 5
- 第三节 市场营销学发展历史 ... 11
- 第四节 市场营销学相关理论 ... 15
- 章节总结 ... 20

第二章 市场营销管理哲学及其演变 ... 23
- 第一节 市场营销管理 ... 24
- 第二节 市场营销管理哲学 ... 26
- 第三节 市场营销管理哲学的类型 ... 27
- 第四节 顾客满意与顾客让渡价值 ... 33
- 章节总结 ... 37

第三章 市场营销环境分析 ... 40
- 第一节 宏观环境分析 ... 42
- 第二节 微观环境分析 ... 52
- 第三节 市场营销环境分析的主要工具和方法——SWOT 分析法 ... 55
- 章节总结 ... 61

第四章 消费者市场及其购买行为分析 ... 64
- 第一节 消费者市场 ... 65
- 第二节 消费者购买行为分析 ... 69
- 第三节 影响消费者购买行为的因素 ... 73
- 第四节 消费者购买行为与决策 ... 81
- 章节总结 ... 84

第五章 组织市场及其购买行为分析 · 88

- 第一节 组织市场 · 90
- 第二节 产业市场购买行为 · 91
- 第三节 中间商购买行为 · 97
- 第四节 非营利组织市场购买行为 · 99
- 第五节 政府采购行为 · 100
- 章节总结 · 103

第六章 市场营销调查与预测 · 107

- 第一节 市场调查概念、程序 · 108
- 第二节 市场调查内容、方法 · 113
- 第三节 市场预测概念、原理 · 120
- 第四节 市场预测方法 · 122
- 章节总结 · 127

第七章 目标市场营销战略 · 129

- 第一节 市场细分 · 130
- 第二节 目标市场选择 · 140
- 第三节 市场定位 · 148
- 章节总结 · 157

第八章 竞争性市场营销战略 · 160

- 第一节 竞争者分析 · 162
- 第二节 市场领导者战略 · 169
- 第三节 市场挑战者战略 · 173
- 第四节 市场追随者与市场利基者战略 · 176
- 章节总结 · 178

第九章 产品策略 · 181

- 第一节 产品与产品分类 · 183
- 第二节 产品组合 · 186
- 第三节 产品生命周期 · 190
- 第四节 新产品的策略 · 194
- 第五节 品牌和包装策略 · 198
- 章节总结 · 204

第十章 定价策略 · 210

- 第一节 定价策略的概述 · 211

第二节　影响企业定价的因素 ……………………………………………… 212
　　第三节　定价的程序和方法 ………………………………………………… 217
　　第四节　定价策略 …………………………………………………………… 220
　　第五节　价格调整 …………………………………………………………… 227
　　章节总结 ……………………………………………………………………… 228

第十一章　分销策略 ………………………………………………………… 238
　　第一节　营销渠道的含义 …………………………………………………… 239
　　第二节　渠道的营销策略 …………………………………………………… 242
　　第三节　渠道的设计策略 …………………………………………………… 246
　　第四节　营销渠道的控制与评估 …………………………………………… 249
　　第五节　分销渠道的发展趋势 ……………………………………………… 252
　　第六节　零售商及其营销策略 ……………………………………………… 253
　　第七节　批发商及其营销策略 ……………………………………………… 259
　　章节总结 ……………………………………………………………………… 263

第十二章　促销及组合策略 ………………………………………………… 268
　　第一节　促销的本质及促销组合 …………………………………………… 269
　　第二节　广告宣传 …………………………………………………………… 275
　　第三节　营业推广 …………………………………………………………… 284
　　第四节　公共关系 …………………………………………………………… 287
　　章节总结 ……………………………………………………………………… 290

第十三章　市场营销计划、组织与控制 …………………………………… 293
　　第一节　营销计划 …………………………………………………………… 294
　　第二节　营销组织与机构 …………………………………………………… 295
　　第三节　营销控制 …………………………………………………………… 297
　　章节总结 ……………………………………………………………………… 304

第十四章　市场营销发展与创新 …………………………………………… 307
　　第一节　市场营销新概念、新理念 ………………………………………… 309
　　第二节　市场营销未来市场发展趋势 ……………………………………… 310
　　章节总结 ……………………………………………………………………… 319

参考文献 …………………………………………………………………………… 322

第一章 市场营销学总论

本章简介

市场营销学是一门建立在经济科学、行为科学和管理科学基础上的应用学科,营销作为企业的一个独立的职能管理部门,具有重要作用。本章主要介绍市场营销的概念以及相关概念,分析国内外市场营销的发展历程,研究市场营销对企业和社会经济发展的重要作用。

学习重点

通过本章的学习,明确从卖方角度定义的市场概念,掌握市场营销的内涵;领会和理解与市场营销相关的一系列基本概念;了解市场营销的产生和发展;认识市场营销学的学科性质,认识市场营销对企业经济活动的意义,知晓研究市场营销的理论基础。

导入案例

宝洁公司和一次性尿布

1956年,宝洁公司开发部主任维克·米尔斯在照看出生不久的孙子时,深切感受到一篮篮脏尿布给家庭主妇带来的烦恼。洗尿布的责任给了他灵感。于是,米尔斯就让手下几个最有才华的人研究开发一次性尿布。

一次性尿布的想法并不新鲜。事实上,当时美国市场上已经有好几种牌子了。但市场调研显示,多年来这种尿布只占美国市场的1%。原因首先是价格太高;其次是父母们认为这种尿布不好用,只适合在旅行或不便于正常换尿布时使用。调研结果:一次性尿布的市场潜力巨大。美国和世界其他许多国家正处于战后婴儿出生高峰期。将婴儿数量乘以每日平均需换尿布次数,可以得出一个大得惊人的潜在销量。

宝洁公司产品开发人员用了一年的时间,最初样品是在塑料内裤里装上一块打了褶的吸水垫子。但在1958年夏天现场试验的结果,除了父母们的否定意见和婴儿身上的痱子以外,一无所获。

1959年3月,宝洁公司重新设计了一次性尿布,并在实验室生产了37 000个样品,拿到纽约州去做现场试验。这一次,有2/3的试用者认为该产品胜过布尿布。降低成本和提高新产品质量,比产品开发的难度更大。到1961年12月,这个项目进入了能通过验收的生产工序和产品试销阶段。

公司选择地处美国最中部的城市皮奥里亚试销这个后来被定名为"帮宝适"(Pampers)的产品。发现皮奥里亚的妈妈们喜欢用"帮宝适",但不喜欢10美分一片尿布的价格。在6个地方进行的试销进一步表明,定价为6美分一片,就能使这类新产品畅销。宝洁公司把生产能力提高到使公司能以该价格在全国销售"帮宝适"尿布的水平。

"帮宝适"尿布终于成功推出,直至今天仍然是宝洁公司的拳头产品之一。

(资料来源:吴健安. 市场营销学. 北京:高等教育出版社.)

第一节 市场概念与特点

一、市场概念

在现代社会经济生活中,人们对市场概念的使用,是相当普遍的。那么,什么是市场呢?对此有多种说法。

第一,市场是商品和劳务交换的场所。从静态的角度讲,市场是在一定的地点、一定的时间实现商品和劳务交换的场所。在日常生活中,人们习惯将市场看成是买卖的场所,像北方农村的集、会,南方农村的场、墟,城镇中的超级市场、百货公司、理发馆、餐饮店等等,这是一个时空(时间和空间)市场概念,我国古代有关"日中为市,致天下之民,聚天下之货,交易而退,各得其所"的记载,就是对这种在一定时间和地点进行商品交易的市场的描述。消费者在很大程度上是从这一角度来理解市场的。同样,作为企业也要考虑本企业的产品销往哪些地区,在什么场所销售的问题。不过,这是一个狭义的市场概念。随着社会经济的发展和市场繁荣,它远远不能概括全部经济活动的交换过程和范围,也不能反映商品和劳务交换中所有供给和需求关系,因而我们有必要扩大市场的这一原始概念。国外研究者马歇尔(Marshall, 1938)和斯蒂格勒(Stigler, 1987)认为市场是一个区域,其中买者和卖者彼此间供给与需求的关系非常紧密,使得一种商品的价格是趋向一致的。

第二,市场是商品和劳务交换关系的总和。在区域的基础上,市场概念延伸为买卖双方的交换关系,这也是西方主流经济学家的观点。这是从动态的角度来理解的。市场是某个时期,在一定经济范围内,一切商品和劳务交换关系的总和,它包括整个社会一切交易行为在内的商品流通活动。各种商品的市场不可分割地连接在一起,形成了有机的整体市场,大到全球性的国际市场,小到某地区的集贸市场。市场已经演化成由货币和价格作为媒介而联系在一起的商品供求关系,这是一个广义的市场概念。在这种情况下,市场不一定有具体的交换场所,甚至不一定要到一个特定的地点去;不受空间和时间的限制,交换和买卖可以通过一定的形式,如电信手段、合同购销、期货贸易等来确定商品的数量、价格、交货期等,从而确定交换行为。另外,除买卖双方的经济关系外,还有为完成交易行为服务的银行、保险、运输、仓储、商情、咨询等方面的关系。它们也是通过自身的职能促使买卖双方的有机结合,顺利实现商品的价值和使用价值。因此,"哪里有社会分工和商品生产,哪里就有市场"。市场是为完成商品形态变化,在商品所有者之间进行商品交换的总体表现。这是对作为交易场所的市场进行了抽象化。

第三,市场是买卖双方力量的结合,是供求双方相互作用的结合。市场包括"供给"和"需求"两个相互联系、相互制约的方面,是二者的统一体。这一点是从商品供求关系的角度提出来的,反映了买卖双方力量和市场竞争的强弱程度,也就是交易力量的不同状况。比如在市场上当某种商品的供给量大、需求量小时,需求力量占据有利地位,商品价格下降,市场对买方有利;相反,当某种商品供应量小,需求量大时,供给力量占据有利地位,商品价格上升,市场又对卖方有利。企业在营销决策时,必须判断出市场力量和市场竞争的相对强度和变化趋势。

第四,市场是人口、购买力、购买欲望和可供商品四要素的综合体现。这是从市场构成的基本条件来说的,因为市场活动的中心内容是商品的买卖,从而必须有人口、购买力、购买欲望和可供商品四个要素。它们相互制约,缺一不可,结合起来才能形成买卖行为。如果人口虽多,收入极低,购买力不大,市场就会狭窄,像经济不发达的贫困国家和地区那样。相反,如果一个国家或地区的居民收入很高,但人口很少,则市场也同样有限,像瑞士就是资源极度贫乏的小国,人口不到 700 万,国内市场几乎微不足道,从生产条件看,瑞士并非企业家的天堂。尽管客观条件不理想,但瑞士的对外投资已达 1 000 亿美元,出口总额居世界第 14 位,这样的弹丸之地,钟表、电梯、纺织机械、精密仪器等许多产品的出口量都名列世界前茅。可见,瑞士产品的市场主要在国外,它的着眼点并不是放在国内有限的市场上。例如钟表出口量占其总产量的 90% 多,占世界钟表市场的一半以上。从构成市场的条件进一步分析,如果有的国家人口很多,居民收入又高,则是一个有潜力的市场。我国的情况即是如此,人口众多,消费者购买力也在不断提高,这说明我国的市场潜力很大。但是,有了人口和购买力,假如消费品不对路,还是引不起消费者的购买欲望。像市场上有的产品很紧俏,就是有销路;有的产品不管你使什么招数,仍是积压,卖不出去,这对于卖主来说,这类产品的市场就没有形成。

第五,市场是指具有货币支付能力的现实需求和潜在需求。这是从营销者的角度理解市场。因为在现代市场经济条件下,企业或者说市场营销者是站在卖方的角度,作为供给一方来研究如何适应买方的需要,组织整体营销活动,使自己的产品占领市场,扩大销售,以达到卖方的经营目标。因而在这里,市场是指某种商品的购买者需求总和。市场专指买方,而不包括卖方;专指需求,而不包括供给。市场营销中所说的"市场"不是人们日常生活里出售某种产品的商店或某种特定的交易场所,而是指某种商品或劳务现实购买者和潜在购买者的总和。明确这一问题,企业才有可能制定出正确的营销战略和各种具体决策。我们强调企业要面向市场,提供适销对路的产品,无非就是要企业面向消费需求,面向顾客。在对市场概念的理解中,站在卖方的角度,作为供给一方如何认识和对待市场,这对于企业的市场营销来说更具有现实意义,它是个前提和出发点。

可见,人们可以从不同角度界定市场。我们认为:市场是商品经济中生产者与消费者之间实现产品(服务)价值,满足需求的交换关系、交换条件和交换过程。

首先,市场是建立在社会分工和商品生产,即商品经济基础上的交换关系。这种交换关系是由一系列交易活动构成,并由商品交换规律所决定的。

其次,现实市场的存在要有若干基本条件。这些条件包括:

1. 存在消费者一方,他们存在某种需要和欲望,并且拥有可交换的资源。
2. 存在生产者一方,他们存在能够满足消费者需求的产品或服务。
3. 要有促成交换双方达成交易的各种条件,如双方接受的价格、时间、空间、信息和服务方式等。
4. 市场的存在和发展需要两种力量:消费者的拉引力和生产者的推动力。不过,在组成市场的力量中,消费者需求的拉引力是决定性的。

卖方和买方都是市场经济的主要组成部分,人们通常把卖方集合称为行业,而将买方集合称为市场。企业营销的对象主要是消费者,由众多消费者组成,构建了消费者市场。

二、消费者市场的特点

1. **非营利性** 消费者购买商品是为了获得某种使用价值,满足自身的生活消费的需要,而不是为了营利去转手销售。

2. **非专业性** 消费者一般缺乏专门的商品知识和市场知识。消费者在购买商品时,往往容易受厂家、商家广告宣传、促销方式、商品包装和服务态度的影响。

3. **层次性** 由于消费者的收入水平不同,所处社会阶层不同,消费者的需求会表现出一定的层次性。一般来说,消费者总是先满足最基本的生存需要和安全需要,购买衣、食、住、行等生活必需品,而后才能视情况逐步满足较高层次的需要,购买享受型和发展型商品。

4. **替代性** 消费品中除了少数商品不可替代外,大多数商品都可找到替代品或可以互换使用的商品。因此,消费者市场中的商品有较强的替代性。

5. **广泛性** 消费者市场上,购买者不仅人数众多,而且地域分布广。从城市到乡村,从国内到国外,消费者市场无处不在。

6. **流行性** 消费需求不仅受消费者内在因素的影响,还会受环境、时尚、价值观等外在因素的影响。时代不同,消费者的需求也会随之不同,消费者市场中的商品具有一定的流行性。

【案例1-1】

驼鹿与防毒面具

有一位推销员,以能够卖出任何东西而出名,他已经卖给过牙医一把牙刷,卖给面包师一个面包,卖给瞎子一台电视。但他的朋友对他说,如果他能卖给驼鹿一个防毒面具,他才算是一个真正优秀的推销员。于是,这位推销员,不远千里来到北方,那里是一片只有驼鹿居住的森林,"您好!"他对驼鹿说,"现在每个人都应有一个防毒面具。"

"真遗憾,可我并不需要。"

"您稍候,"推销员说,"您已经需要一个防毒面具了。"说着他便开始在驼鹿居住的森林的中央建造了一个工厂。"你真的发疯了,"他的朋友说,"我只是想让你卖给驼鹿一个防毒面具。"

当工厂建成后,许多有毒废气从大烟囱中滚滚而出,不久,驼鹿就来到推销员处对他说:"现在我需要一个防毒面具了。"

"这正是我想要的,"推销员说着便卖给了驼鹿一个,"真是个好东西啊!"推销员兴奋地说!

驼鹿说:"别的驼鹿也同样需要防毒面具,你还有吗?"

"你真走运,我还有成千上万个。"

"可是,你的工厂里面生产什么呢?"驼鹿好奇地问。

"防毒面具。"推销员兴奋而又简洁地回答。

第二节　市场营销概念

一、市场营销概念

市场营销一词是什么意思?很多人观念当中的营销仅仅是卖东西和做广告,这毫不奇怪——我们每一天都受到推销电话、电视广告、网络广告和直邮目录的轮番轰炸。看来,就像无法逃避死亡和税收一样,我们无法逃避推销。但卖东西和做广告仅仅是市场营销这座冰山的一角而已。

受社会经济发展水平等因素的影响,不同时期的不同学者甚至同一学者在不同时期对市场营销的认识都有所差异。"现代营销学之父"菲利普·科特勒(Philip Kotler)定义市场营销为"企业识别目前尚未满足的需要和欲望,估量和确定需求量的大小,选择本企业能最好地为其服务的目标市场,并决定适当的产品、服务和计划,以便为目标市场服务"的活动。到了1997年他将市场营销重新定义为"通过创造与交换产品及价值从而使个人或群体满足欲望和需要的社会过程和管理过程"。2013年,他与加里·阿姆斯特朗(Gary Armstrong)对市场营销做了进一步的深入理解,定义市场营销为"企业为顾客创造价值,通过建立强有力的客户关系从消费者那里获得价值的过程"。

美国市场营销协会(American Marketing Association,AMA)对市场营销的理解也经历了数次演变。由表1-1可以发现,随着经济社会的发展,市场营销的过程性及价值传递性日益凸显。

表1-1　AMA在不同时期给市场营销下的定义

年份	定义内容	定义的侧重点
1935	市场营销是一种引导产品和服务从制造商流向消费者的商业行为	生产与消费之间的衔接
1960	市场营销是引导货物和劳务从生产者流向消费者或用户所进行的一切企业活动	流通过程属性
1985	市场营销是计划和执行关于商品服务和创意的观念、定价、促销和分销,以创造符合个人和组织目标的交换的一种过程	4Ps过程

续表

年份	定义内容	定义的侧重点
2004	市场营销是一项组织功能，是一系列创造、交流和传递价值给顾客并通过满足组织和其他利益相关者的利益来建立良好的客户关系的过程	价值传递过程
2007	市场营销是一种全组织范围内的活动，是一组制度的集合，同时也是为了顾客、客户、合作伙伴以及社会的整体利益而创造、传播、传递交换价值的一系列过程	全组织范围内价值传递

　　随着国内学者对营销的深入研究，结合中国特有的国情，对市场营销概念也进行了深化和吸收，2004年，白露等从经济学角度对营销进行了解释，定义市场营销就是企业通过差别化的经营手段创造和扩大企业无弹性需求的领域，即企业通过创造小的生存环境，改善大的生存环境，促进企业与环境形成良好的互动。同年，左仁淑和王键认为在重视顾客需求时更应强调企业的竞争因素，并据此提出一种新的市场营销观——"竞争中心论"，指出市场营销已从产品供不应求的产品时代和产品供求相对平衡的需求时代，过渡到了产品供过于求的竞争时代，表明社会主义市场经济不断健全的今天，营销所面临的竞争日益激烈，企业应积极适应外界环境变化，不断更新营销观念、创新营销策略。2007年，梅建军通过深入剖析马克思的市场营销思想，定义市场营销为人们以交换的方式提供他人所需的东西而取得自己所要的东西的有关活动。

　　根据国内外对市场营销的定义，可以将市场营销概念从经济管理角度归纳为以下几点：

　　1. 市场营销的基本目标就是"获得顾客、挽留顾客和提升顾客"。

　　2. 市场营销的核心就是"交换"，市场营销的基本任务就是为人们以交换的方式提供他人所需的东西而取得自己所要的东西，即为顾客创造价值，同时也从消费者那里获得价值。

　　3. 交换过程能否高绩效地顺利进行，取决于创造和交换产品或价值满足顾客欲望和需要的程度，以及一系列价值交换过程的管理水平。

　　4. 市场营销的着眼点，从衔接生产与消费的"点"扩展到全组织范围内价值传递的"面"。市场营销过程中，企业与其所面临的内外部环境在不断进行着人力、财务、资源、信息等要素的交换，实现产品价值从研发、生产到消费的传递，市场营销的过程性、价值传递性和系统性凸显。

　　据此，本书借鉴美国市场营销协会对市场营销的理解，认为市场营销是一种全组织范围内的活动，是一组制度的集合，同时也是为了顾客、客户、合作伙伴以及社会的整体利益而创造、传播、传递交换价值的一系列过程。

【小资料】

菲利普·科特勒简介

　　菲利普·科特勒博士，是现代营销集大成者，被誉为"现代营销学之父"，任西北大学凯洛格管理学院终身教授，是西北大学凯洛格管理学院国际市场学"S.C.强生荣誉教授"，美国管理科学联合市场营销学会主席，美国市场营销协会理事，营销科学学会托管人，管理分析中心主任，杨克罗维奇咨询委员会成员，哥白尼咨询委员会成员，中国GMC制造商联盟国际营销专家顾问。

菲利普·科特勒博士具有麻省理工大学的博士学位，曾任哈佛大学博士后，及拥有苏黎世大学等其他8所大学的荣誉博士学位。菲利普·科特勒博士见证了美国40年经济的起伏坎坷、衰落跌宕和繁荣兴旺的历史，从而成就了完整的营销理论，培养了一代又一代美国大型公司的企业家。菲利普·科特勒博士是美国和外国许多大公司在营销战略和计划、营销组织、整合营销上的顾问。这些企业包括：IBM、通用电气（General Electric）、AT&T、默克（Merck）、霍尼韦尔（Honeywell）、美洲银行（Bank of America）、北欧航空（SAS Airline）、米其林（Michelin）、环球市场集团（GMC）等等。此外，菲利普·科特勒博士还曾担任美国管理学院主席、美国营销协会董事长和项目主席以及彼得·德鲁克基金会顾问。同时，菲利普·科特勒博士还是将近20本著作的作者，为《哈佛商业评论》《加州管理杂志》《管理科学》等一流杂志撰写了100多篇论文。

（摘自：http://www.cmr.com.cn/html/zyfz/ckzl/msmj/5933.html）

二、市场营销相关概念

1. 需求、欲望和需要　　人类的需要是市场营销的基石。所谓需要，是指人们与生俱来的基本要求。需要是一切有生命存在物的客观本性，它表征着生命体不得不同外界进行物质、能量、信息交换的诉求，一旦这种交换停止，生命过程亦随之停止。人是有生命的存在物，为了维持其生命的存在，会有吃、穿、住、安全、归属、受人尊重、自我实现的需要。简言之，需要乃是人的本性，不能凭空创造，但是市场营销者可以用不同方式去满足它。

人类的欲望是由人的需要产生的想达到某种目的的要求。如为了满足"解渴"的生理需要，人们可能选择喝水、茶、牛奶、果汁。对特定事物的追求成了消费者的欲望。市场营销者无法创造需要，但是可以影响消费者的欲望，通过创造、生产和消费特定的产品或服务满足欲望。随着社会的进步，社会成员的欲望也在不断增加，生产者正努力提供更丰富的产品和服务来满足人们的欲望。人们的欲望几乎是无限的，但支付能力却是有限的。因而，人们总是根据其支付能力来选择最有价值或最能满足其欲望的产品或服务。

当考虑到支付能力的时候，欲望就转换为需求。需求是人们有支付能力并愿意购买某个具体产品的欲望。顾客视产品为利益，他们总是用自己的钱去换取那种确有所值且能带给他们最大利益的产品。"本田"轿车代表着基本的交通工具，它既省油又价格便宜；"奔驰"轿车代表着舒适、豪华和地位。为了获得需求的满足，人们依据他们的欲望和支付能力来选择和购买那种能最大限度满足其欲望的产品。

优秀的公司总是尽可能地了解顾客的需要、欲望和需求。他们认真研究顾客的消费行为，例如，诊断消费者偏好；分析消费者的抱怨、要求、想法和信息；培训营销人员，以便他们能够发现尚未满足的欲望；观察本公司产品的顾客和竞争产品的顾客，以便了解他们的喜好；等等。

【案例1-2】

英国商人的失算

鸦片战争以后，英国商人为打开了中国这个广阔的市场而欣喜若狂。当时英国棉纺织业中心曼彻斯特的商人估计，中国有4亿人口，假如有1亿人晚上戴睡帽，每人每年用两顶，整个曼彻斯特的棉纺厂日夜加班也不够,何况还要做衣服呢!于是他们把大量洋布运到中国。

结果与他们的梦想相反,中国人没有戴睡帽的习惯,衣服也用自产的丝绸或土布,洋布根本卖不出去。

2. 产品和服务　人们利用产品来满足需要和欲望。所谓产品是指能够提供给市场来满足人们需要和欲望的任何事物。通常,产品是指具体的实物,比如汽车、洗衣机或香皂。然而,产品的概念并不局限于具体的实物,它也包括能够满足需要和欲望的任何无形的东西,比如售后服务、理发等。人们购买实物产品的主要原因不是拥有它们,而是因为它们能够带给人们某种利益,可以满足特定的需求。例如,我们购买食物不是为了观赏,而是因为它可以消除饥饿;同样,我们购买电视机不是为了做摆设,而是因为它能给我们带来快乐和信息。

营销者经常用商品和服务这两种表述来区别有形产品和无形产品。除此之外,消费者还通过其他媒介来获取利益,例如,通过人、地点、组织、活动和思想等。市场营销者必须清楚,其创造的产品不管有形还是无形,如果不能满足人们的需要或欲望,注定会失败。

3. 价值、满意和质量　顾客价值是指顾客拥有和使用某种产品所获利益与获得该种产品所需成本之间的差别。本质是人类经济产品、关系发展过程中的人类劳动作用。顾客通常面对众多可以满足某种特定欲望的产品和服务,会根据产品和服务对其提供价值的感知做出购买选择。例如,顾客在邮寄快递时,如何选择快递公司?假设顾客使用特快专递,其从中获得的主要利益是递交速度快并且可靠,除此之外,还可能获得形象方面的利益,因为特快专递的服务通常被发送者和接收者认为更为重要。顾客在决定是否利用特快专递服务时,将权衡所付出的金钱、精力和所能获得的利益,还要将其与一般邮政服务或其他服务进行比较,最后选择出能为他们带来最大价值的服务。需要指出的是,顾客常常并不是很精确地分析某种产品的价值和成本,而是根据它们的感知价值行事。例如,特快专递服务真的更快、更可靠吗?就算是,这种服务真的值很高的价格吗?几乎没有顾客能够准确地回答这样的问题。只能凭过去的经验或他人的推荐等进行主观判断。

满意是顾客对其要求已被满足的程度的感觉。菲利普·科特勒认为,顾客满意"是指一个人通过对一个产品的可感知效果与他的期望值相比较后,所形成的愉悦或失望的感觉状态"。亨利·阿塞尔也认为,当商品的实际消费效果达到消费者的预期时,就导致了满意,否则会导致顾客不满意。顾客满意度取决于产品的感知使用效果,这种感知效果与顾客的期望有密切关系。如果产品的感知使用效果低于顾客的期望,他们就不满意;如果产品的感知使用效果等于顾客的期望,他们就满意;如果产品的感知使用效果高于顾客的期望,他们会非常高兴。优秀的企业总是努力保持和提高顾客的满意度,因为满意的顾客会重复购买,还会把自己的经验传播给其他人。对于公司来说,关键的问题是使顾客的期望与公司的活动相匹配。例如,为了使顾客高兴,公司对其产品做出某种程度的许诺,但真正的产品所能带给顾客的利益则大于许诺。美国贝恩公司的调查显示,在声称对产品和企业满意甚至十分满意的顾客中,有65%～85%的顾客会转向其他产品,只有30%～40%的顾客会再次购买相同的产品或相同产品的同一型号。

顾客满意程度与企业提供的产品质量有很大的关系。近年来,许多公司都在开展全面质量管理(TQM)活动,以期不断改进产品质量、服务质量和整个营销过程的质量。因为质量对产品的使用效果有直接影响,也就对顾客的满意度有直接影响。产品质量或服务具有满足顾客需要的性质和特征。在美国首先开展全面质量管理活动的摩托罗拉公司就是一个例子。该公司负责质量工作的副总经理曾说:"质量必须与顾客联系起来,我们对缺陷的定义是:如果顾客不喜欢产品的某一点,这点就是缺陷。"

顾客对产品满意与对产品不满意不对应,没有不满意并不意味着满意。事实上,质量是由双因素决定的,一类是保证因素,一类是满意因素。保证因素形成的质量是基础,满意因素形成的质量决定了顾客的满意度。随着竞争市场国际化,满意质量的铸造越来越成为企业竞争的重要手段。

4. 交换、交易和关系　　当人们决定以交换方式来满足需要或欲望时,就存在市场营销了。一个人可以通过四种方式获得自己所需要的产品,交换是其中之一。第一种方式是自行生产。一个饿汉可以通过打猎、捕鱼或采集野果来充饥。这个人不必与其他任何人发生联系。在这种情况下,既没有市场,更无所谓市场营销。第二种方式是强制取得。一个饿汉可以从另一个人那里夺取或偷得食物。对另一个人而言,除了可能未被伤害之外,毫无益处。第三种方式是乞讨。一个饿汉可以向别人乞讨食物。除了一声谢谢之外,乞讨者没有拿出任何有形的东西做回报。第四种方式是交换。一个饿汉可以用自己的钱、其他物品或服务与拥有食物的人进行交换。市场营销活动产生于第四种获得产品的方式。

所谓交换是指通过提供某种东西作为回报,从别人那里取得所需物的行为。交换的发生,必须具备五个条件:至少有两方;每一方都有被对方认为有价值的东西;每一方都能沟通信息和传送物品;每一方都可以自由接受或拒绝对方的产品;每一方都认为与另一方进行交换是适当的或称心如意的。具备了上述条件,就有可能发生交换行为。但交换能否真正发生,取决于双方能否找到交换条件,即交换以后双方是否都比交换以前好(至少不比以前差)。

如果双方通过谈判并达成协议,交易便发生了。交易是交换的基本组成部分。交易是指买卖双方价值的交换,它是以货币为媒介的,而交换不一定以货币为媒介,它可以是物物交换。交易涉及几个方面,即两件有价值的物品,双方同意的条件、时间、地点,还有来维护和迫使交易双方执行承诺的法律制度。例如,你用1 350元从超市买回一台电视机,这就是一种交易。

建立在交易基础上的营销可以被称为交易营销,交易营销是范围更宽的关系营销思想的一部分。精明能干的市场营销者都会重视与顾客、分销商、经销商、供应商等建立长期、信任和互利的关系。而这些关系要靠不断承诺及为对方提供高质量产品、良好服务、共同履行诺言及公平价格来实现,靠双方加强经济、技术及社会联系来实现各自目的的营销方式。关系营销可以减少交易费用和时间,最好的交易是使协商成为惯例化。处理好企业与顾客关系的最终结果是建立起市场营销网络。市场营销网络是由企业同市场营销中介人建立起的牢固的业务关系。

5. 市场营销者　　市场营销者是指有计划并有能力提供某种有价之物作为交换,满足别人需要并取得资源的组织或个人。营销者可以是卖主,也可以是买主。谁更积极、主动寻求交换,谁就是营销者。在买方市场中,营销者通常是卖主,但假如有几个人同时想买正在市场上出售的某种奇缺产品,每个准备购买的人都尽力使自己被卖主选中,这些购买者就都在进行营销活动。在另一种场合,买卖双方都在积极寻求交换,那么,我们就把双方都称为营销者,并把这种情况称为相互营销。

【小资料】

营销视野：营销在我们的生活中无处不在

企业需要营销以满足消费者的需要；

学校需要营销以满足广大学生的需要；

医生需要营销以满足其患者的健康需要；

政治家需要营销，以满足他的人民的需要；

我们自己也需要营销，以满足与人有效交往的需要。

【案例1-3】

两辆中巴

家门口有一条汽车线路，是从小巷口开往火车站的。不知道是因为线路短，还是沿途人少的缘故，客运公司仅安排两辆中巴来回对开。开101的是一对夫妇，开102的也是一对夫妇。

坐车的大多是一些船民，由于他们长期在水上生活，因此，一进城往往是一家老小。101号的女主人很少让孩子买票，即使是一对夫妇带几个孩子，她也是熟视无睹似的，只要求船民买两张成人票。有的船民过意不去，执意要给大点的孩子买票，她就笑着对船民的孩子说："下次给带个小河蚌来，好吗？这次让你免费坐车。"

102号的女主人恰恰相反，只要有带孩子的，大一点的要全票，小一点的也得买半票。她总是说，这车是承包的，每月要向客运公司交多少多少钱，哪个月不交足，马上就干不下去了。船民们也理解，几个人掏几张票的钱，因此，每次也都相安无事。不过，三个月后，门口的102号不见了。听说停开了。它应验了102号女主人的话：马上就干不下去了，因为搭她车的人很少。

三、市场营销在企业的地位

营销最初是作为企业的一项职能而出现，这种职能的出现注定要与企业的其他职能产生矛盾和冲突。然而，随着市场经济的不断发展，营销在企业中的地位经历了从微不足道到颇受重视这样的一个发展演变过程。

发展初期，一些财务部门、生产部门的经理往往将营销当作小贩叫卖的伎俩，看成是对自己权力、地位的威胁。之所以造成这种现象，是由于有些营销人员过分积极地强调一切成果都归功于营销。此时，销售职能与营销职能处于平等的地位，被认为与财务、生产、人事等其他部门同样重要。

在需求不足的情况下，营销人员主张其职能要比其他部门的职能重要。更有甚者，一些激进的营销人员强调，没有顾客也就意味着企业的消亡，所以营销应是企业的主要职能。他们将营销置于中心位置，而将其他职能当作营销的辅助职能。这种观点容易激起其他职能部门经理的反感和不安，他们不甘心充当营销部门的配角。一些热心于顾客服务的营销人员则主张，公司的中心应该是顾客，而不是营销。他们认为必须采取顾客导向，而且所有职能性业务部门必须协同工作，以便更好地为顾客服务。

然而，市场竞争的加剧使得营销在企业中的重要地位最终得以确立。按照现代营销管理理论，企业面对的是外部环境，包括政治、经济、文化和法律等，企业的生产发展取决于企业自身与外部环境的交换。而市场营销作为边缘性职能,是直接联结市场需求与企业的桥梁和纽带。因此,营销成为企业参与市场竞争的有力武器。企业想要有效地满足顾客需要,就必须将营销置于重要的地位。

第三节　市场营销学发展历史

一、市场营销发展历史

1. 形成阶段　19世纪末到20世纪20年代为市场营销学的形成阶段。18世纪以前,资本主义社会的生产大都还是手工操作,生产发展比较缓慢,产品还不能充分满足市场的需要,销路并没成为突出问题。18世纪中叶,英国首先爆发了工业革命,随后各主要资本主义国家相继完成了这一伟大变革。随着大机器在生产中的广泛应用,工业生产迅速发展,商品供给迅速增加。但是,由于资本主义社会固有的基本矛盾——生产的社会化和资本主义生产资料私人占有的矛盾没有解决,随之出现了"生产过剩"的现象,商品销售发生了困难,这种矛盾随着资本主义生产方式的不断发展而日益尖锐,最终引起了经济危机。大量商品的积压,使企业不得不特别关注市场销售问题。可以说寻求产品的销售市场已成为资本主义生产发展的首要问题。在此背景下市场营销学应运而生。一些有远见的企业家开始重视商品推销和刺激需求,注意研究推销术和广告术,以此招徕顾客,扩大销路。

第一家市场调查研究机构也于1911年在美国一家出版公司成立,当时被称为"商情调查研究室",这类研究活动在当时还只是少数企业所为。与此同时,一些经济管理学家根据企业销售实践活动中的需要,着手从理论上研究商品销售问题,并在学校里开设了市场营销学课,如1902—1903年美国密歇根大学、加州大学和伊利诺伊州立大学等正式开设了市场营销学课程。1912年美国哈佛大学的赫杰特齐(J.E.Hagertg)在走访企业,了解它们如何进行销售活动的基础上,出版了第一本以"Marketing"命名的教科书,这本书的问世被视为市场营销学作为一门独立学科的标志。但这本书的内容还仅限于商品分配和广告推销,现代市场营销学的原理和概念尚未形成。

在这个阶段,市场营销学的研究具有两个特点:一是从其研究内容和理论基础看,仍以传统的经济学特别是需求学说作为理论基础,主要研究推销方法和技巧等,内容很窄;二是从其研究范围看,研究活动基本上局限于理论界,还未真正走向社会。

2. 发展阶段　20世纪30年代到第二次世界大战结束是该学科的发展阶段,具体表现在两个方面:一是市场营销学已受到学术理论界的广泛重视,各种形式的研究组织相继建立,各种流派的不同观点和不同研究方法不断出现。如1926年美国在原"全美广告协会"(NATM,1915年成立)的基础上成立了全美市场营销学和广告学教师协会,1931年成立了专门讲授和研究Marketing的美国市场营销学会(AMS),1937年上述组织合并成立了美国市场营销协会(AMA),许多专家学者从不同的角度研究市场营销学,这些研究对市场营销学体系的逐步形成起了极为重要的推动作用。二是市场营销学的理论从学术界走向社会,从大学课堂进入流通领域,参与企业争夺市场的业务活动。理论和实践相结合,既促进了企业的经营,又丰实了市场营销理论,也推动了市场营销学的发展和完善。

这个时期市场营销学的发展总体上还是很缓慢的。由于企业的实际经营活动仍受制于传统的思想,即"以生产为中心,以产品为出发点",因此市场营销学的研究重点仍局限于商品的推销和广告术,商品的推销组织、机构和推销策略等,还没有超出商品流通的范围。

3. 变革阶段 二战后,特别是20世纪50年代至今是市场营销学的变革阶段。二战以后,垄断资本的竞争和资本主义基本矛盾都进一步尖锐化,一些资本主义国家的经济"起飞",并不能使它们避免周期性经济危机的袭击。市场销售的矛盾日益突出,在此情况下,"以生产为中心,以产品为出发点"的侧重于商品推销的传统营销学理论,越来越不能适应新形势的要求,新形势向市场营销学提出了新的课题,促使市场营销学发生了深刻的变化。在市场营销学原理的新著作中,对市场赋予了新的概念。代表人物美国市场营销学家奥尔德逊(W.Alderson)在他的《市场营销原理》一书中,认为市场是生产者和消费者之间实现商品和劳务潜在交换的任何一种活动。这就使市场营销学的研究内容发生了质的变化。被公认为是市场营销学中的一次"革命",企业也由"以产定销"转为"以需定产""以销定产",充分重视消费对生产影响,使消费者实际上参与生产、投资、研究等计划的制订。新的理论不仅导致了销售职能的扩大和强化,而且促使企业的组织结构也出现了新的变化。

近几十年,市场营销学发展更加迅速,一系列新的著作问世。如美国市场营销权威菲利普·科特勒(Philip Kotler)的《市场营销管理》一书,对营销原理做了精辟的阐述和发展。该书自1967年问世以来,已被世界各国或地区的大学作为教科书并多次再版。1996年中国人民大学出版社出版了该书的亚洲版。Philip Kotler认为,自20世纪50年代以来,市场营销学的新概念差不多十年就出现一批。20世纪80年代他提出了大市场营销(Megamarketing)观念,将营销组合由4Ps扩展为6Ps、10Ps、11Ps,从战术营销转向战略营销,被称为市场营销学的又一次革命。这个时期市场营销学在世界许多国家被全面引进和推广,较早有日本和西欧一些国家,20世纪60年代末匈牙利、南斯拉夫、苏联等国也先后引进,在高校开了这门课,出版编写了大量教材。

企业之间的竞争愈演愈烈。面对急剧变化的环境和激烈竞争的市场,人们在营销过程中更注重可持续发展、企业的社会效益、企业竞争环境的改善等问题,因而"绿色营销""合作营销""整合营销""内部营销""直复营销""关系营销""大市场营销"等概念出现了。同时,随着计算机和网络技术的迅猛发展,"网络营销"也成了热门课题。特别值得一提的是,美国广告学教授劳特伯恩1990年在他与舒尔兹等人合著的《整合营销传播》一书中,提出了4Cs理论,即顾客(consumer)、成本(cost)、便利(convenience)和沟通(communication),从而将营销理论深化至对4Ps最终的追求(表1-2)。

表1-2 营销新概念

年代	新概念	提出者
20世纪50年代	产品生命周期(1950)	齐尔·迪安
	市场营销组合(1950)	尼尔·鲍顿
	品牌形象(1955)	西德尼·莱维
	市场细分(1956)	温德尔·史密斯
	市场营销观念(1957)	约翰·麦克金特里克
	营销审计(1959)	艾贝·肖克曼

续表

年代	新概念	提出者
20世纪 60年代	4P组合（1960） 营销近视（1961） 买方行为理论（1967） 扩大营销概念（1969）	杰罗姆·麦克锡 西奥多·莱维特 约翰·霍华德 杰克·逊西斯 西德尼·莱维 菲利普·科特勒
20世纪 70年代	社会营销（1971） 定位（1972） 战略营销 服务营销（1977）	杰拉尔德·泽尔曼 菲利普·科特勒 阿尔·赖斯 杰克·特劳特 波士顿咨询公司 林恩·休斯塔克
20世纪 80年代	内部营销（1981） 全球营销（1983） 关系营销（1985） 大市场营销（1986）	克里斯琴·格罗路斯 西奥多·莱维特 巴巴拉·本德·杰克 菲利普·科特勒
20世纪 90年代	4C营销（1990） 整合营销传播（1993） 4R营销 网络营销 差异化营销 绿色营销	罗伯特·劳特伯恩 唐·E.舒尔茨 史利丹·田纳本 唐·E.舒尔茨 格斯·哈伯 肯·毕提

（资料来源：吴健安. 市场营销学. 高等教育出版社.）

【小资料】

美国市场营销协会（AMA）

美国市场营销协会（American Marketing Association，AMA）于1937年由市场营销企业界及学术界具有远见卓识的人士发起成立。如今，该协会已发展成为世界上规模最大的市场营销协会之一，拥有30 000多名会员，他们在世界各地从事着市场营销方面的工作以及营销领域的教学与研究。

作为面向营销人的领先机构，美国市场营销协会被视为市场营销从业者和学术研究人员的可信赖的主要资源平台，提供最值得信赖的市场营销资源，帮助会员了解市场营销领域的相关知识、培训以及各种实用工具，获得受益终身的经验、有价值的市场信息和业务联系。始终坚持着创新和发展，紧跟不断变化的全球市场来调整自身的发展方向，从而使会员能在其职业生涯中更加出类拔萃。美国市场营销协会中国办公室于2013年成立，这是第一家海外办事处。通过网站、电子通信、报纸杂志、培训活动等渠道，为中国的市场营销从业者带来全球范围内的最新营销资讯、大师级的专家视角、专业机构的市场研究报告等高质量内容，帮助他们提升职业技能；立足中国，汇聚来自企业和商学院的各路营销精英、学者教授，共同搭建一个属于中国营销人的生态圈，在推动营销发展的同时，也为企业、为社会创造更大价值。

（https://www.ama.org/Pages/default.aspx）

二、国内的传播和发展

1. 引进启蒙阶段（1979—1983 年）　现代意义上的营销学在中国的导入,可以追溯到 1933 年由复旦大学丁馨伯教授翻译的教材《市场学》。以这本书为代表,现代营销学正式进入了中国。其实 1897 年,交通大学的前身南洋公学就曾经设立过"商务学"这么一门课,但它不是现代意义上的营销学,讲的是如何开展商务活动。另外,在 1903 年清朝末期在交大也开设过商科,但它也不是现代意义上的营销学,而是一门如何做生意的课程。

长期以来,由于中国的商品经济不发达,营销学在中国的发展一直非常缓慢。到了 20 世纪 50 年代,中国开始搞计划经济,商品是国家计划分配的,没有市场问题,也就不需要营销学,所以"营销学"在中国的发展是在改革开放之后。1978 年党的十一届三中全会召开,国家做出了把全党工作的重点转移到经济建设上来和实行改革开放的重大战略决策,主张引进学习国外先进的技术和管理经验,学术界才真正开始大量地将西方营销理论引入中国。

在改革开放以后,引进了西方的管理学,1980 年在大连设立了中美企业管理培训中心,1981 年,中国人民银行在陕西财经学院举办市场学师资班。多次聘请外国专家来华讲授营销学;香港中文大学闽建蜀教授等营销学者也多次到内地讲学。引进市场学教材,除高校图书馆从国外购买的外文原版教科书外,还翻印和翻译了多种多样的市场学教材,如王德馨、江显新合著,三民书局 1970 年出版的《市场学》;Rosenberg 著,石衍长编译,正文书局 1980 年出版的《行销管理学》。全国也陆续编写出版了一批"市场学"教材。

1980 年起,暨南大学、哈尔滨工业大学率先开设市场学课程,外贸部所属高校以及中国人民大学、湖北财院、广西商专、云南财院等大专院校也于 1980—1981 年先后开设市场学课程或讲座,商业部所属院校也陆续开出市场学课程。暨南大学的何永祺教授是国内最早系统研究和开设营销学市场学课程的学者。

2. 广泛传播阶段（1984—1994 年）　1984 年 1 月,全国高等院校市场学研究会的成立是一个重要标志,它为营销学学习与应用的推广建立了一个重要的平台,并为中国营销的发展打开了新的一页。这一阶段,中国市场正处于转型的关键时期,市场营销理论、策略和方法逐渐得到推广和应用,也见到了效益,学术界和企业界开始广泛认知和认可这一学科。这一阶段,无论从理论研究还是实践探索而言,营销在中国都得到迅猛发展,中国营销这十年无疑跨过了在西方国家数十年的发展阶段。

1984 年以后的十多年间,开设市场学课程的院校日渐增多,普通高校包括综合大学、财经院校,以及设有经济类专业的农、林、理、工、医科以至军事院校,几乎都开设了市场学课程,电大、自学考试、中专和干部学校开设市场学课程的也很多,估计全国开课院校超过千所。市场营销专业的设置虽然较晚,但不少院校 1984 年前已在商业经济、企业管理或其他专业开辟市场营销方向,培养营销专门人才。1984 年,在长沙召开了"全国高等财经院校、综合大学市场学教学研究会"成立大会,贾生鑫教授任会长。1987 年在哈尔滨召开年会更名为"中国高等院校市场学研究会",何永祺教授任会长。学会承担了营销学在中国高校这个重要阵地传播者和推广组织者的角色,之后每年（除 1989 年）都召开年会,每次年会都围绕一个主题展开讨论和交流,同时探讨营销学的全球化与中国化发展以及营销教学与研究的主题。

这一阶段营销思想在中国的传播主要是通过编译出版西方营销学者的著述来实现,其中,美国西北大学菲利普·科特勒教授所著的《营销学原理》成为市场营销入门读物,对传播营销理论和概念起到了重要的"科普"作用。其后出版和不断修订的《市场营销管理》《营销管理》《市场营销》等科特勒的系列教材著作对中国营销理论界和实务界产生了深远的影响,奠定了其中国营销教父的地位。此外唐·E.舒尔茨、大卫·奥格威、杰克·特劳特、克里斯琴·格罗路斯、库纳尔·巴苏等一批西方知名营销学者著作的编译出版也都对中国营销的发展起到了巨大的推动作用。

3. 应用深化阶段(1995—2008年)　由于20世纪90年代初的泡沫经济导致盲目投资和市场饱和,1996年开始的又一轮宏观调控使得企业间的竞争加剧,这一经济的转折为市场营销的广泛采用和研究发展提供了现实的土壤。同时1995年开始的外资零售企业(沃尔玛、家乐福、麦德龙等)大举进入中国市场的风潮客观上推进了中国企业营销意识的增强和营销能力的提升。2001年中国加入WTO,更加推进了中国营销的国际化和深化,中国营销要赶上国际潮流,要与世界接轨。

这一阶段国内和国际交流广泛开展,高校市场学研究会每年的年会都讨论营销教学与营销理论的创新发展,与会代表积极向大会提交论文探讨营销理论前沿问题,总结交流教学经验,还介绍一些生动的教学案例。中国营销学者开始全方位、大团队地登上国际学术舞台,主动开展国际学术交流,外国营销学教授陆续前来讲学,菲利普·科特勒、米尔顿·科特勒、唐·E.舒尔茨、库纳尔·巴苏、克里斯琴·格罗路斯等营销学权威陆续应邀到中国巡讲,中国学者到国外学习讲学,与国外的交流也逐渐增多。

经过近30年的辛勤耕耘,中国营销理论学派也呈现雏形。据中国管理传播网发布,中国本土已经形成八大营销学派及其代表人物:基础理论派——郭国庆;顾客满意派——赵平;品牌营销派——范秀成;营销道德派——甘碧群;营销实务派——卢泰宏;营销安全派——李蔚;精准营销派——吕巍;顾客价值派——董大海。同时各地各高校也纷纷成立营销研究中心,展开对市场营销理论创新的研究。

4. 创新拓展阶段(2008年至今)　全球经济一个显著的特点是信息技术的兴起推动信息经济、知识经济,在这种经济环境下,网络营销无疑成为营销领域关注的热点和重心,网络营销也逐渐演变成为新时期主流的营销模式,菲利普·科特勒1987年就预测了未来网络营销的主流趋势(还有营销泛化与非营利组织营销)。互联网营销时代体现出对消费者个性的关注和满足,催生出"顾客导向"的营销,因此,研究理解消费者,开展客户关系营销就成为必然趋势,事实上,以数据库为基础的客户关系营销正在中国企业蓬勃开展。全球经济另一个显著的特点是自产品经济、商品经济、服务经济之后,体验经济的来临。体验经济的特点决定了体验营销模式的未来趋势,因此,体验营销也是未来中国营销不可忽视的方向,这与未来营销的"人本导向"是一致的。

第四节　市场营销学相关理论

一、市场营销学的相关理论基础

作为一门应用性的经营管理学科,市场营销学在起发展过程中,不断吸纳了经济学、管理学、社会学、行为学等多门学科的相关理论,形成了自己的理论体系。

1. **市场营销核心思想的经济学基础** 市场营销作为一项交换活动早已存在,在自给自足、生产者与消费者同为一人的情况下,不会存在交换问题。当人们认识到生产、分工协作、取长补短、互通有无会提高生产者共同的福利后,生产逐渐集中,生产者与消费者分离,以交换为中心的营销活动就成为重要的经济活动。从一般意义上讲,社会生产的最终目的是消费。人类的消费需要引发生产行为,指示生产方向和规模,推动生产和交换的发展。在社会分工和商品生产条件下,交换是连续生产和消费的桥梁,同时也是生产不可或缺的条件。任何生产者必须面向消费、面向市场,不断提供能够满足消费者需求和欲望的产品或服务,通过交换过程实现其价值,才能生存和发展。同样的,任何国家和地区,其物质财富、精神财富和社会组织财富的生产,只有同现实需要和未来持续发展的需要相协调,社会经济才能发展。因此,交换在人类经济与社会的发展过程中,无论在微观还是在宏观层面,均占有举足轻重的地位和作用。

古典经济学对市场营销学影响深远。亚当·斯密对市场的定义被早期的市场营销学广为采用,他提出的许多概念被广泛应用于市场营销领域。理论经济学对市场交换内涵的揭示,为市场营销学提供了深刻的行为基础,其所揭示的需求理论使市场营销学获得了准确的理论和功能定位。消费者的理性人假设为市场营销学中的基本概念——交换奠定了理论基础。货币理论的信用概念应用于销售策略。地租理论用于解释营销机构的位置和布局。产品差异化理论被用于解释定价、品牌、广告和服务战略。根据凯恩斯学派的观点,营销学者提出政府干预市场营销活动的理论等。

2. **管理思想对市场营销的完善作用** 美国是后起资本主义国家,但商品经济的发展异常迅速,自然条件优越,农业机械广泛运用,农业生产效率大幅度提高,产量过剩,美国的市场营销研究就是从农产品开始的。随后一些天然资源如煤、铁、木材、石油等也有运销问题,但是更为重要的还是工业制成品的销售问题。产业革命在美国的蓬勃发展,工厂制度的确立,泰罗制在生产领域的普遍采用,使美国在19世纪末工业生产的效率成倍地增长。由于大规模的生产使产品供过于求,这就要求配合大规模的推销活动,研究实践中的营销效率问题就成为当时重要的课题了。众所周知,经验管理是从提高生产效率开始的,而泰罗的科学管理为测定工作效率确立了客观标准——时间设计。两者的共同目的是赚取更大的垄断利润,管理的重点是"物"而不是"人"。这一时期的市场营销研究主要研究如何发挥广告术和推销术的作用,研究的重点是"手段"而不注重"人"(顾客),研究的途径是产品和营销组织。由此可以看出,市场营销的研究是以生产管理的强化为开端,并从一开始就受到管理思想的影响。

企业市场营销管理的发展和理论的完善是管理职能在流通领域进一步强化的结果。首先是亨利·法约尔创立的"管理过程论"对市场营销的研究产生重大影响。法约尔是法国人,他根据自己亲身经历和大量观察于1913年写出《工业管理与一般管理》一书。由于种种原因,法约尔的理论在20世纪50年代才受到西方社会的普遍重视。他提出的"管理五要素"论不仅对后期管理理论的影响深远,也对市场营销的研究起了决定性的影响。正是在50年代以后,市场营销的研究从营销功能的研究转向管理职能的研究。法约尔的管理五要素是计划、组织、指挥、协调、控制。他的理论强调管理是一个综合职能,是一个过程,管理理论具有普遍性。法约尔的五要素论和管理过程论是现代市场营销管理的立论依据。主要表现在；营销过程也就是管理职能的实现过程；营销计划是进行营销活动的首要职能,它涉及企业的长远发展目标;营销组织是实现企业目标的重要保证;指挥体现在企业领导营销组织实现既定目标的营销过程中;协调是企业以整体营销策略去适应变化的环境的重要职能,也是企业内部各部门、各要素的力量能集中起来的重要保证等。

3. 行为科学给营销管理注入灵魂　从上述可以看出,法约尔的管理五要素论是现代市场营销管理的主要理论依据,正因如此,管理职能的研究途径是现代营销学最通用的研究方法。如果说法约尔的管理理论为现代营销管理的研究提供了理论框架,那么行为科学则给营销管理注入了灵魂。无论是泰罗的科学管理还是法约尔的管理过程论都忽视了管理中人的积极作用,行为科学正是基于古典管理理论中对人的因素和作用的忽视而提出的一门新型管理学科,它运用心理学、社会学、人类学、社会心理学的研究成果来研究人的行为。行为科学的基本观点是:强调以人为中心来研究管理问题;把人看作是社会人,认为工人劳动效率除了受物质利益的影响外,还要受心理因素和社会因素的影响;行为科学认为企业目标与个人目标具有一致性,职工可以在完成工作任务的同时获得自身的满足。现代市场营销观念的确立正是体现了以"人"(顾客)为中心的思想,而以顾客为中心的观念是贯彻在整个营销管理过程中的。

从这一点讲,市场营销管理体现了行为科学的核心思想,行为科学便成为现代市场营销管理的基本理论依据。受行为科学的影响,营销管理把企业目标与满足消费者需求结合起来,企业可以在获得消费者满意的同时,实现企业的各项目标;受行为科学研究组织的启发,营销管理既研究营销组织机构本身的功能,也重视公共团体对营销的影响。

市场营销管理在发展过程中,还吸取了系统理论、决策理论、权变理论等管理科学的思想精华,现在已发展成为一门独立的、具有一整套思想体系的管理学科。

二、市场营销的功能

企业市场营销作为一种活动,有以下四项基本功能:

1. 发现和了解消费者的需求　现代市场营销观念强调市场营销应以消费者为中心,企业也只有通过满足消费者的需求,才可能实现企业的目标,因此,发现和了解消费者的需求是市场营销的首要功能。

2. 指导企业决策　企业决策正确与否是企业成败的关键,企业要谋得生存和发展,很重要的是做好经营决策。企业通过市场营销活动,分析外部环境的动向,了解消费者的需求和欲望,了解竞争者的现状和发展趋势,结合自身的资源条件,指导企业在产品、定价、分销、促销和服务等方面做出相应的、科学的决策。

3. 开拓市场　企业市场营销活动的另一个功能就是通过对消费者现在需求和潜在需求的调查、了解与分析,充分把握和捕捉市场机会,积极开发产品,建立更多的分销渠道及采用更多的促销形式,开拓市场,增加销售。

4. 满足消费者的需要　满足消费者的需求与欲望是企业市场营销的出发点和中心,也是市场营销的基本功能。企业通过市场营销活动,从消费者的需求出发,并根据不同目标市场的顾客,采取不同的市场营销策略,合理地组织企业的人力、财力、物力等资源,为消费者提供适销对路的产品,搞好售后的各种服务,让消费者满意。

三、市场营销的作用

1. **市场营销对企业发展的作用** 使一个企业杰出经营的原因是什么？这个问题是引起国内外企业界及学术界普遍关注的问题。国内有几家电冰箱厂同国外某企业合资生产，国内消费者对电冰箱的喜好、生产冰箱所耗费的原材料成本以及销售价格差距不大，但个别电冰箱厂销售量下降，经济效益差，另外一些电冰箱厂则销售量日益上升，经济效益好。原因何在？经调研，我们发现，根本差异在于市场营销观念及相应的市场营销组合策略。成功的企业有一套明智的经营原则，即有强烈的顾客意识（持久不懈地接近顾客）、强烈的市场意识以及推动广大职工为顾客生产优质产品的本领。美国著名的 IBM 公司是巧妙应用市场营销观念及营销策略的成功典范。IBM 总经理罗杰斯说过："在 IBM 公司，每个员工都在推销……当你走进纽约 IBM 大厦或世界各地的办事处时，你都会产生这种印象。"有人问：IBM 销售什么产品？他回答："IBM 公司不出售产品，而是出售解决方法。"市场营销虽然不是企业成功的唯一因素，但是是关键因素。美国著名管理学家 Peter Drucker 曾指出：市场营销是企业的基础，不能把它看作是单独的职能。从营销的最终成果，亦即从顾客的观点看，市场营销就是整个企业。……企业经营的成功不是取决于生产者，而是取决于顾客。当今，市场营销已成为企业经营活动首先考虑的第一任务，这一点在发达市场经济国家显得尤为突出。对美国 250 家主要公司高级管理人员进行调查后发现，公司的第一任务是发展、改进及执行竞争性的市场营销策略；第二任务是"控制成本"；第三任务是"改善人力资源"。大部分企业的高级管理人员来自市场营销部门，比如美国克莱斯勒汽车公司总裁艾可卡便是来自营销部门。随着国际经济一体化的发展，各国均卷入国际市场竞争的洪流。哪家公司能最好地选择目标市场，并为目标市场制定相应的市场营销组合策略，哪家公司就成为竞争中的赢家。总之，从微观角度看，市场营销是联结社会需求与企业反应的中间环节，是企业用来把消费者需求和市场机会变成有利可图的公司机会的一种行之有效的方法，亦是企业战胜竞争者、谋求发展的重要方法。

2. **市场营销对社会经济发展的作用** 马克思主义理论认为，生产是根本，生产决定交换、分配、消费几个环节。没有生产就没有可供交换的东西，市场营销人员只能销售那些已由生产厂商生产出来的东西。可见，生产者创造了形式效用。但是，在市场经济社会中，生产出来的东西如果不通过交换，没有市场营销，产品就不可能自动传递到广大消费者手中。从宏观角度看，市场营销对社会经济发展的主要作用是解决社会生产与消费之间的七大矛盾。

（1）生产者与消费者在空间上的分离。这是指产品的生产与消费在地域上的距离，它是由诸多因素造成的。从工业品看，由于各国的地理条件、自然资源、交通情况及工业布局不同，加之各国资源特点、国力水平以及经济发展目标的差异而实行不同的产业政策，如在一定时期内重点扶植某些产业，延缓或抑制某些产业的发展，造成各国工业生产往往按行业集中于某一地区，而工业品的用户则分布于全国各地乃至全世界，这样，必然造成工业品生产者与工业品用户在地域上的分离。至于工业品消费者，更是散居于全国各地乃至世界各地，因而工业消费品生产者与消费者在地区上的矛盾更加突出。从农产品看，农产品的生产与消费在空间上亦发生矛盾。一方面，农产品由分散在全国广大农村的农民进行生产，另一方面，农产品的消费者分散于全国乃至世界各地，因此，农产品生产与消费存在着突出的空间矛盾。如何解决上述矛盾呢？由宏观市场营销机构执行市场营销职能，把产品从产地运往全国乃至世界各地，以便适时适地将产品销售给广大用户。从此意义上讲，市场营销创造了地点效用。

（2）生产者与消费者在时间上的分离。这是指产品的生产与消费者对产品的消费在时间上的差异。它是由工业品及农产品生产周期的特征及消费者的消费特点引起的。工业品是常年生产，但广大消费者因自然条件的制约，其消费呈现出不同的状况，对某些工业品是常年消费，但对某些工业品是季节性消费。农产品生产具有明显的季节性，但对农产品的消费却是常年进行的。产品生产与消费在时间上的差异，要求宏观市场营销机构向工厂或农民收购产品，并对产品进行加工、分级和储存，以不断保证广大用户的需求。

（3）生产者与消费者在信息上的分离。随着商品经济的进一步发展，市场随之不断扩大，生产者与消费者在空间上的分离加深，市场信息的分离也随之扩大。由于市场范围突破了原来狭窄的地区交换，扩大至全国乃至世界范围，生产者与消费者从原来的直接交换变成通过中间商的间接交换，生产者与消费者已不能直接相互了解并掌握自己所需产品的市场信息。这种生产与消费信息的分离，要求宏观市场营销机构进行市场营销调研，并通过广告媒体传递市场信息。

（4）生产者与消费者在产品估价上的差异。由于生产者与消费者处于不同的地位及追求不同的利益目标，因此对产品的估价迥然不同。生产者从事经营活动的目的是追求利润，要求产品价格必须在成本价格之上才能盈利，所以，企业对产品的估价是以获利为标准的。至于商品价格在何种水平，利润水平多高，则取决于市场竞争状况及消费者的需求程度。消费者则多半从产品的经济效用及自己的支付能力来对产品进行估价。这样，生产者与消费者对产品的估价差异性较大，存在着生产者对产品估价过高及消费者对产品估价过低的矛盾。因此，除了企业通过改善经营管理，提高技术，降低成本及合理定价外，还需要宏观市场营销机构通过广告媒体宣传，改变消费者的估价观念，缩小生产者与消费者对产品估价的差异。

（5）生产者与消费者在商品所有权上的分离。在商品经济社会中，商品生产者对其产品具有所有权，但他们生产这些产品的目的不是为了获取使用价值，而是为了价值，为了利润；广大消费者需要这些产品，但对这些产品不拥有所有权，这就产生了生产者与消费者对产品所有权的分离。因此，需要特定的宏观市场营销机构组织商品交换，帮助生产者在把产品转到消费者手中的同时，实现产品所有权的转移。

（6）生产者与消费者在产品供需数量上的差异。随着社会主义市场经济及国际经济一体化的发展，国内市场及国际市场竞争日趋激烈，各企业为了在竞争中占据有利地位，纷纷扩大自身的生产规模或组建企业集团，竞争从个别企业之间小规模的较量变成大企业集团之间的大规模的抗衡。大规模企业或企业集团能够充分发挥规模经济效益，即进行大批量生产和销售，降低成本，提高市场占有率。但是，广大消费者均以家庭为单位进行消费，多数小企业也是小批量生产及小批量购买，只有少数大型企业实行大批量生产及大批量集中购买，但又需要多品种的原材料。这样，产生了生产者大批量生产产品与用户小量消费及零星购买的矛盾。因此，需要特定宏观市场营销机构向企业进行采购、分级及分散地销售产品。

（7）生产者与消费者在产品花色品种供需上的差异。随着市场经济的发展及市场竞争的加剧，许多企业都想方设法实行专业化生产以降低成本，提高经济效益，或通过专业化生产满足某个目标市场顾客的需求，以提高其市场竞争力。然而，广大消费者随着其个人收入不断提高,对产品的需求呈多样化趋势。显然,企业实行专业化生产,仅能满足消费者的某种需求。因此,要求特定宏观市场营销机构向各企业广泛采购、分级、加工,并将各种产品销售给广大消费者。总之,从宏观角度看,市场营销对于适时、适地、以适当价格把产品从生产者传递到消费者手中,求得生产与消费在时间、地区的平衡,从而促进社会总供需的平衡起着重大的作用。同时,市场营销对实现我国现代化建设,发展我国各领域的经济,起着巨大的作用。

章节总结

　　市场是商品经济中生产者与消费者之间实现产品(服务)价值、满足需求的交换关系、交换条件和交换过程。消费者市场具有非营利性、非专业性、层次性、替代性、广泛性和流行性等六个特征。

　　市场营销是一种全组织范围内的活动,是一组制度的集合,同时也是为了顾客、客户、合作伙伴以及社会的整体利益而创造、传播、传递交换价值的一系列过程。与营销相关的概念有需求、欲望和需要;产品和服务;价值、满意和质量;交换、交易和关系;市场营销者。公司的中心应该是顾客,而不是营销。他们认为必须采取顾客导向,而且所有职能性业务部门必须协同工作,以便更好地为顾客服务。

　　国外市场营销发展可以分为三个阶段:产生(19世纪末或20世纪初),发展阶段(20世纪30年代)和变革阶段(20世纪50年代)。国内营销的传播和发展分为四个阶段:引进启蒙阶段(1979—1983年);广泛传播阶段(1984—1994年);应用深化阶段(1995—2008年);创新拓展阶段(2008年至今)。

　　作为一门应用性的经营管理学科,市场营销学在其发展过程中,不断吸纳经济学、管理学、社会学、行为学等多门学科的相关理论,形成了自己的理论体系,对企业和社会经济发展起到了重要作用。市场营销核心思想的经济学基础;管理思想完善了市场营销;行为科学给营销管理注入灵魂。企业市场营销作为一种活动,有如下四项基本功能:①发现和了解消费者的需求;②指导企业决策;③开拓市场;④满足消费者的需要。

思考题

1. 为什么不能把"市场营销"与"销售"混为一谈?
2. 市场营销学研究的主要内容和基本理论框架是什么?
3. 20世纪70年代以后,以顾客为导向的市场营销观念有什么重大发展?
4. 市场营销学的发展经过了哪几个主要阶段,每个阶段解决的主要问题是什么?
5. 从营销的视角,市场是什么?

6. 市场营销的功能和作用是什么？

7. 市场营销在企业中具有什么样的地位？

 案例分析

香格里拉的营销之道

香格里拉是国际著名的大型酒店连锁集团，它的经营策略很好地体现了酒店关系营销的内容：

香格里拉饭店与度假村是从1971年新加坡豪华香格里拉饭店的开业开始起步，很快便以其标准化的管理及个性化的服务赢得国际社会的认同，在亚洲的主要城市得以迅速发展。其总部设在香港，是亚洲最大的豪华酒店集团，并被许多权威机构评为世界最好的酒店集团之一，它所拥有的豪华酒店和度假村已成为最受人们欢迎的休闲度假目的地。香格里拉始终如一地把顾客满意当成企业经营思想的核心，并围绕它把其经营哲学浓缩于一句话："由体贴入微的员工提供的亚洲式接待。"

香格里拉有8项指导原则：

1. 我们将在所有关系中表现真诚与体贴；

2. 我们将在每次与顾客接触中尽可能为其提供更多的服务；

3. 我们将保持服务的一致性；

4. 我们确保我们的服务过程能使顾客感到友好，员工感到轻松；

5. 我们希望每一位高层管理人员都尽可能多地与顾客接触；

6. 我们确保决策点就在与顾客接触的现场；

7. 我们将为我们的员工创造一个能使他们的个人、事业目标均得以实现的环境；

8. 客人的满意是我们事业的动力。

与航空公司联合促销是香格里拉酒店互惠合作的手段之一。香格里拉与众多的航空公司推出"频繁飞行旅行者计划"。入住香格里拉酒店时，客人只要出示频繁飞行旅行者计划的会员证，付门市价时，就可得到众多公司给予的免费公里数或累计点数，如：每晚住宿便可得到德国汉莎航空公司提供的500英里的优惠，美国西北航空公司、联合航空公司500英里的优惠。其他航空公司有加拿大航空公司、新加坡航空公司、瑞士航空公司、澳大利亚航空公司、马来西亚航空公司、泰国航空公司等。另外，香格里拉还单独给予顾客一些额外的机会来领取奖金和优惠。

顾客服务与住房承诺方面，则体现了酒店在承诺、信任原则上的坚持。香格里拉饭店的回头客很多。饭店鼓励员工与客人交朋友，员工可以自由地同客人进行私人交流。饭店在2000年之前建立"顾客服务中心"，这个项目建立后，客人只需打一个电话就可解决所有的问题，饭店也因此可更好地掌握顾客信息，协调部门工作，及时满足顾客。在对待顾客投诉时，绝不说不，全体员工达成共识，即"我们不必分清谁对谁错，只需分清什么是对什么是错"。让客人在心理上感觉他"赢"了，而自己在事实上做对了，这是最圆满的结局。每个员工时刻提醒自己多为客人着想，不仅在服务的具体功能上，而且在服务的心理效果上满足顾客。香格里拉饭店重视来自世界不同地区、不同国家客人的生活习惯和文化传统的差异，有

针对性地提供不同的服务。如对日本客人提出"背对背"的服务：客房服务员必须等客人离开客房后再打扫整理客房，避免与客人直接碰面。饭店为客人设立个人档案长期保存，作为为客人提供个性化服务的依据。

 讨论题

1. 分析香格里拉饭店的营销观念。
2. 香格里拉饭店在顾客满意方面采取了哪些措施？这对你有何启示？

第二章 市场营销管理哲学及其演变

本章简介

本章主要探讨市场营销管理的任务及八种不同的典型需求状况;市场营销管理哲学的演变过程;生产观念、产品观念、推销观念、市场营销观念和社会营销观念的基本思想和特征;顾客满意的概念及对企业经营管理的影响;顾客让渡价值的构成及实现途径。

学习重点

通过本章的学习,了解市场营销管理的实质,明确市场营销管理哲学的演变过程以及新旧市场营销观念的区别;掌握几种不同的市场营销管理哲学的基本思想。明确现代营销观念的要点,懂得营销观念是现代企业经营的必胜法宝的道理。掌握顾客满意与顾客让渡价值的概念及其相互关系,了解提高顾客让渡价值的途径。

引入案例

中国有色矿业集团(简称中色矿业)是我国有色金属行业最早"走出去"的企业,业务遍布亚洲、非洲、大洋洲的30多个国家和地区,拥有境外有色金属资源量约3 000万吨,涵盖铜、铝、铅、锌、镍、稀土等40余个品种。目前,中色矿业共有各级境外企业29家,在境外拥有14座矿山、5座冶炼厂、1个经贸合作区、4家上市公司。包括:赞比亚中国经济贸易合作区、赞比亚谦比希铜矿、卢安夏铜矿、谦比希粗铜冶炼厂和缅甸达贡山镍矿等。企业境外业务的营业收入和利润总额贡献率分别达到60%和70%。

1998年6月,中色矿业通过国际竞标收购赞比亚谦比希铜矿,该铜矿是我国政府批准在境外开发的首个有色金属矿山。中色矿业通过中色非洲矿业公司拥有谦比希铜矿85%的

股权。该铜矿共探明铜金属储量 501 万吨,平均铜品位 2.2%,2003 年 7 月建成投产。截至 2010 年末,中色非洲矿业公司资产总额 25 亿元,资产负债率 61%;2010 年实现主营业务收入 11.51 亿元,净利润 2.38 亿元。

谦比希湿法冶炼和硫磺制酸厂是中色矿业为综合利用谦比希铜矿资源和基础设施、延伸产业价值链而投资兴建的,总投资 2 500 万美元,2006 年 9 月正式投产。该厂解决了赞比亚当地 300 多人的就业,年增加地方税收 200 多万美元。而谦比希铜冶炼厂的建设则进一步完善了谦比希铜矿的产业链,设计能力为年生产粗铜 15 万吨,项目总投资 3.1 亿美元,2008 年底建成投产,为当地新增就业岗位近 1 000 个,为赞比亚增加出口 4.5 亿美元。

2009 年 6 月,中色矿业从 ENYA 公司手中接管卢安夏铜矿,成立了中色卢安夏铜业有限公司,中色矿业持有该公司 80% 股权,拥有赞比亚巴鲁巴和穆利亚希两个铜矿。其中,巴鲁巴矿资源总量 2 543 万吨,平均铜品位 2.23%。中色矿业接管后,半年时间内就恢复了巴鲁巴铜矿的生产,使 2 200 多名当地工人重新回到了工作岗位。

穆利亚希铜矿项目,地质总储量 10 305 万吨,平均铜品位 1.19%。中色矿业投资建设年产 450 万吨矿石采选工程和年产 4.1 万吨湿法阴极铜项目。该项目的湿法炼铜技术及装备水平在赞比亚乃至整个非洲都处于领先地位,项目投资 3.68 亿美元,2012 年 4 月穆利亚希湿法工厂建成试生产。

2011 年,中色矿业谦比希湿法冶炼公司与刚果华鑫公司合资成立中色华鑫公司,共同开发刚果里卡西 SHIMITUBA 铜钴矿。2011 年初项目开工建设,2012 年 1 月,10 000 吨铜湿法项目带料试车,2 月产出第一批阴极铜 16 吨,工艺流程已经全部打通。SHIMITUBA 项目的实施,为中色矿业开发刚果丰富的铜钴资源奠定了基础。

中色矿业对境外金属矿山的成功投资可以概括为以下四条经验:一是服从为当地服务的大局,坚持"回报社会,推动发展";二是通过建立境外经贸合作区等创新投资模式,坚持"互利合作,共同发展";三是明确重点投资区域,严控投资风险,坚持"稳健发展,保值增值";四是遵守当地法律法规,坚持"充分尊重,依法经营"。

第一节 市场营销管理

一、市场营销管理的任务

市场营销管理是指为了实现企业目标,创造、建立和保持与目标市场之间的互利交换的关系,而对设计方案进行分析、计划、执行和控制。市场营销管理是一个过程,包括分析、计划、执行和控制。

市场营销管理的主要任务是刺激消费者对产品的需求,但不能局限于此。它还帮助公司在实现其营销目标的过程中,影响需求水平、需求时间和需求构成。因此,市场营销管理的任务是刺激、创造、适应及影响消费者的需求。从此意义上说,市场营销管理的本质是需求管理。

二、需求的不同状况

下面是八种不同的典型需求状况,以及营销经理面临的相应任务。

1. **负需求** 负需求是指市场上众多顾客厌恶某种产品或服务,甚至愿意出钱躲避它。如糖尿病病人不敢吃甜食,恐高症病人不敢坐飞机,肥肉因为胆固醇高也越来越不被人们接受。市场营销管理的任务是分析人们为什么不喜欢这些产品,并针对目标顾客的需求重新设计产品、定价,做更积极的促销,或改变顾客对某些产品或服务的信念和态度。

2. **无需求** 无需求是指目标市场对某种产品从来不感兴趣或漠不关心,市场营销管理者的任务是创造需求,通过有效的促销手段,把产品利益同人们的自然需求及兴趣结合起来。

【案例2-1】一个鞋业公司派一名推销员到东南亚某国,去了解公司的鞋能否在那里找到销路。一星期后,这位主管打电报回来说:"这里的人不穿鞋,因而这里没有鞋的市场。"

接着该鞋业公司总经理决定派市场部经理到这个国家,对此进行仔细检查。一星期后,经理打电报回来说:"这里的人不穿鞋,是一个巨大的市场。"

总经理为弄清情况,再派市场营销副总经理去进一步考察。两星期后,营销副总来电说:"这里的人不穿鞋子,然而他们有脚疾,穿鞋对脚会有好处。无论如何,我们必须再行设计我们的鞋子,因为他们的脚比较小,我们必须在教育其懂得穿鞋有益方面花一笔钱,我们首先应得到部落首领的合作。这里的人没有什么钱,但他们有我曾尝过的最甜的菠萝。我估计鞋的潜在销售量在3年以上,因而我们的一切费用包括推销菠萝给与我们有合作关系的连锁超级市场的费用,都将得到补偿。总算起来,我们还可赚得垫付款30%的利润。我认为,我们应该毫不迟疑地去干。"

3. **潜在需求** 潜在需求是指现有的产品或服务不能满足许多消费者的强烈需求。如,烟民对无害烟叶的需求;老年人对高植物蛋白、低胆固醇保健食品的需求。企业市场营销的任务就是准确地衡量潜在市场范围,开发有效的产品和服务满足这些需求,也就是开发市场营销。

4. **下降需求** 下降需求是指目标市场顾客对某些产品或服务的需求出现了下降趋势,如随着空调的普及,城市居民对电风扇的需求开始减少。iPhone 7上市后,消费者对iPhone 6s的需求开始减少。市场营销者要分析市场需求下降的原因,或通过改变产品的特色,采用更有效的沟通手段来刺激需求,即创造性的再营销,或寻求新的目标市场,以扭转需求下降的趋势。

5. **不规则需求** 顾客对产品或服务的需求在不同季节、月份、周、日、时呈现不同的需求量,这造成许多企业生产能力和商品的闲置或过度使用。如在上下班高峰期,公交、地铁非常拥挤,不够用,在非高峰时则空闲很多。在节假日或周末商店拥挤,在平时商店顾客稀少。市场营销的任务是通过灵活的定价、促销及其他刺激手段来改变需求时间模式。

【小资料】2012年国庆,陕西多个景区游客人数超出景区承受能力,陕西省旅游局紧急提醒广大游客尽量错开高峰出行,以保证更好的游览质量。据统计,华山景区、秦始皇帝陵博物院、陕西历史博物馆三个景区接待游客数量2日达到顶峰,接待游客4万人,远远超出景区2万人的可承载能力,发生万人滞留华山、封堵华山景区入口要求退缆车票事件。秦始皇兵马俑景区车满为患,停车位远远不能满足自驾车停放。

6. 充分需求　充分需求是指某种产品或服务目前的需求水平与期望相等,令企业满意。企业营销的任务是当消费者需求发生变化,竞争日益加剧时,通过改进产品质量及不断估计消费者的满意程度,维持现时需求,这称为"维持营销"。

7. 过度需求　过度需求是指市场上顾客对某些产品的需求超过了企业的供应能力,产品供不应求。比如,出现地震灾害时,需要大量医疗救助用品,当地企业无法供应充足,需要从各地紧急调动资源。随着二胎政策落地,人口增加,引起交通、能源及住房等产品供不应求。企业营销管理的任务是减缓营销,可以通过提高价格、减少促销和服务等方式使需求减少。

8. 有害需求　有害需求是指市场上顾客对某些有害产品或服务的需求,比如对毒品、枪支、黄色书刊的需求。企业营销管理的任务是反市场营销,即大力宣传有害产品或服务的严重危害性,大幅度提高价格,以及减少供应或通过立法禁止销售。

第二节　市场营销管理哲学

一、市场营销管理哲学的含义

市场营销管理哲学是指企业对其营销活动及管理的基本指导思想,是一种观念、一种态度或一种企业思维方式。在不同的市场营销环境中,企业应适时发展自己的市场营销管理哲学。市场营销管理哲学既不是市场营销行为和市场营销战略体系,也不是市场营销技术和手段,其核心是正确处理企业、顾客和社会三者之间的利益关系。这些利益有时是矛盾的,有时是相辅相成的,企业应在全面分析市场环境的基础上,树立正确的市场营销管理哲学。

二、市场营销管理哲学的演变

市场营销管理哲学随着经济环境的发展而不断演变,经历了五个发展阶段,即生产观念、产品观念、推销观念、市场营销观念及社会营销观念。各营销观念所处的时代如图 2-1 所示。

其中,生产观念、产品观念和推销观念统称为传统观念;市场营销观念和社会营销观念统称为现代观念。概括起来,两者之间有以下四个方面的区别。

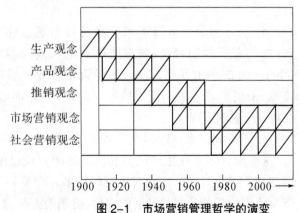

图 2-1　市场营销管理哲学的演变

1. 导向不同　前者以生产者为导向,后者则以顾客(市场)或社会为导向。
2. 出发点不同　前者是从产品出发的,后者则是从市场或顾客出发的。

3. 方法或途径不同　前者是增加生产或改进产品或加强推销,后者则是满足顾客需求和履行社会责任。

4. 终点不同　前者以卖出产品取得利益为终点,后者则强调以顾客满意为终点,即企业卖出产品并不意味着企业责任的完结,而只有在顾客购买产品并获得满意后,企业的责任才能算完结。

第三节　市场营销管理哲学的类型

一、生产观念

生产观念盛行于19世纪末20世纪初,是最古老的观念之一。生产观念认为,顾客喜爱那些随处买到而且价格低廉的产品,这种观念在两种情况下能够成立且具备合理性:①某个产品供不应求,物资短缺。顾客需要买到产品,企业应致力于提高生产效率、提高生产量以供应市场。②产品成本过高,必须通过扩大生产降低单位成本,以吸引更多的顾客购买。显然,生产观念是一种重生产、轻营销的商业哲学。

生产观念是在卖方市场条件下产生的。在资本主义工业化初期以及第二次世界大战末期和战后一段时期内,由于物资短缺,市场产品供不应求,生产观念在企业经营管理中颇为流行。我国在计划经济旧体制下,由于市场产品短缺,企业不愁其产品没有销路,工商企业在其经营管理中也奉行生产观念,具体表现为:工业企业集中力量发展生产,轻视市场营销,实行以产定销;商业企业集中力量抓货源,工业生产什么就收购什么,工业生产多少就收购多少,也不重视市场营销。(见表2-1)

表2-1　生产观念理解要点

产生背景	卖方市场,物资短缺,供不应求
基本思想	以生产为中心,集中一切力量增加产量
典型口号	我们生产什么,就卖什么
营销出发点	从企业到市场
经营形式	大量生产,低成本,标准化

【案例2-2】被誉为"汽车大王"的亨利·福特,1903年创立美国汽车行业中资格最老的垄断企业——福特汽车公司。亨利·福特1863年出生于美国密歇根州的一个农场主家,他热衷于汽车制造,公司成立以来产品销售形势很好,长期供不应求,以至于亨利·福特扬言"不管顾客需要什么,我的汽车就是黑色的"。福特是当时在美国奉行生产观念"扩大生产,降低价格"的典型例子。他首创了大量生产系统,即3S(Standardization/标准化、Simplification/单纯化、Specialization/专门化)和传送带移动组装法。1908年10月福特开发的T型车正式发售,只卖850美元,当时一般汽车售价为2 500～7 000美元。1914年T

型车价格由850美元降到490美元。T型车产量急剧增加,1914年为28.3万辆,1916年增加到78.5万辆,1920年高达107.4万辆。

二、产品观念

产品观念认为,消费者最喜欢高质量、多功能和具有某种特色的产品,企业应致力于改进产品质量和功能,它产生于市场产品供不应求的"卖方市场"形势下(表2-2)。当企业发明一项新产品时,容易滋生产品观念,导致"市场营销近视症",即把注意力放在产品上,而不是放在市场需要上,他们过分迷恋自己的产品,总认为自己的产品好,一定会被人们所喜爱,完全忽视市场需求的变化,致使企业经营陷入困境。

表2-2 产品观念理解要点

产生背景	卖方市场,但供不应求的现象趋于缓和
基本思想	以产品为中心,提高产品质量,改善性能
典型口号	酒香不怕巷子深
营销出发点	从企业到市场
经营形式	改进产品的质量和性能

【概念辨析】产品观念与生产观念异同

产品观念本质上与生产观念相同,都是企业生产什么就销售什么,但比生产观念增加了一层竞争的色彩,开始考虑顾客在产品质量、性能、特色、价格等方面的愿望。生产观念是"以量取胜",产品观念则是"以质取胜"。

【案例2-3】美国爱尔琴钟表公司自1869年创立到20世纪50年代,一直被公认为是美国最好的钟表制造商之一。该公司在市场营销管理中强调生产优质产品,并通过由著名珠宝商店、大百货公司等构成的市场营销网络分销产品。1958年之前,公司销售额始终呈上升趋势。但此后其销售额和市场占有率开始下降。造成这种状况的主要原因是市场形势发生了变化:这一时期的许多消费者对名贵手表已经不感兴趣,而趋于购买那些经济、方便、新颖的手表;而且,许多制造商迎合消费者需要,已经开始生产低档产品,并通过廉价商店、超级市场等大众分销渠道积极推销,从而夺得了爱尔琴钟表公司的大部分市场份额。爱尔琴钟表公司竟没有注意到市场形势的变化,依然迷恋于生产精美的传统样式手表,仍旧借助传统渠道销售,认为自己的产品质量好,顾客必然会找上门。结果,企业经营遭受重大挫折。

【案例2-4】美国的铁道行业是患"市场营销近视症"的典型例子。大约在1960年,列维教授曾在一篇题为"市场营销近视"的论文中以美国的铁路行业作为主要例证阐述了为什么企业甚至整个行业会在成长到具有强大的权力影响后走向没落。列维认为在19世纪时这个行业替代了其他形式的陆上运输业,因为它比它们更具效率和效果。20世纪初,内燃机兴起,虽然汽车和卡车成本高,技术还不先进、不可靠,而且并不是那么容易获得,然而,其潜在优势显而易见——如果你拥有一辆汽车或卡车,那么你就完全可以对你的运输需要做主,你可以在方便的时候去旅行。亨利·福特看到了这样的市场机遇,开创了批量装配的概念,开始以持续增长的数量生产出可靠、低成本的汽车来。从那时起,铁路运输业开始走向滑坡,以至于20世纪50年代时这个曾一度辉煌的产业已呈现出最后的没落景象了。

哪里出错了?列维认为铁路行业的主管们太专注于他们的产品,而忽视了他们所服务的运输这种消费需求。由于他们的市场营销近视和产品导向,他们没有看到市场不断变化的事实:铁路业曾经作为早期替代品而取代了当时缺乏吸引力的其他形式的陆上运输业产品,给消费者提供了一种选择,使得他们在新旧更替中提高了自身的满意程度。因此,很显然,如果又开发出一种更新、更方便的运输手段,消费者同样会转向它们,如果铁路业主管们注重他们所服务的需求——运输——而不是他们的产品,他们或许可以加入新兴的汽车行业中,建立一套整合型的运输系统。换句话说,铁路业的失败应归结于他们缺乏市场营销导向。

三、推销观念

推销观念(或称销售观念)盛行于20世纪三四十年代卖方市场向买方市场转变期间。第一次世界大战结束以后,由于科技进步及科学管理和大规模生产的推广,商品产量迅速增加,逐渐出现商品供过于求的状况,企业间竞争日益激烈。尤其是1929—1933年的世界性经济大危机,更使许多企业家认识到产品销路成了企业生命攸关的问题。

推销观念认为,消费者通常表现出一种购买惰性或抗衡心理,他们一般不会足量购买某一企业的产品。企业如果能针对消费者的心理,采取一系列有效的推销和促销手段,使消费者对企业的产品产生兴趣,刺激消费者大量购买是完全可能的。在现代市场经济条件下推销观念被大量用于推销那些非渴求物品,即购买者一般不会想到要去购买的产品或服务。许多企业在产品过剩时,也常常奉行推销观念。(如表2-3)

由于推销导向型企业只是努力将自己生产的产品推销出去,而不考虑这些产品是否满足消费者的需要以及销售以后顾客的意见,所以,推销观念仍属于以产定销的企业经营哲学。

表2-3 推销观念理解要点

产生背景	供求平衡或供大于求,卖方市场向买方市场转化
基本思想	主动推销和积极促销
典型口号	我们卖什么,就让人们买什么
营销出发点	从企业到市场
经营形式	注意运用推销术和广告术来大力推销产品

【案例2-5】美国皮尔斯堡面粉公司,于1869年成立,从成立到20世纪20年代以前,这家公司提出"本公司旨在制造面粉"的口号。因为在那个年代,人们的消费水平很低,面粉公司无需太多宣传,只要保持面粉质量,降低成本与售价,销量就会大增,利润也会增加,而不必研究市场需求特点和推销方法。1930年左右,美国皮尔斯堡公司发现,竞争加剧,销量开始下降。公司为扭转这一局面,第一次在公司内部成立商情调研部门,并选派大量推销员,扩大销售量,同时把口号变为"本公司旨在推销面粉",更加注意推销技巧,进行大量广告宣传,甚至开始硬性兜售。然而随着人们生活水平的提高,各种强力推销未能满足顾客变化的新需求,这迫使面粉公司从满足顾客实际需求的角度出发,对市场进行分析研究。1950年

前后公司根据战后美国人的生活需要开始生产和推销各种成品和半成品的食品,使销量迅速上升。1958年后,公司着眼于长期占领市场,着重研究今后3～30年的市场消费趋势,不断设计和制造新产品,培训新的推销人员。

【案例2-6】1994年,三株初试莺啼,销售额达1.25亿元,1995年猛跳到23亿元,1996年则达到惊人的80亿元。支撑这个销售奇迹的是三株惊人的推销手段,它在全国所有大城市、省会城市等注册了600个子公司,吸纳了15万名推销人员,三株的传单、招贴、标语和横幅满天飞,成为家喻户晓的名牌。

但是,一方面由于管理体制的原因,另一方面也与三株狭隘的推销观念有关,三株只注重花大量人力物力把生产出来的产品推销出去,而忽视了市场的调查研究工作,致使产品功能与消费者日益变化的需求脱节。这样一来,即使是最好的推销手段也难以吸引消费者。由此三株销售业绩开始逐年滑坡,还欠下大笔贷款。一个曾经盛极一时的品牌就此逐渐被人们所淡忘。

四、市场营销观

市场营销观是一种新型的企业经营哲学,是对传统营销观念的挑战。这种思想由来已久,但其核心原则直到20世纪50年代中期才基本定型。市场营销观念认为,实现企业各项目标的关键,在于正确确定目标市场的需要和欲望,并且比竞争者更有效地传送目标市场所期望的物品或服务,更有效地满足目标市场的需要和欲望(表2-4)。20世纪50年代以来,西方发达国家的市场已经变成了名副其实的买方市场,卖方间竞争十分激烈,而买方处于优势地位;科学技术和生产的迅速发展使人民的文化生活水平迅速提高,消费者的需求向多样化发展并且变化频繁,市场营销观念正是在这种市场形势下应运而生,成为新形势下指导企业营销活动的指导思想。市场营销观念使企业经营哲学从以产定销转变为以销定产,第一次摆正了企业与顾客的位置,所以是市场观念的一次重大革命。在这种观念下,企业一切活动都以顾客需求为中心,企业把满足消费者的需求和欲望作为自己的责任,喊出了"顾客需要什么,我们就生产什么""顾客是上帝"的口号。

表2-4 市场营销观理解要点

产生背景	供大于求,买方市场形成
基本思想	满足顾客的需求和欲望,销售市场上需要的
典型口号	顾客需要什么,我们就生产、销售什么
营销出发点	从市场出发,再回到市场
经营形式	及时了解和准确把握目标市场的需求和欲望,并要比竞争者更有效地传送目标市场所期望的产品和服务,更好地满足其需求和欲望。
四大支柱	目标市场、顾客需求、整合营销、盈利能力

【概念辨析】推销与市场营销的区别

1. 推销只是市场营销活动中的一个组成部分,而且还不是重要部分。市场营销是企业的整体活动,包括了解市场需求特点、熟悉目标市场、开发适合需求的产品、制定合理的价格、选择适当的渠道、采取有效的促销方式等。

2. 推销观念注重卖方需要,市场营销观念则注重买方需要。推销观念以卖主需要为出发点,考虑如何把产品变成现金;而市场营销观念则考虑如何通过制造、传送产品以及与最终消费产品有关的所有事物,来满足顾客的需要。从本质上说,市场营销观念是一种以顾客需要和欲望为导向的哲学,是消费者主权论在企业市场营销管理中的体现。

3. 美国著名管理学家曾明确指出,市场营销的目的就是要使推销成为多余。也就是说,只要在大量市场营销工作的基础上研制出"合适的"产品,其订货一定会多得应接不暇,从而推销也就成为多余了。

【案例2-7】雅高集团是一家集矿山投资、开采、石材加工销售和安装为一体的大型综合性企业集团,是全球第一家全产业链销售的石材公司。其灰色石材已探明储量位居全球第一位。传统的石材行业企业一般是不关心品牌的,但是,雅高集团从陶瓷行业借鉴了营销模式,也开始注重品牌的建设与推广。虽然整体的品牌推广在还在策划中,但是营销方式已经被更多行业企业认同并效仿了。以前石材行业,矿山与销售基本分离,生产与市场是割裂开的,基本是矿山在全国几个重点的石材集散地做传统的批发,很少有人去培养自己的销售队伍,行业整体处于一种坐商的状态,不知道该如何去开发市场,这种方式已经落后于我国经济发展的程度了,与我国现有的经济发展很不匹配。雅高现在向这种落后的模式发起挑战,不单要售卖石材产品,更多的是要向企业提供一个整体的解决方案。现在的房地产企业做项目时候多数都是聘用专业的设计师和团队。但是,现在多数的设计者对石材使用在整体上不够成熟。雅高经过多年的项目操作,总结出了很多成型方案,并且还可以根据具体需求做相应的调整,力求项目达到最好的效果。在渠道方面,雅高依靠代理商巩固现有市场,另一方面,在全国建立八大营销中心,培养自己的销售队伍。

【案例2-8】日本本田汽车公司计划在美国推出一种雅阁牌新车。在设计新车前,他们派出工程技术人员专程到洛杉矶地区考察高速公路的情况,实地丈量路长、路宽,采集高速公路的柏油,拍摄进出口道路的设计。回到日本后,他们专门修了一条9英里长的高速公路,就连路标和告示牌都与美国公路上的一模一样。在设计行李箱时,设计人员意见有分歧,他们就到停车场看了一个下午,看人们如何放取行李。这样一来,意见马上统一起来。结果本田公司的雅阁牌汽车一到美国就备受欢迎,被称为是全世界都能接受的好车。

五、社会营销观

社会营销观念产生于20世纪70年代,是对市场营销观的修改和补充。当时,为了保护消费者的利益,美国等国家陆续成立了消费者联盟,保护消费者权益主义蓬勃兴起。对此,美国管理学权威彼得·德鲁克指出:"市场营销的漂亮话讲了20年之后,保护消费者权益主义居然变成了一个强大的流行的运动,这就证明没有多少公司真正奉行市场营销观念。"还有不少人认为,市场营销观回避了消费者需求、消费者利益和长远社会利益之间隐含的冲突,在环境恶化、资源短缺、人口爆炸、世界性通货膨胀、社会服务被忽视的年代里,一个企业仅仅追求市场营销观念是不适当的,它往往会导致资源浪费、环境污染等诸多弊病。

为此,西方学者提出了社会营销观。社会营销观认为,企业的任务是确定各个目标市场的需要、欲望和利益,并以保护或提高消费者和社会福利的方式,比竞争者更有效、更有利地向目标市场提供能够满足其需要、欲望和利益的物品或服务。社会营销观要求市场营销者在制定市场营销政策时,统筹兼顾企业利润、消费者需要的满足和社会利益三方面的利益

(表 2-5)。比如在生产过程中,防止或尽力减少周围环境污染,在销售过程中,提供有利于人们身心健康、保质保量的产品和服务,同时,为改善整个社会环境(包括生态环境、文娱环境、物质条件等)而提供各种条件等。

表 2-5 社会营销观理解要点

产生背景	能源短缺、通货膨胀、失业增加、环境污染严重、消费者保护运动盛行
基本思想	既要满足消费者需求,又要符合消费者和社会的长期利益
典型口号	满足需求和符合社会利益而获得利益
营销出发点	从市场和社会利益需求出发
经营形式	强调企业的社会责任,要求满足需求的同时履行社会责任

【案例 2-9】北京时间 2013 年 4 月 20 日 8 时 2 分,四川省雅安市芦山县发生 7.0 级地震,各大互联网公司纷纷宣布向地震灾区支援捐款和组织捐款活动。

腾讯:10 时 53 分,腾讯公益慈善基金会宣布紧急向四川雅安地震首批捐款 500 万元支援救灾。腾讯公益慈善基金会理事长郭凯天表示,抗震救灾,刻不容缓,腾讯将全平台开通救灾通道,携手网友一起协助救灾工作。

百度:12 时左右,百度基金会宣布向雅安地震首批捐款 500 万元,用于灾难救助。同时,百度还宣布将用互联网的技术和产品最大程度支持灾难救助,并呼吁大家一起关注雅安,支持雅安,帮助寻找每一个生命奇迹。

金山软件:12 时 34 分,金山软件集团宣布紧急捐赠 100 万元人民币支援雅安灾区,同时号召金山员工自发捐款。

阿里巴巴:12 时 12 分,阿里巴巴发布题为"我们,在一起"的长微博,发出三点"恳请"以协助救灾。

①恳请商家:忘掉所有的生意和买卖,和您的家人待在一起,待在空阔的地方。我们的绿色通道随时为您打开,有任何需求,请随时联系我们。我们正在通过各种渠道和方式,希望能够为灾区提供更多的帮助,也将陆续出台一系列政策和措施,来帮助我们的商家和消费者。

②恳请消费者:在地震面前,对有可能产生的快递延迟及其他不可预知的事故,对我们的商家给予更多的包容和谅解,让他们能安心地和家人在一起。

③恳请社会大众:为灾区祈祷,为我们的同胞祈祷。支付宝正在紧急安排为四川雅安灾区捐赠项目的上线,届时第一时间通知大家,也请大家能伸出援手登录支付宝爱心捐赠平台 love.alipay.com 为灾区献爱心。

同时,阿里巴巴还公布了热线电话,以协助灾区救援。

13 时 52 分,阿里巴巴宣布旗下公益基金会将紧急向四川雅安地震首批捐款 500 万元用于紧急救灾及灾后重建。

【案例 2-10】青岛澳柯玛集团是我国最早被认定为"中国驰名商标"的四大家用电器企业之一、中国独家"中国电冰柜大王"企业,目前综合实力列行业第七位,是国家大型一级企业,山东省重点工业企业集团。

可持续发展是澳柯玛集团企业发展的根本方向,澳柯玛集团在同行业内率先开始致力于无 CFC 替代项目改造工作,并已成为全球最大的无 CFC 电冰柜生产基地,同时在电冰柜、洗碗机生产行业内最先通过了 ISO14001 环境管理体系认证。目前,澳柯玛正向节能、环保高科技家电产品领域开辟新的发展空间,进行充分的产品结构、组织结构调整工作,实施产品的"纵向拉长,横向拓宽",规划在未来三年及更长的时期内,在国内占领环保、节能家电行业的领头地位,带领中国家电行业向世界家电王国进军。

第四节　顾客满意与顾客让渡价值

在现代市场营销观念指导下,企业应致力于顾客服务和使顾客满意。而要使顾客满意,需要从多方面开展工作。事实上,消费者在选择产品时,价格只是考虑因素之一,消费者真正看重的是"顾客让渡价值"。

一、顾客满意

（一）顾客满意的概念

顾客满意研究兴起于20世纪70年代,最早的文献可追溯到1965年美国学者Cardozo发表的"顾客的投入、期望和满意的实验研究",其首次将顾客满意的观点引入营销领域,此后顾客满意理论取得了长足发展。菲利普·科特勒（2001）认为顾客满意是个人通过将某项产品或服务的可感知效果（或结果）与他的期望值相比较所形成的愉悦或失望的感觉状态。

期望模型是顾客满意理论的基础,在购买前,顾客会对产品的绩效,即产品将会提供的各种利益和效用,形成"期望",顾客进行了购买以后,则会将消费产品所获得的真实绩效水平与购买前的期望进行比较,形成二者之间的差距,由此产生不同的"满意"反应:当实际绩效与期望相同时,顾客产生适度的满意;当实际绩效超过期望时,导致满意;而当实际绩效达不到期望时,导致不满意。因此,期望是顾客对产品绩效的预期,绩效是顾客所获得的利益,满意则是顾客的最终态度和评价。

（二）顾客满意理论的意义

许多企业在制定21世纪的质量战略时,不再以质量合格或服务达标作为企业追求的最高目标,取而代之的是将"顾客满意"作为质量战略的核心。随着中国市场竞争的日益激烈,企业间的较量已开始从基于产品的竞争转向基于顾客资源的竞争,顾客成为企业最为重要的资源。关注顾客、研究顾客、探讨"如何使顾客满意"已经成为现代企业取得竞争优势不可或缺的要素。

顾客满意经营战略对企业的作用在于:

1. 顾客满意既是企业发展的出发点,又是落脚点　企业只有掌握了"顾客满意"这个出发点,才能为顾客提供满意的产品或服务。同时,顾客满意的程度又决定了企业产品或服务的市场竞争力。

2. 顾客满意使企业获得更高的长期盈利能力

（1）减少企业的浪费:准确地预测顾客的需求和期望,可使新产品的研制和生产少走弯路,减少了企业的浪费,压缩了成本。

（2）更高的顾客回头率：满意的顾客有更高的品牌忠诚度，重复购买率高将使企业获得更多的利润。

（3）交易成本低：对于重复购买，销售人员只需向顾客推荐应该买哪种产品，多少钱，而不是费时费力地向顾客解释为什么要买本企业的产品。

（4）沟通成本低：满意的顾客能带来口碑效应，他们乐于将自己的感受告诉别人，这种宣传比其他沟通方式更加有效，并且几乎不需要成本。

3. 顾客满意使企业在竞争中得到更好的保护　高度满意的顾客能够长期保持忠诚。即使在企业未提供合适的产品，或竞争者供应更具性价比的产品时。IBM进入小型电脑的市场较晚，在苹果公司开发APPLE Ⅱ的5年后才推出第一台自己的个人电脑，然而在这段时间里，IBM原来的顾客（主要是大公司的采购者）都在耐心等待，从而使IBM有机会成为这一行业的领导者。

【小资料】

顾客满意的好处

1. 较长期地忠诚于公司。
2. 购买公司更多的新产品和提高购买产品的等级。
3. 为公司和它的产品说好话。
4. 忽视竞争品牌和广告，对价格不敏感。
5. 向公司提出产品或服务建议。
6. 由于交易惯例化而比用于新顾客的服务成本低。

（资料来源：菲利普·科特勒. 营销管理（新千年版）. 北京：中国人民大学出版社，2001：66）

二、顾客让渡价值

顾客让渡价值（也称顾客认知价值）由菲利普·科特勒于1994年在《营销管理》一书中提出，是指顾客购买总价值与顾客购买总成本之间的差额。顾客购买总价值是指顾客购买某一产品与服务所期望获得的一组利益，它包括产品价值、服务价值、人员价值和形象价值等。顾客购买总成本是指顾客为购买某一产品所耗费的时间、精神、体力以及所支付的货币资金等，因此，顾客购买总成本包括货币成本、时间成本、精神成本和体力成本等。顾客让渡价值如图2-2所示。

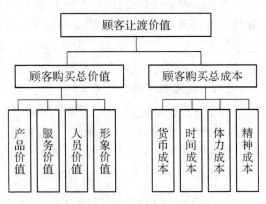

图2-2　顾客让渡价值示意图

顾客在购买产品时，总希望把有关成本包括货币、时间、精神和体力等降到最低限度，而同时又希望从中获得更多的实际利益，以使自己的需要得到最大限度的满足。因此，顾客往往从价值与成本两个方面进行比较分析，从中选择出价值最高、成本最低，即顾客让渡价值最大的产品作为优先选购的对象。

企业为在竞争中取胜,吸引更多的潜在顾客,就必须向顾客提供比竞争对手具有更多顾客让渡价值的产品。提高顾客让渡价值,可从两个方面进行:一是通过改进产品、服务、人员与形象,提高产品的总价值;二是通过降低生产与销售成本,减少顾客购买产品的时间、精神与体力的耗费,从而降低货币与非货币成本。

(一) 顾客购买总价值

使顾客获得更大顾客让渡价值的途径之一,是增加顾客购买的总价值。顾客购买总价值由产品价值、服务价值、人员价值和形象价值构成,其中每一项价值因素的变化均对总价值产生影响。

1. 产品价值　产品价值是由产品的功能、特性、品质、品种与式样等所产生的价值。它是顾客需要的中心内容,也是顾客选购产品的首要因素,因而一般情况下,它是决定顾客购买总价值大小的关键和主要因素。产品价值是由顾客需要来决定的,在分析产品价值时应注意:一是在经济发展的不同时期,顾客对产品的需要有不同的要求,构成产品价值的要素以及各种要素的相对重要程度也会有所不同。例如,我国在计划经济体制下,由于产品长期短缺,人们把获得产品看得比产品的特色更为重要,因而顾客购买产品时更看重产品的耐用性、可靠性,而对产品的花色、式样、特色等却较少考虑;在市场商品日益丰富、人们生活水平普遍提高的今天,顾客往往更为重视产品的特色质量,如要求功能齐备、质量上乘、式样新颖等。二是在经济发展的同一时期,不同类型的顾客对产品价值也会有不同的要求,在购买行为上显示出极强的个性特点和明显的需求差异性。这就要求企业必须认真分析不同经济发展时期顾客需求的共同特点以及同一发展时期不同类型顾客需求的个性特征,并据此进行产品的开发与设计,增强产品的适应性,从而为顾客创造更大的价值。

2. 服务价值　服务价值是指伴随产品实体的出售,企业向顾客提供的各种附加服务,包括产品介绍、送货、安装、调试、维修、技术培训、产品保证等。服务价值是构成顾客总价值的重要因素之一。在现代市场营销实践中,随着消费者收入水平的提高和消费观念的变化,消费者在选购产品时,不仅注意产品本身价值的高低,而且更加重视产品附加价值的大小。特别是在同类产品质量与性质大体相同或类似的情况下,企业向顾客提供的附加服务越完备,产品的附加价值越大,购买的总价值也越大;反之,则越小。因此,在提供优质产品的同时,向消费者提供完善的服务,已成为现代企业市场竞争的新焦点。美国哈佛商业杂志发表的一项研究报告指出:"公司只要降低5%的顾客流失率,就能增加25%～85%的利润,而在吸引顾客再度光顾的众多因素中,首先是服务质量的好坏,其次是产品的本身,最后才是价格。"据美国汽车业的调查,一个满意的顾客会引发8笔潜在生意,其中至少有1笔成交;一个不满意的顾客会影响25个人的购买意愿。争取一位新顾客所花的成本是保住一位老顾客所花钱的6倍。有一位名叫吉拉德的德国汽车经销商,每个月要寄出13 000张卡片,任何一位从他那里购买汽车的顾客每月都会收到有关购后情况的询问,这一方法使他生意兴隆。

3. 人员价值　人员价值是指企业员工的经营思想、知识水平、业务能力、工作效益与质量、经营作风、应变能力等所产生的价值。企业员工直接决定着企业为顾客提供的产品与服务的质量,决定着顾客购买总价值的大小。一个综合素质较高又具有顾客导向经营思想的工作人员,会比知识水平低、业务能力差、经营思想不端正的工作人员为顾客创造更高的价值,从而吸引更多的满意的顾客,进而为企业创造市场。人员价值对企业、对顾客的影响作用是巨大的,并且这种作用往往是潜移默化、不易度量的。因此,高度重视对企业人员综合素质与能力的培养,加强对员工日常工作的激励、监督与管理,使其始终保持较高的工作质量与水平就显得至关重要。

4. 形象价值　形象价值是指企业及其产品在社会公众中形成的总体形象所产生的价值。包括企业的产品、技术、质量、包装、商标、工作场所等所构成的有形形象所产生的价值,公司及其员工的职业道德行为、经营行为、服务态度、工作作风等行为形象所产生的价值,以及企业的价值观念、管理哲学等理念形象所产生的价值等。形象价值与产品价值、服务价值、人员价值密切相关,在很大程度上是上述三方面价值综合作用的反映和结果。形象对于企业来说是宝贵的无形资产,良好的形象会对企业的产品产生巨大的支持作用,赋予产品较高的价值,从而带给顾客精神上和心理上的满足感、信任感,使顾客的需要获至更高层次和更大限度的满足,从而增加顾客购买的总价值。因此,企业应高度重视自身形象塑造,为企业进而为顾客带来更大的价值。

（二）顾客购买总成本

使顾客获得更大顾客让渡价值的途径之二,是降低顾客购买的总成本。顾客购买总成本不仅包括货币成本,而且还包括时间成本、精神成本、体力成本等非货币成本。一般情况下,顾客购买产品时首先要考虑货币成本的大小,因此,货币成本是构成顾客购买总成本大小的主要和基本因素。在货币成本相同的情况下,顾客在购买时还要考虑所花费的时间、精神、体力等,因此这些支出也是构成顾客购买总成本的重要因素。

1. 时间成本　在顾客购买总价值与其他成本一定的情况下,时间成本越低,顾客购买的总成本越小,从而顾客让渡价值越大。如以服务企业为例,顾客在购买餐馆、旅馆、银行等服务行业所提供的服务时,常常需要等候一段时间才能进入正式购买或消费阶段,特别是在营业高峰期更是如此。在服务质量相同的情况下,顾客等候购买该项服务的时间越长,所花费的时间成本越大,购买的总成本就会越高。同时,等候时间越长,越容易引起顾客对企业的不满意感,从而中途放弃购买的可能性亦会增大。因此,努力提高工作效率,在保证产品与服务质量的前提下,尽可能减少顾客的时间支出,降低顾客的购买成本,是为顾客创造更大的顾客让渡价值,增强企业产品市场竞争能力的重要途径。

2. 体力与精神成本　精力成本是指顾客购买产品时,在精神、体力方面的耗费与支出。在顾客购买总价值与其他成本一定的情况下,精神与体力成本越小,顾客为购买产品所支出的总成本就越低,从而"让渡价值"越大。因为消费者购买产品的过程是一个从产生需求、寻找信息、判断选择、决定购买到实施购买,以及购后感受的全过程,在购买过程的各个阶段,均需付出一定的精神与体力。消费者为搜集信息而付出的精神与体力的多少会因购买情况的复杂程度不同而有所不同。如果企业能够通过多种渠道向潜在顾客提供全面详尽的信息,就可以减少顾客为获取产品情报所花费的精神与体力。例如,对于结构性能比较复杂、装卸搬运不太方便的机械类、电器类产品,如果企业能为顾客提供良好的售后服务,如送货上门、安装调试、定期维修、供应零配件等,就会减少顾客为此所耗费的精神和体力,从而降低精神与体力成本。因此,企业采取有效措施,对增加顾客购买的实际利益,降低购买的总成本,获得更大的顾客让渡价值具有重要意义。

（三）顾客让渡价值的意义

在现代市场经济条件下,企业树立顾客让渡价值观念,对于加强市场营销管理,提高企业经济效益具有十分重要的意义。

1. 顾客让渡价值的多少受顾客购买总价值与顾客购买总成本两方面的因素的影响。

顾客购买总价值（TCV）是产品价值（Pd）、服务价值（S）、人员价值（PS）和形象价值

(I)等因素的函数,可表示为:

$$TCV = f(Pd, S, PS, I)$$

其中任何一项价值因素的变化都会影响顾客购买总价值。

顾客购买总成本(TCC)是包括货币成本(M)、时间成本(T)、精力成本(E)等因素的函数,即:

$$TCC = f(M, T, E)$$

其中,任何一项成本因素的变化均会影响顾客购买总成本,由此影响顾客让渡价值的大小。

同时,顾客购买总价值与购买总成本的各个构成因素的变化及其影响作用不是各自独立的,而是相互作用、相互影响的。某一项价值因素的变化不仅影响其他相关价值因素的增减,从而影响顾客购买总成本的大小,而且还影响顾客让渡价值的大小;反之,亦然。因此,企业在制定各项市场营销决策时,应综合考虑构成顾客购买总价值与购买总成本的各项因素之间的这种相互关系,从而用较低的生产与市场营销费用为顾客提供具有更多的顾客让渡价值的产品。

2. 不同的顾客群对产品价值的期望与对各项成本的重视程度是不同的。

企业应根据不同顾客群的需求特点,有针对性地设计和增加顾客购买总价值,降低顾客购买总成本,以提高产品的实用价值。例如,对于工作繁忙的消费者而言,时间成本是最为重要的因素,企业应尽量缩短消费者从产生需求到具体实施购买,以及产品投入使用和产品维修的时间,最大限度地满足其求速求便的心理要求。总之,企业应根据不同细分市场顾客的不同需要,努力提供实用价值强的产品,这样才能增加其购买的实际利益,减少其购买成本,使顾客的需要获得最大限度的满足。

3. 企业为了争取顾客,战胜竞争对手,巩固或提高企业产品的市场占有率,往往采取顾客让渡价值最大化策略。

追求顾客让渡价值最大化的结果往往会导致成本增加,利润减少。因此,在市场营销实践中,企业应掌握一个合理的度的界线,而不应片面追求顾客让渡价值最大化,以确保实行顾客让渡价值所带来的利益超过因此而增加的成本费用。换言之,企业顾客让渡价值的大小应以能够达到实现企业经营目标的经济效益为原则。

章节总结

市场营销管理的任务是需求管理,需求具有八种不同的类型,针对不同的需求状况,营销管理的处理方式不同。

市场营销管理哲学是指企业在开展市场营销管理的过程中,在处理企业、顾客和社会三者利益方面所持的态度、思想和观念。企业的市场营销管理哲学可归纳为五种观念,即生产观念、产品观念、推销观念、市场营销观念和社会营销观念。传统营销观念与现代营销观念在产生背景、核心思想、出发点等发面均存在很大不同,树立正确的市场营销管理哲学对企业经营管理意义重大。

顾客满意是个人通过将某项产品或服务的可感知效果(或结果)与他的期望值相比较所形成的愉悦或失望的感觉状态。顾客满意与否及满意的程度会对企业经营管理带来长期的影响,企业应致力于提高顾客满意度。

顾客让渡价值是指顾客购买总价值与顾客购买总成本之间的差额。顾客购买总价值是指顾客购买某一产品与服务所期望获得的一组利益,它包括产品价值、服务价值、人员价值和形象价值等。顾客购买总成本是指顾客为购买某一产品所耗费的时间、精神、体力以及所支付的货币资金等。

思考题

1. 简述市场营销管理哲学的演变及背景依据。
2. 阐述传统营销观念与现代营销观念的区别。
3. 阐述市场营销与推销、销售的区别。
4. 评价"酒香不怕巷子深"的经营理念。
5. 辨析:"按现代营销观念,企业的营销活动应当在产品生产出来后和进入市场前开始。"
6. 谈谈顾客满意与不满意对企业经营管理的影响。
7. 顾客让渡价值由哪几部分组成?谈谈如何提高顾客让渡价值。

案例讨论

麦当劳的顾客让渡价值

以麦当劳为例,人们不会仅仅因为喜欢汉堡而涌向全世界数万个麦当劳快餐店。其他一些餐馆制作的汉堡味道也许更好。人们是冲着某个系统而来,并不仅仅是汉堡。这是一个有效运转的系统,该系统向全世界传送一个高标准,即麦当劳公司所谓的 QSCV——质量(quality)、服务(service)、清洁(cleanliness)和价值(value)。麦当劳公司的有效就在于它和它的供应商、特许经营店业主、雇员以及其他有关人员共同向顾客提供了他们所期望的高价值。

麦当劳正是深谙顾客让渡价值理论的艺术,以适宜的顾客让渡价值而达到顾客满意的。

一、麦当劳的整体顾客购买价值

麦当劳的产品价值、服务价值、人员价值和形象价值共同构成了麦当劳的整体顾客购买价值。

1. 麦当劳的产品价值　麦当劳产品的原料、用量、过程都有严格的标准。麦当劳在"操作规程"中对食品和提供的服务的标准都有具体的规定。食品有严格的时间限制。超过10分钟的汉堡、7分钟的法式炸薯条,都不再出售。麦当劳根据各地顾客的需求不同,提供具有不同特色的产品。

2. 不落俗套的麦当劳服务价值　麦当劳没有自动电唱机服务来吸引十几岁的孩子,也没有香烟和自动售报机来消遣成年顾客,而各地顾客还是慕名而来。麦当劳的服务价值是:服务中抓住儿童的心,迎合儿童心理的服务才是小顾客们真正需要的。针对特殊的市场,麦当劳给予特殊的服务。

3. 麦当劳的人员价值　麦当劳的员工分为两类:经理和员工。经理分为餐厅经理、第一副经理、第二副经理和见习经理;员工分为员工组长、训练员、员工和见习生。麦当劳员工流动性极大,美国约为125%。经理拿月薪,员工则是按小时计酬。麦当劳的人员价值在外,功夫在内。

4. 麦当劳的形象价值　企业的形象价值其实是在产品价值、人员价值、服务价值基础上的一种综合价值。一般而言,形象价值来源于四个方面:MI(理念识别)、BI(行为识别)、VI(视觉识别)、OI(企业讯息传达系统识别)。其中,MI是指企业的经营理念和价值观,这是企业的灵魂,也是企业形象的基础;BI是指企业运行的全部规程策略;VI是企业在MI、BI的基础上,所设计的向外界传达的全部视觉形象的总和;OI是指如何利用各种讯息传达系统来向公众传递企业的形象价值。麦当劳的企业形象价值来自于如下四个部分:QSCV,即质量(Q)、服务(S)、清洁(C)、价值(V)。这简明扼要的四个词贯穿于麦当劳的整个生产、服务过程当中。麦当劳有一套准则来保证员工行为规范:OTM(营业训练手册);SOC(岗位检查表);QG(品质导正手册);MDT(管理人员训练)。总之,小到洗手消毒有程序,大到管理有手册,以保证QSCV的贯彻。麦当劳的视觉形象识别是有口皆碑的。麦当劳在各个报刊上频频亮相,并多次受奖,名声大振。麦当劳的整体顾客购买价值相对提高,也就使整体顾客购买成本相对降低。

二、麦当劳的整体顾客购买成本

1. 货币成本　尽管在各国以各国货币来计价,麦当劳的一份快餐的货币价格相对较低,不超过两美元。美国的家庭主妇们认为比她们自己做的还省钱。

2. 时间成本　麦当劳利用特许加盟的形式开设了许多连锁店,就是方便顾客就近用餐,店内接待一名顾客的时间不超过1分钟,顾客的时间成本相当小。

3. 体力成本和精神成本　对于一些人,尤其是儿童来说,进入麦当劳店是一种娱乐,体力和精力成本几乎为零,甚至是一个享受。因此可以概括为这样一个公式:麦当劳的顾客让渡价值=麦当劳的整体顾客购买价值-麦当劳的整体顾客购买成本=(感知与期望比较)顾客满意=麦当劳的成功。

第三章 市场营销环境分析

本章主要介绍了市场营销环境分析的主要内容和主要方法。市场营销的环境分析包括宏观环境分析和微观环境分析两个层次。宏观环境分析主要需要分析人口环境、经济环境、自然环境、技术环境、政治法律环境以及社会文化环境等；而微观环境分析则主要分析企业本身及其市场营销渠道企业、市场、竞争者和各种公众等。最后本章详细介绍了市场营销环境分析最常见的分析方法——SWOT分析法，主要介绍了SWOT分析法的内涵、内容和步骤。

学习重点

1. 阐述市场营销宏观环境的含义及构成要素。
2. 阐述市场营销微观环境的含义及构成要素。
3. 掌握市场营销环境分析主要工具和方法（SWOT分析法）。

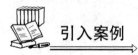

可口可乐：法兰西背水一战

可口可乐公司在20世纪20年代以前的业务范围仅限于北美地区。1930年专门负责总公司海外业务的可口可乐出口有限公司的成立，以及浓缩液制作技术的采用，使可口可乐公司有可能大力发展海外业务，开拓国际市场，开展国际市场营销活动。

第二次世界大战以后，可口可乐公司决定拓展法国业务，并打算在马赛建立生产浓缩液的新厂。为此，公司同当地企业界签订了装瓶特许权协议，并拨出大笔广告费，计划在几年内使每一位法国人每年享用6瓶可口可乐。然而，这项计划在一开始就受到来自各方面的阻力。法共的《人道报》指责这一计划是对法国的经济侵略,它将导致法国"可口可乐化",并可能导致法国国际收支的严重失衡;法国饮料业界,如葡萄酒、果汁、矿泉水、啤酒等饮料行业因担心可口可乐会威胁他们的利润而纷纷指责可口可乐危害公众健康和国内工业发展;政府内部对可口可乐公司的市场推广计划也存在着反对意见,法国海关、农业部和卫生部都指责可口可乐含有人工加入的过量咖啡因,对人体健康有害。财政部则借口这一计划可能会给法美贸易收支问题带来灾难而禁止可口可乐在法国经营。在各种力量的压迫下,法国政府于1950年2月拒绝了可口可乐出口有限公司借道摩洛哥运送一批浓缩液去法国的申请。

面对"整体上反美的"法国人,可口可乐公司并没有退缩,而是经过周密细致的分析,重新制订了开拓法国市场的计划:一方面继续实施在产品策略、价格策略、渠道策略和促销策略等方面的各项计划;另一方面,它们决定把公共关系策略和国家政治权力运用到这次开拓国际市场的活动中来,对这种"整体上反美的"情绪给予有力的回击。

首先,可口可乐公司积极在法国开展公关活动,争取各有关方面的理解和支持。它们雇佣了大量的当地法律和科学专家,利用他们在法国政界,尤其是在总统办公室和公共卫生机关的各种关系,将自己的主要观点以备忘录的形式递交给有关部门和议会议员,以求得他们的理解和支持。备忘录强调:可口可乐公司在76个国家享有自由销售权,调查证实可口可乐符合健康法规,其广告活动既非夸大其辞,也无挑衅意味,饮料产销均由法国人掌握,可口可乐不会影响传统的饮料市场。同时,公司总裁法利还拜访了法国驻美大使,进行游说活动,要求法国外交部劝说财政部和内阁取消对可口可乐的禁令。

其次,可口可乐公司还在美国国内开展各种公共关系活动,以取得美国公众和舆论的支持。它们对报界说:"可口可乐并没有伤害美国士兵的健康,而正是这些美国士兵把法国从纳粹统治之下解放了出来。"它们还抱怨法国人对美国的援助并没有多少感激之情。美国报界对此事大加渲染,有的要求禁止法国葡萄酒在美国的销售以示报复;还有的甚至把这一事件看作是"冷战"和全球意识形态斗争的一部分,它们说:"那些晦涩难懂的革命道理也许会通过一瓶伏特加或者一杯白兰地得以传播,但你绝对想象不出两个靠在饮料柜前喝可口可乐的人会举杯祝愿他们的资本家垮台。"在可口可乐公司的鼓动和美国新闻界的渲染下,可口可乐事件引起了美国公众的极大不满,许多美国公民要求取消对法国的经济援助。这样,法国驻美大使提醒巴黎,可口可乐事件将被看作是敌视美国的象征,会威胁到对法国的援助。

最后,可口可乐公司采取措施在美国政界进行活动,争取获得美国政府的支持。它们终于成功地敦促美国国务院出面干预。美国驻法大使告知皮杜尔总理,反对法国政府对美国产品采取无理的歧视行为,并就法国海关阻挠可口可乐浓缩液进口一事表示抗议。

在可口可乐公司的不懈努力下,法国政府于1954年4月悄悄地取消了从摩洛哥运输浓缩液的禁令。可口可乐公司取得了全面胜利,成功地打开了法国市场的大门。

第一节 宏观环境分析

市场营销宏观环境是指那些给企业造成市场机会和环境威胁的主要社会力量,包括人口环境、经济环境、自然环境、技术环境、政治法律环境以及社会文化环境。这些主要社会力量是企业不可控制的变量(图3-1)。

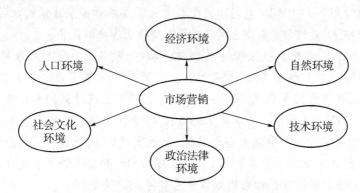

图3-1 市场营销宏观环境分析示意图

一、人口环境

市场是由有购买欲望同时又有支付能力的人构成的,人口是市场的第一要素,人口环境对市场格局具有整体性和长远性的影响。企业必须密切注意企业的人口环境方面的动向,及时地调整营销策略以适应人口环境的变化。主要包括以下方面:

（一）人口总量

人口总量是决定市场规模、潜在容量的重要因素。

人口越多,对食物、衣着、日用品等基本生活资料的需要量也越多,市场也就越大。据国家统计部门数据,2014年末,中国总人口达13.678 2亿人(不包括香港特别行政区、澳门特别行政区和台湾地区)。庞大的人口数量及增长速度使我国成为世界上最大的潜在市场,吸引着众多国外企业。沃尔玛、家乐福选择市场时首先考虑的都是人口数量。

而另一方面,众多的人口,会造成基本生活资料、基本原材料、运输、能源等的供应紧张,给企业的市场营销活动带来压力与危害。

（二）年龄结构

不同年龄的人对商品和服务有着不同的需求。按年龄,可将市场分为婴儿市场、儿童市场、青少年市场、中年人市场、老年人市场。企业了解了不同年龄结构所具有的需求特点,就可以决定企业产品的投向,寻找目标市场。

发达国家人口的低出生率,一方面给儿童用品行业带来了威胁；而另一方面,年轻夫妇有了更多的闲暇和收入,给酒店、饮食、旅游、体育、娱乐、航空公司带来巨大营销机会。根据联合国教科文组织的规定,60岁以上的人口占一个国家总人口的10%,或者65岁以上的人口占7%,这个国家就进入了老龄化社会。我国第五次人口普查数字显示,我国65岁以上人口,已经占总人口的6.96%。据我国2007年国民经济和社会发展统计公报,目前中国是世界上老龄人口最多的国家,60岁以上老年人口已超过1.3亿,占总人口的10%以上,65岁以上老年人口已超过1.063 6亿,占总人口的8.1%,也就是说,中国已进入了老龄化国家行列,对药品、保健品、老年公寓、家庭护理娱乐、老年大学等老年人用品与服务的需求增加了。

（三）人口性别

一般说来,在一个国家或地区,男性和女性的人口总数相差并不大。不同性别的人,在购买动机和购买行为等方面也有所不同。女性操持家务较多,大多数家庭生活用品和儿童用品多由女性采购,而耐用品、高科技产品往往由男性购买。

（四）地理分布

人口的地理分布因素是进一步分析市场潜力的重要依据,是人们形成不同区域消费偏好的重要原因。

1. 居住在不同地区的人有着不同的需求　由于地理位置、气候条件、传统文化、生活习惯和经济发展水平不同,人们会表现出消费习惯和购买行为的差异。第五次全国人口普查数据显示,居住在乡村的人口占63.91%,居住在城镇的人口占36.01%。在农村,由于农民普遍存在求廉心理,产品辨别能力较低,加上地方监管能力的局限,假冒伪劣产品更多地在农村市场泛滥。大中城市居民健康意识、防伪意识较强,"三无"产品在城市生存空间很小。

2. 人口迁移　从世界经济发展看,人口迁移的规律是由农村到城市,再由城市到郊区。当前,我国有一个突出的现象就是农村人口向城市或工矿地区流动,内地人口向沿海经济开放地区流动,这使这些地区的消费需求不仅在量上增加了,而且在消费结构上也发生了一定的变化。企业应该提供更多的适销对路产品满足这些流动人口的需求,这是潜力很大的市场。如在深圳、上海和北京,外来人口众多,给当地的旅馆、饭店和个人房屋出租等带来了收益。

（五）家庭结构

家庭是社会的细胞,也是商品采购的基本单位。家庭单位的数量和家庭平均人口的多少都会引起市场需求量及购买习惯的变化。如家庭数目多,对家电、家具等生活必需品的需求量就大,否则,需求量就小。在我国,家庭结构在不断地缩小,"丁克"、单亲、独身家庭的比重不断增加,这使得家庭的数量不断地增多,因此对住房、家庭用品的需求也在不断地增加。

家庭生命周期状况对企业的市场营销也有重大影响。家庭生命周期一般由七个阶段构成:

1. 未婚期　单身一人,空闲时间多,可以进行广泛的社交活动。无经济负担,对于书籍、娱乐用品和名牌服装等需求较大。

2. 新婚期　夫妇二人,无子女,在家具、电器等耐用消费品、度假和时装等方面花费较大。

3. "满巢"Ⅰ期　年轻夫妇和6岁以下孩子。婴幼儿的食品、玩具、婴幼儿常用药品、幼儿书籍、服装、保育费、教育支出等较大。

4. "满巢"Ⅱ期　年轻夫妇和6岁以上儿童,需要大量的文教用品、书籍、日常用品、教育支出等等。

5. "满巢"Ⅲ期　年龄较大的夫妇和已经自立的子女。经济上比较宽裕。

6. "空巢"期　子女已婚独居，家中只剩夫妇二人，主要需要医药用品和保健品、娱乐和社会服务等等。据统计，我国"空巢老人"约占老年人口总数的25%。

7. 孤独期　丧偶独居，需求与空巢期基本形同。

（六）非家庭住户也在迅速增加

非家庭住户通常有以下几种：①单身成年人住户。包括未婚、分居、丧偶、离婚。这种住户需要较小的公寓房间，较小的食品包装和较便宜的家具、日用品、陈设品等。②两人同居者住户。这种住户是暂时同居，需要较便宜的租赁家具和陈设品。③集体住户。即若干大学生等住在一起共同生活。在我国，非家庭住户正在迅速增加，企业应注意和考虑这种住户的特殊需要和购买习惯。

（七）许多国家的人口流动性大

许多国家的人口流动都具有两个主要特点：一个特点是人口从农村流向城市。这对零售商业结构影响很大。人口集中在城市使得居民需要和城市市场迅速增长和扩大，于是在城市出现繁华商业街。另一个特点是人口从城市流向郊区。随着城市交通日益拥挤，污染日益严重，同时交通运输大大发展，许多人纷纷从城市迁往郊区，在大城市周围出现了郊区住宅区。于是城市商业中心区的零售业态为了生存和发展，纷纷在郊区购物中心开设分店。

（八）一些国家的人口由多民族构成

美国人口基本是由过去两个世纪以来的移民构成的，因而是个多民族的国家。我国有56个民族。企业要调查研究这种人口动向，因为不同民族的消费者有不同的风俗、生活习惯和需要。

二、经济环境

企业还必须密切注意其经济环境方面的动向。进行经济环境分析时，要着重分析以下主要经济因素。

（一）消费者收入的变化

消费者收入包括消费者个人工资、红利、租金、退休金、馈赠等收入。消费者的购买力来自消费者收入，所以消费者收入是影响社会购买力、市场规模大小以及消费者支出多少和支出模式的一个重要因素。

消费者并不是将其全部收入都用来购买商品（包括物品和服务）。消费者的购买力只是其收入的一部分。因此，要区别可支配个人收入和可随意支配个人收入。可支配个人收入是指扣除消费者个人缴纳的各种税款和交给政府的非商业性开支后可用于个人消费和储蓄的那部分个人收入。可支配个人收入是影响消费者购买力和消费者支出的决定性因素。可随意支配个人收入是指可支配个人收入减去消费者用于购买生活必需品的固定支出（如房租、保险费、分期付款、抵押借款）所剩下的那部分个人收入。可随意支配个人收入一般都用来购买奢侈品、汽车、大型器具及度假等，所以这种消费者个人收入是影响奢侈品、汽车、旅游等商品销售的主要因素。

进行经济环境分析时，还要区别货币收入和实际收入，因为实际收入会影响实际购买力。企业不仅要分析研究消费者的平均收入，而且要分析研究各个阶层的消费者收入。此外，由于各地区的工资水平、就业情况有所不同，不同地区消费者的收入水平和增长率也有所不同。

(二) 消费者支出模式的变化

消费者支出模式是指各种消费支出比例关系。它主要取决于消费者收入水平,没有收入就没有支出,人们的需要和欲望就不能转化为有货币支付能力的需求。此外消费者支出还取决于家庭生命周期、家庭所在地等。

德国统计学家恩格尔提出了著名的恩格尔定律,反映了消费者收入与支出模式之间的关系的一般规律,即:

1. 随着家庭收入增加,用于购买食品的支出占家庭收入的比重(即恩格尔系数)就会下降。

2. 随着家庭收入增加,用于住宅建筑和家务经营的支出占家庭收入的比重大体不变(燃料、照明、冷藏等支出占家庭收入的比重会下降)。

3. 随着家庭收入增加,用于其他方面的支出(如服装、交通、娱乐、卫生保健、教育)的支出和储蓄占家庭收入的比重就会上升。

恩格尔定律所揭示的这种消费结构的变化通常用恩格尔系数来表示,即:

$$恩格尔系数 = 食物支出变动百分比 / 收入变动百分比 \times 100\%$$

一般认为,恩格尔系数越大,食品支出所占的比重就越高,生活水平就越低;反之,恩格尔系数越小,食品支出所占的比重就越小,生活水平就越高。

国际上常常用恩格尔系数来衡量一个国家和地区人民生活水平的状况。根据联合国粮农组织提出的标准:59%以上绝对贫困,50%~59%勉强度日,40%~50%小康水平,20%~40%富裕,20%以下最富裕。发达国家大都低于20%,我国处于由小康向富裕过渡阶段。国家统计局发布的公告显示,2007年农村居民家庭恩格尔系数为43.1%,比2006年上升0.1%;城镇居民家庭36.3%,比2006年上升0.5%。这是因为2007年食品价格上涨12.3%,其中肉禽及其制品、油脂、鲜蛋价格涨幅超过居民收入的增长。

消费者支出模式除了主要受消费者收入影响外,还受以下两个因素影响:

1. 家庭生命周期的阶段　有孩子与没有孩子的年轻人家庭的支出情况有所不同。没有孩子的年轻人家庭负担较轻,往往把更多的收入用于购买电器、家具、陈设品等耐用消费品。而有孩子的家庭收支预算会发生变化。十几岁的孩子不仅吃得多,而且爱漂亮,用于娱乐、运动、教育方面的支出也较多,所以在家庭生命周期的这个阶段,家庭用于购买耐用消费品的支出会减少,而用于食品、服装、文娱、教育等方面的支出会增加。等到孩子独立生活以后,父母就有大量可随意支配收入,有可能把更多的收入用于医疗保健、旅游、购置奢侈品或储蓄,因此这个阶段的家庭收支预算又会发生变化。

2. 消费者家庭所在地点　所在地点不同的家庭用于住宅建筑、交通、食品等方面的支出情况也有所不同。例如,住在中心城市的消费者和住在农村的消费者相比,前者用于交通方面的支出较少,用于住宅建筑方面的支出较多;后者用于食品方面的支出较多。

(三) 消费者储蓄和信贷情况的变化

进行经济环境分析时还应看到,社会购买力、消费者支出不仅直接受消费者收入的影响,而且直接受消费者储蓄和信贷情况的影响。

大多数家庭都有一些"流动资产",即货币及其他能迅速变成现款的资产,包括银行储蓄存款、债券、股票等。储蓄来源于消费者的货币收入,其最终目的还是为了消费。但是在一定时期内储蓄多少不能不影响消费者的购买力和消费支出。在一定时期内货币收入不变的情况下,如果储蓄增加,购买力和消费支出便减少;反之,如果储蓄减少,购买力和消费支出便增加。

在现代市场经济国家,消费者不仅以其货币收入购买他们需要的商品,而且可用贷款来购买商品。所谓消费者信贷,就是消费者凭借信用先取得商品使用权,然后按期归还贷款。消费者信贷由来已久,目前主要有四种:①短期赊销;②分期付款购买住宅;③分期付款购买昂贵的消费品,如汽车、高档电器、昂贵家具等;④信用卡信贷。

消费者信贷是一种经济杠杆,可用来调节供与求的矛盾。供大于求时,可以发放信贷,刺激需求;供小于求时,可收缩信贷,适当地抑制需求。信贷允许人们购买超过自己现实购买力的商品,创造了更多的消费需求。信贷在西方国家普遍存在,美国的消费者信贷在全世界最高,而且越是富人越容易得到贷款,欠债也就越多。

(四)经济发展水平

一个国家或地区的经济发展水平制约着企业的营销活动。在不同的经济发展阶段,消费者的需求不同,企业的营销策略也不相同。

美国学者罗斯顿的经济成长阶段理论,把世界各国的经济发展归纳为五种类型:

1. 传统经济社会　技术落后,生产力水平低下,以自给自足为主。人口素质低,缺乏大幅度提高生产力的能力。

2. 经济起飞前的准备阶段　经济起飞阶段的过渡时期。生产技术水平有所提高,现代科学技术开始应用于农业和工业生产,经济增长较快。运输、通信、电力、教育和保健等开始发展。在此阶段,这些国家急需进口大量技术以实现经济起飞,出口的主要是资源和劳动密集型产品,出口能力小,外汇收入不能满足进口产品的需要,所以,进口的可能性较小。

3. 经济起飞阶段　经济开始稳定增长,农业和工业的现代化使经济规模迅速扩大。这类国家工业发展具有一定规模,国民生产总值增长比较快,工业占国民生产总值的比重越来越大。出口能力有所提高,外汇收入的递增使进口的可能性越来越大。

4. 迈向经济成熟阶段　在此阶段的国家,经济持续发展,现代技术应用于各项经济活动中,并开始多方面地参与国际经济,出口量大,进口量也大。

5. 大量消费阶段　实际人均收入达到较高水平,大量居民拥有相当规模的可任意支配的收入,公共设施和社会福利日益完善,整个经济呈现大量生产、大量消费状态。

处于前三个阶段的国家称为发展中国家,消费者注重产品的基本功能和实用性,企业之间以价格竞争为主要的竞争方式。处于后两个阶段的国家称为发达国家,消费者在注重产品功能的同时,强调款式、特性和品质。企业进行着大量的促销活动,非价格竞争占主导地位。当然,不是每个国家的经济发展都必须依次经过这五个阶段,有的会跳过一两个发展阶段,并且各个国家每一发展阶段持续的时间长短也不尽相同。

(五)经济形势

经济形势是企业能否顺利发展的条件。2008年以来,次贷危机、美元贬值、人民币升值、原材料价格上涨、劳动力价格上涨、出口退税取消、从紧的货币政策等因素的叠加效应使我国近年的出口形势严峻。在出口下滑中,遭受冲击最大的是中小型出口企业,特别是劳动密集型和资源密集型的加工型中小企业。很多企业普遍认为,近几年是出口企业的"洗牌年",

中小企业是可能最先出局的。总体上看,出口压力增大可以促进产业升级、技术进步和企业整合,有利于转变贸易增长方式,促进节能减排工作。

企业投资应选择经济形势良好的国家和地区。格兰仕原计划2008年到越南投资,但由于越南爆发了经济危机,通货膨胀,越南盾贬值,因而该计划暂缓实施。

三、自然环境

自然环境主要指营销者所需要或受营销活动所影响的自然资源。自然环境的优劣不仅影响到企业的生产经营活动,而且会影响一个国家或地区的经济结构和发展水平。因此,企业必须密切注视自然环境的发展变化趋势,并从中发现企业所面临的营销机会和环境威胁,制定出相应的对策。另一方面,企业的营销活动也会对自然环境造成影响。

值得关注的自然环境方面的主要动向是:

(一)某些自然资源短缺或即将短缺

地球上三大类自然资源都不同程度地存在着短缺或趋于短缺。

1. 取之不尽、用之不竭的资源,如空气、水等 近几十年来,世界各国尤其是现代化城市用水量增长很快(估计世界用水量每20年增加1倍);另外,世界各地水资源分布不均,而且每年和各个季节的情况各不相同,所以目前世界上许多国家面临缺水。这种情况不仅会影响人民生活,而且对相关企业也是一种环境威胁。

2. 有限但可以更新的资源,如森林、粮食等 我国森林覆盖率低,仅占国土面积的21%;人均森林面积只有1.8亩,大大低于世界人均森林面积13.5亩。我国耕地少,而且由于城市建设事业发展快,耕地迅速减少,近30年间我国耕地平均每年减少810万亩。由于粮食价格低,农民不愿种粮食,转向种植收益较高的其他农作物,这种情况如果长期发展下去,我国的粮食和其他食物(如猪肉等)供应将会成为严重问题。

3. 有限但不能更新的资源,如石油和煤、铀、锡、锌等矿物 近十几年来,由于这类资源供不应求或在一段时期内供不应求,有些国家需要这类资源的企业正面临着或曾面临过威胁,必须寻找代用品。在这种情况下,就需要研究与开发新的资源和原料,这样又给某些企业造成了新的市场机会。

(二)环境污染日益严重

在许多国家,随着工业化和城市化的发展,环境污染程度日益严重,公众对这个问题越来越关心,纷纷指责环境污染的危害。这种动向对那些造成污染的行业和企业是一种环境威胁,它们在社会舆论的压力和政府的干预下,不得不采取措施控制污染;另一方面,这种动向也给防治污染、保护环境的包装企业及相关产业带来了新的市场机会。

(三)政府对自然资源管理的干预日益加强

随着经济发展和科学进步,许多国家的政府都对自然资源管理加强干预。在2004年3月召开的全国人大、全国政协十届二次会议上,全面、协调、可持续的科学发展观颇为引人关注,最终成为新世纪、新阶段指导中国社会主义各项事业的重大战略思想。所谓可持续发展,就是要促进人与自然的和谐,实现经济发展和人口、资源环境相协调,坚持走生产发展、生活富裕、生态良好的文明发展道路,保证一代接一代地永续发展。中国政府表示,将改变经济增长的方式,改进经济增长的质量,避免资源的过度开发和环境的恶化,同时要在促进社会进步方面加大投入,坚持以人为本,坚持全面、协调、可持续的发展观,摒弃GDP至上的政策目标。同时,中国一些省市开始提倡"绿色GDP"考核的口号,增加了可持续发展等综合考核因素。绿色GDP,就是把资源和环境损失因素(即在现有的GDP中扣除资源的直接经济损失,以及为恢复生态平衡、挽回资源损失而必须支付的经济投资)引入国民经济核算体系。

四、技术环境

科学技术是指人类在长期实践活动中积累起来的经验、知识和技能的总和。科技的发展,给企业创造了市场机会,使企业可以通过寻找或利用新的技术,不断地满足新的需求。同时也可能对企业形成威胁,使企业现有产品变得陈旧,使企业人员原有的价值观发生变化。

企业还要密切注意其技术环境的发展变化,了解技术环境和知识经济的发展变化对企业营销管理的影响,以便及时采取适当的对策。

(一)新技术是一种"创造性的毁灭力量"

每一种新技术都会给某些企业造成新的市场机会,因而会产生新的行业,同时,还会给某些行业的企业造成环境威胁,使这个旧行业受到冲击甚至被淘汰。例如,电脑代替了传统的打字机,复印机取代了复写纸,数码相机的出现将夺走胶卷的大部分市场,汽车使铁路的经营日趋清淡,电视拉走了电影的观众等。因此,企业要密切关注新技术的发展,不断采用新的技术,不断调整自己的市场营销战略,跟上时代的步伐,在未来激烈的市场竞争中占有一席之地。

(二)科技发展影响企业营销组合策略的创新

1. 科学技术的进步,使产品的开发周期大大缩短,使产品更新换代加速。营销者要不断寻找新科技来源、新技术的专利保护,开发出在功能、性能、结构上更趋于合理和完善的新产品,满足人们的更高要求。

2. 科技应用使生产集约化和规模化、管理高效化,提高了效率,降低了产品成本与费用,为企业制定理想价格策略准备了条件。科技还带来了信息科学的飞速发展,能使企业快速掌握价格信息,根据环境变化及时做好价格调整工作。

3. 科学技术的发展也带来了分销方式的重大变化,如自动售货、邮购、电话订货、电子商务、电视购物等,人们交易不再局限于特定场合,非场合交易或自我服务的方式逐渐成为现代乃至未来商业的主体。

4. 科学技术的日新月异也带来促销方式的变化,如广告媒体的多样化,先进的通信技术、多媒体传播手段使宣传更具影响力。

(三)科技发展促进企业营销管理的现代化

科技发展为企业营销管理现代化提供了物质技术基础,如电脑、传真机、电子扫描装置、光纤通信等设备的广泛运用,提高了信息接收、分析、处理和存储能力,对改善企业营销管理、实现现代化起了重要的作用。同时,科技发展对企业营销管理人员也提出了更高的要求,促使其更新观念,掌握和运用现代化管理理论和方法,不断提高营销管理水平。

(四)新技术革命将影响零售商业结构和消费者购物习惯

由于新技术革命迅速发展,出现了"电视购物"这种在家购物方式。消费者如果想买东西,可以在家里打开连接各商店的终端机,各种商品的信息就会在电视荧光屏上显示出来。消费者可以通过电话订购电视荧光屏上所显示出来的任何商品,然后按一下自己的银行账号,即把货款自动传给有关商店,订购的商品很快就会送到消费者的家门口。

(五)知识经济带来的机会与挑战

1. 知识经济的含义　知识经济以知识(特别是科学技术)的发展、发明、研究和创造为基础,以知识的扩散和应用为经济增长的主要动力,是一种知识密集型、智慧型的新经济。在知识经济时代,新兴知识产业日益成为经济发展的主导产业。这种不断创新的知识与智慧和土地、矿藏不同,它不具有唯一性和排他性。作为人类智慧的成果,它可以与其他知识连接、渗透、组合、交融,从而形成新的有用的知识。知识也有"自然磨损",它的直接效用没有了,但还可以再开发,成为嫁接、培育新知识的"砧木",成为启发新智慧的火花。

2. 知识经济与现代信息技术革命　新知识的爆炸性增长和知识经济的爆发性扩张,是以数字化、网络化为特征的现代信息技术革命之翼而飞扬腾升的。数字化、网络化通信技术革命与风险投资和现代企业制度相结合,这就极大地促进了新知识的实际使用,促进了发明创新的物化过程,极大地加速了新知识的商品化、市场化、产业化进程。

3. 知识经济与知识管理　在知识经济时代,企业如果离开了知识管理就不可能有竞争力。所谓知识管理,是对企业知识资源进行管理,使每一个员工都最大限度地贡献其积累的知识,实现知识共享的过程。运用集体的智慧提高企业的应变能力和创新能力,使企业能够对市场需求做出快速反应,并利用所掌握的知识资源预测市场需求的发展趋势,开发适销对路的创新产品,更好地满足市场需要。

五、政治法律环境

政治法律环境是影响企业营销的重要宏观环境因素。政治与法律环境是由法律、政治机构和在社会上对各种组织及个人有影响和制约的压力集团构成的。政治环境引导着企业营销活动的方向,法律环境则为企业规定经营活动的行为准则。政治与法律相互联系,共同对企业的市场营销活动产生影响和发挥作用。

当国家在一定时期内调整或改变某项政策法令时,企业要相应地调整经营目标和策略。这就要求企业经营管理人员对政策法令的内容、含义及其对市场营销的影响要有明确的了解。这里只着重阐述以下五个方面:

(一)政治形势

政治形势包括政治稳定性、社会治安、政府更迭、政策衔接、政府机构作风、政治透明度等。国家政局稳定,经济就能顺利地发展,人民就能安居乐业,企业就有了良好的营销环境。

(二)政府的方针、政策

国家政府所制定的方针政策,如人口政策、能源政策、物价政策、财政政策、货币政策等,都会对企业营销活动带来直接或间接的影响。如国家通过降低存款利率来刺激消费的增长;通过征收个人收入所得税调节消费者收入的差异;通过对香烟、酒等商品增税来抑制人们的消费需求。作为营销者,不仅要了解国家现行的方针政策,还要有敏锐的政治头脑,能预测出国家未来可能出台的政策,提前做好准备,抢占市场先机。

(三)法律环境

法律环境是指国家或地方政府颁布的各项法规、法令和条例等。为了建立和维护经济秩序,保障企业、消费者利益,保护社会长远利益,国家都有许多法律法规。

与市场营销有关的法律主要是针对消费者和企业的。为了保护人民健康,防止环境污染,我国制定了《中华人民共和国消费者权益保护法》《中华人民共和国食品卫生法》《中华人民共和国产品质量法》《环境保护法》《大气污染防治法》等。同时为了防止企业间的非法竞争,规定了诸条法律法规,如《企业法》《反不正当竞争法》《经济合同法》《商标法》《专利法》《广告法》。为了适应对外开放的需要,近几年来我国还制定和颁布了一大批经济法律法规,如《中华人民共和国外贸法》《中华人民共和国外汇管理暂行条例》《涉外经济合同法》《中外合资经营企业法》《进出口货物许可制度暂行条例》《中华人民共和国进出口关税条例》《进出口商品检验条例》等等。

企业要研究并熟悉法律环境,依法进行管理和经营,运用法律手段保障自身和消费者的合法权益。

（四）政治团体和公众团体

公众利益团体是一种压力集团。在美国等发达国家,影响企业市场营销决策的公众利益团体主要是保护消费者利益的群众团体以及保护环境的公众利益团体等。这些公众团体疏通政府官员,给企业施加压力,使消费者利益和社会利益等得到保护。因此,这些国家许多公司都设立法律和公共关系部门来负责研究和处理与这些公众利益团体的关系问题。

世界各国陆续成立了消费者联盟,它们监视企业的活动,发动消费者与企业主的欺骗行为做斗争,给企业施加压力,以保护消费者利益。目前消费者运动已经成为一种强大的社会力量,企业制定营销决策时必须认真考虑这种政治动向。比如,我国消费者协会于1985年1月在北京成立。其任务是:宣传国家的经济（特别是有关消费方面）的方针政策;协助政府主管部门研究和制定保护消费者权益的立法;调查消费者对商品和服务的意见与要求;接受消费者对商品和服务的质量、价格、卫生、安全、规格、计量、说明、包装、商标、广告等方面的投诉。

（五）国际关系

从事国际营销活动的企业,在营销活动中会受到国际关系的影响。如国际上的重大事件与突发性事件,会给企业的市场营销工作带来或大或小的影响,有时带来的是机会,有时带来的是威胁。各国也会制定一些相应的政策来干预外国企业在本国的营销活动,如进口限制、税收政策、价格管制、外汇管制、劳工限制和绿色壁垒等等。例如欧洲国家规定禁止销售不带安全保护装置的打火机,这无疑限制了中国低价打火机的出口市场。日本政府也曾规定,任何外国公司进入日本市场,必须要找一个日本公司合伙,以此来限制外国资本的进入。

企业应了解和遵守国外的法律制度和有关的国际法规、惯例和准则等。只有如此,才能制定有效的营销对策,在国际营销中争取主动。

六、社会文化环境

社会文化是指一个社会的民族特征、价值观念、生活方式、风俗习惯、道德、教育水平、语言文字、社会结构等的总和。它主要由两部分组成:①伦理是全体社会成员所共有的基本核心文化;②随时间变化和外界因素影响而容易改变的社会次文化或亚文化。不同国家、不同地区的人民,不同的社会与文化,代表着不同的生活方式,对同一产品可能持有不同的态度,这直接或间接地影响产品的设计、包装,信息的传递方法,产品被接受的程度,分销和促销措施等。因此,企业在从事市场营销活动时,应重视对社会文化的调查研究,并做出适宜的营销决策。

(一) 教育水平

教育水平是指消费者受教育的程度。一个国家、一个地区的教育水平与经济发展水平往往是一致的。不同的文化修养表现出不同的审美观,购买商品的选择原则和方式也不同。一般来讲,教育水平高的地区,消费者对商品的鉴别力强,容易接受广告宣传和接受新产品,购买的理性程度高。例如,在教育水平低的地区,适合采用操作使用与维修保养都较简单的产品,采用电视、广播和当场示范表演的形式进行宣传。而教育水平高的地区,则需要先进、精密、功能多、品质好的产品。因此,教育水平高低影响着消费者心理、消费结构,影响着企业营销组织策略的选取,以及销售推广方式方法的采用。

(二) 语言文字

语言文字是人类交流的工具,它是文化的核心组成部分之一。不同国家、不同民族往往有自己独特的语言文字,即使同一国家,也可能有多种不同的语言文字,即使语言文字相同,表达和交流的方式也可能不同。

语言文字的不同对企业的营销活动有巨大的影响。一些企业由于其产品命名与产品销售地区的语言含义等相悖,给企业带来巨大损失。例如,美国汽车公司的马塔多(Matador)牌汽车,通常是刚强、有力的象征,但在波多黎各,这个名称意为"杀手",在交通事故死亡率较高的地区,名称带有这种含义的汽车肯定不受欢迎。因此,企业在开展市场营销时,应尽量了解所在国家的文化背景,掌握其语言文字的差异,这样才能使营销活动顺利进行。

(三) 价值观念

价值观念是人们对社会生活中各种事物的态度、评价和看法。不同的文化背景下,人们的价值观念差别是很大的,而消费者对商品的需求和购买行为深受其价值观念的影响。对于不同的价值观念,企业营销人员应采取不同的策略。对于乐于变化、喜欢猎奇、富有冒险精神、较激进的消费者,应重点强调产品的新颖和奇特;而对一些注重传统、喜欢沿袭传统消费习惯的消费者,企业在制定促销策略时应把产品与目标市场的文化传统联系起来。

(四) 宗教信仰

不同的宗教信仰有不同的文化倾向和戒律,从而影响人们认识事物的方式、价值观念和行为准则,影响着人们的消费行为,并带来特殊的市场需求。特别是在一些信奉宗教的国家和地区,宗教信仰对市场营销的影响力更大。企业应充分了解不同地区、不同民族、不同消费者的宗教信仰,提供适合其要求的产品,制定适合其特点的营销策略。否则,会触犯宗教禁忌,失去市场机会。例如,我国一企业生产的塑料底鞋,因为鞋底的花纹酷似当地文字中的"真主"一词,结果在某阿拉伯国家被军警查禁与销毁,并遭到了严厉指责。

(五) 审美观

审美观通常指人们对事物的好坏、美丑、善恶的评价。不同的国家、民族、宗教、阶层和个人,往往因社会文化背景不同,其审美标准也不尽一致。例如,缅甸的巴洞人以妇女脖子长为美;而非洲的一些民族则以文身为美,等等。因审美观的不同而形成的消费差异更是多种多样。又如,中国妇女喜欢把装饰物品佩戴在耳朵、脖子、手指上,而印度妇女却喜欢在鼻子、脚踝上佩戴各种饰物。因此,企业应针对不同的审美观所引起的不同消费需求,开展自己的营销活动,特别要把握不同文化背景下的消费者审美观念及其变化趋势,制定有效的市场营销策略以适应市场需求的变化。

（六）消费流行

社会文化多方面的影响，使消费者产生共同的审美观念、生活方式和情趣爱好，从而导致社会需求的一致性，这就是消费流行。消费流行在服饰、家电以及某些保健品方面表现最为突出。消费流行在时间上有一定的稳定性，但有长有短，有的可能几年，有的则可能是几个月；在空间上还有一定的地域性，同一时间内，不同地区流行的商品品种、款式、型号、颜色可能不尽相同。

（七）风俗习惯

风俗习惯是人们根据自己的生活内容、生活方式和自然环境，在一定的社会物质生产条件下长期形成，并世代相袭的风尚和由于重复、练习而巩固下来并变成需要的行为方式等的总称。它在饮食、服饰、居住、婚丧、信仰、节日、人际关系等方面，都表现出独特的心理特征、伦理道德、行为方式和生活习惯。例如在饮食方面，我国的云贵川地区喜辣，江浙地区喜甜，山西喜酸，广东喜鲜，各具特色。再如在我国，人们在春节前夕，要购买各种食品、礼品，放烟花爆竹，贴春联进行庆祝；而在西方国家，人们每逢12月25日圣诞节前，就购买圣诞树、礼品、食品，欢度圣诞节。

不同的国家、不同的民族有不同的风俗习惯，它对消费者的消费偏好、消费模式、消费行为等具有重要的影响。例如，不同的国家、民族对图案、颜色、数字、动植物等都有不同的喜好和不同的使用习惯，像中东地区严禁带六角形的包装；日本人忌讳数字4和9，我国的传统工艺品紫砂壶在日本很受欢迎，但四件组合包装的紫砂壶却无人问津；英国忌用大象、山羊做商品装饰图案。企业应了解和注意不同国家、民族的消费习惯和爱好，做到入境问俗。可以说，这是企业做好市场营销尤其是国际营销的重要条件，如果不重视各个国家、各个民族之间文化和风俗习惯的差异，就很可能造成难以挽回的损失。

第二节　微观环境分析

市场营销微观环境是指对企业服务其顾客的能力构成直接影响的各种力量，包括企业本身及其市场营销渠道企业、市场、竞争者和各种公众，这些都会影响企业为其目标市场服务的能力（图3-2）。

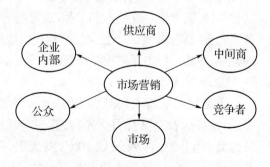

图3-2　市场营销微观环境分析示意图

一、企业内部

企业本身包括市场营销管理部门、其他职能部门和最高管理层。企业为实现其目标，必须进行制造、采购、研究与开发、财务、市场营销等业务活动。而市场营销部门一般由市场营销副总裁、销售经理、推销人员、广告经理、营销调研经理、市场营销计划经理、定价专家等组成。市场营销部门在制定决策时,不仅要考虑企业外部环境力量,而且要考虑企业内部环境力量。首先,要考虑其他业务部门(如制造部门、采购部门、研究与开发部门、财务部门等)的情况,并与之密切协作,共同研究制订年度和长期计划。其次,要考虑最高管理层的意图,以企业任务、目标、战略和政策等为依据,制订市场营销计划,并报最高管理层批准后执行。

营销经理还必须同公司其他部门密切配合。财务部门关心的是如何筹集和使用资金,以便贯彻营销计划;研究与发展部门要集中精力设计出既安全又有吸引力的产品;采购部门关心的是如何得到零配件和原材料等供应物品;制造部门负责按质按量生产出产品;而会计部门则要计算收入与成本,以便使营销部门了解是否达到了计划目标。总之,所有这些部门对营销部门的计划和活动都有影响。在营销观念指导下,所有这些职能都必须考虑"用户",必须协调一致,以便创造出超价值的产品和高的用户满意度。

二、供应商

供应商在整个用户"价值传送系统"(value delivery system)中起着重要的纽带作用。他们为制造公司提供资源,以便制造产品或提供服务。由于供应状况对营销活动具有重大影响,所以,营销经理必须对此严密监视。供应短缺或延迟、工人罢工,以及其他许多事件都会导致短期内销售额下降,并在长期内降低用户满意度。营销经理还必须控制关键供应品和价格变动趋势,因为供应成本上升,将导致价格上升,从而降低公司的销售数量。

三、中间商

营销中间商(marketing intermediaries)帮助制造公司促销/销售和分配产品给最终用户。营销中间商包括重售公司(reselling firms)、实体分配公司(physical distribution firms)、营销服务代理(marketing services agencies)和金融中间商(financial intermediaries)。重售公司是帮助本公司发现用户并向用户销售产品的公司,包括批发商和零售商,他们购买商品并把它们再卖出去。选择重售商并与其合作并非一件易事,因为制造公司目前已不再能够从大量小型的独立重售商中筛选了,他们面对着大型的已成长起来的重售商组织。这些组织具有足够的力量决定合作条款,甚至能够把制造公司从大市场中驱逐出去。

实体分配公司帮助制造公司把产品从某一地点运到目的地。在与独立的储存或运输公司合作时,制造公司必须决定采用何种方式有效地储存和运输产品,还要权衡成本、交货期、速度和安全等问题。营销服务代理是指进行营销研究的公司、广告服务公司、媒介公司和营销咨询公司等。营销服务代理帮助制造公司实现营销目标,促使产品到达正确的市场。当制造公司决定接受这类公司的服务时,必须认真进行选择,因为它们在创造性、质量、服务和价格方面的差别可能很大。金融中间商包括银行、信贷公司和保险公司等,它们帮助制造公司进行金融交易,降低商品买卖中的风险。大多数公司和用户都依赖金融中间商融通资金。

像供应商一样,营销中间商也是公司整个价值传送关系中的重要组成部分。在建立使用户满意的相互关系过程中,制造公司不仅要优化自己的实施活动,而且要有效地同供应商及营销中间商合作,以便优化整个系统的实施活动。

中间商主要包括:

1. 商人中间商 即从事商品购销活动,并对所经营的商品拥有所有权的中间商,如批发商、零售商等。

2. 代理中间商　即协助买卖成交,推销产品,但对所经营的产品没有所有权的中间商,如经纪人、制造商代表等。

3. 辅助商　即辅助执行中间商的某些职能,为商品交换和物流提供便利,但不直接经营商品的企业或机构,如运输公司、仓储公司、银行、保险公司、广告公司、市场调研公司、市场营销咨询公司等。

四、竞争者

市场营销观念表明,企业要想在市场竞争中获得成功,就必须能比竞争者更有效地满足消费者的需要与欲望。因此,企业所要做的并非仅仅迎合目标顾客的需要,而是要通过有效的产品定位,使得企业产品与竞争者产品在顾客心目中形成明显差异,从而取得竞争优势。而竞争者包括:

1. 愿望竞争者　向企业的目标市场提供种类不同的产品以满足不同需要的其他企业,是最广义的竞争者。如消费者当前可能有许多愿望:买住房、买家用轿车、自费出国旅游,而在购买力有限的条件下,消费者不可能同时获得所需的各种产品或服务,他只能选其中的一个。在这种情况下,房地产开发商、轿车制造商、提供出国旅游服务的旅行社就成了愿望竞争者。对彩电制造商而言,生产投影仪、家庭音响、个人电脑和家用空调等不同产品的厂家都是愿望竞争者。

2. 一般竞争者　又称为属类竞争者或平行竞争者,是指向企业的目标市场提供种类不同的产品但可以满足同一种需要的其他企业。例如,消费者为了满足代步的需要打算购买交通工具,他可以在家用轿车、摩托车和自行车中进行选择。这样,家用轿车、摩托车、自行车的提供者就成了平行竞争者。

3. 产品形式竞争者　向企业的目标市场提供种类相同,但质量、规格、型号、款式、包装等有所不同的产品的其他企业。如自行车包括各种形式:普通自行车、赛车、山地车等;洗衣机有波轮式、滚筒式、半自动式、全自动式:这些不同形式产品的提供者即为形式竞争者。

4. 品牌竞争者　向企业的目标市场提供种类相同,产品形式也基本相同,但品牌不同的产品的其他企业。这些产品的档次和价位基本相同,只是品牌不同,如高档香烟品牌中的中华、利群、金圣等,微波炉品牌中的格兰仕、美的,消费者在对它们的选购上存在着品牌偏好,这些品牌的生产者即为品牌竞争者。

五、市场

市场营销学是根据购买者及其购买目的进行市场划分的,包括:

1. 消费者市场,即为了个人消费而购买的个人和家庭所构成的市场。

2. 生产者市场,即为了生产、取得利润而购买的个人和企业所构成的市场。

3. 中间商市场,即为了转卖、取得利润而购买的批发商和零售商所构成的市场。

4. 政府市场,即为了履行职责而购买的政府机构所构成的市场。

5. 国际市场,即由国外的消费者、生产者、中间商、政府机构等所构成的市场。

六、公众

公司的营销环境也包括各种公众。公众是指任何对组织达到目标具有实际或潜在兴趣或影响的群体。

1. 金融公众(financial publics)　这种公众影响公司获取资金的能力。银行、投资公司、股东是主要的金融公众。企业可以通过发布乐观的年度财务报告、回答关于财务问题的询问、稳健地运用资金等,在融资公众中树立良好的信誉。

2. 媒介公众(media publics) 这是指传递新闻、特写、编者按的公众,包括报纸、杂志、广播和电视台等。大众媒体对企业有着很大的影响,它能传播企业的正面信息,也会传播负面信息。企业要与之保持沟通和联系,争取通过大众媒体树立良好的企业及产品形象。

3. 政府公众(government publics) 政府对企业经营活动制定了各种各样的规定,营销人员必须经常向公司的律师咨询有关产品安全性、广告真实性等方面的政府规定。

4. 民间公众(citizen-action publics) 公司的营销决策可能受到消费者组织、环境组织、少数人群体或其他群体的质询。公司的公共关系部门有助于使公司同民间群体和消费者保持接触。

5. 地方公众(local publics) 每个公司都有地方公众,例如,企业周围的居民和社区组织。大公司通常设一社区关系主任职位,由其处理社区方面事务,出席社区会议,回答问题,以及致力于其他一些有意义的活动。企业应自觉地遵守政府的各项政策和规定,积极参加政府倡导的各项公益活动,与政府部门保持较密切的联系,争取得到政府部门的信任和支持。

6. 一般公众(general publics) 公司需要知道一般公众对其产品和活动的态度,公司在一般公众中的形象直接影响他们是否购买本公司的产品。

7. 内部公众(internal publics) 公司的内部公众,包括它的工人、经理、志愿人员和董事会成员。大公司采用新闻公告或其他方法向内部公众传递信息。如果职工感觉公司很好,他们就会把这种正面形象扩散给外部公众。只有处理好内部关系才能使企业的各项营销计划得到全体职工的充分理解、支持和具体执行,才能发挥员工的积极性与创造力,保证各项活动有效地进行。

一个公司可以为其主要公众和用户准备营销计划。如果一个公司想要从某种公众处得到某种专门的反响,如良好的意愿、口碑、时间和资金的捐赠,它就必须为这些公众提供某种有足够吸引力的东西,以便得到所期望的反应。

第三节 市场营销环境分析的主要工具和方法
——SWOT 分析法

一、环境扫描

所谓环境扫描就是从市场环境中辨别出对企业经营有影响的、反映环境因素变化的某些事件。市场环境是动态变化的,每时每刻都在出现不同的事件,但并不是所有事件的发生都会对企业产生影响,即使对企业产生影响的事件也会由于本身性质而对企业产生的影响的程度或迫切性有所不同,需要通过环境扫描对其进行识别。因此,环境扫描是企业进行环境分析的第一步。

环境扫描工作通常由企业的高层领导召集和聘请企业内外熟悉市场环境的管理人员和

专家组成分析小组,通过科学系统的调查研究、预测分析,将所有可能影响企业经营的环境因素变化引发的事件一一罗列,然后加以讨论,逐一评审所有列为有关的环境事件的依据是否充分,从中筛选出分析小组一致认定的对企业经营将有不同程度影响的事件。

经过环境扫描,甄别出环境中对企业产生影响的各种市场因素后,需要对这些影响因素的影响程度与影响方式进行评价。本节主要介绍 SWOT 分析法。

二、SWOT 分析法简介

SWOT 是一种战略分析方法,通过对被分析对象的优势、劣势、机会和威胁等加以综合评估与分析得出结论,通过内部资源、外部环境有机结合来清晰地确定被分析对象的资源优势和缺陷,了解所面临的机会和挑战,从而在战略与战术两个层面加以调整方法、资源以保障被分析对象的实行从而达到所要实现的目标。SWOT 分别代表:strengths(优势)、weaknesses(劣势)、opportunities(机会)、threats(威胁)(图 3-3)。

优势是指一个企业超越其竞争对手的能力,或者指公司所特有的能提高公司竞争力的东西。

劣势是指一个企业与其竞争对手相比,做得不好或没有做到的东西,从而使自己与竞争对手相比处于劣势。

机会就是对公司行为富有吸引力的领域,在这一领域中,该公司将拥有竞争优势。环境机会是影响公司战略的重大因素,公司经营者应当确认并充分把握每一个机会,评价每一个机会给企业带来的成长和利润空间。

威胁指的是环境中一种不利的发展趋势所形成的挑战,如果不采取果断的战略行为,这种不利趋势将导致公司的竞争地位受到削弱。政策、经济、社会环境、技术壁垒、竞争对手等,对企业目前或未来造成威胁的因素,企业经营者应一一识别,并予以规避或采取相应的对策,降低企业经营的风险。

图 3-3 SWOT 分析示意图

SWOT 分析通过对优势、劣势、机会和威胁加以综合评估与分析得出结论,然后再调整企业资源及企业策略,来达成企业的目标。SWOT 分析已逐渐被许多企业运用到包括企业管理、人力资源、产品研发等各个方面。

SWOT 分析方法从某种意义上来说隶属于企业内部分析方法,即根据企业自身的既定内在条件进行分析。SWOT 分析有其形成的基础。按照企业竞争战略的完整概念,战略应是一个企业"能够做的"(即组织的强项和弱项)和"可能做的"(即环境的机会和威胁)之间的有机组合。著名的竞争战略专家迈克尔·波特提出的竞争理论从产业结构入手对一个企业"可能做的"方面进行了透彻的分析和说明,而能力学派管理学家则运用价值链解构企业的价值创造过程,注重对公司的资源和能力的分析。SWOT 分析,就是在综合了前面两者的基础上,以资源学派学者为代表,将公司的内部分析(即 20 世纪 80 年代中期管理学界权威们所关注的研究取向,以能力学派为代表)与产业竞争环境的外部分析(即更早期战略研究所关注的中心主题,以安德鲁斯与迈克尔·波特为代表)结合起来,形成自己结构化的平衡系统分析体系(图 3-4)。与其他的分析方法相比较,SWOT 分析从一开始就具有显著的结构化和系统性的特征。就结构化而言,首先在形式上,SWOT 分析法表现为构造 SWOT 结构矩阵,并对矩阵的不同区域赋予了不同分析意义;其次在内容上,SWOT 分析法的主要理论基础也强调从结构分析入手对企业的外部环境和内部资源进行分析。另外,早在 SWOT 诞生之前的 20 世纪 60 年代,就已经有人提出过 SWOT 分析中涉及的内部优势、弱点,外部机会、威胁这些变化因素,但只是孤立地对它们加以分析。SWOT 方法的重要贡献就在于用系统的思想将这些似乎独立的因素相互匹配起来进行综合分析,使得企业战略计划的制订更加科学全面。

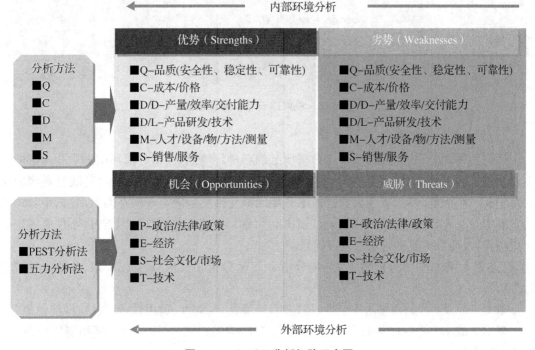

图 3-4　SWOT 分析矩阵示意图

SWOT 方法自形成以来,广泛应用于战略研究与竞争分析,成为战略管理和竞争情报的重要分析工具。分析直观、使用简单是它的重要优点。即使没有精确的数据支持和更专业化的分析工具,也可以得出有说服力的结论。但是,正是这种直观和简单,使得 SWOT 不可避免地带有精度不够的缺陷。例如 SWOT 分析采用定性方法,通过罗列 S、W、O、T 的各种表现,形成一种模糊的企业竞争地位描述。以此为依据做出的判断,不免带有一定程度的主观臆断。所以,在使用 SWOT 方法时要注意方法的局限性,在罗列作为判断依据的事实时,要尽量真实、客观、精确,并提供一定的定量数据弥补 SWOT 定性分析的不足,构造高层定性分析的基础。

三、主要步骤

SWOT 分析法常常被用于制定集团发展战略和分析竞争对手情况,在战略分析中,它是最常用的方法之一。进行 SWOT 分析时,主要有以下几个方面的内容(图 3-5):

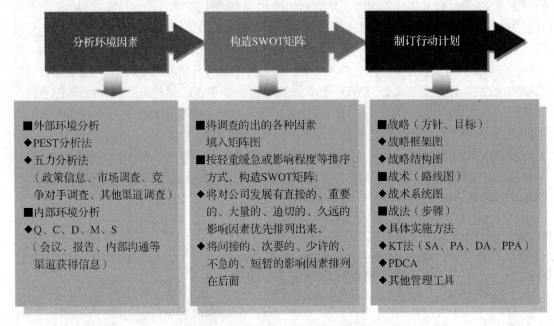

图 3-5 SWOT 分析步骤示意图

（一）分析环境因素

运用各种调查研究方法,分析出公司所处的各种环境因素,即外部环境因素和内部能力因素。外部环境因素包括机会因素和威胁因素,它们是外部环境对公司的发展有直接影响的有利和不利因素,属于客观因素。内部环境因素包括优势因素和弱点因素,它们是公司在其发展中自身存在的积极和消极因素,属主动因素。在调查分析这些因素时,不仅要考虑到历史与现状,而且更要考虑未来发展问题。

1. SW 优势与劣势分析（内部环境分析） SW 分析主要从 Q、C、D、M、S 几个领域进行分析：

■ Q—品质：产品质量的安全性、稳定性、可靠性、美观性、适用性、耐久性、经济性等。

■ C—成本（价格）：同样等级产品的生产成本、销售成本、服务成本等和销售价格（产品盈利能力）。

■ D/D—产量、效率、交付能力：生产总量、生产能力（CT）、综合效率、人均产量、人均附加值、交付按量准时。

■ D/L—产品研发/生产技术（产品技术和制造技术）：新产品设计开发能力,开发周期,专利技术,专有技术,技术创新能力等。

■ M—人才/设备/物料/方法/测量：

人才：经验丰富的优秀管理人才,技术人才,优秀的管理、技术团队,年轻/激情。

设备：先进高效率的生产线,现代化高精度的生产设备、检验设备。

物料：优秀的供应商团队，一流的供应链，高质量、低价格的物料，稳定的供应。
方法：先进的管理方法，管理体系，畅通的信息（比其他对手更能优先获得信息）。
测量：先进的测量仪器，科学的测量方法，完整的品质控制体系。
■ S—销售/服务：
销售：强大的销售网络，优秀的销售团队，丰富的销售经验和技巧，灵活的市场变化应对能力，优秀的品牌形象，品牌的价值及市场认可度，良好的客户关系，忠诚的消费者。
服务：完善的售后服务体系，优质的服务，满意的客户群。

2. OT 机会与威胁分析（外部环境分析） OT 分析主要运用以下两种方法：
■ PEST 法（图 3-6）

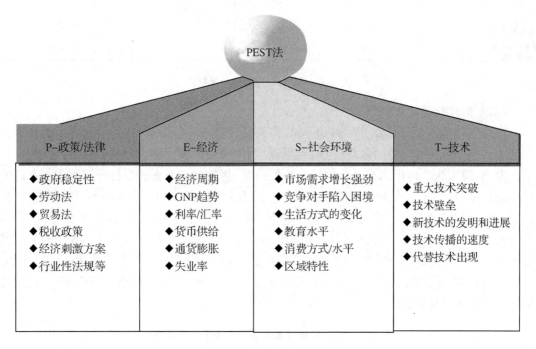

图 3-6　PEST 分析法示意图

■ 波特五力模型（图 3-7）

对于企业外部环境分析，波特在 SOWT 分析的基础之上，提出了分析产业结构的"五力分析"，以求策略分析的细化和深化。产业环境中的成员，可由五种竞争作用力共同决定，五股作用力就称为"五力"。

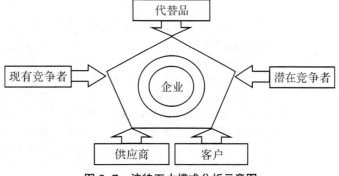

图 3-7　波特五力模式分析示意图

（二）构造 SWOT 矩阵

将调查得出的各种因素根据轻重缓急或影响程度等排序方式，构造 SWOT 矩阵。在此过程中，将那些对公司发展有直接的、重要的、大量的、迫切的、久远的影响因素优先排列出来,而将那些间接的、次要的、少许的、不急的、短暂的影响因素排列在后面(图 3-8)。

区分	内容	优先顺序				区分	内容	优先顺序			
		重要度	紧急度	影响度	NO			重要度	紧急度	影响度	NO
S						W					
O						T					

图 3-8 SWOT 矩阵分析示意图

(三)制订行动计划

在完成环境因素分析和 SWOT 矩阵的构造后,便可以制订相应的行动计划。制订计划的基本思路是:发挥优势因素,克服弱点因素,利用机会因素,化解威胁因素;考虑过去,立足当前,着眼未来。运用系统分析的综合分析方法,将排列与考虑的各种环境因素相互匹配起来加以组合,得出一系列公司未来发展的可选择对策(表 3-1)。在 SWOT 分析之后进而需用 USED 技巧来产出解决方案,USED 是下列四个方向的重点缩写,如用中文的四个关键字,会是"用、停、成、御"。USED 分别是如何善用每个优势;如何停止每个劣势;如何成就每个机会;如何抵御每个威胁。SWOT 分析在最理想的状态下,是由专属的团队来达成的,一个 SWOT 分析团队,最好由一个会计相关人员、一位销售人员、一位经理级主管、一位工程师和一位专案管理师组成。

表 3-1 基于 SWOT 矩阵分析的企业战略示意表

项目	优势(S)	劣势(W)
	(SO)战略	(WO)战略
机会(O)	是一种发挥企业内部优势而利用企业外部机会的战略。 所有的企业都希望处于这样一种状况:即可以利用自己的内部优势去抓住和利用外部环境变化中所提供的机会。 企业通常首先采用 WO、ST 或 WT 战略而达到能够采用 SO 战略的状况。当企业存在重大弱点时,它将努力克服这一弱点而将其变为优势。当企业面临巨大威胁时,它将努力回避这些威胁以便集中精力利用机会	是一种通过利用外部机会来弥补内部弱点的战略。 适用于这一战略的基本情况是:企业存在一些外部机会,但企业内部有一些弱点妨碍着它利用这些外部机会。 例如:市场对可以控制汽车引擎注油时间和注油量的电子装置存在着巨大需求(机会),但某些汽车零件制造商可能缺乏生产这一装置的技术(弱点)。 战略1:是通过与在这一领域有生产能力的企业组建合资企业而得到这一技术。 战略2:可以聘用所需人才或培训自己的人员,使他们具备这方面的技术能力

续表

项目	优势（S）	劣势（W）
威胁（T）	（ST）战略 是利用本企业的优势回避或减轻外部威胁的影响战略。 案例：德州仪器公司靠一个出色的法律顾问部门（优势）挽回了由于九家日本及韩国公司分割本公司半导体芯体专利权（威胁）而造成的近7亿美元的损失。在很多产业中，竞争公司模仿本公司计划、创新及专利产品构成对企业的一种巨大威胁	（WT）战略 是一种旨在减少内部弱点、同时回避外部环境威胁的防御性战略。 一个面对大量外部威胁和具有众多内部弱点的企业的确处于不安全和不确定的境地。实际上，这样的公司正面临着被并购、收缩、宣告破产或结业清算等的困境，因而不得不为自己的生存而奋斗

章节总结

企业处在复杂的环境中，环境对企业的生存和发展有着重要的影响。学者们提出了一系列理论来讨论、解释企业与环境之间的关系，这些理论包括：开放系统理论、权变理论、种群生态学、组织生态学、资源依附理论、合作竞争理论、商业生态系统理论。

市场营销环境是指影响企业营销管理活动及其目标实现的各种因素和动向，可分为宏观营销环境和微观营销环境。市场营销环境发展趋势基本上分为两大类：一类是环境威胁，另一类是营销机会。微观环境是指对企业服务其顾客的能力构成直接影响的各种力量，包括企业本身及其市场营销渠道企业、市场、竞争者和各种公众，这些都会影响企业为其目标市场服务的能力。微观环境中所有的分子都要受宏观环境中各种力量的影响。

企业本身包括营销管理部门、其他职能部门和最高管理层；市场营销渠道企业包括供应商、商人中间商、代理中间商和辅助商；市场可以划分为消费者市场、生产者市场、中间商市场、政府市场和国际市场；竞争者包括愿望竞争者、一般竞争者、产品形式竞争者和品牌竞争者；公众包括金融公众、媒体公众、政府公众、市民行动公众、地方公众、一般群众和企业内部公众。

宏观环境是指那些给企业造成市场机会和环境威胁的主要社会力量，包括人口环境、经济环境、自然环境、技术环境、政治和法律环境以及社会和文化环境。这些主要社会力量代表企业不可控制的变量。

思考题

1. 怎样理解市场营销环境？市场营销环境对企业的重要性体现在什么地方？
2. 面对市场营销环境所提供的机会和威胁，企业可以采取哪些有针对性的策略？
3. 微观营销环境分析应包含的内容有哪些？

4. 影响消费者支出模式的因素有哪些？它们是怎样影响消费者支出的？

5. 在网络经济时代，哪些环境变化趋势将影响沃尔特·迪斯尼公司（Walt Disney Company）的成功？如果你负责迪斯尼的营销，你会制订什么计划来适应这些环境变化趋势？

6. 一家大的制酒公司正在计划推出一种成人软饮料，它是高度酒的替代品，比葡萄酒酒精含量低，并且较便宜。哪些文化因素或其他因素可能影响这种产品的成功？

7. 一些营销目标，像质量改进，需要内部公众——雇员的有力支持，但调查显示，雇员越来越不信任管理部门，他们对公司的忠诚程度也在下降。公司应怎样进行内部营销来帮助实现目标？请列出几种可行的方法。

8. 选择一个你所熟悉的导购类APP，试用SWOT分析法分析其战略，指出其战略的优劣势，并提出改进建议。

案例讨论

湖南卫视的市场营销策环境分析与策略

湖南卫视经过十年的探索和运作，成功地确立了国内首席娱乐频道的地位，成为唯一一个能与央视频道分庭抗礼的省级电视台。2007年，在"中国品牌五百强"排行榜中，湖南卫视排名第113位，成为各媒体学习的榜样。湖南卫视的成功，源于对营销环境的准确分析把握和超前的创新意识及策划。

一、湖南卫视营销环境分析

1. 政治因素　21世纪以来，整体社会局势向着开放、自由、个性的方向发展；国内政治体系不断完善，政局稳定，保证了整个社会能够理性地面对存在的弊端和问题，并能够合理引导社会发展的多样化趋势，媒体自由化成为发展的趋势。

2. 经济因素　随着经济的发展，人们的生活水平不断提高，消费层次、消费水平、消费能力都发生了变化。人们不再满足于枯燥乏味的单一电视新闻，而是期望更多的个性化的节目；同时，新型网络媒体显然已经远远走在电视媒体之前。其庞大的网络资源、实时的新闻效果及点播式的自助娱乐方式，成为彰显个性化、满足特定需求的重要基础资源。电视媒体传统的经营方式面临着新型网络媒体的冲击。

3. 社会因素　中国人有着强烈的家庭观念，而电视是聚集家庭成员的最佳工具。当老老少少难得齐聚一堂时，新闻电视节目的吸引力有限，娱乐性节目才是家庭媒体所关注的重点；在高节奏、网络化的生活不断吞噬着城市人群时间的同时，越来越多的农村家庭方在辛苦劳作之余聚集到新买的电视机前，通过电视了解世界。而国内70%的农村人口是电视媒体的潜力市场，他们的需求将在一定程度上左右电视台的运营策略；在消费者的消费习惯的顽固作用之下，央视牢牢占据着国内新闻的头把交椅，留给地方电台的只能是差异化的竞争方式，"娱乐"成为差异化最主要的工具。

4. 技术因素　技术的不断进步，造就了互联网，并催生了现今的新媒体时代，传统的电视节目受到新技术的不断挑战。但新技术同样也赋予电视节目以新生，IPTV、数字电视等技术的产生在一定程度上消除了被动的接收方式。与此同时，技术的进步实现了各媒体间的相互支持，造就了新型的综合媒体时代，并创造了前所未有的市场价值。电视媒体作为其中的核心媒体之一,有着显著的价值空间。

二、湖南卫视的营销策略

根据上述分析,湖南卫视在全国所有电视媒体中率先对自身品牌进行了清晰的定位——"打造中国最具活力的电视娱乐品牌"。围绕这一定位,湖南卫视构建了整合营销模式。

1. 要求广告部、总编室、覆盖办、节目部四大部门密切合作,相互配合抓创收,从根本上改变过去广告部单一运作的传统营销模式。

2. 与各地方电视台合作,比如2005年超级女声在海选阶段与广州、长沙、郑州、成都、杭州等电视台合作,设立五个赛区进行选拔赛。

3. 充分利用网络、短信等现代传播手段。如通过网络互动、短信互动将全国各地的歌迷聚集到一起,在歌迷极力推销歌手的同时,超级女声影响力也随之扩大。

4. 对赞助商的资源进行整合,在赞助商传播其品牌的同时,扩大节目的影响力。如与蒙牛合作,拉开"2005快乐中国蒙牛酸酸乳超级女声"大幕。蒙牛不仅冠名湖南卫视"2005超级女声年度大选"活动,而且选用2004年超级女声季军做代言人,所有的广告与推广全部与超级女声密切结合。这种将企业的一个产品完全与电视台举办的活动捆绑在一起的做法,是一个十分大胆的举动。

(资料来源:胡春. 市场营销案例评析. 清华大学出版社,2008)

讨论题

1. 湖南卫视所面临的是什么样的市场环境?
2. 湖南卫视是如何有针对性地开展营销活动的?

第四章 消费者市场及其购买行为分析

本章简介

消费者市场是消费品生产经营企业开展市场营销活动的出发点和归宿,同时也影响着工业品市场的需求水平。深入研究消费者市场,分析消费者购买行为,研究消费者购买决策过程,找寻影响消费者购买行为的主要因素,才能帮助企业制订准确的营销计划,开发有市场价值的消费品,才能提高企业的市场营销效益,实现企业发展。

学习重点

通过本章学习,了解消费者市场的概念、特点及其购买对象,理解消费者购买行为类型及其分析,熟悉消费者购买行为的主要影响因素,掌握消费者购买决策过程。

引入案例

必胜客:把外卖盒做成投影仪

吃披萨,找必胜客,谁都知道,还有新鲜的吗?外卖一个披萨回家,除了埋头吃还可以搭配点什么呢?必胜客给出的答案是电影。近日,为了让食客在吃披萨时不无聊,必胜客把电影连同披萨一起送到客户家。电影和披萨在一款产品中同时出现,这个创意初听起来有点风马牛不相及。但香港必胜客却真的在6月份推出了一款披萨包装盒,能将消费者的手机变成电影投影仪。

由奥美香港创意设计的这款披萨包装盒非常巧妙,盒子中包含特制的披萨托盘,以及一个可拆卸的投影仪透镜。这一透镜能卡入盒子前方预留的圆孔中。只要用手机扫描盒子侧面的一个二维码,用户就可访问一个网页,而其中提供了4部披萨主题的电影。从盒子本身印有的浪漫、动作、恐怖、科幻4种图案,可以看出这4部影片是不同类型的影片。在选择电影之后，用户可以使用披萨托盘支撑住手机，并从披萨盒子中向外投影。随后，用户就可以观看投影出的电影。这些披萨盒子在使用后还有一定的收藏价值。

这些电影的画面分辨率不高。实际上，电影的画面非常复古。而除非用户使用蓝牙音箱，否则声音质量也不会太好，因为手机被放在了盒子中。当然，目前用户也无法通过这一装置播放 Netflix 电影，因为投影出的图象实际上是手机屏幕画面的对称镜像。此外，在播放完电影之后，你的手机可能会有一股披萨味。

尽管如此，这个被称为 Block Buster Box 的电影项目在香港市场推出后，深受消费者欢迎，必胜客表示，他们已计划将这次营销策划连同这款投影仪披萨盒推广到世界更多的城市中。

除了"任性"的必胜客把披萨盒变成投影仪，增加顾客用餐时的创新体验外，类似"可用的设计"，还有麦当劳外卖纸袋 BagTray。上述餐饮品牌推出的新奇创意，无非都是在传统餐饮的基础上进行的全方位升级，即从传统餐饮追求"吃饱吃好味道好"的产品物质需求层面，上升为"好吃好看好体验"的精神物质双重层面。

（资料来源：史亚娟．必胜客如何把外卖盒做成投影仪［EB/OL］．［2015-07-31］．http：//www.vmarketing.cn/index.php？mod=news&ac=content&id=9221）

从上述案例中可以看到，要想在激烈的市场竞争中获得优势，就要深入研究消费者市场，分析消费者的需求变化和行为表现，准确把握消费趋势，并积极采取措施，争取主动，企业才能生存发展下去。

第一节 消费者市场

一、消费者市场概念和特点

（一）消费者市场概念

消费者市场是指为了满足个人需要和家庭消费而购买消费品和服务的市场，又称消费品市场、生活资料市场和最终产品市场，是指城乡居民、社会集团在市场上获得必要生活资料的有支付能力的愿望和要求。

消费者市场是相对于组织市场而言的。其实，组织市场虽然市场集中，购买数量庞大，但最终都是服务消费者，消费者需求才是人类社会的原生需求，生产者市场需求、中间商市场需求及政府需求都由此派生而来，消费者市场从根本上决定其他所有市场。因此，消费者市场是市场体系的基础，是起决定作用的市场，是现代市场营销理论研究的主要对象。

值得说明的是，消费者市场和组织市场是以购买目的或动机为依据来划分的，如果单单从所购产品的自然属性来看，无法对这两个市场进行区分，例如：煤炭既可以卖给个人或家庭消费者，也可以卖给生产者作为燃料或原料，很难断定它属于哪个市场。所以，研究消费者市场要围绕消费者需求动机展开,通过其购买行为及决策过程去探寻规律。

(二)消费者市场特点

消费者市场具有分散性、差异性、多变性、替代性和非专业性等特点。

1. 分散性　消费品市场中的购买者都是个体或家庭,它们人数众多,覆盖面广,但需求又各不相同,所以市场分散。从交易的规模和方式看,呈现成交次数频繁,但交易数量零星的特点,绝大部分产品和服务都需要通过中间商销售,以方便消费者购买。因此,消费品生产经营企业应特别注意分销渠道的选择、设计及管理。

2. 差异性　由于消费者在收入水平、文化程度、职业、性别、年龄、民族和生活习惯等方面存在诸多差异,自然会产生不同的兴趣爱好,表现在消费品的需求方面也就有较大的差异性。而且,随着生产力的发展和消费者购买力的不断提高,人们对商品和服务的需要也在不断地发展,高档次商品和个性化消费越来越为人们所关注,新的细分市场不断涌现,需求差异有不断扩大的趋势。企业应在市场细分的基础上准确选择目标市场,开展有效的市场营销活动,满足目标顾客的消费需求。

3. 多变性　消费者市场提供的产品总体上看,专业技术性不强,门槛不高,加之科学技术日新月异,同类产品较多,消费者选择余地大,需求多变。不同季节、不同气候、不同风俗习惯和不同节日都会带来不同的消费需求。消费需求和爱好还随时代风潮不同而经常发生变化。即便在购物现场,消费决策也随时可能发生变化。正因为消费需求和消费者购买行为经常受到诸多环境因素影响,所以,企业要深入研究市场发展变化趋势,跟踪分析消费者购买决策过程并密切关注消费者行为的变化。

4. 替代性　消费者市场产品丰富,种类繁多,竞争激烈。在消费需求方面,不同产品之间往往存在一定的关联性或者可以互相替代,这与组织市场情况差异较大。譬如,消费者在买眼镜的时候,就有可能顺带购买便携式眼镜盒、滴眼液等关联产品。而近年来各种功能饮料陆续亮相,呈现出很强的替代性,如乐百氏的"脉动"和农夫山泉的"尖叫",饼干与方便面虽是不同种类产品,亦可互相替代。因此,消费者经常在替代品之间进行购买选择,导致购买力在不同产品、品牌和企业之间流动。

5. 非专业性　从购买行为看,消费者的购买行为具有很大程度的可诱导性。一是因为消费者在决定实施购买行为时,不像组织市场的购买决策那样要经历一整套的审批手续或审批程序,而是带有一定的随意性,经常具有自发性和感情冲动性的特点;二是消费品市场的购买者大多缺乏相应的产品知识和市场知识,而且也不愿付出太多精力和时间成本去获取这些知识,其购买行为是非专业性购买,他们对产品的选购受广告宣传和现场促销的影响较大。因此,企业应做好宣传广告,明晰产品定位、产品特征,强化其在消费者头脑中的形象,这样既可以当好消费者的参谋,也能有效地引导消费者的购买行为。

二、消费者市场的购买对象

消费者市场的购买对象,也叫消费品,是指最终消费者用于家庭或个人消费,而不是用于再生产或服务的产品,后者属于产业用品的范畴。

消费者进入市场,其购买的消费品是多种多样的。消费品的分类,既可以按照消费者的购买习惯来划分,也可以按照消费品的消耗特点和产品形态来划分,还可以根据消费品的用途来划分。

（一）便利品、选购品、特殊品和非渴求品

按照消费者的购买习惯，消费品可划分为四类，即便利品、选购品、特殊品和非渴求品。

1. 便利品　指广大消费者购买频繁，即用即买，不愿花时间和精力去比较，希望以最小代价获取的产品。这类产品消费者经常使用，一般都较熟悉，有一定的商品知识，但没有强烈偏好性。因此，消费者不愿花时间去比较价格和品质，多随时随地就近购买，愿意接受替代品。为此，出售这类消费品的商店，多设在居民区，或由综合商店经营，或设货摊、货亭经营。当然，为便于普通购买，大百货商店、超级市场、仓储商场也都经营。

便利品可以进一步分为日用品、冲动购买品和应急物品三种。日用品是价值低，经常使用和购买的产品和服务。如食盐、方便面、洗涤用品、牙膏、牙刷、饮料、饼干等。消费者很少专门费心寻找这类产品，其购买日用品的特点是就近购买自己熟悉的品牌产品，品牌偏好和熟悉度成为决定消费者迅速选择的关键因素。因此经营日用品的企业要在居民区广设网点，如小卖部、超市，利用各种促销措施使消费者熟悉产品品牌，并保证质量，注重产品款式和包装设计，吸引消费者购买，生产企业则着重提升品牌宣传和美誉度。冲动购买品是指消费者在视觉、嗅觉、听觉等感觉器官受到刺激的情况下，未经过计划或搜寻而临时决定购买的产品或服务。如玩具、水果、CD 唱片等。经营冲动购买品的商家一般在人口稠密、流动量大的地方广设网点，利用表演示范、广告条幅等刺激感觉器官的促销手段展示产品或服务，以吸引消费者购买。一些书店或超级市场在收银台旁边放置的一些糖果、小报之类的产品就属于冲动品。应急物品是指消费者在紧急需要的情况下所购买的产品或服务。如急诊、下雨天买雨伞等。应急物品也应多设网点，让消费者熟知以便于消费者购买。

2. 选购品　指消费者在挑选和购买过程中对适用性、质量、价格和式样等基本方面要做认真权衡比较的产品，例如家具、家用电器、服装、皮鞋、大的器械等。也就是说，在购买此类产品时，消费者往往会跑多家商店进行比较选择。一般来说，选购品相对便利品来说，价格较高，购买间隔时间较长，消费者并不要求立刻购买到，对品牌也不确定。所以，经营此类商品，企业要尽可能做专业化经营，使产品的花色品种齐全一些，给消费者更多选择的机会。

选购品可以划分为同质品和异质品。同质品是指消费者心目中认为其质量是相似的，但价格却明显不同，所以有选购的必要，值得花时间和精力去挑选。比如：消费者在购买电冰箱之类的家电产品时，往往就会认为同款型不同品牌的质量相差不大，所以经常"货比三家"，寻找质价最恰当的一家购买，而且会与销售者"商谈价格"。这类产品促销的重点是在保证产品质量的前提下采取薄利多销的低价策略。异质品是指产品特色比价格重要的选购品，如服装、家具等。对消费者来说，在选购服装、家具和其他异质选购品时，产品特色通常比价格更重要。因此，经营异质选购品的企业必须备有大量的品种花色，以满足不同消费者的爱好；他们还必须有受过良好训练的推销人员，为顾客提供信息和咨询。

当然，为了便于消费者购买选购品，地方政府也应为其提供便利条件，使经营不同品牌的同类选购品的商家云集在一起，因此在一些城市里有服装城、家电城、装饰材料大市场等。

3. 特殊品　指那些具备独特的品质、风格、造型、工艺等特征和（或）品牌标记，消费者对其有特殊偏好，愿意花较多时间和精力，努力寻找、挑选和购买的产品。例如特殊品牌和特殊式样的花色商品、汽车、高档家具、高级音响和专业摄影器材等等。消费者在购买这类商品时，事先有一定认识，偏爱特定品牌，而且不愿轻易接受其他替代品。因此，这类消费品的生产经营企业要特别注意产品品牌建设，扩大产品知名度和顾客黏性。

4. 非渴望品　指消费者目前并不了解，或者即便了解但通常也不打算购买的产品。比如某些特效新药，在未做广告之前，或消费者未看到这些广告之前，并不知道有这种产品，或没有患相关病症时，这就属于非渴望品。而即便知道，一般也不打算购买的非渴望品，最典型的有：人寿保险、墓地、墓碑以及百科全书等等。因为这些产品非常特殊，所以对非渴求品要付出广告和人员推销等大量营销努力，才会产生市场效果。

（二）易耗品、耐用消费品和服务

按照消费品的消耗特点和产品形态，消费品可以划分为易耗品、耐用消费品和服务三种类型。

1. 易耗消费品　易耗消费品也叫非耐用消费品，是指只能使用一次或几次的容易消耗的有形物品，如食物、水果、洗涤用品等。对这类商品，消费者使用次数少，需要经常购买，所以，生产经营企业要注意增设销售点，以方便消费者购买。

2. 耐用消费品　耐用消费品是指可以多次使用，使用寿命长、单价较高的有形物品，如电视机、电冰箱等家用电器。消费者在购买这类商品时，决策较为慎重，因此，生产经营此类产品的企业，要注意技术创新，提高产品质量，同时做好售后服务，满足消费者购后需求。

3. 服务　服务是"用于出售或者是同产品连在一起进行出售的活动、利益或满足感"。服务是一种无形产品，如美容、技术咨询等。随着我国宏观经济结构调整不断深入，服务将越来越成为消费的重要领域，消费者对服务的需求也越来越广泛，关联企业要注意服务的标准化、规范化创新，以提高服务质量，满足消费者需求

（三）生活必需品、一般消费品、奢侈品和精神消费品

按照消费者购买目的或购买用途，消费品可以划分为生活必需品、一般消费品、奢侈品和精神消费品。

1. 生活必需品　是人们维持日常生活的基本需求，包括粮食、饮料制品、服装、交通（包括交通工具、燃料、交通基础设施）等，无论经济状况如何，人们都必须消费或间接消费这些商品，因而从事这类商品生产的厂商受经济运行状况的影响相对较小。

2. 一般消费品　它作为生活必需品的补充，对丰富人们的日常生活有着重要的作用。在解决温饱之后，人们自然而然地会追求更美好的生活，因而为食品加工业、服装设计等消费产业和从事生产资料生产的产业提供了丰富的需求。

3. 奢侈品　当人们手中掌握更多财富时，人们开始追求自我存在感和自我价值感。而一般消费品无法满足这种追求，这就成为了奢侈品需求的基础。奢侈品分为两类，一类不能直接促进商品投资，对经济增长的贡献非常有限，这类奢侈品包括古玩字画、邮票等收藏品；另一类通过适当诱导，能够导向对科技、经济有利的方向，从而促进经济发展，比如房地产、太空旅游、电子产品等高科技消费，但这类消费如果引导不当则会对整个经济发展带来非常不利的影响。

4. 精神消费品　是为了满足人们在物质生活之外的精神需求，对人们生活水平的高低有着十分重要的影响，具体包括旅游、服务业、戏曲曲艺、绘画美术、工业设计、心理学等诸多方面。

第二节 消费者购买行为分析

一、消费者购买行为分析模式

研究消费者市场的一个关键点是消费者为什么采取某种购买行为,行为学家和营销专家在这方面做了多年的努力,其结论是这种行为太复杂了。主要原因是消费者购买行为无法进行准确的测量,特别是消费者的思想活动过程更难以直接观察和测量。因此,专家们在研究消费者的购买行为时提出了各种理论和模式。

(一)不同学科的购买行为分析模式

1. **经济学模式** 经济学认为,购买者购买决策的做出是建立在理性的而且清醒的经济计算的基础上的,购买者追求的是"最大边际效用"。即消费者根据自己获得的市场信息,根据个人的愿望和有限的收入,购买那些能使自己得到最大效用的物品。

基于以上原则,在进行消费者购买行为分析时,可以做出如下几个有用的假设:①价格越低,商品的销量越大;②本品价格越低,替代品越难销售;③某商品价格下降,其互补品销售看涨;④推销费用越高,销售量越大;等等。

用这种经济学模式分析购买行为,注重产品的价格和性能因素,强调的是消费者购买的经济动机对购买行为的影响,这无疑是重要的。但单纯的经济因素不能解释消费者行为的发生及变化。

2. **传统心理学模式** 这种模式又称需求的驱策力模式。它的主要观点是需求促使人们产生购买行动,而需求是由驱策力引起的。其中,驱策力是指一种内在的心理推动力,它在"刺激物"的引导下,会形成一种动机,在动机的支配下,会产生"反应"。驱策力一般可以分为原始驱策力和学习驱策力两种,原始驱策力是指人的生理方面的需求,是非理性因素的行为;而学习驱策力是指人的心理方面的需求,是理性因素的行为。

该理论模式主张通过各种各样的强化力量加强"诱因—反应"关系,借助于强大的驱策力来建立消费者的购买行为。目前,这种模式为企业市场营销人员所接受,并广泛应用于企业实践活动,尤其是在促销策略、广告策略的制定方面,收到了较好的效果。

3. **社会心理学模式** 社会心理学模式主张,人是社会人,人们的需求和行为都要受到社会群体的压力和影响,以至于处于同一社会阶层的人们在商品需求、兴趣、爱好、购买方式、购买习惯上有着许多的相似点。营销人员的主要任务就是要确定哪些人对哪些产品最具影响力,以使这些人在最大限度和范围内施展其影响。

社会心理学模式对营销人员的活动有着重要的意义,但也有不完善的一面。因为个人行为虽然会受到社会的影响,但不是全部。因为,作为个体,消费者之间存在着个性差异,而个性化消费现在也成为一种具有代表性的消费需求。

以上三种模式代表了不同学科的研究者对消费者主要购买动机及行为的不同看法。由于产品的差异,不同模式可能在几种特定场合下显得更有意义。如心理分析的模式对消费者吸烟的影响因素解释更透彻；经济学分析模式在研究购买者购买住房方面特别有用；对经营时尚商品的企业来说，或许社会心理学模式对营销人员更有帮助。

（二）基于购买决策过程的"7W-O"模式

广义上讲，消费者行为是指消费者在寻求、购买、使用、评估和处理预期能满足其需要的产品和服务时所表现出来的行为。消费者行为研究，就是研究人们如何做出花费自己可支配的资源（金钱、时间、精力）于消费品上的决策。这种决策是一个过程。基于购买决策过程的"7W-O"模式，就是指用"7W-O"架构去分析消费者购买行为，即了解消费者市场和消费者的几个关键问题，例如：

①消费者市场由谁（Who）构成？即购买者（Occupants）是谁。②消费者在市场中购买什么消费品（What）？即购买对象（Objects）是什么。③消费者为什么要购买这种消费品（Why）？即购买目的（Objectives）是什么。④购买活动还有谁（Who）参与？即购买组织（Organizations）如何。⑤何时（When）购买？即购买时间（Occasions）是什么时候。⑥在哪里（Where）购买？即购买地点（Outlets）是哪里。⑦如何（How）购买？即采用什么购买方式（Operations）。研究这些问题，就能给企业清晰的市场图谱，为生产经营企业开展营销活动提供重要依据。

不过，上述七个方面的问题，有些问题比较直观，例如在何时何地，购买什么产品，如何购买等，容易通过外显现象得到答案；有些问题，例如为何购买，涉及消费者复杂内心作用过程，即使在科技高度发达的今天，仍然无法完全认知。这就是消费者行为学中所谓的购买者"暗箱"。暗箱原指照相机上装感光片的设备，其结构严密，绝不透光。这里喻指消费者购买心理活动的隐秘，就如同暗箱一样，人们无法窥见其内容，只能在购买行为发生后，再进行分析。

这个模式的局限就在于如何把握购买者"暗箱"。行为学家正在进行深入研究，希望能对"暗箱"内的结构提出一个更明确的模式。

（三）"刺激"与"反应"模式

行为心理学的创始人沃森建立的"刺激—反应"原理，指出人的复杂行为可以被分解为两部分：刺激、反应。刺激来自两个方面：身体内部的刺激和体外环境刺激，而反应总是随着刺激而呈现的。

科特勒提出了购买行为分析的"刺激—反应"模式，认为消费者行为也是一个刺激与反应的过程（图4-1）。消费者行为源于受到了来自外部环境和营销的刺激。面对刺激，消费者会因为个人特征的不同而做出反应。具体而言，就是市场营销刺激和其他外部刺激进入购买者的意识后，购买者根据自己的特征处理这些信息，经过一定的决策过程做出了购买决定。市场营销人员的任务就是要了解：在出现外部刺激到做出购买决策前购买者意识中所发生的情况。

这个模式的局限在于其没有提出该如何明确购买者特征和购买决策过程。这也印证了购买行为分析中"暗箱"理论的复杂性和重要性。它进一步提出了对消费者购买行为的研究主要包括两个部分：一是对影响购买者行为的各种因素的分析，二是对消费者购买决策过程的研究。

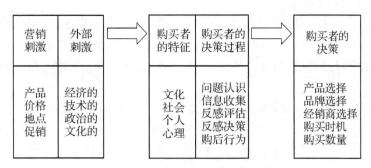

图 4-1 "刺激—反应"购买行为模式

二、消费者购买行为的类型分析

消费者购买行为的类型,有多种多样的划分,都是以消费者不同的心理活动作为基础的。消费者在购买活动中所发生的心理变化,是消费者对外部事物和本身需要的综合反映。这种心理活动复杂而微妙,直接支配着消费者的购买行为,影响着实行购买的全过程,产生出各有差异的购买行为。

(一)按照消费者购买目标的选定来划分购买行为

1. 全确定型购买行为　此类购买行为,是指在购买商品前,已有明确的购买目标,对商品名称、商标、型号、规格、样式、颜色,以至价格的幅度等都有明确的要求。采取这种购买行为的消费者进入商店后,一般都有目的地选择,并主动地提出需购商品,以及对商品的各项要求,可以毫不迟疑地买下商品,其购买目标在购买行动与语言表达等方面都能鲜明地反映出来。

2. 半确定型购买行为　此类购买行为,是指消费者在购买商品前,已有大致的购买目标,但具体要求还不甚明确,最后购买决定是经过选择比较而完成的。例如,洗衣机是其计划购买的商品,但购买什么牌子、型号、规格、式样等尚未肯定。持这种购买行为的消费者,在进入商店后,一般不能明确、清晰地提出所需商品的各项要求,实现购买目标需要经过较长的比较、评定才能完成。

3. 不确定型购买行为　这类购买行为在购买商品时没有明确的或坚定的购买目标,进入商店主要是参观,一般是漫无目的地观看商品,或随便了解一些商品销售情况,碰到感兴趣与合适的商品也会购买,否则不买商品就离去。

(二)按照消费者购买态度与要求来划分购买行为

1. 习惯型购买行为　消费者对某种商品的态度,常取决于其对商品的信念。信念可以建立在知识的基础上,也可以建立在信任的基础上。例如:保护身体安全的信念,满足情感需要的信念,值得信赖的信念,都能加深对某种商品的印象,形成一种习惯性态度,使之在需要时会不假思索地去购买。这就形成了购买行为的习惯性。属于此类行为的消费者,往往根据过去的购买经验和使用习惯进行购买活动,很少受时尚风气的影响。

2. 理智型购买行为　此类消费者购买行为以理智为主,感情色彩较少。往往根据自己的经验和对商品知识的了解,在采取购买行动前,注意收集商品有关信息,了解市场行情,经过周密的分析和思考,做到对商品的特性心中有数。在购买过程中,主观性较强,不愿别人介入。受广告宣传以及售货员的介绍影响甚少,往往是自己对商品做一番细致的检查、比较,反复地权衡各种利弊因素,才做购买决策,在做决定时,一般也不太爱动声色。

3. 经济型购买行为　持这种购买行为的消费者在选购商品时多从经济角度考虑,对商品的价格非常敏感。例如,有的从价格的高昂确定商品的优质,选购高档商品;有的从价格的低廉评定商品的便宜,选购廉价商品。当然,价格选择的原因,很大程度也与其经济条件和心理需要有关。

4. 冲动型购买行为　持此类购买行为的消费者,个性心理反应敏捷,客观刺激物容易引起心理的指向性,其心理反应与心理过程的速度也较快。这种个性特征反映到购买的实施时便呈冲动型。此类行为,以直观感觉为主,新产品、时尚产品对其吸引力较大。他们一般对所接触到的第一件合适的商品就想买下,而不愿做反复选择比较,因而能快速地做出购买决定。

5. 感情型购买行为　这种购买行为兴奋性较强,情感体验深刻,想象力与联想力特别丰富,审美感比较灵敏,因此,在购买商品时容易受感情的影响,也容易受销售宣传的诱导,往往以商品品质是否符合其感情的需要来确定是否购买。

6. 疑虑型购买行为　这种购买行为具有内倾性的心理特征,持这种购买行为的消费者善于观察细小事物,行动谨慎、迟缓,体验深而疑心大,选购商品从不冒失仓促地做出决定,听取商品介绍和检查商品时,往往小心谨慎和疑虑重重,挑选商品动作缓慢,费时较多,还可能因犹豫不决而中断;购买时常常"三思而后行",购后还会疑心是否受骗上当。

7. 不定型购买行为　这种购买行为常发生于新购买者。他们缺乏购买经验,购买心理不稳定,往往是随意购买或奉命购买;在选购商品时大多没有主见,表现得不知所措。持这类购买行为的消费者,一般都渴望能得到商品导购的帮助,并很容易受外界的影响。

(三) 按照消费者在购买现场的情感反应来划分购买行为

1. 沉着型购买行为　这种购买行为是由于消费者神经过程平静而灵活性低,反应比较缓慢而沉着,因此环境变化刺激对他们影响不大。持这种行为的消费者在购买活动中往往沉默寡言,情感不外露,举动不明显,购买态度持重,不愿谈与商品无关的话题,也不爱听幽默或玩笑式的语句。

2. 温顺型购买行为　有些人由于神经过程比较脆弱,在生理上不能忍受或大或小的神经紧张,对外界的刺激很少在外表上表现出来,但内心体验较持久。这种心理特征表现在购买行为上,一般称为温顺型。此类行为的消费者在选购商品时往往遵从介绍做出购买决定,很少亲自重复检查商品的品质。这类购买行为对商品本身并不过于考虑,而更注重服务态度与服务质量。

3. 健谈型购买行为　有些人由于神经过程平衡而灵活性高,能很快地适应新的环境,但情感易变,兴趣也很广泛。这种心理特征表现在购买行为上就是健谈型或活泼型。持这类行为的消费者在购买商品时,能很快地与人们接近,愿意交换商品意见,并富有幽默感,喜爱开玩笑,有时甚至谈得忘乎所以,而忘掉选购商品。

4. 反感型购买行为　采取此类行为的消费者在个性心理特征上,具有高度的情绪易感性,对于外界环境的细小变化能有所警觉,显得性情怪僻,多愁善感;在购买过程中,往往不能忍受别人的多嘴多舌,对售货员的介绍异常警觉,抱有不信任的态度,甚至露出讥讽性的神态。

5. 激动型购买行为　有的人由于具有强烈的兴奋过程和较弱的抑制过程,因而情绪易于激动,在言谈举止和表情神态上都有急躁的表现,这种心理特征表现在购买行为上,就是激动型或傲慢型。此类消费者选购商品时表现出不可遏止的劲头,而不善于考虑有否可能，在言语表情上显得傲气十足，甚至会用命令式的口气提出要求，对商品品质和服务质量的要求极高。

虽然购买行为可以做如此多类型的区分，但对于它们的分析还是很粗糙的，现实生活中消费者的购买行为远比此复杂得多。即使在同类购买行为里，由于消费者的性别、年龄、职业、经济条件和心理素质等方面的不同，以及购买环境、购买方式、商品类别、供求状况、服务质量等方面的不同，都会出现购买行为的差异现象。所以，有必要结合各种因素，对购买行为进行综合分析，才能得到更为准确的结论。

第三节 影响消费者购买行为的因素

消费者生活在纷繁复杂的社会之中，购买行为受到诸多因素的影响。要透彻地把握消费者购买行为，有效地开展市场营销活动，必须分析影响消费者购买行为的有关因素。消费者的购买行为在很大程度上受到文化、社会、个人和心理等因素的影响（图4-2）。

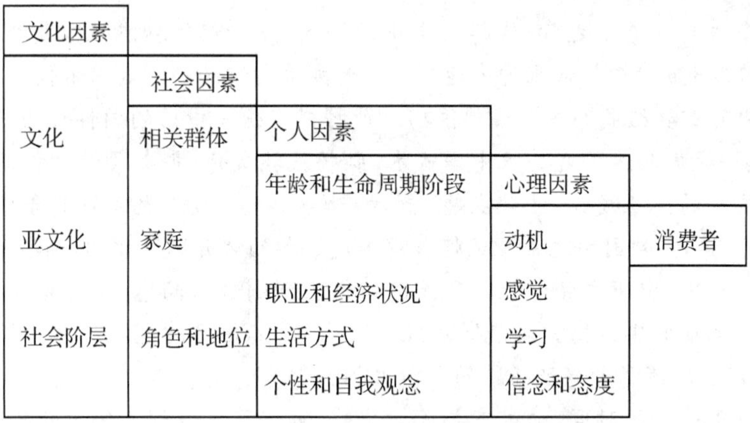

文化因素			
	社会因素		
文化	相关群体	个人因素	
		年龄和生命周期阶段	心理因素
亚文化	家庭		动机	消费者
		职业和经济状况	感觉
社会阶层	角色和地位	生活方式	学习
		个性和自我观念	信念和态度

图4-2 消费者购买行为的影响因素

一、文化因素

文化因素对消费者的行为具有最广泛和最深远的影响。其中，最主要的有文化、亚文化与社会阶层三个方面。

（一）文化

文化是人类欲求与行为最基本的决定因素，也是区分一个社会群体与另一个社会群体的主要因素，是人们通过学习获得的区别于其他群体行为特征的集合。文化包括价值观、文字、语言、伦理道德、风俗习惯、宗教仪式、法律及产品和服务等。

人类的行为除了受本能驱使外，大部分也是后天经验学习来的。比如，在社会中成长的儿童就是通过其家庭和其他主要机构学到了基本的一套价值、知觉、偏好和行为的整体观念。

文化是后天学习得来的,是对某一特定社会成员消费行为直接产生影响的信念、价值观和习俗的总和。文化不仅影响人们对特定商品的购买,还作用于消费者对信息的搜集和价值判断,即文化以多种方式作用于个人购买决策。

【案例4-1】

中华立领:民族文化邂逅现代营销

服装最能体现消费者心中的民族情结。柒牌男装在推广中华立领时所依托的,正是民族文化这张牌,即以流行时尚元素为基础,以中国民族文化为主轴,开展中华立领的品牌营销和推广。

柒牌与国际巨星李连杰的牵手,将中华立领的中国元素演绎得更加纯粹。李连杰在广告片中的服饰,都选用中华立领,特别有中国味道。凭借不屈不挠的斗志、越战越勇的精神,李连杰在国际舞台打出一片属于自己的天地。他的形象与竹的神韵十分神似,武术和竹,都是蜚声世界的中国传统文化精髓。无论是他扮演的角色还是他本人的气质风范,都与中华立领的形象十分吻合,成为中华立领与消费者沟通与交流的纽带,更是一种彼此精神上的亲近与共鸣。

紧接着,柒牌冠名赞助东南电视台"相约名人坊"大型晚会。晚会现场巧借张纪中、李自健等文艺界名人演绎"中华立领"风采,引得各大报纸、网络、电视台争相报道,"中华立领"一夜之间红遍大江南北。

在北京申奥成功3周年之际,柒牌又在中国进入21世纪的标志性建筑"中华世纪坛"举行了一场声势浩大的"中华武术迎奥运"万人太极拳表演活动。武术不仅是体育运动,也是中华传统文化的重要组成部分。柒牌很巧妙地将武术这一中国的国粹作为此次活动的切入点。借此活动,柒牌表达了其关注中国武术、弘扬民族文化、振奋民族精神的愿望。有别于商业体育中浓重的商业成分,活动主题"武动中华,弘扬奥运"也正好契合中华立领要体现出的积极的、民族的、爱国的元素。柒牌有意借奥运营销迈开国际化的步伐。

在消费者心目中,中华立领最能体现民族情结、个性化、时尚感、气质等综合价值,因此其对中华立领有高度的忠诚感。洪晓峰对此非常自豪,其他品牌也有过模仿的中式立领服装,但几乎九成以上的消费者只认柒牌的中华立领。

中华立领仅用一年的时间,通过宣扬民族文化,创造了从0到3亿元的掘金神话,开创了时尚中国的新时代。

(资料来源:网易财经.柒牌,从0到三个亿的掘金.[2008-03-23].
http://money.163.com/08/0323/18/47O7B7I300252K3R.html)

(二)亚文化

任何文化都包含一些较小的亚文化群体。亚文化是在较大文化内与其他群体共存的一个群体,其成员具有的共同信仰、特征或经历等,能提供更为具体的认同感。亚文化有许多不同类型,其中影响购买行为最显著的有四种,分别是民族亚文化、宗教亚文化、种族亚文化和区域亚文化。

1. 民族亚文化 世界上许多国家都存在不同的民族,尽管各民族文化交流很频繁,但许多民族在食品、服饰、家具和文娱要求等方面,仍然保留着本民族的许多传统情趣和喜好,这些民族文化为预测民族亚文化群体中的消费者购买习惯和消费偏好提供了重要的参考依据。

2. 宗教亚文化　　世界上存在许多不同的宗教,主要有伊斯兰教、佛教、天主教、基督教等等。每种宗教都有其特有的信仰、偏好和禁忌,这就形成了宗教亚文化。不同宗教亚文化群体的消费者在购买行为和消费习惯上都表现出各自的特性。

3. 种族亚文化　　世界上有白种人、黑种人、黄种人、棕种人四大人种,有些国家同时存在着多个不同人种。各个种族都有自己独特的生活习惯和文化传统,这也势必影响种族亚文化群体的消费者购买行为。

4. 区域亚文化　　不同区域具有不同的地理特征、气候条件,从而形成了不同区域亚文化群体成员不同的体质和性格,并养成不同的生活方式和追求,最终导致对商品的购买也有较大差异。

【小资料】

林语堂论中国人的地域差异

林语堂在其名作《中国人》(《吾国吾民》)中细腻地描写了中国人的民族和地域差异以及消费行为和习惯的不同。他认为,从地理和文化的角度来考察中国人时,"中国人这个抽象概念几乎消失,代之而来的是一幅多种族的画卷,身材大小不同,脾气与心理构成各异"。如北方人习惯于简单质朴的思维和艰苦的生活,高大健壮热情幽默,吃大葱,爱开玩笑。而长江以南的人则是惯于安逸、勤于修养、老于世故、喜欢舒适的另一种人,他们喝燕窝汤、吃莲子。广东人则充满了种族的活力,有事业心,无忧无虑,挥霍浪费,好斗、进取,脾气急躁。华中地区的湖北人则因为精明而被比作九头鸟,湖南人则以勇武和坚韧闻名。

(资料来源:卢泰宏. 消费者行为学)

总之,一个消费者对产品的选择,如对食物的偏好、衣着的选择、娱乐甚至事业的抱负,显然都受到他所属的民族、宗教、种族和所在区域的影响。

(三) 社会阶层

社会阶层是指一个社会中具有相对同质性和持久性的群体,它们是按等级排列的,每一阶层成员具有类似的价值观、兴趣爱好和行为规范。

具体来说,社会阶层具有几个特点:第一,同一社会阶层内的人,其行为要比来自两个不同社会阶层的人行为更加相似。第二,人们以自己所处的社会阶层来判断各自在社会中占有的高低地位。第三,某人所处的社会阶层并非由一个变量决定,而是受到职业、所得、财富、教育和价值观等多种变量的制约。第四,个人能够在一生中改变自己所处的阶层,既可以向高阶层迈进,也可以跌至低阶层,但是,这种变化的变动程度因某一社会的层次森严程度不同而不同。

消费者在选择产品时,往往会把其品牌和服务与特定的社会阶层联系起来,所以,处于不同社会阶层的消费者,在购买行为和购买种类上会有明显的差异性。例如,在购买家具、服饰、家用电器及业余活动等方面,各个阶层的人在款式、风格、品牌上显示出不同的偏好。

企业市场营销人员可以结合社会阶层研究成果,制定相应的营销策略,如:研发适合不同阶层的需求品;针对不同阶层的媒体习惯来选择发布广告的媒体;在产品定位时,要把社会阶层作为一个重要因素加以考虑;制定符合不同阶层特点的价格等;这样才能真正做到有的放矢，获取更大经济效益。

二、社会因素

消费者个人在做出购买决策前，一般都乐于向周边信赖的人征求意见，以降低购买行为可能遭受的潜在风险和损失，并希望从他人想法和行为中获取慰藉。因此，消费者购买行为不但受到广泛的文化因素的影响，同时也会受到诸如参照群体、家庭、社会角色与地位等一系列社会因素的影响。

（一）参照群体

一个人的行为受许多群体的影响，这些群体称为参照群体。参照群体是指个人在形成其购买或消费决策时用以作为参照、比较的个人或群体。参照群体可分为直接参照群体和间接参照群体（向往群体和厌恶群体）。

直接参照群体又称为成员群体，即某人所属的群体与其有直接关系的群体。成员群体又分为首要群体和次要群体。首要群体是指与某人直接或经常接触的一群人，一般都是非正式群体，如家庭、朋友、邻居与同事。次要群体是并不经常影响其成员但一般较为正式的群体，如宗教、职业和贸易协会。

间接参照群体是指某人的非成员群体，即此人不属于其中，但又受其影响的一群人。这种参照群体又分为向往群体和厌恶群体。向往群体指某人希望去追随或加入的群体，又称为崇拜群体，例如体育明星、影视明星等。而厌恶群体是一种其价值观和行为被一个人所拒绝接受的群体。

在信息与网络技术高速发展的今天，还存在虚拟群体，它主要基于虚拟的网络社区。

参照群体对消费者购买行为产生的影响主要表现在以下三个方面：

（1）参照群体使消费者受到新的行为模式和生活方式的影响。

（2）参照群体还影响个人的态度和自我概念，因为人们通常希望能迎合群体。而对产品的态度就会影响消费者对将要购买的消费品做出选择。

（3）参照群体还产生某种趋于一致的压力，它会影响个人的实际产品选择和品牌选择。

企业要善于运用参照群体对消费者施加影响，扩大产品销售。对受到参照群体影响大的产品和品牌制造商来说，必须想法去接触和影响相关参照群体中的意见带头人。

（二）家庭

家庭是指建立在婚姻关系、血缘关系或收养关系基础上，由夫妻和一定范围的亲属结合而成的亲密合作、共同生活的人类社会生活的基本单位。父母、子女是家庭的基本成员。家庭是社会中最重要的消费者购买组织，它强烈影响着人们的价值观、人生态度和购买行为。

在家庭经济生活中，消费占有极其重要的地位。家庭的消费活动不仅包括家庭成员共同的消费活动，也包括家庭中个别成员即每一位消费者的消费活动。购买者家庭成员对购买者行为影响很大。家庭购买决策大致可分为三种类型，主要表现为：一人独自做主；全家参与意见，一人做主；全家共同决定。要说明的是，在核心家庭中，"全家"虽然包括夫妻和子女，但主要还是指夫妻二人。夫妻二人的购买决策权分配取决于多种因素，如生活习惯、双方就业情况、双方工资及受教育水平、家庭内部分工以及产品种类等。而孩子在家庭购买决策中的影响力，是随着其知识增长和经济独立而不断增大的。

营销人员应该要重视夫妻及子女在各种商品和劳务采购中所起的不同作用和相互之间

的影响,以便更好地引导家庭购买决策。研究表明,在多数家庭中,丈夫往往在人寿保险、汽车、电视机等产品购买决策中起支配作用;妻子对购买洗衣机、地毯、家具、厨房用品有较多发言权;而在度假、住宅、户外娱乐等方面,则需要家庭成员共同商量,来做出选择。

(三) 角色与地位

角色是指个人在群体、组织及社会中的地位和作用。每个人一生中都会参与许多群体,如家庭、俱乐部及其他各种组织机构。每个人在各群体或机构中的位置可用角色和地位来确定。消费者扮演的角色不同,会影响其购买行为,事实上,人们常常选购某些带有地位标志性的商品来表明其社会地位。所以,企业营销人员首先要研究哪些产品能够成为人们的地位标志性产品,然后深入观察潜在客户群体的角色行为,准确识别出目标群体追求的身份和地位认同,开发相应的适销产品,这样就能更好地利用角色和地位因素,去获取更大的经济效益。

三、个人因素

消费者购买决策也受其个人特性的影响,特别是受年龄、性别、职业与经济状况、生活方式、个性与自我观念等影响。

(一) 年龄、生命周期阶段与性别

每个人从出生到死亡都要经历婴儿期、儿童期、青年期、成年期、中年期和老年期六个阶段,不同年龄阶段的消费者有不同的需求心理和行为,而且,人们购买产品或对服务的需求会随其年龄的变化而改变。以食物为例,人们在成长早期,往往吃的是婴幼儿食品;成年后就会毫无顾忌地吃各种食物;到了晚年后,则会有忌口食物,医药保健品消费大量增加。其实,衣食住行等各个方面的消费都受年龄的影响。

年龄不仅直接影响一个人的购买决策,而且还关系着个人的婚姻状况、有无小孩以及孩子年龄等,更复杂地影响个人的购买行为。因此,企业营销人员也有必要研究家庭生命周期对购买行为的影响。

需要注意的是,由于现代社会人们信息交流的迅猛发展,不同年龄段的人群在信息获取、心态和行为上趋同,年龄界限逐渐模糊难分。因此,营销人员在关注年龄对购买决策的影响时,不仅要注意消费者的生理年龄,更应该关注其心理年龄。

生理上的先天差别(性别差异)也会导致不同的心理和行为,从而影响消费者购买行为,尤其在服装、美容美发、洗涤用品、化妆品等市场上差异表现得更为明显。一般来说,男性和女性在消费的产品选择及购买决策过程上,都具有差异。当然,随着社会经济的发展,性别间的消费差异在逐步减少,开发两性同时适用的产品,也成为企业扩大市场容量的有效途径。

(二) 职业与经济状况

不同职业的消费者扮演着不同的社会角色,承担着不同的责任和义务,有着不同的价值观和行为准则,对商品的需求和兴趣也各不相同。如政府官员和企业家、普通工人和农民、医生和军人等,其职业不同,需求差别也很大,所以,消费者的职业影响着其消费模式。

而经济状况的好坏、收入的高低对消费者的购买行为则有着更为直接的影响。所谓经济状况,包括个人可支配收入、储蓄和资产、借贷能力以及对花费与储蓄的态度。其中,个人可支配收入某种程度上会反映消费者的收入水平、收入稳定性和花费的时间。流动资产比例会影响消费尤其是冲动消费决策。

不同收入水平,决定了不同的购买能力,决定了需求的不同层次和倾向,影响着消费者

的产品选择。因此,生产经营价格敏感型产品的企业,应该经常关注目标消费者的经济状况变化情况,以此来调整产品策略,提高产品的销售量。

(三) 生活方式

来自相同的亚文化群、社会阶层,甚至来自相同职业的人们,也可能具有不同的生活方式。生活方式是理解消费者行为的通俗概念,是人们生活、花费时间和金钱的方式的统称,它反映了人们的个人活动、兴趣和态度。人们的生活方式勾画了人与环境相互作用后形成的更完整的个人特性,呈现了一个人生活的具体所思、所为。不同的生活方式产生不同的购买需求,影响消费者对不同产品和品牌的选择。

目前,较为完善的细分生活方式的方法有两种:AIO 模式和 VALS 方法。AIO 模式通过描述消费者活动(activity)、兴趣(interest)和态度(opinion)来度量生活方式的实际形式。而 VALS 方法按照自我导向和资源丰缺两个标准,定义了八个类别的生活方式,将消费者细分为现实者、满足者、信念者、成就者、奋斗者、经历者、工作者和挣扎者。营销人员可以根据细分来选择目标消费者,通过研究自己的产品和品牌与具有不同生活方式的各群体之间的相互关系,来适应目标消费者各种不同生活方式的商品需求和服务需求,并以此为依据来制定相应的营销策略,推动消费者做出购买决策。

(四) 个性与自我观念

个性:是一个人所特有的心理特征,它导致一个人对其所处环境的相对一致和持续不断的反应。一个人的个性通常可用自信、控制欲、自主、顺从、交际、保守和适应等性格特征来加以描绘。研究表明,某些个性类型同产品或品牌选择之间关系密切。现在的人们越来越倾向于通过购买不同风格的产品以展示自己独特的个性,比如年轻人追求前卫的发型和时尚的服饰。企业可以通过研究消费者表达个性的方式,来制定产品宣传策略,树立与个性相符的品牌形象,借以亲近目标消费者,获取竞争优势。

【小资料】

品牌个性

品牌个性(brand personality)指在一个特定品牌上所归纳出的一组人类特质的组合。

斯坦福大学的珍妮弗·阿克(Jennifer Aaker)教授曾经对品牌个性做过研究,并找出品牌的下列个性特质:

1. 坦诚(脚踏实地的、诚实的、有益的和愉悦的)。
2. 兴奋(果敢的、有精神的、富有想象力的和现代感的)。
3. 能力(可靠的、智慧的和成功的)。
4. 优雅(上流社会的和有魅力的)。
5. 粗犷(喜爱户外生活的,强壮的)。

她分析了一些著名品牌,发现它们当中很多都显示了某种很强的特质:李维斯(Levi's)是粗犷,MTV 是兴奋,CNN 是能力,金宝汤(Campbell's)是坦诚。这个发现意味着这些品牌吸引到的顾客是拥有同样特质的消费者。一个品牌的个性也可有多个属性:李维斯的个性是年轻、叛逆、可信和美国化的。公司利用产品的特色、服务内容和形象来建立品牌个性。

(资料来源:百纳网. 个人因素——个性和自我概念. [2012-05-28].
http://www.ic98.com/service/baike/2537.html)

自我观念是指人们由于自身特性而进行自我认知的一种方法,它是描述我们如何看待自己,或别人如何看待自己的一幅复杂心灵图画。自我观念包括理想自我观念和现实自我观念。理想自我观念指个人期望自己是什么形象;现实自我观念是个人实际如何看待自己。自我观念与购买注意力存在很高相关性,是影响消费者选择过程的重要因素。企业市场营销人员在塑造产品形象时,必须与目标消费者的自我形象相符,否则无法说服消费者选择本企业的产品和品牌。

四、心理因素

（一）动机

动机是一种驱使人满足需要、达到目的的内在动力,是一种升华到足够强度的需要,它能够及时引导人们去探求满足需要的目标。

心理学家曾经提出了许多有关人类行为动机的基础理论,其中最流行的有3种:西格蒙德·弗洛伊德的精神分析论;亚伯拉罕·马斯洛的需要层次论;弗雷德里克·赫茨伯格双因素理论。

1. 需要层次论　马斯洛的需要层次论认为,人的需要按重要程度,从低级到高级依次为生理需要、安全需要、社会需要、尊重需要和自我实现需要。只有尚未满足的需要才会影响人的行为。已满足的需要不再是一种动因。需要层次论最初被用于分析如何满足企业员工的多层次需要,以调动其工作积极性,以后被用于市场营销中,分析多层次的消费需要,并提供相应的产品来予以满足。例如,对于满足低层次需要的购买者要提供经济实惠的商品,对于满足高层次需要的购买者应提供能显示其身份地位的高档消费品,还要注意需要层次随着经济发展而由低级向高级的发展变化。

2. 精神分析论　弗洛伊德的精神分析论认为,形成人们行为的真正心理因素大多是无意识的,无意识由冲动、热情、被压抑的愿望和情感构成。一个人不可能真正懂得其受激励的主要动因。因此,只有专业研究人员才能去发掘个体的内在动机。

把弗洛伊德精神分析学说用于购买行为研究的主要代表人物是恩纳斯特·狄希特,他认为研究消费者购买行为必须深入到无意识水平,并设计了多种投射调查法,如语言联想法、语句完成法、图画故事法和角色扮演法等,调查无意识动机与购买情景和产品选择的关系。狄希特认为,物内有"精神"存在,消费者把自己投射在各个商品上,购买商品实际是买进自己人格的延伸部分。比如,皮大衣是地位的象征,树木是生命的象征等。

根据无意识动机理论,人们并不完全了解自己的动机。比如,某人要购买一台家用电脑,自述其动机为爱好或扩展事业,若深究一步,可能是用购买电脑来加深他人印象;再深究下去,可能是电脑有助于显示他的社会归属。消费者购买产品时,不仅会对产品功能和质量有所反应,对于与产品有关的其他事项也都有反应,如产品的大小、形态、重量、材料、颜色和购物环境都能引发某些情绪。生产企业设计产品时应了解视觉、听觉和触觉对激发消费者情绪的影响,以刺激或抑制消费者购买行为。

3. 双因素理论　赫茨伯格的双因素理论认为,工作群体成员的需要分为动机需要和保健需要两种,只有两种需要都得到满足,才能产生工作满足。要注意的是,不同时期,动机需要和保健需要有可能发生转换。

双因素理论也可用于分析消费者行为。其实,引导消费者购买商品的各种营销因素也可以归类为保健因素和动机因素两类,保健因素是推动消费者购买的必要条件,动机因素是魅力条件。在可以挑选产品的情况下,如果消费者对保健因素不满意,就肯定不会购买;但仅仅对保健因素满意,也不一定购买,只有对动机因素也满意才会购买。而必要条件和魅力条件随着时代、消费动向和产品寿命周期的不同而变化,例如,在电冰箱问世的初期,制冷功能和耐用性是必要条件,而耗电少是魅力条件。但是,随着电冰箱的普及和更新换代,耗电少成为必要条件,款式成为魅力条件。企业市场营销人员在分析消费者购买动机时,必须注意分析特定时期的保健因素和动机因素,一般而言,质量、性能和价格等属于保健因素,情感和设计等大多属于动机因素。

(二) 知觉

这是影响消费者购买行为的另一个重要心理因素。所谓知觉是指感觉器官与大脑对刺激做出解释、分析和整合的创造性过程,它不仅取决于刺激物的特征,而且依赖于刺激物同周围环境的关系以及个人所处的状况。

一个被激励的人随时准备行动。然而,他如何行动则受他对情况的知觉程度的影响。人们会对同一刺激物产生不同的知觉,这是因为人们要经历3种知觉过程:选择性注意、选择性扭曲和选择性保留。

1. 选择性注意　人们在日常生活中面对众多刺激,不可能全部接收下来,在每天面对的数以千计的信息中,人们往往只会关注那些自己感兴趣或者对自己有意义的事物和信息。研究表明:①人们会更多地注意那些与当前需要有关的刺激物。②人们会更多地注意他们期待的刺激物。③人们会更多地注意跟刺激物的正常大小相比有较大差别的刺激物。

在市场营销活动中,包装、价格、广告、品牌等都是潜在消费者可能接收的信息。如果企业要使自己发布的消息成为购买者可接收的信息,首先必须使这些消息与消费者的需求和看法协调一致。另外,这些消息还必须减少消费者的疑虑,并能提供意味深长的信息。

2. 选择性扭曲　即使是消费者注意的刺激物,也并不一定会与原创者预期的方式相吻合。有时候,人们会将收到的信息加以扭曲,使之合乎自己的认识或意愿,这种倾向就是选择性扭曲。所以,企业在向消费者传递消息并确定接收后,还要保持关注,因为购买者即便接收了信息,也可能按照自己的一套方法去加以组织和解释,这种信息加工过程的结果可能会与企业的预期发生偏差。对于选择性扭曲,营销人员往往无能为力。

3. 选择性保留　人们会忘记他们所知道的许多信息,但他们倾向于保留那些能够支持其态度和信念的信息,这就叫选择性保留。对购买者来说,他们每天接触的产品和品牌信息太多了,很多都会遗忘,能记得的往往是符合自己观点的东西。比如,消费者往往会记住自己喜爱的品牌的优点,而忘记其他竞争品牌的优点。

总之,企业市场营销人员必须采取相应的营销策略,打破消费者的知觉障碍,提供更恰当精炼的信息,使得消费者更容易注意、了解和接收。

(三) 学习

学习是指由于经验而引起的个人行为或行为潜能的持续性改变。人类行为大都来源于学习。一个人的学习是通过驱使力、刺激物、诱因、反应和强化的相互影响而产生的。由于市场环境不断变化,产品日趋丰富,有关产品和品牌的海量信息不断涌现,消费者收集相关信息,做出购买决策的过程本身就是一种学习过程。对企业市场营销人员来说,可以通过把学习与强烈驱动力联系起来,运用刺激性暗示和提供强化等手段来介入消费者的这种学习过程,推动消费者对本企业产品的需求。

（四）信念和态度

通过实践和学习，人们获得了自己的信念和态度，它们又转过来影响人们的购买行为。

1. 信念　所谓信念是指一个人对某些事物所持有的确定性和描述性想法。企业应该关注人们头脑中对其产品或服务所持有的信念，这就是企业产品和品牌的形象。人们会根据自己的信念去采取行动，如果消费者的信念妨碍了购买行为，企业必须立刻采取措施去影响和修正这些信念。

2. 态度　所谓态度是指一个人对某些事物或观念长期持有的好与不好的认识上的评价、情感上的感受和行动倾向。态度有这样几个特点：①人们几乎对所有事物都持有态度。例如宗教、政治、衣着、音乐、食物，等等。②态度导致人们对某一事物产生好感或恶感，亲近或疏远的心情。③态度能使人们对相似的事物产生相当一致的行为。④态度短期内是难以变更的。因此，企业的市场营销人员在开发产品时，最好使产品与目标消费者的既有态度相一致。对现有的与态度相悖的产品，则要有耐心制定对策去尝试改变消费者的态度，因为改变消费者的态度是需要时间的。

第四节　消费者购买行为与决策

一、参与决策的角色

发起者：发起者是指首先提出或有意想购买某一产品或服务的人。

影响者：影响者是指其看法或建议对最后决策具有一定影响的人。

决策者：决策者是指在是否买、为何买、哪里买等方面的购买决策做出完全或部分最后决定的人。

购买者：购买者是指实际进行采购的人。

使用者：使用者是指实际消费或使用产品或服务的人。

消费者的购买行为按照购物目的的不同可分为个人购物和家庭购物两种模式。个人购物是为了个人消费而购买产品，而家庭购物则是为了家庭成员共同使用购买产品。当消费者进行个人购物时，可能同时扮演上述五种角色，而在进行家庭购物时，往往是由各家庭成员承担不同的决策参与角色，而且随着购买环境和产品的不同，家庭成员在购买决策过程中的角色往往也会发生变化。

二、消费者购买行为

消费者购买决策随其购买行为类型的不同而变化。阿萨尔根据购买者在购买过程中参与者的介入程度和品牌间差异程度，将消费者购买行为分为四种类型：复杂的购买行为；减少失调的购买行为；习惯性的购买行为；寻找品牌的购买行为。

（一）复杂型购买行为

这是一种品牌差异大，需要购买者高度介入，广泛收集信息，进行慎重选择，以求降低风险的购买行为类型。当消费者专门仔细地购买,并注意现有各品牌间的重要差别时,他们也就在进行复杂型购买行为。复杂型购买行为包括三个步骤:①购买者产生对产品的信念。②他/她对这个产品形成态度。③他/她做出慎重的购买选择。

对于复杂型购买行为,企业应采取有力措施,帮助消费者尽快了解产品性能及其相对重要性,突出介绍产品优势及给消费者带来的利益,从而影响其最终选择。

(二)减少失调的购买行为

这是一种品牌差异小,购买风险大,需要消费者高度介入的购买行为类型。有时,消费者对于某些品牌看起来没有什么差别的产品的购买也持慎重态度。因为不经常买,且有一定风险,所以购买前消费者会做一些比较。而高度介入主要还表现在购买以后,消费者又出现不满意或心理不平衡,为了证明自己,还会花大量时间去收集对自己购买行为有利的信息,以减少自己的心理失调程度。这种购买行为多指向花钱很多的产品、偶尔购买的产品和风险产品。

针对这种购买行为,企业要运用价格策略和人员推销策略,选择最佳销售地点,提供有关产品评价的充分信息,使消费者购买后能坚信自己做了正确的决定。

(三)习惯型购买行为

许多产品的购买是在消费者低度介入的情况下完成的。消费者对大多数价格低廉、品牌差异小、经常购买的产品介入程度很低。这种购买行为无需信息收集和产品评价,是最简单的购买行为类型。对于这种购买行为类型,企业可以采用多种促销手段来鼓励消费者试用、购买和续购其产品。

营销人员也可以通过四种技术使低度介入产品转变为较高度介入产品:①可以通过将产品跟与之有关的问题相联系;②产品也可同某些涉及个人的具体情况相联系;③营销人员可以通过广告活动来吸引消费者,因为这一活动可以触发与一个人的价值观念和自我防御有关的强烈情感;④在一般产品上增加一种重要特色来吸引消费者。这样做的目的是加强消费者与产品的联系,增加产品和品牌的消费者黏性,鼓励续购。

(四)品牌变换型购买行为

某些购买情况是以消费者低度介入但品牌差异很大为特征的。在这种情况下,消费者不愿花时间来选择,而往往通过不断变化所购产品品牌,以更多尝试来进行比较和评价。当然,变换品牌并不代表消费者对某产品不满意。

针对这种购买行为,企业经常通过销售促进、占据有利货架位置、保障供应等方式来方便消费者,鼓励消费者购买。

三、消费者购买决策过程

在复杂购买行为中,消费者购买决策过程由引起需要、收集信息、评价方案、决定购买、购后感觉和行为五个阶段构成。

(一)引起需要

消费者在内部刺激因素或外在的刺激下形成需要。内在刺激是人体内的驱使力,如饥渴可以驱使人去寻找可供吃喝的东西,外在刺激是外界的"触发诱因",食物的香味、衣服的款式等都可以成为触发诱因,形成刺激,如饮食店里色香宜人的鲜美食品、饮料,也会刺激人的饥渴感。

市场营销人员在这个阶段的任务是识别引起消费者某种需要的环境,并充分注意到两方面的问题:一是注意了解那些与本企业的产品实际上或潜在地有关联的驱使力;二是消费者对某种产品的需求强度,会随着时间的推移而变动,并且被一些诱因所触发。在此基础上,企业还要善于安排诱因,通过合理的、巧妙的、恰当的诱因,在适当的时间、地点,以适当的方式来引起需要,促使消费者对企业产品产生强烈的需求,并立即采取购买行动。

(二)信息收集

如果引起的需要很强烈,满足需要的物品又易于得到,消费者就会希望马上满足自己的需要。在多数情况下,被引起的需要不是马上就能满足时,这种需要必然先进入人们的记忆中,作为满足未来需要的必要资料。由于需要会使人产生注意力,因此,可能促使其积极寻找或接受资料,也就是借助于对产品所积累的认识不断收集有关产品的情报资料,以便完成从知觉到坚信的心理程序,促成购买决策。

本阶段的具体步骤是:

1. 了解消费者信息来源 ①经验来源:指直接使用产品得到的信息。②个人来源:指家庭成员、朋友、邻居、同事或其他熟人所提供的信息。③公共来源:指社会公众传播的信息,如消费者权益组织、政府部门、新闻媒介和大众传播的信息等。④商业来源:指营销企业提供的信息,如广告、推销员介绍、商品包装的说明、商品展销会等。

2. 了解不同信息来源对消费者的影响程度 一般来说,消费者经由商业来源获得的信息最多,其次为公共来源和个人来源,最后是经验来源。但是从消费者对信息的信任程度看,经验来源和个人来源最高,其次是公共来源,最后是商业来源。研究认为,商业来源的信息在影响消费者购买决定时只起告知作用,而个人来源则起评价作用。

3. 设计信息传播策略 在利用商业来源传播信息外,还要设法利用和刺激公共来源、个人来源和经验来源,也可多种渠道同时使用,以加强信息的影响力或有效性。

(三)可供选择的方案评价

消费者对产品的判断大都是建立在自觉和理性基础之上的。消费者的评价行为一般涉及以下几个问题:

1. 产品属性 即产品能够满足消费者需要的特性,如计算机的存储能力、图像显示能力、软件的适用性等。但消费者不一定将产品的所有属性都视为同等重要。营销人员应分析本企业产品应具备哪些属性,以及不同类型的消费者分别对哪些属性感兴趣,以便进行市场细分,对不同需求的消费者提供具有不同属性的产品。

2. 属性权重 即消费者对产品有关属性所赋予的不同的重要性权数。消费者被问及如何考虑某一产品属性时立刻想到的属性,叫作产品的特色属性。但特色属性不一定是最重要的属性。在非特色属性中,有些可能被消费者遗忘,而一旦被提及,消费者就会认识到它的重要性。市场营销人员应更多地关心属性权重,而不是属性特色。

3. 品牌信念 即消费者对某品牌优劣程度的总的看法。由于消费者个人经验、选择性注意、选择性扭曲以及选择性保留的影响,其品牌信念可能与产品的真实属性并不一致。

4. 效用函数 即描述消费者所期望的产品满足感随产品属性的不同而有所变化的函数关系。它与品牌信念的联系是,品牌信念指消费者对某品牌的某一属性已达到何种水平的评价,而效用函数则表明消费者要求该属性达到何种水平他才会接受。

5. 评价模型　即消费者对不同品牌进行评价和选择的程序和方法。

（四）决定购买

评价行为会使消费者对可供选择的品牌形成某种偏好,从而形成购买意图,进而购买所偏好的品牌。但是,在购买意图和决定购买之间,有两种因素会起作用：一是别人的态度,二是意外情况。也就是说,偏好和购买意图并不总是导致实际购买,尽管两者对购买行为有直接影响。

消费者修正、推迟或者回避做出某一购买决定,往往是受到了可觉察风险的影响。可觉察风险的大小随着冒这一风险所支付的价格高低、不确定属性的比例以及消费者的自信程度而变化。营销人员必须了解引起消费者有风险感的那些因素,进而采取措施来减少消费者的可觉察风险。

（五）购后行为

消费者在购买产品后会产生某种程度的满意感或不满意感,进而采取一些使营销人员感兴趣的购后行为。所以,产品在被购买之后,就进入了购后阶段,此时,营销人员的工作并没有结束,营销者必须关注消费者购后的满意感及其产生的相应的购后行为,如重复购买和其他购后产品的使用和处理。

购买者对其购买活动的满意感(S)是其产品期望(E)和该产品可觉察性能(P)的函数,即

$$S=f(E, P)$$

若$E=P$,则消费者会满意；若$E>P$,则消费者不满意,若$E<P$,则消费者会非常满意。消费者对其购买的产品是否满意,将影响到以后的购买行为。如果对产品满意,则在下一次购买中可能继续采购该产品,并向其他人宣传该产品的优点。如果对产品不满意,则会尽量减少不和谐感,因为人类都有一种在自己的意见、知识和价值观之间建立协调性、一致性或和谐性的驱使力。具有不和谐感的消费者可以通过放弃或退货来减少不和谐感,也可以通过寻求证实产品价值比其价格高的有关信息来减少不和谐感。营销人员应采取有效措施尽量减少购买者购后不满意的程度,因为过去的品牌选择对于未来的品牌偏好起强化作用。

章节总结

本章着重论述了消费者市场及其分析,消费者行为的主要影响因素,以及消费者购买决策过程。

消费者市场是指为了满足个人需要和家庭消费而购买消费品和服务的市场,它与组织市场有显著不同。消费者市场具有分散性、差异性、多变性、替代性和非专业性等特点。消费品是消费者市场的购买对象,根据不同的标准,消费品可以有不同的分类。一般主要分为便利品、选购品、特殊品和非渴求品。

对消费者市场的购买行为进行研究,可以从分析模式和购买行为类型两个方面展开。在

消费者购买行为分析模式中，比较有代表性的是"营销刺激—购买者行为反应"模式。购买行为类型可以按照购买目的、购买态度与要求、购物现场的情感反应等标准去进行分类。

消费者购买决策主要受到文化、社会、个人和心理等因素的影响。人们在购买决策中扮演着不同角色：发起者、影响者、决策者、购买者和使用者。消费者购买行为通常包括习惯型、品牌变换型、减少失调型和复杂型等四种类型。在复杂型购买行为中，消费者购买决策过程一般可分为引起需要、收集信息、评价方案、决定购买、购后感觉和行为等五个阶段。

在消费者市场上开展营销管理活动，要求企业市场营销人员熟悉消费者市场特点，重视购买行为分析，针对消费者购买行为的各种影响因素，以及购买决策过程各阶段的行为特点，制定有效的营销策略，来促使消费者购买并提高其购后满意度。

思考题

1. 消费者市场的特点是什么？
2. 消费品可大致划分为哪几个大类？
3. 消费者购买行为模式有哪些？
4. 消费者购买行为的类型有哪些？分别有什么特点？
5. 影响消费者购买行为的因素有哪些？它们分别是怎样影响消费者的购买行为的？
6. 人们在购买决策中可能扮演的角色是什么？对企业进行营销管理的启示有哪些？
7. 消费者购买决策过程有哪几个阶段？各阶段企业的营销任务是什么？

各不相同的女性消费者

毋庸置疑，无论在世界的哪个角落，女性一直都是消费市场的主力军，但是不同国家的女性消费追求却各不相同。

芬兰女人：温柔地执掌权力

芬兰女人的最大特点是她们从不信女子弱于男，所以她们热衷参政。在芬兰上届议会200位议员中，妇女占77位。在内阁中，有5位女部长，并且有世界上唯一的女国防部长埃·雷恩。女兵占军人总数的20%。但是，芬兰的女性却不失温柔。她们的温柔，并不体现在说话的细声细语，或是做事的小心翼翼。从整体的架构上而言，芬兰的"女性温柔"，是通过掌控着超过一半的权力宣扬的和平与美好。

据说芬兰是欧洲最早一个妇女享有选举权的国家，女权主义源远流长，女人比男人有更多蒸蒸日上的机会。芬兰总统是女性，芬兰内阁中，超过一半是女性。在芬兰办事，有时需要一级一级找上去，往往先是人高马大、光头长须的小伙子招呼你，然后款款走出一名身着职业套装的女子，小声地吩咐什么，边上的"办事员"忙不迭地点头。

从官方资料来看，在芬兰的大学里，女性教授、讲师占到63%；芬兰的硕士、博士，有近

70%都是女性。偶尔路过一家眼镜店,看到其橱窗里展示的高度近视眼镜,几乎全部是女性式样的。不过,这里并不是中国人所说的阴盛阳衰,在芬兰的赫尔辛基市中心,几乎所有的雕塑,都是呈现阳刚之美的。这似乎在另一方面体现着这座城市对异性的微妙追求。

德国女人:钱袋经常亮红灯

德国有一首非常著名的歌曲《男人之心》,其中有一句歌词是:"男人微笑是为了让所爱的女人开心;男人赚更多的钱,让所爱的女人享用。"这首歌出现于20世纪70年代,不过,现代的德国女人依然挣钱比男人少,消费却比男人高。

在德国,男人的收入大大高于女人,但是女人的支出却远远胜于男人,这是德国统计机构的一项最新调查结果。当今,尽管女人像男人一样在职场上拼杀,成为优秀企业的主宰者;尽管女人登上了拳击运动的赛场;尽管女人在汽车维修行业与男人并驾齐驱,但是女人的收入还是比男人少!经比较,在未扣除税额即毛收入的情况下,女人的月收入约为2 789欧元,而男人则约为3 946欧元。非常不公平的是,女人所必需的生活支出却要比男人昂贵!让我们看看下面的分类结果吧:

美发:对于女士,50欧元像一缕青烟,转瞬即逝;对于男士,干剪只需约20欧元,相比之下,便宜得很。

化妆品:女士必备的洁面乳、护肤乳等每月消费50欧元是在所难免的了;男士所需的香皂、牙膏和须后水,每月只需区区的10欧元即可。

私人保险:以30年的健康保险为例,女人月支出210欧元,而男人每月只需130欧元。

电话费:对女人来讲,和亲密的女伴"煲"上几小时的"电话粥"也不为过;男人长话短说的风格,使得电话费保持在较低的水平。

夜间归宿的交通费:女人将15欧元的车费放进了出租司机的口袋里;男人在晚间回家,要么"坐11路"(双腿走路回家),要么花3欧元坐公共汽车。

汽车:由于缺乏维修经验,女人经常会把车的毛病小题大做,而匆忙送进修理厂,一次又一次地被汽修厂榨取本可以节省下来的血汗钱;男人会先自己动手检修汽车,实在搞不定,就找个高手帮忙也好。

家庭内的维修:女人会在雇了修理工之后,惊讶地发现,工人的维修费用高得吓人;男人在自己动手修理不成后,才会明智地雇一位"明码标价"的修理工。

购买家具:女人的方式是家具送货上门,支付小费;男人通常的方式是请个身强力壮的好友喝上两盅,然后,两人一起将家具扛回家!

英国女人:女富豪超过男性

英国权威"数据监视"研究公司最近发表的一份调查报告称,如今在英国的百万富豪人数中,女性已经超过了男性。英国女性百万富翁人数增加的原因,除了女性创业、女艺人高收入,还有离婚率增加、遗产继承公平以及学校性别平等的趋势。这些富有女人中有许多是城市中的工作者,在投资方面她们比男性更加理性和谨慎。

说来你也许不能接受,有贵族气的英国女人喜欢抽烟,尤其是稍微年轻点的女孩子,走在大街上几乎到处可见她们手指夹着一支烟。抽烟的女人看起来让人不习惯,似乎不容易接近,但其实英国女人的性格都很随和、亲切。

英国人偏爱深色调时装,尤以黑色为流行色,并经久不衰,因为她们信奉简单就是美。在伦敦,一件没有任何装饰的黑色棉布无袖直筒裙,很有可能是出自设计大师的手笔。时常有英国人评论华人时装太花哨,透着股风尘味道。英国铁娘子撒切尔夫人穿衣的名言是:凡遇有棘手难题心情紧张时,绝不穿从未穿过的新衣服,肯定要选一套自己熟悉舒适的旧套装,用以减少压力增强信心。

美国女人:爱工作胜过爱孩子

中国人说:"女人像水。"美国的女人总体上比柔弱的水显得刚健!她们又比稳固的山显得灵活,更富于情感的纹理,性格更多彩和翩翩多姿。美国女人是开朗的,她们总是笑容满面,真诚而爽朗。

美国女人富有野心,她们要与老板一起过高质量的生活。在美国妇女中流传着许多"至理名言",比如:"与老板和同事一起过高质量的生活而不是与孩子""上班工作比在家带孩子更容易""在家只有压力,办公室才有和平"等,仿佛一夜之间,美国妇女"觉醒"了,她们越来越不愿待在家里做家务带孩子,而是更愿意做全职工作。

女律师芭芭拉就是这样一个典型。她一回到家就头痛,而且胃也不舒服,但一到办公室这些症状就消失了。那些外人看来乏味的法律程序她倒觉得挺有趣,每天早上醒来她都有一种迫不及待地想上班的冲动。许多做妈妈的都觉得,花那么长时间在办公室里对孩子有一种犯罪感,但又不得不承认在那里会比在家里觉得幸福。那里大家彼此尊重,这在家里很难找得到;而且可以与不同的成人交谈,而不像在家要使自己迁就于孩子的语言和心理。

委内瑞拉女人:再穷不能穷脸蛋

众所周知,委内瑞拉的女人以美为职业,很多世界小姐来自这里。委内瑞拉人十分注重外表,一项针对30多个国家的调查表明,委内瑞拉不管男人还是女人都是世界上最爱美的人,他们用在脸上的化妆品所花的钱是别的国家的人所无法比的。

美容师卡布雷拉曾经这样说过:即使这里有的人很穷,但是你要上一辆公共汽车的话,里面肯定充满了名贵香水的味儿,委内瑞拉人再穷,也不能不精心地打扮自己。因而再穷也不能穷脸蛋的说法在这里十分流行。正因为委内瑞拉人爱美,委内瑞拉已成为一个美女辈出的国度,当然女人热衷选美也就顺理成章了。参加选美历来是女性最大的梦想。训练优雅的仪态,塑造完美的形体,学习日常的梳妆打扮成为美女候选人每天必做的功课。一旦成为某个选美大赛的胜利者,命运之神也就从天降临,从此使她一生的命运改变。

(资料来源:MBA 营销案例教材与案例分析 4-2:异国女性五彩斑斓)

 案例思考

1. 各国女性消费者有什么不同特点?
2. 针对不同国家的女性消费者,企业应该分别采取什么样的营销策略?

第五章 组织市场及其购买行为分析

**本章简介**

　　组织市场与消费者市场不同，它是为满足工商企业、政府部门和社会团体等各类组织的需要而形成的市场。组织市场的购买者是企业重要的营销对象，企业应当充分了解产业组织、中间商组织、非营利组织和政府机构等各类组织市场的特点、购买行为和购买决策，为制定正确的营销决策提供依据。

**学习重点**

　　通过本章学习，了解生产者市场、中间商市场和非营利组织市场的含义和基本特征，掌握生产者购买决策的参与者、影响生产者购买决策的主要因素和生产者购买决策过程的阶段特征，应用生产者、中间商、非营利组织的购买行为类型及相关原理分析中国组织市场购买行为的特殊性。

**引入案例**

陈经理的苦闷

　　陈勇是一家塑机厂的区域经理，年初被集团营销总监张总委以重任，负责江苏南部苏州、无锡、张家港等地区的市场业务。受全球总体经济环境影响，塑机行业近年一直不太景气，陈勇很清楚要完成总部的销售任务不会很轻松。为此，陈勇要求各位业务人员精耕细作，不放弃任何一个机会，他自己也亲力亲为努力开拓市场。

　　年中，苏州有一家小家电企业A公司需要购买一批塑机设备，金额接近500万元。在当前的市场环境下，这可算是一个大单子了，而且A公司是给上海沃尔玛等大型商超直接供货的，近3年其产销的增幅都在50%以上，根据产能的扩张计划，后续还有大批设备的购买需求。因此,各塑机厂家的业务人员对 A 公司的此次采购都极为重视,陈勇也不例外。一来这次将近 500 万元的单子,占到了陈勇全年 5 000 万元业绩指标的 10% 左右,不可小觑,特别是前两个月业绩完成情况极不理想,如果这一单能够拿下,不但可以弥补前期业绩的差距,而且对整个团队会起到一定的激励作用。二来一旦能够与 A 公司合作,就等于在苏州区域的小家电行业占据了一个战略性的标杆客户,对后期的市场拓展具有重要意义。因此,陈勇向营销总监张总承诺一定尽最大努力拿下此单。

  陈勇在业务员的陪同下,先后去 A 公司拜访了生产总监与老板李总。生产总监是个职业经理人,通过接触,陈勇感觉他似乎与浙江的另一家塑机知名厂家有很深的渊源,话里话外比较明显地倾向于那个厂家。于是,陈勇决定把沟通的重点放到老板李总身上,细细向李总介绍了自己公司的产能、品牌、售后服务等方面的优势,并邀请李总择时参观位于广东的公司总部生产现场。毕竟陈勇代表的也是行业内的大品牌,李总对于陈勇表示出的诚意颇为赞赏,特别是得知与陈勇同为山东老乡后更为高兴,一下子有了更多的共同语言,在接下来的应酬中两人甚至称兄道弟,把酒言欢了。陈勇自然也特别高兴,认为已基本把老板搞定,这个单子八九不离十了。回到办事处后,他第一时间向张总报告说拿下 A 公司有九成的把握。

  接下来进入实质性的商务谈判阶段,A 公司派出采购总监主谈。经过商谈,双方对机型配置、供货时间、付款方式等方面基本没有异议,但在价格上出现了分歧,一开始陈勇报价 505 万元,而 A 公司给出的是 460 万元,双方有 45 万元的差距。其间,陈勇给老板李总打了电话,李总表示双方进一步谈谈看,也希望能够达成合作。后来,陈勇又与采购总监先后两次商谈,并表示如果达成合作今后将充分保证售后服务。最后,双方虽然在价格上都有所让步,但仍有 20 万元的分歧,陈勇报的最低价 488 万元,A 公司不同意。至此,陈勇还是觉得这一单跑不掉,认为李总在最后定夺时应该会考虑到双方业已建立的关系。另外,价格也确实逼近了陈勇的价格底线,这个价格已经需要提交集团做特别审批了。

  就这样,双方围绕价格又以电话、邮件等方式来回拉锯了 10 天,因为陈勇这边在价格上没有表示出再让步的意愿,加上竞争对手的持续攻击,一周后陈勇获悉 A 公司确定购买广东另一家塑机品牌设备的消息,双方的成交价格为 465 万元。另外,陈勇还从其他渠道得知与 A 公司成交的这家企业,也是生产总监向李总推荐的。事后,A 公司李总主动给陈勇打电话,解释公司由于扩建厂房导致资金压力较大,因此在这批设备的采购上价格是主要的考虑因素。虽然李总在电话里也表示了后续设备的采购还是会考虑陈勇,但这终究是后面的事情,有更大的不确定性了。

  怎么会是这样的结果呢?陈勇很苦闷。

(资料来源:改编自林武.工业品营销:情感牌失灵?[EB/OL].[2014-07-03].
http://www.cmmo.cn/article-180934-1.html)

  企业开展市场营销活动不只是针对个体消费者和家庭消费者,还包括工商企业、政府机构等各类组织,这些组织构成了原材料、零部件、机器设备、供给品和企业服务的庞大市场,如果能够满足组织市场的需要,企业将拓展更多的市场占有率,扩大产品销售,为此,企业必须了解组织市场的购买行为特征及其购买决策过程。

第一节　组织市场

一、组织市场的构成

组织市场是指所有为满足其各种需求而购买产品和服务的组织机构所构成的市场。它可分为四种类型：产业市场、中间商市场、非营利组织市场和政府市场。

1. 产业市场　所谓产业市场，又叫生产者市场。它是指一切购买产品和服务并将之用于生产其他产品或服务，以供销售、出租或供应给他人的个人和组织。通常由以下产业所组成：农业、林业、渔业、采矿业、制造业、建筑业、运输业、通信业、公共事业、金融业、服务业等。

2. 中间商市场　所谓中间商市场，是指那些通过购买商品和服务以转售或出租给他人获取利润为目的的个人和组织。它由批发商和零售商组成。中间商不提供形式效用，而是提供时间效用、地点效用和占有效用。

3. 非营利组织市场　非营利组织，泛指所有不以营利为目的，不从事营利性活动的组织。我国通常把非营利组织称为"机关团体、事业单位"。非营利组织市场是指为了维持正常运作和履行职能而购买产品和服务的各类非营利组织所构成的市场。

4. 政府市场　所谓政府市场，是指那些为执行政府的主要职能而采购或租用商品的各级政府单位，也就是说，一个国家政府市场上的购买者是该国各级政府的采购机构。

二、组织市场的特点

1. 派生需求　组织需求是一种派生需求、即组织机构购买产品是为了满足它的服务对象的需要，具体而言，就是组织机构购买什么产品，归根结底是要考虑最终消费者对消费品或服务的需求是什么。即组织需求从消费者需求中派生而来。比如：服装生产商购买什么面料，取决于消费者喜欢穿什么样的服装，政府采购什么产品，取决于哪些产品能帮助政府更好服务于民众。

2. 多人决策　组织市场的购买决策是由很多人参与其中的，即便组织结构里有专门的采购经理，他也很少独立做出购买决策而不受他人影响。

3. 过程复杂　由于每次采购都涉及较大的金额，参与人数众多，购买产品技术性能和参数指标复杂，所以组织购买过程往往会持续一段时间，几个月甚至几年都有可能。这就给供应商带来了一定的困难，很难短时间判断自己的营销活动会给组织机构带来怎样的反应，很难明确企业做出的营销努力是否带来期望的结果。

4. 提供服务　一般而言，组织机构购买产品并不能完全满足自身的需求，除了物质产品以外，更需要的是供应商能提供与产品相关的技术支持、人员培训、及时交货、信贷优惠等便利与服务。

第二节　产业市场购买行为

一、产业市场的特点

在某些方面,产业市场与消费者市场具有相似性,二者都有人为满足某种需要而担当购买者角色、制定购买决策等。然而,产业市场在市场结构与需求、购买单位性质、决策类型与决策过程及其他各方面,又与消费者市场有着明显差异。

1. 购买者的数量少,购买规模大　一般来说,产业市场营销人员面对的顾客绝对数量比消费品营销人员面对的顾客要少得多。消费者市场上的购买者都是个人或家庭,而产业市场的购买者都是企业单位,其购买者数量自然比消费者市场要少很多。但与此同时,企业单位一次购买规模却要大很多,这个规模主要是指所购买产品的金额,而非购买的产品数量。

2. 供需双方关系密切,购买者地理位置相对集中　由于资本和生产集中,一些行业(如石油、橡胶、钢铁等)的产业市场往往由少数几家甚至一家大公司的大买主垄断,因此,这些大买主对供应商来说非常重要,供应商出于长期发展的需要,会尽力维护和密切供需双方的关系。同时,产业市场购买者在地理位置上往往也集中于少数地区,这有助于降低产品的销售成本。

这里需要强调的是位置集中的相对性,是相对消费品市场而言。实际上,只要产业市场上存在若干买者和卖者,任何产品的买卖双方在地理位置上就一定存在地理距离,而某些产品本身的特征,会放大这种距离的影响,比如矿产品,它的重量直接反映出物流成本的增减,从而影响总成本,这时就不能一味迁就购买者了,要综合考虑交易地点,尽量降低运输成本。好在互联网技术为矿产品营销提供了更多技术支持。

3. 引申需求,波动性较大,缺乏弹性　产业市场购买者对产品或服务的需求是从消费者对消费品的需求引申而来的。产业市场对业务用品的需求比消费者对消费品的需求更容易发生变化,即产业市场需求波动性较大。根据西方经济学家的观察,有时消费者市场需求发生10%的变化,会使产业市场需求发生200%的变化,这就是所谓的加速理论,即在现代经济条件下,工厂设备等资本品的行情波动会加剧原材料的行情波动,消费者需求少量变化会带来产业购买者需求的大变动。这种波动性促使产业市场供应商往往实行多元化经营,尽可能增加产品品种,扩大经营范围,减少风险。

另外,产业市场购买者对产品或服务的需求受价格变动的影响不大,它是缺乏弹性的。因为生产者很难在短期内根据价格变动而改变生产方法和生产计划。同时,如果原材料成本在整个制造成本中所占比重小,那么这种原材料需求也是缺乏弹性的。

4. 专业人员购买,经常采取直购方式　产业市场购买的产品往往技术强,参数指标复杂,所以,企业会雇佣经过专业训练、内行的专业人员负责采购工作,在主要设备采购上,通常还会由若干技术专家和最高管理层组成采购委员会来领导采购工作,以使采购决策过程更为规范,甚至雇请专业采购代理商来负责业务采购环节。当然,代理商必须遵守企业的采购政策、结构和要求。

产业市场购买者经常直接从生产厂商那里购买产品,而非经过中间商环节,尤其是那些技术复杂和贵重的项目更是如此(例如大型计算机或飞机)。

5. 互惠与租赁　产业市场购买者经常互为买方和卖方。他们经常选择那些也从他们那儿购物的供应商。即"你买我的产品,我买你的产品"。有时,互惠也表现为三角或多角关系。例如,假设有 ABC 三家企业,C 是 A 的客户,A 就可能提出这种互惠条件:如果 B 购买 C 的产品,A 就购买 B 的产品。

对于大型机器设备、飞机等单价高的产品,产业市场的企业越来越倾向通过租赁方式取得所需产品,这样可以避免技术设备更新快和融资难所带来的问题。

二、产业市场购买对象

产业市场购买对象是指生产资料。生产资料一般用于企业的生产加工,它们可能成为另一个产品的组成部分,也可能用于其他产品的生产和流通。按照生产资料所起的作用,可以将其划分成以下四大类。

1. 装置类产品　在生产资料中,装置类产品属于需要花费大量资金的项目,如厂房、流水线、大型设备等。装置类产品是企业生产经营的基本条件,也是获得生产成果和利润的决定性因素。由于装置类产品的价值量大,技术复杂,并且有相对的固定性,因此,它属于企业的一项主要投资。企业往往根据投资资金利润率来决定是否购买。同时,装置类产品对服务的要求也比较高,买卖双方并不是达成交易后就中断了来往,许多买方在购买前后经常需要从卖方那里获得专门性服务,如为买方专门设计特定的装置产品,提供产前、产中、产后的各项服务等。

2. 附属产品　如工具、车辆、打字机等都属于附属设备。附属设备与装置类产品的不同点是它的使用寿命通常较短,替换频率较高。因此,买方在购买时比较注重价格。同时,由于附属设备的通用性较强,所以,广告宣传对附属设备购买的影响要大于装置类产品的购买。

3. 原材料　原材料是构成产品的实体。原材料购买的特点是它们在规格上都有比较明确的规定,如水泥有标号,钢材有型号。在同一规格的情况下,价格则是买方要考虑的首要问题。同时,买方要求在特定的时间里,按质按量地发货,这样既能避免原材料的积压,又能保证生产有计划地进行,从而有利于资金的周转。

4. 零配件　零件和配件是企业最终产品的组成部分。它们不同于原料,是经过供应者的加工处理,买来后即可使用的产品,如自行车上的辐条、洗衣机上的定时器等。这类生产资料对质量的要求较严格,而价格主要是由双方议定的。

这里要说明的是,互联网经济的发展,使得产业市场的购买对象(即生产资料)正在经历前所未有的数字化、网络化的改造,传统工业领域加速对接互联网,智能化制造的发展趋势使得生产资料的升级换代开始提速,产业市场买卖双方未来可能要更关注高技术含量、高智能化的生产资料,而不是把关注点仅仅停留在价格和低端服务上。

三、产业市场购买决策的参与者

由于产业市场购买决策比较复杂,涉及金额较多,一般产业组织都会安排多人参与采购。不同企业采购组织形式不同。小企业只是安排几个人负责采购，大企业则会设立专门的采购部门，由专门的采购经理负责。而采购经理的权限也是各不相同，有些经理有权决定采购什么规格的产品，由谁负责；有些经理则只负责把订货单交给供应商。当然，如果购买的是大型主要设备，还会成立一个更高级别的采购委员会来主导购买决策过程。

在任何一个企业中，除了专职的采购人员之外，还有一些其他人员也参与购买决策过程。所有参与购买决策过程的人员构成采购组织的决策单位，营销学称之为采购中心。采购中心通常由来自不同部门和执行不同职能的人员组成，采购中心成员在购买过程中分别扮演着以下角色：

1. 发起者　指提出购买要求的人。他们可能是使用者，也可能是其他人。

2. 使用者　指企业内部具体使用产品或服务的人。这些使用者往往是首先提出购买建议的人，他们在计划购买产品的品种、规格等决策中起着重要作用。

3. 影响者　指企业内部和外部能够直接或间接影响采购决策的人员。他们通常协助决策者确定产品规格和购买条件，并提供方案评价的情报信息，以此影响采购选择。作为影响者，企业的科研技术人员尤为重要。

4. 采购者　指企业中负责组织采购工作的有正式职权的人员。他们也帮助制定产品规格，但主要任务是选择供应商和与之交易谈判。在较复杂的购买过程中，购买者中或许也包括高层管理人员一起参加交易谈判。

5. 决定者　指有批准购买产品权力的人。在标准品例行采购时，决定者就是采购者，而在复杂采购时，决定者往往指企业领导者。

6. 信息控制者　指企业外部和内部能够控制市场信息流向决定者、使用者的人员。比如，采购代理人或技术人员可以拒绝某些供应商和产品的信息，接待员、电话接线员、秘书和门卫可以阻止推销员与使用者或决策者接触。

诸如矿产品之类的产品，其营销的范围早已走出国门，所以这类产品的市场信息控制者可能会涉及更多的中间商，而互联网的发展，又把这些中间信息控制者压缩到网络平台上，于是新的信息控制者又出现了，即网络平台运营商、数据服务商等等。

需要说明的是，并不是产业市场中任何产品的采购都一定要有上述六种人员参与决策。采购不同的产品或服务，需要参与采购的人员及规模是不同的，对于供应商来说，营销人员为了实现成功销售，首先要分析判断：谁是购买决策的主要参与者？他们会影响哪些决策？他们有多大的影响？他们使用的评价标准是什么？在面对采购中心诸多参与者时，营销人员要区分产业用户的规模，分别采取不同策略：应对小企业，要把重点放在关键性参与者身上；对于大企业，则要尽可能接触更多的参与者，采取多层次的深度营销。

【案例5-1】

向高层销售策略

山东某食品添加剂B企业是可口可乐、雀巢、伊利、蒙牛等跨国公司和国内著名品牌的重要供应商和合作伙伴，年销售额十几个亿，市场占有率70%以上，是行业内绝对的第一品牌。但在创业初期，却还是一个在行业内默默无闻的小企业，销售一度非常艰难。

为了使企业摆脱困境，迅速扩大销售，B企业领导人认为，必须不惜一切代价攻下行业内的重量级样板客户，从而影响和带动其他企业跟进。B企业把目标瞄准了国际上赫赫有名的某饮料行业巨头K公司，但销售部门却不知道如何下手。

B企业销售负责人刘总，10年前还是个20多岁的销售员，一次偶然的机会，在一本行业杂志上发现K公司北京罐装厂严技术总监写的一篇有关食品添加剂的文章，此人同时还曾是与K公司谈判引进来华投资的中方专家组的成员。刘总立即赶往北京设法与严总监见面。

当时K公司这种添加剂都需要从国外进口，在没有与刘总见面前，严总监居然还不知道国内也能生产。非常幸运的是严总监还是个民族品牌的积极拥护者，双方相谈甚欢，虽然有关K公司在华采购事宜并不是他的职权范围，但严总监同意向K公司在华技术高层推荐。由于严总监的地位特殊和极力推荐，K公司的亚太地区科技总监和B企业的最高领导层很快见了面。

当然以后B公司为满足K公司技术上的特殊要求，还花巨资对设备进行改造，就暂且不在这里叙述了。但最终K公司成为B公司第一个有分量的客户，B公司与食品行业内其他重量级公司也逐步建立了合作，企业也一步一步走到了今天的地位。

如果再回到10年前，刘总从K公司的最低层次与普通技术人员接触开始，结果会是怎样呢？遥遥无期的销售历程可能最终以失败而收场。企业还能发展到今天的规模吗？谁也无法预料，可能还在苦苦挣扎吧。

四、产业购买者的行为类型

产业市场上的购买往往不仅仅是单一的购买，而是需要一系列的购买决策，购买过程复杂。产业购买者所做的购买决策的数量、其购买决策结构的复杂性，都取决于产业购买者行为类型的复杂性。产业购买者的行为类型大体分为以下三种：

1. 直接重购　企业的采购部门根据过去和许多供应商打交道的经验，从供应商名单中选择供货企业，并直接重新订购过去采购的同类产业用品。

这是指购买前已经买过的同一产品，通常是一些质量规格相同，又需要不断补充的产品。事实上，许多直接重购是自动进行的，即定期或定量购买的。因此，当买方一经选定某个供应者生产的产品，这种交易关系就可能持续下去，而供应者也不必成年累月地进行推销工作，只要供求双方本着对双方有利、双方满意的原则进行。一旦这种交易关系固定下来，任何一个竞争对手要想挤进来，都要付出极大的努力。

在这种行为类型中，已经被企业列入供应商名单的供应商要尽力保持产品质量和服务质量，采取一切有效措施来提高采购企业的满意程度。而没有被列入名单的供应商则要试图提供更有竞争力的新产品，或开展某种让顾客很介意的满意服务，来促使采购者考虑从它们那里购买产品，同时设法先取得一部分订货，之后再逐步争取更多的订货份额。

2. 修正重购　企业的采购经理为了更好地完成采购工作任务，适当改变要采购的某些产业用品的规格、价格等条件或供应商。

这是指购买目前正在供应，但要求的规格、数量和其他条件又有所不同的产品。修正重购型的手续比直接重购型通常要复杂一些，参与购买过程的人数也多一些。这种情况的出现，常常是由于买方企业对产品设计有了新的修改，或对生产设备做了部分更新，这些都会要求采取新的零配件和原材料，这就使购买活动变得复杂起来。但尽管如此，它比消费资料的购买仍要简单得多。

这种行为类型给供应商名单外的企业提供了市场机会，而对名单内的企业造成了威胁，前者应加大沟通和促销力度,全力开拓新顾客;后者则要设法巩固其现有顾客,保护其既有的市场。

3. 全新采购 即企业第一次采购某种产业用品。这是最复杂的一种行为类型。

这是指企业为了进行新的生产加工任务或进行设备改造,要求购置新的设备装置的购买活动。由于这是一种新的购买活动,不但价值量大,而且对企业今后的劳动生产率、产品质量保证等,关系都十分重大。因此,在购买时十分谨慎,需要获得多家供应者的大量有关产品质量、成本、价格方面的信息,以便进行比较、择优,确定成交对象。由于首次购买是很重要的,因而常常要求由企业领导组织有关专家共同商定如何购买。显然,这一新购买任务给生产资料的供应商提供了扩大销售的机会。

五、影响产业购买者决策的主要因素

同消费者购买行为一样,生产者的购买行为也同样会受到各种因素的影响。影响产业市场购买决策的主要有四个因素,即环境因素、组织因素、人际因素和个人因素。

1. 环境因素 包括:市场需要、经济前景、货币成本、产品供应情况、技术革新速度、政治法律、市场竞争趋势。

在影响生产者购买行为的诸多因素中,经济环境是主要的。生产资料购买者受当前市场基本需求水平和经济前景的严重影响,当经济不景气或前景不佳时,生产者就会缩减投资,减少采购,压缩原材料的库存和采购。此外,生产资料购买者也受货币成本、市场供给状况、技术革新速度、政治法律情况和市场竞争趋势的影响。营销者要密切注视这些环境因素的作用,力争将问题变成机遇。

2. 组织因素 包括:营销目标、采购政策、工作程序、组织结构、管理体制。

每个企业的采购部门都会有自己的目标、政策、工作程序和组织结构。产业市场营销者应了解并掌握购买者企业内部的采购部门在其企业中处于何种地位——是一般的参谋部门,还是专业职能部门;它们的购买决策权是集中决定还是分散决定;在决定购买的过程中,哪些参与最后的决策;等等。只有对这些问题做到心中有数,才能使自己的营销有的放矢。

业务营销人员应当意识到采购领域中下列有关组织问题的倾向:采购部门升格;集中采购;小票项目权力下放;长期合同;采购绩效评价和买方专业的发展。

3. 人际因素 包括:权威、身份、感染力、说服力。

这是企业内部的人事关系的因素。生产资料购买的决定,是由公司各个部门和各个不同层次的人员组成的"采购中心"做出的。"采购中心"的成员由质量管理者、采购申请者、财务主管者、工程技术人员等组成。这些成员的地位不同、权力有异、感染力不同、说服力有区别,他们之间的关系亦有所不同,而且对生产资料的采购决定所起的作用也不同,因而在购买决定上呈现较纷繁复杂的人际关系。生产资料营销人员必须了解用户做出购买决策的主要人员、他们的决策方式和评价标准、决策中心成员间相互影响的程度等,以便采取有效的营销措施,获得用户的光临。

4. 个人因素 包括:年龄、教育、职位、性格、风险意识。

个人因素是指各个参与者的年龄、受教育程度和个性等。这些个人的因素会影响各个参与者对要采购的产业用品及其供应商的感觉和看法,从而影响购买决策、购买行动。

六、产业购买者决策过程

在产业市场上,供应商要了解其顾客购买全过程的各个阶段,并采取恰当措施,满足顾客在每个阶段产生的需要,这样才能成为产业市场中真正的产品提供者。理论上说,产业市场上企业完整的购买过程共分为八个阶段,包括:认识需要;确定需要;说明需要;物色供应商;征求建议;选择供应商;选择订货程序和检查合同履行情况等。但是具体过程依照不同的购买行为类型而定,直接重购和修正重购可能跳过某些阶段,而新购则会完整地经历各个阶段。

1. 认识需要　认识需要是指企业认识到要到产业市场上购买某种产品来满足自身某种需要,这是企业购买过程的开始阶段。认识需要是由内部刺激或外部刺激引起的。

（1）内部刺激:如企业决定推出一种新产品,于是需要购置新设备或原材料来生产这种新产品;企业原有的设备发生故障,需要更新或购买新的零部件;已购产品不理想或不适用,需要更换供应商等。

（2）外部刺激:主要指采购人员参加某个商品展销会,而产生新的采购主意;或者接受了广告宣传中的推荐;或者接受了某些推销员提出的可以供应质量更好、价格更低的产品的建议等等。

2. 确定需要　主要是确定所需品种的特征和数量。标准品的需要最易确定。至于复杂品种,采购者要会同其他部门人员（如产品使用者、工程师等技术人员）共同研究,来决定所需项目的总特征,包括可靠性、耐用性、价格及其他属性,以及采购数量。供应商的营销人员可以在这个阶段切入进来,帮助采购单位的人员来确定所需品种的特征和数量。

3. 说明需要　在需要确定以后,企业采购组织要着手对所需品种进行价值分析,用精炼的文字来制定相关的技术规格说明书,提供给采购人员作为评判取舍的标准。供应商的市场营销人员也要运用价值分析技术,向顾客说明其产品良好的功能。

价值分析是美国通用电气公司采购经理迈尔斯于1947年发明的,价值分析中的价值是指某种产品的功能与这种产品所耗费的资源（即成本或费用）之间的比例关系,也就是指经营效益。而功能一般指产品的用途、效用、作用,也就是产品的使用价值。价值分析的目的是:投入最少的资源,产出或取得最大的功能,以提高经营效益。产业市场的购买者之所以要进行价值分析,目的是要调研本企业要采购的产品是否具备必要的功能。

4. 物色供应商　物色供应商指采购人员根据产品技术说明书要求寻找最佳供应商。如果是全新采购的模式,而且采购复杂、价值高的品质,企业往往会花较多时间来物色供应商。

对于采购部门来说,要明确从哪里获取信息以认识其最适宜的卖主。其中,内部信息如采购档案、其他部门信息和采购指南,推销员的电话访问或亲自访问;外部信息如卖方的产品质量调查、其他公司的采购信息、新闻报道、广告、产品目录、电话簿、商品展览等。

供应商则要千方百计提高本企业的知名度和美誉度,设法被列入主要的供应商名录中,制定一个强有力的广告和促销方案;在市场上建立良好信誉;确定谁是寻找供应商的买主。

5. 征求供应建议书　购买者邀请合格的供应商提交供应建议书。如果涉及复杂项目,购买者应让每个潜在的供应商都提交详细的书面建议。然后,从各个的供应商中挑选最合适的,要求他们提出正式的建议书。因此,供应商的营销人员必须擅长调研、写报告,要善于提出与众不同的建议书,以坚定顾客信心,争取成交。

6. 供应商选择　选择供应商是指产业市场中的采购企业对建议书加以分析和评价,以确定供应商。评价内容包括供应商的产品质量、性能、产量、技术、价格、荣誉、服务、交货能力等。企业一般以采购中心为具体操作者。采购中心先向有意愿的供应商规定某些属性并指出它们之间的重要性;然后针对这些属性对供应商加以评分,找出较中意的供应商。在做最后决定前,往往还要和较中意的供应商谈判,争取较低的价格和更好的条件;最后,确定一家或几家供应商,偏好一家供应商,可以在原材料供应和价格上获得最大的让步,而选择几家供应商,可以避免受制于人,促使卖方间的竞争。

为了减少对供应商的依赖,企业要注意确定最严格的标准去选择优秀的供应商。同时,积极争取那些优秀的供应商成为自己的合作伙伴,设法帮助它们提高供货的质量和及时性,促使双方共同成长。

7. 选择订货程序　在供应商选好以后,购买方开始讨论最后的订单,一般有两种形式,即长期有效采购合同和定期购买订单。考虑到生产计划的变化性和库存成本问题,企业采购中心往往会和供应商签订一揽子合同,与供应商建立长期供货关系,供应商承诺当采购企业需要时即按照原来约定的价格和条件随时进货。这时,库存的功能便转移到供应商那里了,因此一揽子合同又叫无库存采购计划。

8. 检查合同履行情况　企业采购中心在购买最后阶段,要向使用者征求意见,了解他们对购进产品是否满意,检查评估供应商履行合同的情况。这个阶段的结果,将成为是否继续向该供应商采购产品的主要依据。供应商必须关注产品的采购者和使用者是否使用统一标准进行绩效评估,以求评价的客观性和准确性,为以后迎接评估做好准备。

如今,产业购买者的决策过程,除了仅仅把握好自己的需求外,其他各步骤都可以充分运用互联网资源和大数据分析技术来协助管控,提高效益。本章以下三节,涉及的中间商市场、非营利组织市场、政府采购市场也同样可以利用互联网来帮助进行购买行为分析,提高营销效益。

第三节　中间商购买行为

中间商市场介于产业市场和消费者市场之间,中间商在地理分布上比产业购买者分散,但比消费者集中,产业市场的大部分特征中间商也有,但中间商数目较多,供应的产品范围也较为广泛。中间商购买行为和购买决策,同样受环境因素、组织因素、人际因素和个人因素的影响,但相比之下,仍有一些独特之处,如中间商比较讲究组合配置,对交货期、信贷条件等要求较高。

一、中间商购买行为的主要类型

1. 购买全新品种　即第一次购买某种从未采购过的新品种。在这种购买行为类型中,中间商将根据欲购产品市场前景的好坏、买主需求强度、产品获利的可能性等多方面因素决定是否购买。其购买决策过程的主要步骤与产业购买者大致相同,也由八个阶段构成。

2. 选择最佳卖主　即对将要购买的产品品种已经确定,这时只需考虑选择最佳的供应商,确定该从哪家卖主进货。当中间商想以自己的品牌销售产品,或因为自身条件限制而无法经营所有供应商的产品时,就需要从众多备选的供应商中选择最佳供应商。

3. 寻求更佳条件　即中间商对所购产品和拟合作供应商都已经明确,只是想从原有供应商那里获得更为有利的供货条件,如更及时的供货、更合适的价格、更积极的广告支持与促销合作等。

二、中间商的主要购买决策

中间商的主要购买决策包括配货决策、供应商组合决策和供货条件决策。

其中,配货决策是指中间商关于拟经营产品的品种结构的决策,即确定有关拟采购产品组合的广度、深度与关联度。配货决策会影响到从哪家供应商进货,即中间商的供应商组合,影响到中间商的营销组合和顾客组合,所以它是中间商最基本,也是最重要的购买决策。

一般而言,中间商的配货策略有四种:①独家配货,指在同类产品中只经营同一品牌或同一家制造商的产品。②深度配货,即同时经营不同制造商、不同品牌、不同规格型号、不同花色、不同款式的同类产品。③广度配货,即经销某一行业的多个系列、多品种的产品,比深度配货的产品组合要宽。④综合配货,即同时经销多家厂商生产的互不相关的多种类、多规格的产品,如百货商店、超级市场、仓储式商店等都属于综合配货。与广度配货相比,它的产品组合的关联度要弱一些。

供应商组合决策是指决定拟与之从事交换活动的各有关供应商。

供货条件决策是指决定具体采购时所要求的价格、交货期、相关服务及其他交易条件。

【小资料】

连锁超市购买决策的参与者

以连锁超市为例,参与购买决策者主要有三种:

1. 总部专职采购人员:一般大型连锁超市为了降低成本、提高效率,普遍采取集中进货的方式,在总部设立专业采购部门,聘用专职采购人员,根据超市具体安排和要求专门从事商品采购业务。这些人员对采购商品决策权力的大小取决于公司组织结构和授权程度。

2. 采购委员会:采购委员会一般由公司总部的专职采购经理及其他部门经理共同组成。主要负责审查由采购人员或部门经理拟定的采购方案,最终做出购买与否的决策。采购委员会不仅对公司常规性采购起重要协调和影响作用,在新产品评估和进货决策方面也具有重要的决定作用。

3. 分店经理:作为连锁超市下属各分店的负责人,分店经理掌握着分店一级的采购决策权。他既可以接受总部统一配送的商品,也可以根据分店经营状况判断并选择所要采购的商品,当然还要取决于总部授权程度的大小。

三、影响中间商购买行为的主要因素

1. 用户需求　中间商购买什么、购买多少、以什么价格购买,都必须考虑其所服务的用户的需求和愿望,要按照他们的需求和愿望制定采购决策。

2. 存货管理　储存什么、储存多少是影响中间商购买行为的一个重要因素。

3. 供应商策略　中间商购买商品是为了转售给他人,供应商的策略、供货条件、价格折让、运费折让、促销津贴等对其商品转售有直接关系,因而影响中间商的购买决策。

第四节 非营利组织市场购买行为

非营利组织市场是组织市场的一种特殊类型,其购买行为与产业市场、中间商市场有共同之处,也有一定的特殊性。

一、非营利组织的类型

按照不同的职能,非营利组织可分为以下三类:

1. 履行国家职能的非营利组织　指服务于国家和社会,以实现社会整体利益为目标的有关组织,包括各级政府和下属各部门、保卫国家安全的军队、保障社会公共安全的警察和消防、管制和改造罪犯的监狱等。

2. 促进群体交流的非营利组织　指促进某群体内成员之间交流、沟通思想和情感、宣传普及某种知识和观念、推动某项事业发展、维护群体利益的各种组织,包括各种职业团队、业余团队、宗教组织、专业学会和行业协会等。

3. 提供社会服务的非营利组织　指为某些公众的特定需要提供服务的非营利组织,包括学校、医院、红十字会、卫生保健组织、新闻机构、图书馆、博物馆、文艺团体、基金会、福利和慈善机构等。

二、非营利组织的购买特点和方式

（一）非营利组织的购买特点

1. 限定总额　因为非营利组织不以盈利为目的,所以其投入也是有限的。非营利组织的采购经费总额是既定的,不能随意突破。比如政府部门的采购经费的来源主要是财政拨款,而拨款都是有计划性的,它不能随意增加,当然采购经费也就不可能增加。

2. 价格低廉　非营利组织大多数不具有宽裕的经费,所以它在采购时,一般都会要求商品价格低廉。它都希望用较少的钱办较多的事。

3. 保证质量　非营利组织购买商品是为了维持组织运行和履行组织职能,所以尽管追求价格低廉,但并不是质量就可以打折扣,组织必须保证所购商品的质量和性能,才能真正实现正常运营的目的。比如,学校如果用劣质食品供应师生员工,其声誉就会受到损害,采购人员必须购买价格低廉但质量符合要求的食品。

4. 受到控制　为了使有限资金发挥更大效用,非营利组织采购人员受到较多控制,只能按照规定的条件购买,缺乏自主性。

5. 程序复杂　非营利组织购买过程的参与者多,程序较为复杂。比如政府采购因为受许多规则制度约束,要准备大量文件、填写大量表格、经过多个部门签字盖章才行,如果遇到官僚气息严重的人则更加难办。

（二）非营利组织的购买方式

1. 公开招标选购　即采购部门通过传媒发布广告或发出信函，说明拟采购商品的名称、规格、数量和有关要求，邀请供应商在规定的期限内投标。供应商应注意分析自己的产品与服务是否符合招标单位的要求，并根据中标欲望的强弱决定报价。

2. 议价合约选购　即采购部门同时与若干供应商就某一采购项目的价格和有关交易条件展开谈判，最后与符合要求的供应商签订合同，达成交易。这种方式适用于复杂的工程项目，因为它们涉及重大的研究开发费用和风险。

3. 日常性采购　指非营利组织为了维持日常办公和组织运行的需要而进行的采购。这类采购金额较小，一般是即期付款、即期交货，如购买办公桌椅、纸张文具、小型办公设备等等。

第五节　政府采购行为

一、政府采购的基本概念与原则

政府市场是为满足各级政府部门的日常工作及公共消费需要而销售产品和服务的市场。各级行政机关是组成该市场的主体。政府市场是非营利组织市场的重要构成部分，但政府市场购买行为还有其自身的特点。

（一）政府采购的特点

1. 采购范围广泛，购买目的具有多样性　按照用途来分，政府采购的产品包括军事装备、通信设备、交通运输工具、办公用品、日用消费品、劳保福利用品和其他劳务需求等。政府购买目的也呈现多样性，具体而言，有：加强国防与军事力量；维持政府正常运转；稳定市场，政府有调控经济、调节供求、稳定物价的职能，常常支付大量的财政补贴以合理价格购买和储存商品；扶持特定产业；对外国的商业性、政治性或人道性援助等等。

2. 需求受到较强的政策制约，计划性较强　政府采购都必须事先计划，一般是根据年度社会经济发展规划和政府履行职能的需要来编制计划，然后根据计划来进行采购。这种计划一定要配合相关的政策法规，所以政府采购受政策约束强。

3. 购买方式多样　政府采购可采用公开招标、邀请招标、竞争性谈判、单一来源采购、询价和国务院政府采购监督管理部门认定的其他采购方式。以公开招标为主。

4. 受到社会公众的监督　由于政府决策涉及国计民生，影响面大，所以，政府采购也必然受到社会公众的广泛关注和监督。事实上，社会公众会通过各种组织机构和形式进行监督。

（二）政府采购的基本概念

为了解政府采购的行为特征，需要明确区分采购人、政府采购机构、招标代理机构、供应人等基本概念。

1. 采购人　是指使用财政性资金采购物资或者服务的国家机关、事业单位或者其他社会组织。政府财政部门是政府采购的主管部门，负责管理和监督政府采购活动。

2. 政府采购机构　是指政府设立的负责本级财政性资金的集中采购和招标组织工作的

专门机构。

3. 招标代理机构　是指依法取得招标代理资格，从事招标代理业务的社会中介组织。

4. 供应人　是指与采购人可能或者已经签订采购合同的供应商或者承包商。

（三）政府采购的基本原则

1. 公开、公平、公正和效益原则　政府采购应遵循公开、公平、公正和效益的原则，维护社会公共利益，促进和保障国家有关法律、法规和社会经济政策的贯彻执行。

2. 勤俭节约原则　政府采购应遵循勤俭节约的原则，制定采购物资和服务的标准，并严格执行标准，不得超标准采购。

3. 计划原则　政府采购应遵循计划原则，按计划进行。采购主管部门应当根据经批准的预算和其他财政性资金的使用计划编制和公布采购计划。

二、政府采购方式

公开招标、邀请招标、竞争性谈判、单一来源采购、询价。

1. 公开招标　是指招标采购单位（即采购人及采购代理机构）依法以招标公告的方式邀请不特定的供应商参加投标的方式。公开招标应作为政府采购的主要采购方式。这种方式要求至少三家符合投标资格的供应商参加投标。采购单位不得以任何方式规避公开招标采购。

2. 邀请招标　是指招标采购单位依法从符合相应资格条件的供应商中随机邀请三家以上供应商，并以投标邀请书的形式，邀请其参加投标的方式。采用这种方式可能是因为采购项目本身具有特殊性，只能从有限范围的供应商处采购；或者是因为采取公开招标方式产生的费用占政府采购项目总价值的比例过大。

3. 竞争性谈判　是指要求采购人就有关采购事项，与不少于三家的供应商进行谈判，最后按照预先规定的成交标准，确定成交供应商的方式。之所以采用这种方式，是因为采购的产品或服务出现了以下情况：招标后没有供应商投标、没有合格标的或者重新招标没有成立的；技术复杂或者性质特殊、不能确定详细规格或者具体要求的；采用招标所需时间不能满足用户紧急需要的；不能事先计算出价格总额的。

竞争性谈判方式采购的程序是：成立谈判小组；制定谈判文件；确定邀请参加谈判的供应商名单；谈判；确定成交供应商。

4. 单一来源采购　是指采购人向唯一供应商进行采购的方式。出现以下情况之一的产品或服务，可采用这种方式：只能从唯一供应商处采购的，如专利产品、首次制造等；发生了不可预见的紧急情况，不能从其他供应商处采购的；必须保证原有采购项目一致性或者服务配套的要求，需要继续从原供应商处添购，且添购资金总额不超过原合同采购金额10%的，如合同追加、原有项目的后续扩充等。

单一来源采购是没有竞争的采购，需要强调的是，采购人与供应商应当遵循法律规定的原则，在保证采购项目质量和双方商定合理价格的基础上进行采购。

5. 询价　是指只考虑价格因素，要求采购人向三家以上供应商发出询价单，对一次性报出的价格进行比较，最后按照符合采购需求、质量和服务相等且报价最低的原则，确定成交供应商的方式。一般来说，采购的货物规格、标准统一、现货货源充足且价格变化幅度小的政府采购项目，可采用这种方式。采用询价方式采购的程序是：成立询价小组；确定被询价的供应商名单；询价；确定成交供应商。

【小资料】

美国联邦政府的采购方式

美国联邦政府使用的采购方式主要有：

（一）简化方式

适用于10万美元以下的采购项目，具体形式有政府信用卡、订单及采购协议。无论何种形式，对于2 500美元以下的小额采购，不管向任何公司采购，均无须考虑竞争和价格问题。对于2 500美元至10万美元之间的采购项目，必须以最大程度地竞争向小企业采购。

（二）密封投标方式

即公开招标采购方式。适用于采购单位需要清楚、准确和全面表述采购需求的项目。评标标准主要是价格以及与价格有关的因素。这种方式因成本较高等原因，实践中不常用。

（三）谈判采购方式

包括竞争性谈判和非竞争性谈判（即单一来源采购方式）两种形式。竞争性谈判适用于征求建议书或评标标准包括价格因素和非价格因素的采购项目。由于这种采购方式更为灵活，质量有保证且采购成本低于密封投标方式，还能更好地实现社会经济目标，因而成为常用的采购方式。

爱荷华州的采购方式要求充分体现竞争原则。主要方式有6种：①州级合同，即通过竞争定点定价，定点期可长可短，但价格是固定的。②联合合同，即参加州际采购联盟，利用规模优势，减少采购成本，加强合作。目前美国的州际采购联盟有3个：电脑、药品和电子产品。③招标采购，适用于2 500美元以上的通用商品和设备。④竞拍，采用网上报价，在规定期限内报价最低者中标。该方式还处于试点期。⑤竞争性谈判，适用于复杂的商品和服务。采用这种方式时，需要得到专家的协助，评标小组成员一般为5～9人，价格因素在评标时所占的比重为20%～40%。⑥非正式采购方式，主要是指合同单价在2 500美元以下的小额采购。具体形式包括授予采购官员直接采购权、询价或使用采购卡等。采购卡的金额通常是固定的，如爱荷华州立大学的采购卡，每卡的使用金额为10 000美元。

（资料来源：中国政府采购网．美国政府采购制度．[2013-05-20]．
http://www.ccgp.gov.cn/wtogpa/zhidu/201310/t20131029_3588886.html）

三、招标程序

应当进行招标采购的，采购人可以根据不同情况，采取委托招标或自主招标两种形式。

委托招标是指采购人根据政府采购监督管理部门下达的《政府采购计划下达函》和批复的政府采购方式，与政府集中采购机构或政府采购代理机构（以下统称代理机构）签订委托协议，委托其办理产品或服务的招标事宜。

属于政府下属部门采购范围的采购项目，采购人具备部门采购条件的，经政府采购监督管理部门批准，可以自行组织产品或服务的招标活动。

1. 招标公告、招标邀请书及招标文件 采用公开招标方式采购的，招标采购单位必须遵循政府采购信息发布管理规定，在财政部门指定的政府采购信息发布媒体上发布招标公告。目前财政部指定的政府采购信息发布媒体有：中国政府采购网、中国财经报、中国政府采购杂志。

公开招标公告应当载明下列事项：①招标采购单位的名称、地址和联系方法；②招标项目的名称、性质和数量；③投标人的资格要求；④获取招标文件的办法、地点和时间；⑤对招标文件收取的费用;⑥投标截止时间、开标时间及地点;⑦需要公告的其他事项。

采用邀请招标方式的,招标采购单位应当在省级以上人民政府财政部门指定的政府采购信息媒体上发布资格预审公告,公布投标人资格条件。资格预审公告的期限不得少于7个工作日。投标人应当在资格预审公告期结束之日起3个工作日前,按公告要求提交资格证明文件。招标采购单位从评审合格投标人中通过随机方式选择3家以上的投标人,并向其发出投标邀请书。

采用招标方式采购的,自招标文件开始发出之日起至投标人提交投标文件截止之日止,不得少于20日。招标采购单位应当根据招标项目的特点和需求编制招标文件。招标文件包括以下内容:①投标邀请和投标人须知;②投标人应当提交的资格、资信证明文件;③招标项目的技术规格、性质、数量,包括附件、图纸等;④投标报价要求、投标文件编制要求和投标保证金交纳方式;⑤评标的标准和方法;⑥交货或提供服务的时间;⑦提供投标文件的方式、地点和截止日期;⑧开标、评标、定标的日程安排;⑨合同格式及主要合同条款;⑩省级以上财政部门规定的需要载明的其他事项。

2. 开标、评标 开标应当在招标文件规定的时间、地点组织开标。投标截止时间结束后,投标人不足3家的不得开标。开标前招标采购单位应当通知政府采购监督管理部门及有关部门。政府采购监督管理部门及有关部门可以视情况到现场监督开标活动。开标由招标采购单位主持,采购人、投标人和有关方面代表参加。

评标委员会由采购人代表和有关经济、技术等方面的专家组成,成员人数应当为5人以上单数。其中采购人可派1名代表参加,专家人数不得少于成员总数的2/3。采购数额在300万元以上、技术复杂的项目,评标委员会中技术、经济方面的专家人数应当为5人以上单数。与项目有利害关系的专家,不得参加本项目的评标。评标委员会成员应当遵守评选规则,依法公正地履行职责,依据招标文件要求对投标文件进行评审和比较。评选方法分为最低评标价法、综合评分法和性价比法。

3. 签订采购合同与支付价款 招标活动结束后,采购人和中标人应当按照中标通知书指定的时间、地点,并根据招标文件和中标文件签订采购合同。合同资金来源属于预算内资金的,备齐材料到财政部门办理付款手续,然后财政部门根据采购合同的规定向供应商直接支付价款;属于预算外资金和事业收入的,由资金管理部门向供应商支付价款。

4. 监督检查 采购监管部门应当加强对政府采购的监督,定期对政府采购进行检查,检查内容包括:①采购活动是否依采购计划进行;②采购项目是否符合政府规定;③采购方式和程序是否符合法律规定;④采购合同的履行情况;⑤其他应当检查的内容。

章节总结

组织市场是各种组织机构形成的对企业产品和服务需求的总和,可分为产业市场、中间商市场、非营利组织市场和政府市场。不同市场购买行为存在差异性。

企业采购中心通常有：发起者、使用者、影响者、采购者、决定者和信息控制者。产业市场购买者行为类型大体有三种：直接重购、修正重购和全新采购。产业购买者做出购买决策时要受到环境因素、组织因素、人际因素和个人因素影响。全新采购经历的购买过程阶段最多，包括：认识需要、确定需要、说明需要、物色供应商、征求建议、选择供应商、选择订货程序和检查合同履行情况等。

中间商主要购买决策有配货决策、供应商组合决策和供货条件决策。非营利组织购买特点主要有限定总额、价格低廉、质量保证、受到控制、程序复杂等五个方面。通常的采购方式是公开招标采购、议价合约采购、日常采购等。政府采购应遵循的基本原则是：公开、公平、公正和效益；勤俭节约；计划。政府采购可采用公开招标、邀请招标、竞争性谈判、单一来源采购、询价或者国务院政府采购监管部门认定的其他方式。

思考题

1. 什么是组织市场？组织市场的主要类型有哪些？有什么特点？
2. 产业购买决策的参与者主要有哪些？购买决策过程包括哪几个阶段？
3. 中间商购买决策有哪些？
4. 政府采购的基本原则是什么？有哪些方式？招标程序是什么？
5. 非营利组织购买特点是什么？有哪些采购方式？
6. 影响产业市场购买行为的因素有哪些，对企业的市场营销活动有什么启示？

戴尔集团的采购

戴尔采购工作最主要的任务是寻找合适的供应商，并保证产品的产量、品质及价格方面在满足订单时，有利于戴尔公司。采购经理的位置很重要。戴尔的采购部门有很多职位设计是做采购计划，预测采购需求，联络潜在的符合戴尔需要的供应商。因此，采购部门安排了较多的人。采购计划职位的作用是什么呢？就是尽量把问题在前端就解决。戴尔采购部门的主要工作是管理和整合零配件供应商，而不是把自己变成零配件的专家。戴尔有一些采购人员在做预测，确保需求与供应的平衡，在所有的问题从前端完成之后，戴尔在工厂这一阶段很少有供应问题，只是按照订单计划生产高质量的产品就可以了。所以，戴尔通过完整的结构设置，来实现高效率的采购，完成用低库存来满足供应的连续性。戴尔认为，低库存并不等于供应会有问题，但它确实意味着运作的效率必须提高。

精确预测是保持较低库存水平的关键，既要保证充分的供应，又不能使库存太多，这在戴尔内部被称为没有剩余的货底。在 IT 行业，技术日新月异，产品更新换代非常快，厂商最基本的要求是要保证精确的产品过渡，不能有剩余的货底留下来。戴尔要求采购部门做好精确预测，并把采购预测上升为购买层次进行考核，这是一个比较困难的事情，但必须精细化,必须落实。

"戴尔公司可以给你提供精确的订货信息、正确的订货信息及稳定的订单,"一位戴尔客户经理说,"条件是,你必须改变观念,要按戴尔的需求送货;要按订货量决定你的库存量;要用批量小,但频率高的方式送货;要能够做到随要随送,这样你和戴尔才有合作的基础。"事实上,在部件供应方面,戴尔利用自己的强势地位,通过互联网与全球各地优秀供应商保持着紧密的联系。这种"虚拟整合"的关系使供应商们可以从网上获取戴尔对零部件的需求信息,戴尔也能实时了解合作伙伴的供货和报价信息,并对生产进行调整,从而最大限度地实现供需平衡。

给戴尔做配套,或者作为戴尔零部件的供应商,都要接受戴尔的严格考核。

戴尔的考核要点如下:

其一,供应商计分卡。在卡片明确订出标准,如瑕疵率、市场表现、生产线表现、运送表现以及做生意的容易度,戴尔要的是结果和表现,据此进行打分。瑕疵品容忍度:戴尔考核供应商的瑕疵率不是以每100件为样本,而以每100万件为样本,早期是每100万件的瑕疵率低于1 000件,后来质量标准升级为6-Sigma标准。

其二,综合评估。戴尔经常会评估供应商的成本、运输、科技含量、库存周转速度、对戴尔的全球支持度以及网络的利用状况等。

其三,适应性指标。戴尔要求供应商应支持自己所有的重要目标,主要是策略和战略方面的。戴尔通过确定量化指标,让供应商了解自己的期望;戴尔给供应商提供定期的进度报告,让供应商了解自己的表现。

其四,品质管理指标。戴尔对供应商有品质方面的综合考核,要求供应商应"屡创品质、效率、物流、优质的新高"。

其五,每3天出一个计划。戴尔的库存之所以比较少,主要在于其执行了强有力的规划措施,每3天出一个计划,这就保证了戴尔对市场反应的速度和准确度。供应链管理第一个动作是做什么呢?就是做计划。预测是龙头,企业的销售计划决定利润计划和库存计划,俗话说,龙头变龙尾跟着变。这也就是所谓的"长鞭效应"。

迈克尔说过,供应商迟一点,意味着太迟了。这说明了戴尔对供应商供货准确、准时的考核非常严格。为了达到戴尔的送货标准,大多数供应商每天要向戴尔工厂送几次货。漏送一次就会让这个工厂停工。因此,如果供应商感到疲倦和迷茫,半途而废,其后果是戴尔无法承受的,任何供应商打个嗝就可能使戴尔的供应链体系遭受重创。然而,戴尔的强势订单凝聚能力又使任何与之合作的供应商尽一切可能按照规定的要求来送货,按需求变化的策略来调整自己的生产。

在物料库存方面,戴尔比较理想的情况是维持4天的库存水平,这是业界最低的库存记录。戴尔是如何实现库存管理运作效率的呢?

第一,拥有直接模式的信用优势,合作的供应商相信戴尔的实力;

第二,具有强大的订单凝聚能力,大订单可以驱使供应商按照戴尔的要求去主动保障供应;

第三,供应商在戴尔工厂附近租赁或者自建仓库,能够确保及时送货。

戴尔可以形成相当于对手9个星期的库存领先优势,并使之转化为成本领先优势。在IT行业,技术日新月异,原材料的成本和价值在每个星期都是下降的。根据过去5年的历史平均值计算，每个星期原材料成本下降的幅度为 0.3%～0.9%。如果取一个中间值 0.6%，然后乘上 9 个星期的库存优势，戴尔就可以得到 5.5% 的优势，这就是戴尔运作效率的来源。

戴尔很重视与供应商建立密切的关系。"必须与供应商无私地分享公司的策略和目标。"迈克尔说。通过结盟打造与供应商的合作关系，也是戴尔公司非常重视的基本方面。在每个季度，戴尔总要对供应商进行一次标准的评估。事实上，戴尔让供应商降低库存，他们彼此之间的忠诚度很高。从 2001 年到 2004 年，戴尔遍及全球的 400 多家供应商名单里，最大的供应商只变动了两三家。

戴尔也存在供应商管理问题，并已练就良好的供应链管理沟通技巧，在问题出现时，可以迅速地化解。当客户需求增长时，戴尔会向长期合作的供应商确认对方是否可能增加下一次发货数量。如果问题涉及硬盘之类的通用部件，而签约供应商难以解决，就转而与后备供应商商量，所有的一切，都会在几个小时内完成。一旦穷尽了所有供应渠道也依然无法解决问题，那么就要与销售和营销人员进行磋商，立即回复客户，这样的需求无法满足。

"我们不愿意用其他人的方式来作业，因为他们的方法在我们的公司行不通。"迈克尔说。戴尔通过自行创造需求的方法，并取得供应商的认同，已经取得了很好的成绩。戴尔要求供应商不仅要提供配件，还要负责后面的即时配送。在一般的供应商看来，这个要求是"太高了"，或者是"太过分了"。但是，戴尔一年 200 亿美元的采购订单，足以使所有的供应商心动。一些供应商尽管起初不是很愿意，但最后还是满足了戴尔的即时配送要求。戴尔的业务做得越大，对供应商的影响就越大，供应商在与戴尔合作中能够提出的要求会更少。戴尔公司需要的大量硬件、软件与周边设备，都是采取随时需要，随时由供应商提供送货服务的方式。

供应商要按戴尔的订单要求，把自己的原材料转移到第三方仓库，在这时原材料的物权还属于供应商。戴尔根据自己的订单确定生产计划，并将数据传递给本地供应商，让其根据戴尔的生产要求把零配件提出来放在戴尔工厂附近的仓库，做好送货的前期准备。戴尔根据具体的订单需要，通知第三方物流仓库，并通知本地的供应商，让他把原材料送到戴尔的工厂，戴尔工厂在 8 小时之内把产品生产出来，然后送到客户手中。整个物料流动的速度是非常快的。

（资料来源：郭国庆. 市场营销学通论：教学案例库.
http://dept.shufe.edu.cn/jpkc/marketing/allanli）

案例思考

1. 戴尔的采购从哪些方面反映了产业购买者的共同行为特征？
2. 作为产业购买者，戴尔的购买行为有哪些时代特点？
3. 假设你所在的公司是一家生产液晶显示器的大型企业，现在打算将戴尔由潜在客户变为现实客户，请你为自己的公司提出一套能够实现这一目标的方案。

市场营销调查与预测

第六章

**本章简介**

　　本章主要学习市场营销调查的概念与程序、市场调查的重要性、市场调查的内容和方法、市场预测的概念与原理以及市场预测的方法。

**学习重点**

　　通过本章学习,明确市场调查与预测的概念;熟悉市场调查的程序;理解市场预测的原理;掌握市场预测的方法。

**引入案例**

日清方便面成功打入美国市场

　　日清公司在准备进入美国食品市场之前,为了能够确定最佳"切入点",曾不惜高薪聘请美国食品行业的市场调查权威机构,对方便面的市场前景和发展趋势进行全面细致的调查和评估。可是调查结论却令日清食品公司大失所望——"由于美国人没有吃热汤面的饮食习惯,而是喜好'吃面条时干吃面,喝热汤时只喝汤',绝不会把面条和热汤混在一起食用,由此可以断定,汤面合一的方便面在美国市场绝无销路"。

　　日清公司并没有迷信这种结论,而是派出自己的专家考察组前往美国实地调研。经过千辛万苦的调查,最后得出了与美国市场调查机构完全相反的结论——美国人的饮食习惯随着世界各地不同种族移民的大量增加,正在悄悄地发生着变化。再者,美国人在饮食中越来越注重口感和营养,只要在口味上和营养上投其所好,方便面有可能迅速占领美国食品市场,成为美国人的饮食"新宠"。

结合出奇制胜的营销策略,日清食品公司成功突破了"众口难调"的产销瓶颈,轻而易举地打入了美国快餐食品市场,开出了一片新天地。

思考题:日清方便面成功打入美国市场的启示是什么?

科学的决策,离不开信息。在田忌赛马的故事中,田忌之所以能够以弱胜强战胜齐威王,其中一个重要的原因就是田忌的谋士孙膑掌握了齐威王三匹马的出场顺序信息,最终运用计谋,三局两胜赢下齐威王一千斤铜。同样,科学的营销决策,离不开市场信息。市场营销调查与预测就是要为营销决策提供及时、准确、全面而可靠的市场信息,从而降低营销决策的不确定性和决策风险。

第一节 市场调查概念、程序

一、市场调查概念

市场调查也称市场调研、市场研究,是一种经济调查。它是指以市场为对象,运用科学的方法,系统地设计、收集、分析并报告与企业相关的市场信息和研究结果,为市场预测和企业经营决策提供依据。从不同的角度,市场调查可划分为不同的类型。如按不同的调查方法,可分为文案法、访问法、观察法和实验法;按不同的研究性质,可分为探索性调查、描述性调查、因果关系调查和预测性调查等。

二、市场调查的原则

市场调查既然是通过收集、分类、筛选资料,为企业生产经营提供正确依据的活动,它就需要遵循以下原则:

1. **时效性原则** 在现代市场经营中,时间就是机遇,也就意味着金钱。丧失机遇,会导致整个经营策略和活动失败;抓住机遇,则为成功铺平了道路。市场调查的时效性就表现为应及时捕捉和抓住市场上任何有用的情报、信息,及时分析、及时反馈,为企业在经营过程中适时地制定和调整策略创造条件。在市场调查工作开始进行之后,要充分利用有限的实践,尽可能多地收集所需要的资料和情报,调查工作的拖延,不但会增加费用支出,浪费金钱,也会使生产和经营决策出现滞后,对生产和经营的顺利进行极为不利。

2. **准确性原则** 市场调查工作由要把收集到的资料、情报和信息进行筛选、整理,在经过调查人员的分析后得出调查结论,供企业决策之用。因此,市场调查收集到的资料,必须体现准确性原则,对调查资料的分析必须实事求是,尊重客观实际,切忌以主观臆造来代替科学的分析。同样,片面、以偏概全也是不可取的。要使企业的经营活动在正确的轨道上运行,就必须要有准确的信息作为依据,才能瞄准市场,看清问题,抓住时机。

3. **系统性原则** 市场调查的系统性表现为应全面收集有关企业生产和经营方面的信息

资料。因为在社会大生产的条件下企业的生产和经营活动既受内部也受外部因素的制约和影响,这些因素既可起积极作用,也可以阻碍企业的正常发展。由于很多因素之间的变动是互为因果的,如果只是单纯地了解某一事物,而不去考察这一事物如何对企业发挥作用,以及为什么会产生如此作用,就不能把握这一事物的本质,也就难以对影响经营的关键因素做出正确的结论。从这个意义上说,市场调查既要了解企业的生产和经营实际,又要了解竞争对手有关情况;既要认识到其内部机构设置、人员配备、管理素质和方式等对经营的影响,也要调查社会环境的各方面对企业和消费者的影响程度。

4. 经济性原则　市场调查是一件费时费力费财的活动。它不仅需要人的体力和脑力的支出,同时还要利用一定的物质手段,以确保调查工作顺利进行和调查结果的准确。在调查内容不变的情况下,采用的调查方式不同,费用支出也会有所差别;同样,在费用支出相同的情况下,不同的调查方案也会产生不同的效果。由于各企业的财力的情况不同,因此需要根据自己的实力去确定调查费用的支出,并制定相应的调查方案。对中小企业来说,没有像大家企业那样的财力去搞规模较大的市场调查,就可以更多地采用参观访问、直接听取顾客意见、大量阅读各种宣传媒体上的有关信息、收集竞争者的产品等方式进行市场调查,只要工作做得认真细致而又有连续性,同样会收到很好的调查效果。因此,市场调查也要讲求经济效益,力争以较少的投入取得最好的效果。

5. 科学性原则　市场调查不是简单的搜集情报、信息的活动,为了在时间和经费有限的情况下,获得更多更准确的资料和信息,就必须对调查的过程进行科学的安排。采用什么样的调查方式、选择谁作为调查对象、问卷如何拟订才能达到既明确表达意图又能被调查者易于答复的效果,这些都需要进行认真的研究;同时运用一些社会学和心理学等方面的知识,以便与被调查者更好地交流;在汇集调查资料的过程中,要使用计算机操作代替手工操作,对大量信息及时进行准确严格的分类和统计;对资料所做的分析应由具有一定专业知识的人员进行,以便对汇总的资料和信息做出更深入的分析;分析人员还要掌握和运用相关数学模型和公式,从而将汇总的资料以理性化的数据表示出来,精确地反映调查结果。

6. 保密性原则　市场调查的保密性原则体现在两个方面:①为客户保密。许多市场调查是由客户委托市场调查公司进行的。因此市场调查公司以及从事市场调查的人员必须对调查获得的信息保密,不能将信息泄露给第三者。在激烈的市场竞争中,信息是非常重要的,不管是有意还是无意,也不管信息泄露给谁,只要将信息泄露出去就有可能损害客户的利益,同时反过来也会损害市场调查公司的信誉。所以市场调查人员必须特别谨慎。②为被调查者提供的信息保密,不管被调查者提供的是什么样的信息,也不管被调查者提供信息的重要性程度如何,如果被调查者发现自己提供的信息被暴露,一方面可能给他们带来某种程度的伤害,另一方面也会使他们失去对市场调查的信任。被调查者愿意接受调查是调查业存在的前提,如果市场调查不能得到被调查者的信任和配合,那么整个市场调查业的前景也是不堪设想的。

三、市场调查的功能与重要性

1. 市场调查是企业经营决策的前提　了解现存情况和状态是市场调研的首要功能,即描述功能。市场是企业经营活动的始点和终点,因而市场调研是经营决策和经营活动的前提,是企业工作运转的第一道工序,是决定市场胜负的首要环节。

2. 市场调查是企业生存和发展的条件　发现机会和风险是市场调查的第二个功能,即发现功能。企业能够生存和发展，完全是因为它能够不断地发现市场没有被满足的需求，即发现市场机会。同时通过市场调查能发现和预测风险，并且成功地避免风险。

3. 市场调查是企业进行市场竞争的有力手段　解释和分析问题是市场调查的第三个功能，即手段功能。竞争是市场经济加在企业身上唯一的压力。充分了解自己和竞争者，才是企业立于不败之地的根本。

4. 市场调查是企业提高经济效益的主要方法　利润的获得和增加有赖于不断地寻找和确定新的利润增长点，寻找和确定增加收入、减少支出的途径。效益是市场调查的第四个功能。一方面市场调研使企业有目的地进行新产品开发，以增加销售收入，另一方面可使企业避免盲目开发而造成的浪费。

5. 市场调查是预测的基础　市场调查的第五个功能是预测。预测未来可能出现的机会和风险，预测市场需求和变化的特点，预测各种情况出现的概率和效果，都是企业必须经常进行的工作。市场调查是预测的前提，预测是市场调查的延续。

四、市场调查程序

市场调查是一项复杂的、要求准确细致的工作，为了提高市场调查工作的效率和准确性，必须有一套系统的程序。一般来说，可分为以下几个步骤：

（一）弄清问题

弄清问题就是要弄清市场调查要解决的问题，这实际上是把决策问题转变成市场调查问题（即研究问题）。研究者需要与决策者沟通并理解决策者，帮助决策者搞清楚决策问题，在此基础上界定研究问题。一个决策问题往往有诸多研究问题与之相关。比如，"是否上马某个新产品？"这是一个决策问题。对应这个决策问题的研究问题是很多的，如"市场对这个新产品的需要状况如何？""市场上有哪些现实的和潜在的竞争对手？""与竞争对手相比，我们的优势和劣势何在？""这个新产品上市后，市场占有率、利润可望达到多少？"等等。市场调查是根据研究问题进行的，研究问题越清楚，调查的范围就越容易确定。

（二）情况分析

研究问题确定之后，先进行非正式调查，更深入地认识和理解决策问题和研究问题，进一步缩小研究的范围。同时，利用非正式调查所得数据与资料、现成数据与资料并利用理论知识对情况进行分析，进一步了解问题产生的内外环境，寻找问题产生的根源。如果情况分析发现已有充足的信息来解决决策问题，或是发现当初提出的决策问题并非当前必须解决的问题，则研究就没必要进行下去，否则才有必要进行正式调查。

（三）制定调查方案

1. 确定调查目的　好的开始是成功的一半。确定调查目的就是要明确界定研究问题及研究问题与决策问题的联系。决策者要解决什么问题？与决策相关的研究问题是哪些？本次市场调查是针对什么问题进行的？

2. 确定数据来源　数据来源可分为两大类：一类是通过实地调查或实验取得的第一手数据，也称为原始数据；一类是别人收集并整理过的第二手数据，也称为现成数据。由于收集现成数据省时省力，节省费用，所以一般通过收集第二手数据能解决问题，就不必再收集第一手数据。只有在没有合适的第二手数据时才必须收集第一手数据。

3. 确定调查方法　根据数据来源的不同，收集数据的方法也分为两大类：收集第二手数据的方法和收集第一手数据的方法。第二手数据可以在网上查询,也可通过相关部门征询,还可以在出版物中搜寻。收集第一手数据的方法也叫实地调查方法,分为询问法、实验法和观察法。询问法指调查者通过口头或书面的方式询问被调查者来收集数据,有人员访问、电话调查、邮寄调查、网上调查等方法。实验法是调查人员通过设计不同的实验来收集数据。观察法是调查人员在现场通过对有关情况进行直接或间接观察记录的方法收集数据。

研究人员需要根据研究的问题、目的、费用、各种方法的特点等,来确定调查方法。在实际工作中,研究人员可以综合使用几种方法收集数据。

4. 设计测量工具 在市场调查中有三种基本的测量工具,即问卷、态度量表及深度询问与投影技巧。

问卷是一套系统的问题表,是市场调查中应用最广泛的一种测量工具,可以测量人的行为、人口统计特征、知识水平及态度和意见。态度量表是针对态度进行测量的工具。深度询问是探测人们本能倾向(如无意识的感情、需要)的测量工具,投影技巧是通过被调查者解释或描述一个事件而测量他们对事物态度的测量方法。研究人员要考虑数据的特点、选用的调查方法、调查对象及数据分析选用的统计工具等来设计和选择测量工具。

5. 进行抽样设计 在企业的市场调查活动中,抽样调查运用得较为广泛,要进行抽样调查,就要进行抽样设计。抽样是否科学,对市场调查的准确性、费用和可行性有很大影响。

根据抽样是否遵循随机原则,抽样设计的方法可分为随机抽样和非随机抽样两大类。常用的随机抽样有简单随机抽样、等距抽样、分层随机抽样和分群抽样等,常用的非随机抽样有任意抽样、判断抽样和配额抽样等。

示例:问卷问题的类型

调查问卷的问题从形式上分为开放式和封闭式问题。

1. 开放式问题:不为被调查者提供具体答案,而由被调查者自由回答的问题。

例1:您喜欢什么样的电视节目?

_____

填空式开放题,常用于那些对被调查者来说既容易又方便填写的问题(通常只需填写数字)。

例2:您的年龄?_____岁。

例3:您家有几辆小轿车?_____辆。

2. 封闭式问题:在提出问题的同时,还给出若干个可能的答案,供被调查者根据自己的实际情况从中选择一个作为回答。常见的封闭式问题的形式有以下几种:

(1)二项选择法:给出两个相反的答案,由被调查者从中选择其一。

例4:您是否每天上网?

a. 是   b. 否

(2)多项选择法。

(3)顺序选择法:顺序选择法的问题答案也有多个,但要求被调查者在回答时,对所选的答案按要求的顺序或重要程度加以排列。

例5：您在购买电脑时，主要考虑什么因素？（按重要程度进行排序）

a.价格　b.品牌　c.产地　d.质量　e.售后服务　f.其他

（4）评定尺度法：表示方式有一般表达式、矩阵式和表格式等。

一般表达式：

例6：您对联想牌电脑的质量是否满意？（　　）

a.非常满意　b.比较满意　c.一般　d.不太满意　e.不满意

矩阵式：

例7：您觉得下列环境问题在您居住的城市里是否严重？（在每一行的适当方框中打√）

	很严重	比较严重	不太严重	不严重	不知道
a.噪音	□	□	□	□	□
b.烟尘	□	□	□	□	□
c.污水	□	□	□	□	□
d.垃圾	□	□	□	□	□
e.有害气体	□	□	□	□	□

（四）调查实施

调查实施是调查方案的具体实施过程。这个阶段要花费调查费用的很大一部分，而且调查结果是否准确，很大程度上取决于这个阶段的工作质量。在这个阶段，调查工作的组织者需要对每一位调查人员进行培训并严格要求，使这个过程在严密的控制下进行，努力杜绝虚假数据，为数据分析提供真实可靠的数据。

（五）数据的整理与分析

调查实施过程结束以后，要及时对得到的数据进行整理与分析。

数据整理的主要工作分为校编、分类、编号、数据录入。数据分析指数据的描述性分析和推断性分析，以及预测分析。数据分析需要利用统计工具和数据模型来进行。

（六）编写调查报告

市场调查报告是市场调查的最终成果。它需要针对研究问题，根据对调查数据的分析，给出结论性意见。调查报告的内容和结构大致如下：①调查目的和范围；②调查使用的方法；③调查结果及分析；④提出建议；⑤必要的附件。

【案例6-1】

北京市超市业态度顾客满意度研究

超市是都市百姓经常要打交道的流通渠道。对超市是否满意将会影响到每一个居民的生活幸福感。有鉴于此，迪纳市场研究院在2005年初针对北京市城八区的大中型超市进行了一次满意度调查，以了解整个北京市居民对超市这一零售业态的满意程度。本次调查在北京市共采集有效样本615个。调查通过电话访谈完成。分析框架采用迪纳市场研究院专门开发的超市满意度测量结构方程模型，并采用PLS算法计算得到满意度、忠诚度和影响满意度的各要素的用户评价分值，以及这些要素对满意度影响的大小。调查涉及的超市主要有家乐福、美廉美、京客隆、物美、超市发、华普、北京华联等。本次调查分析的主要结论包括:大中型超市整体顾客满意度得分与中国用户满意指数(CCSI)生活服务类中其他服务的平均得分相比较高;对大中型超市满意度影响最大的是经营的商品;顾客满意度对顾客忠诚度影响很大,顾客满意度提高1分,顾客忠诚度将提高0.930分。为了改善顾客满意度,从结构变量层次看,超市首先要关注促销,其次需要关注超市形象和超市政策;从操作层面看,在影响超市消费者满意度的37个具体要素中,需要重点提升的满意度驱动要素包括重视资源回收/环保、灵活调整收银台、积分卡优惠卡等。报告还对不同细分人群、主要超市的顾客满意度状况进行了分析。本次调查为超市如何改进服务质量、提高顾客满意度提供了数据支持和理论依据。

第二节 市场调查内容、方法

一、市场调查内容

市场调查在营销系统中扮演着两种角色。首先提供市场信息,是市场情报反馈过程的一部分,向决策者提供关于当前营销组合有效性的信息和进行必要变革的线索;其次发现市场机会,是探索新的市场机会的基本工具。

市场调查的内容从广义上来说,凡是涉及市场经营活动的资料都属于调查范围,归纳起来,可有以下内容:

(一)市场需求调查

企业的整个营销活动都要紧紧围绕目标市场需求进行。市场需求信息有:某一类或某一种商品或服务的市场需求总体情况和未来发展趋势信息;在细分基础上,细分市场的需求状况和未来发展趋势信息;选择了目标市场后,调查目标市场的需求状况和未来发展趋势信息。

(二)市场竞争情况调查

一般而言,对竞争者的调查一般包括:

1. 企业的竞争者是谁? 识别竞争者是分析竞争者的起点。一般在现有的市场上,企业可能知道谁是主要的现有竞争者,但往往忽略新的、目前尚未构成威胁的竞争者。美国管理学家迈克尔·波特将竞争对手划分为五类:同行业的竞争者、潜在的竞争者、替代品的竞争者、卖者讨价还价的竞争、买者讨价还价的竞争。不论哪一种竞争者都会对企业构成威胁。

2. 竞争的激烈程度 凡是激烈竞争的市场都具有以下几个特征:大量的竞争者;阻止进入的壁垒少;阻止退出的壁垒少;相同的产品;有利可图和正在成长的市场。

3. 主要竞争者所占市场份额是多少?

4. 主要竞争者的竞争优势和劣势表现在什么地方? 对竞争者优势和劣势的分析和研究,应该包括相对产品质量、交货表现、分销渠道的共享、销售和市场增长等。其最有用的信息来源是消费者的观点和意见,即最终消费者的选择使企业对有关竞争者的优势和劣势有了一个准确的认识。

5. 行业竞争者采取的营销战略和策略。

6. 竞争者可能的反应　估计竞争者对我们在市场上的任何行动可能的反应。如一些竞争者是有选择地做出反应,可能只是在他们认为受到威胁如降价时才做出反应；还有些竞争者可能对对手的反应是非常具有攻击性的。

7. 今后的竞争者可能是谁　对竞争者的调查,可以判断出本企业所具备的与竞争者相抗衡的条件和可能性,才能知道自己在市场竞争中所处的地位(领导者、市场挑战者、市场追随者、市场补缺者),才能确定对自己有效的竞争策略。

(三)消费者或用户购买行为调查

对购买行为进行调查,就是对消费者的购买模式和购买习惯的调查,即通常所说的"5W1H"的调查。

What(对象)——消费者买什么；

Why(目的)——消费者为什么买；

Where(地点)——在什么地方购买；

When(时间)——什么时间购买,什么时间完成；

Who(人员)——由谁负责；

How(方法)——如何购买。

【案例6-2】

了解消费者的细节

对于一些大公司来说,知道顾客买什么、在哪里买、为什么买和什么时候买的情况,是有效营销的奠基石。

可口可乐公司通过市场调查发现人们在每杯水中平均放2.3块冰,每年看到69个该公司的商业广告,喜欢售点饮料机放出的饮料温度是35℃,100万人在早餐时喝可乐,美国每人每年消费汉堡156个、热狗95个、鸡蛋283个等。

某跨国快餐公司了解到,美国的消费者重视快餐店的停车位的多少,日本消费者关心的是快餐店的用餐时间,中国香港地区的消费者则更留意快餐店卫生间的面积,中国内地的消费者更喜欢快餐店的环境和座位的舒适程度。

(四)市场环境调查

市场环境调查是指从宏观上调查和把握企业运营的外部影响因素及产品的销售条件。

对企业而言,市场环境调查的内容基本上属于不可控制的因素,包括政治、经济、社会文化、技术、法律和竞争等,它们对所有企业的生产和经营都产生巨大的影响,因此,每一个企业都必须对主要的环境因素及其发展趋势进行深入细致的调查研究。

1. 政治环境　对于一个内向型企业来说,把握政治环境,主要是了解政府有关政治经济的发展战略、方针、政策和具体的行业政策、规定等,包括生产力布局、产业结构优化与调整、财政、信贷、税收、价格等方面的内容,还应调查了解有关省市或地区的一些具体政策和措施等。对于一个外向型企业来说,除以上一些国内政治环境的因素以外,还应了解国际政治环境的有关内容,包括主要国家或地区的政府类型、政党体制、政府政策及其稳定性等,以及国家或地区之间的政治关系,有关国际政治同盟等方面的情况。

2. 经济环境 分析企业外部的经济环境,一般可以从经济发展水平、经济结构和经济特征等方面入手。

（1）经济发展水平：各国、各地区经济发展水平可以粗略地划分为发达国家或地区和欠发达国家和地区,它是通过调查国民生产总值和国民收入、劳动手段和劳动效率、科学技术的普及与应用程度、人民受教育程度和健康、福利状况、社会发展的基础设施等因素后综合确定的。

（2）经济结构：经济结构是决定一个国家或地区市场需求结构的重要因素,从目前情况来看,各国或各地区的经济结构大致可以划分为生存经济结构、原材料或能源输出经济结构、新兴工业化经济结构和发达工业经济结构等几种。不同经济结构下的市场供给和需求状况明显不同,这种差异为企业提供了巨大商机,即企业可以从国与国、地区与地区之间的经济交往中,寻求有相对竞争优势的理想目标市场。

（3）经济特征：经济特征包括人口、收入、基础设施、自然条件和城市化程度等因素。通过对这些因素的调查分析,可以判断出一国或一个地区的市场规模、发展潜力、需求结构与特点。

3. 社会文化环境 社会文化作为一种沟通体系,是生活方式的总和,它提供了许多标准和规则,促进了社会成员的生产与发展,另外文化作为一种适合本民族、本地区、本阶层的是非观念影响着消费者的行为,进而影响这一市场的消费结构、消费方式,并使生活在同一文化范围里的人们的个性具有相同的方面。

一个国家或一个地区的文化主要由语言文字、宗教信仰、教育程度、风俗习惯、民族构成与分布、态度和价值观念、社会时尚等众多因素组成。为了提高客户的满意度与忠诚度,企业必须重视对有关社会文化环境因素的调查与分析。

4. 科技环境 科技环境调查主要对国际国内新技术、新工艺、新材料的发展速度、变化趋势、应用和推广等情况进行调查。科学技术是生产力。新技术作为一种"创造性的毁灭力量"不断给企业原有的经营活动带来威胁,同时又创造出大量新的市场机会；技术的发展使旧的行业遭到冲击甚至淘汰,使新兴产业迅速成长。此外,现代科学技术从开发到应用的时间大大缩短导致产品更新换代速度加快,产品的生命周期越来越短。因此,产品质量和技术含量水平的高低,日益成为决定许多企业经营成败的重要因素。新技术的发展和应用,还使消费领域发生了一系列的变革,改变了人们原有的生活方式和需求结构,尤其是在发达国家或地区,与高科技产业有关的产品销售明显增长,消费者对产品的需求趋向于高质量、多功能、小型化、系列化、节能化、方便化、环保化、健康化等。

5. 法律环境 迄今为止,在世界范围内,还没有一个能够解决国际商事争端的统一的国际司法机关,也没有一个适用于解决一切争端的超国家的法律制度,因此企业进入多少个国家就要面临多少种不同的法律环境。从某种意义上来讲,市场经济就是法治经济。在市场上,调整、约束人们一切活动行为规范的法律法规起着决定性的作用。

（五）市场营销活动调查

市场营销活动调查涵盖的内容较多,如产品调查、价格调查、分销调查和促销调查等。

二、市场调查方法

（一）收集二手资料的方法

收集二手资料的方法即文案调查,又称间接调查、室内调查、桌面调查,是指通过查阅、阅读、收集历史和现实的各种资料，并经过甄别、统计分析得到调查者想要的各类资料的一种调查方法。

文案调查法具体有如下特点：所收集的是已经加工过的第二手资料；以收集文献性信息为主，具体表现为各种文献资料；侧重于收集反映市场变化趋势的历史及现实资料；不受时空限制，可以获得实地调查难以获得的大量历史资料，方便、迅速并且费用较低。

【案例6-3】

日本人如何获取大庆油田的情报？

日本人很有经济头脑，他们对于经济信息就像动物对春天的气息一样敏感。日本人用最灵敏的触觉，从最细微的地方分析出大庆油田的位置、规模以及所需的炼油设备的能力。我们来看看过程。

在20世纪60年代，日本出于战略上的需要，极为重视中国石油的发展，于是把摸清大庆的情况作为情报工作的重中之重。

第一，大庆油田在什么地方？日本人对大庆油田早有所闻，但始终得不到准确的情报。后来在1964年4月20日的《人民日报》上看到"大庆精神大庆人"的字句，于是日本人断定"中国的大庆油田,确有其事"。在1966年7月的一期《中国画报》上，日本人看到一张照片，他们根据这张照片上人的服装断定："大庆油田是在冬季为零下30℃的'北满'，大致在哈尔滨与齐齐哈尔之间。"后来，到中国来的日本人坐火车时发现，东北来往的油罐车上有很厚一层土，从土的颜色和厚度来看，证实了"大庆油田在'北满'"的论断是正确的。但是具体位置仍需研究。在1966年10月，日本人又从《人民中国》杂志上看到了石油工人王进喜的事迹，在英雄事迹宣传中有这样一句话：王进喜一到马家窑看到大片荒野说"好大的油海，把石油工业落后的帽子丢到太平洋去"。于是日本人从旧地图上查到"马家窑位于黑龙江省海伦县东南的一个小村，在北安铁路上一个小车站东边十多公里处"。这样日本人基本上搞清了大庆油田的位置所在。

第二，大庆油田的规模是多大？日本人对王进喜事迹的报道做出如下分析：王进喜是玉门油矿的工人，是1959年9月到北京参加国庆后志愿去大庆的。大庆油田肯定是1959年以前就开钻了。马家窑在大庆油田的北端，即北起海伦的庆安，西南穿过哈尔滨与齐齐哈尔铁路的安达附近，南北400公里的范围，估计从"北满"到松辽油田统称为大庆油田。

第三，中国的炼油能力有多大？到1966年7月，日本人把注意焦点转到炼油设备上。他们在《中国画报》上发现一张炼油厂反应塔的照片，从这张照片上推算出了大庆炼油厂的规模和能力，其方法是：首先找到反应塔的一个扶手栏杆，扶手栏杆一般是1米多，以扶手栏杆和反应塔的直径相比，得知反应塔内径是5米，因此日本人断定，大庆炼油厂的加工能力为每日900千升。如以残留油为原油的30%计算，原油加工能力为每天3 000千升，一年以330天计算，年产量为100万千升，而中国当时在大庆已经有820口井，年产是320万吨，估计到1971年大庆油田的年产量为1 200万吨。

根据大庆油田出油能力与炼油厂有限的炼油能力，日本人推论：中国将在最近几年必然因为炼油设备不足，考虑购买日本的轻油裂解设备。中国要买的设备规模和数量，要满足日炼油1万千升的需要。日本做好了一切准备，20世纪70年代中日关系开始正常化后，日本很快就把它的炼油设备卖到了中国，大大地赚了一笔。

文案调查法资料的来源分为企业内部资料来源和企业外部资料来源。

1. 企业内部资料来源　内部资料的主要来源是包括消费者、销售量、供货商以及其他公司希望跟踪的资料的数据库。数据库营销是指运用这些内部资料做出直接对消费者的营销计划。具体包括：

（1）市场调查分析汇编资料　大企业设置的市场信息研究机构收集的与本企业生产经营相关的信息资料。包括他们自身在市场调研活动中所获得的资料和报纸杂志及其他文献的剪辑资料，内容涉及顾客方面、市场容量方面、竞争者及宏观环境等方面。

（2）信息系统提供的统计资料

业务资料：指与企业营销活动有关的各种资料。如订货单、发货单、发票、销售记录、原材料订货单、业务员访问报告、顾客反馈信息等。

统计资料：各类统计报表和各类统计分析资料，企业生产、销售、库存记录等。

财务资料：各种财务报表、会计核算和分析资料、成本资料、销售利润、税金资料等。

其他资料：各种调查报告、经验总结、各种建议记录等。

2. 企业外部资料来源

国家统计机关公布的统计资料，包括工业普查资料、统计汇编资料、商业地图等。

行业协会发布的行业资料和各种专业信息咨询机构提供的市场信息，多数为有偿服务。

图书馆存档的商情资料、技术发展资料。

出版单位提供的书籍、文献、报纸杂志、工商企业名录、商业评论、产业研究、市场行情报告、各类分析报导等。

银行的经济调查、商业评论期刊。

各类专业组织的调查报告、统计数字、分析报告。

研究机构的各种报告、研究论文集。

国内外各种博览会、展销会、交易会、订货会等促销会议及专业性、学术性经验交流会议上所发放的文件和资料。

（二）收集一手资料的方法

收集二手资料的方法即实地调查法，主要有询问调查法、观察调查法和实验调查法。

1. 询问法　询问法根据调查人员与被调查者的接触方式又可分为人员访问（包括入户访问和拦截访问）、电话调查、邮寄调查、留置问卷调查、网上调查等。

人员访问调查：是最古老的一种调查方法。它是调查者在面对面的情况下，向被调查者提出问题，然后根据被调查者的回答，当场记录获得数据的方法。人员访问具体灵活性，可获得较多数据，有观察的机会，但费用较高，控制较难，容易产生询问偏差。

电话调查：是通过电话向被调查者提出问题，记录答案的数据收集方法。电话调查具有经济、省时、易于被不易接触的对象接受等优点，但调查难以深入，只适合于一些内容简单的调查。

邮寄调查：是将设计好的问卷邮寄给被调查者，被调查者填写后寄回。另外，还可以使用留置、期刊插页和产品标签的形式。邮寄调查可覆盖的范围广、无询问偏差、费用较低，但回收率低、费时、易发生代替现象，受问卷限制不适合做深度询问。

网上调查：是借助网络来与被调查者接触以收集数据和资料的一种调查方法。网上调查具有经济、便捷、灵活、个性化以及易监控和纠错的优点，但容易出现拒答、多次重复填写等现象。

2. 观察法　观察法是调查人员凭借自己的眼睛或借助摄录像器材,在调查现场直接记录正在发生的市场行为或状况的一种有效的收集资料的方法。

观察法根据观察方式不同可分为直接观察法和间接观察法。直接观察法就是在现场凭借自己的眼睛或仪器观察市场行为的方法。间接观察法(事后痕迹观察法)就是通过对现场遗留下来的实物或痕迹进行观察以了解或推断过去的市场行为。

观察法的应用范围主要包括:在消费者需求调查中,对消费者购物时对商品品种、规格、花色、包装、价格等的要求进行观察;在商场经营环境中,对商品陈列、橱窗布置、所临街道的车流、客流量情况进行观察;品牌调查,即用于调查消费者对某品牌的需要强度以及其他品牌同类产品的替代强度。例如,消费者在某商场需要某一品牌的商品,而销售人员并不按要求提供,却代之以其他品牌的同类产品,从而可用多个消费者接受替代品的情况来确定某一品牌的替代强度。在城乡集贸市场,对集贸市场农副产品的上市量、成交量和成交价格等情况进行观察。在商品库存调查中,对库存商品直接盘点计数,并观察库存商品的残次情况。

3. 实验法　实验法是通过小规模实验来了解企业产品对社会需求的适应情况,以测定各种经营手段取得效果的市场调查方法。

实验法按照实验场所不同,可分为实验室实验和现场实验;按照实验是否将实验单位随机分组,可分为非随机化实验和随机化实验;按照是否将实验单位分成实验组和控制组,以及按照是只做事后测量还是同时也做事前测量,可分成四种:事后设计、有控制组的事后设计、事前事后设计、有控制组的事前事后设计。

在实验法中,实验者控制一个或多个自变量(如价格、包装、广告等),研究在其他因素(如服务、质量、销售环境等)不变或相同情况下,这些自变量对因变量(如销售量)的影响或效果。

实验法主要用于检验有关市场变量间的因果关系假设,研究有关的自变量对因变量的影响或效应。如测试各种广告的效果、测试各种促销方式的效果、研究品牌对消费者选择商品的影响,研究颜色、名称对消费者味觉的影响,研究商品价格、包装、陈列位置等因素对销售量的影响等。

实验法的优点是结果客观实用,有较强说服力,可以探索不明确的因果关系,本方法具有主动性和可控性。缺点是时间长费用大,保密性差,管理控制困难。

(三) 抽样方法

市场是由千差万别的个体所组成的总体,对市场总体情况进行调查,若能够做到全面的、普遍的调查,其所得到的资料当然是最能反映市场总体特征的,但在许多情况下对市场实施全面市场调查是非常困难甚至是不可能的,例如总体非常大,或者商品质量测试会对商品产生破坏性等,都不能进行全面市场调查,只能采取抽样调查方式。随着市场调查工作的深入发展,抽样市场调查已经成为一种最重要的调查方式,得到了极其广泛的应用。

抽样方法根据是否遵循随机原则分为随机抽样方法和非随机抽样方法。

1. 随机抽样方法

(1) 简单随机抽样:又称单纯随机抽样,是在总体单位中不进行任何有目的的选择,而是按随机原则,纯粹偶然的方法抽取样本。

(2) 分层随机抽样:又称分类随机抽样,是把调查总体按其属性不同分为若干层次(或类型),然后在各层中随机抽取样本,例如:调查人口,可按年龄、收入、职业、居住位置等标志划分为不同的阶层,然后按照要求在各个阶层中进行随机抽样。

(3) 等距随机抽样:又称系统抽取或机械随机抽样。它是在总体中先按一定标志顺序排列,并根据总体单位数和样本单位数计算出抽样距离(即相同的间隔),然后按相同的距离或间隔抽选样本单位。

(4) 分群随机抽样:又称整群抽样,是把调查总体区分为若干个群体,然后用单纯随机抽样,从中抽取某些群体进行全面调查。

【小资料】

等距随机抽样的具体做法

例如,某城市有私人企业 5 989 个,拟定样本数量为 100 个,进行企业营业状况调查。用等距随机抽样的具体做法是:

1. 按照 5 989 个私人企业的年利润额(或年销售额、职工人数、营业面积等)多少进行排队。
2. 计算抽样距离:$R=5\ 989/100=59.89≈60$。
3. 采用简单随机抽样在 1～60 号内抽选一个单位作为第一个样本单位。假定随机抽选到的序号是 8。
4. 以序号 8 为起点,依照抽样距离为 60 确定样本单位的编号为 68、128、188、248……直到抽足 100 个样本。

在等距随机抽样中,如果采取随机排序抽取样本,则将产生与简单随机抽样非常相似的结果;如果采取选择排序,则抽取的样本更具有代表性。但是当个体的顺序呈现出一个循环的形式,而抽样间距又与循环周期相同时,等距抽样会降低样本的代表性,因此要注意抽样间距与现象本身规律之间的关系。

2. 非随机抽样　是指抽样时不遵循随机原则,而是按照调查人员主观设立的某个标准抽选样本。在市场调查中,采用非随机抽样通常是出于以下几个原因:

①客观条件的限制,无法进行随机抽样。
②为了快速获得调查结果,提高调查的时效性。
③在调查对象不确定,或无法确定的情况下采用,例如:对某一突发(偶然)事件进行现场调查等。
④总体各单位间离散程度不大,且调查人员具有丰富的调查经验时。

非随机抽样方法主要有:任意抽样、判断抽样、配额抽样和滚雪球抽样。

(1) 任意抽样:又称便利抽样,是根据调查者的方便与否来抽取样本的一种抽样方法。"街头拦人法"和"空间抽样法"是方便抽样的两种最常见的方法。"街头拦人法"是在街上或路口任意找某个行人,将其作为被调查者,进行调查。例如在街头向行人询问其对市场物价的看法,请行人填写某种问卷等。"空间抽样法"是对某一聚集的人群,从空间的不同方向和方位对他们进行抽样调查,如在商场内向顾客询问对商场服务质量的意见;在劳务市场调查外来劳工打工情况等。

任意抽样简便易行,能及时取得所需的信息资料,省时、省力、节约经费,但抽样偏差较大,一般用于非正式的探测性调查,只有在调查总体各单位之间的差异不大时,抽取的样本才具有较高的代表性。

（2）判断抽样：又称目的抽样，是凭调查人员的主观意愿、经验和知识，从总体中选择具有代表性的样本作为调查对象的一种抽样方法。判断抽样选取样本单位一般有两种方法：一种选择最能代表普遍情况的调查对象，常以"平均型"或"多数型"为标准，应尽量避免选择"极端型"。平均型是在调查总体中挑选代表平均水平的单位作为样本，以此作为典型样本，再推断总体，多数型是在调查总体中挑选占多数的单位作为样本来推断总体。

判断抽样方法简便、易行，在样本规模小而样本不易分门别类挑选时有较大的优越性。但由于其精确性依赖于调查者对调查对象的了解程度、判断水平和对结果的解释情况，所以判断抽样方法的结果的客观性受到人们的怀疑。

（3）配额抽样：是非随机抽样中最流行的一种，配额抽样是首先将总体中的所有单位按一定的标志分为若干类（组），然后在每一类（组）中用任意抽样或判断抽样方法选取样本单位。所不同的是，配额抽样不遵循随机原则，而是主观地确定对象分配比例。

这种方法和分层抽样有相似之处，都是事先对总体中所有单位按其属性、特征分类，这些属性、特征我们称之为"控制特性"。如市场调查中按消费者年龄、性别、收入、文化程度等分类，然后按各个控制特征，分配样本数额。但它与分层抽样又有区别，分层抽样是按随机原则在层内抽取样本，而配额抽样则是由调查人员在配额内主观判断选定样本。

配额抽样与判断抽样也有区别，一是抽取样本的方式不同，配额抽样是分别从总体的个控制特性的层次中抽取若干个样本，而判断抽样是从总体中的某一层次中抽取若干符合条件的典型样本。二是抽样要求不同，配额抽样注重"量"的分配，而判断抽样注重"质"的分配。三是抽样方法不同，配额抽样复杂精确，判断抽样简单、易行。

（4）滚雪球抽样：通常是出于对某些特殊消费群体的调查，如使用电脑家庭的调查，对长期吸某种品牌香烟的人的调查等。通常在对所需认识的总体难以把握时进行。

第三节 市场预测概念、原理

一、市场预测概念

市场预测是企业制定营销战略和营销策略的依据。在市场调研的基础上，企业利用一定的市场预测方法或技术，测算一定时期内市场供求趋势和影响市场营销因素的变化，从而为企业的营销决策提供科学的依据。

同时，企业要想在市场竞争中占据有利地位，必须在产品、价格、分销渠道、促销方式等方面制定有效的营销策略。而有效的营销策略的制定取决于相关方面的准确预测，只有通过准确的市场预测，企业才能把握机会，确定目标市场和相应的价格策略、销售渠道策略、促销策略等，从而促进产品销售和效益的提高。

1. 预测 是人们对未来不确定事件的推断和预见，是对事物未来变化趋势以及对人类实践活动的后果事先所做的估计和测定。

简单地说，预测就是人们根据客观事物的过去和现在推测其未来发展情况的活动和过程。预测学是综合哲学、社会学、经济学、数理统计以及工程技术等方面理论和方法而形成的一门方法论科学,它的研究范围几乎涉及自然科学和社会科学的各个领域,如气象预测、生态环境预测、军事预测、社会发展预测、政治预测、文化教育预测、经济预测等。

2. 经济预测　是指人们对未来不确定的经济过程或经济事务的变动趋势做出合乎规律的推测和预见,并揭示经济现象错综复杂的内在联系及发展变化趋势的活动和过程。

3. 市场预测　在市场调研基础上,运用预测理论与方法,对决策者关心的变量变化趋势和未来可能水平做出估计与测算,为决策者提供依据的过程。

市场预测是经济预测的重要组成部分,在市场经济条件下,市场预测是经济预测中最基本、最主要的内容,是经济预测的核心。

二、市场预测原理

(一)惯性原理

惯性是指事物保持其原来状态(包括静态和动态)的一种属性。根据惯性原理去分析目标事物,即预测对象过去与现在的运动状况,找出反映预测对象原来状态的运动规律并加以延续,就可以预测事物未来及其发展变化的特点。惯性原理也称为预测的延续性原理、趋势性原理等。

根据惯性原理去分析目标事物。即如果认为没有足够强大的外部力量可以改变预测对象运动状况,则找出反映预测对象原来状态的运动规律并加以延续,就可以预测事物未来及其发展变化的特点。

(二)相关性原理

任何事物的发展变化都不是孤立的,都是在与其他事物的相互影响、相互制约、相互联系中发生的。从相关原理出发,通过研究分析预测对象与其他相关事物之间的相关关系和影响程度,提示事物发展变化的因果关系和发展变化在时间上的规律性,就可以从原因事件的变化而预测结果事件的发展趋势。

从相关原理出发,通过研究分析预测对象与其相关事物之间的相关关系和影响程度,揭示事物发展变化的因果关系和发展变化在时间上的规律性,就可以从原因事件的变化而预测结果事件的发展趋势,从先导事件的变化而预测后致事件的变化。

(三)统计学原理

关于事物发展变化过程的统计数据,可以用统计表或图表的形式表现出来,是一种说明事物发展变化内在规律的外在形式,它们在某种程度上反映了事物的内在规律性和它们相互之间的联系。根据以往统计资料提供的规律,寻找事物结果发生的概率,并由此对市场营销活动可能产生的效果等进行预测,称为统计学原理。

通过收集、整理、分析历史记录的各种有意义的数据,以及由这些数据形成的时间序列,并且先将这些数据进行抽象化思考,从中寻找事物发展变化的规律,然后加以利用和延伸,就形成了定量预测方法和预测公式。

(四)类比原理

从一个已知事物去类推预测对象未来的方法被称为类比法。从对一个有代表性的事物进行的总结和归纳中,推断事物的总体特征;从已知事件的已知运动规律与总体变化特征,去推断与之相类似的另一个事物的未来运动规律与变化特征。

第四节　市场预测方法

一、定性预测方法

（一）个人直观判断法

个人直观判断法是预测者根据自己所收集的资料，凭借自己的知识和经验对预测目标做出符合客观实际的估计与判断。在市场预测中，使用个人判断法的是企业的经营管理人员、销售人员以及一些特邀的专家。

个人判断法是最古老的市场预测方法。《史记》中记载范蠡、白圭、计然等人运用五行生息之理，推测出农业生产周期及相应的市场供求状况，并提出治国安邦之策。

个人判断法的主要依据是事件之间的相关关系和事件之间的类推关系。

事件的相关关系指事件的因果关系，是根据已知事件的发展趋势来推测其相关事件的未来变化趋势。一种是时间关系上的相关关系。某些经济现象在另一种经济现象出现变动之后，经过一段时间会随之发生相应的变化，即时间上的先行后行关系。例如：婴儿出生人数增加，婴儿用品的需求量也会随之增加。另一种是变动方向上的相关关系。当一个事物的数量增加会引起另一事物的数量也随之增加，则两者有正相关关系，反之有负相关关系。例如：劳动生产率的提高会使单位产品的成本下降。

事物之间的类推关系主要有不同地区间的类推和相似产品之间的类推。一般来说，发达国家的经济发展状况和生产方式对落后国家有着很大的影响，在发达国家出现过的一些现象往往会在落后国家出现。比如：发达国家某些产品的市场寿命周期，在很大程度上可以用来类推这些产品在欠发达国家的市场寿命周期。这种类推也可以在同个国家的不同地区之间进行。相似产品之间的类推是指以其他相似的产品发展变化的情况来类推某种新产品的发展变化趋势。例如：某种口味的糖果很受欢迎，可以预测这种口味的牙膏也会得到消费者的认可和欢迎。

个人判断法带有浓厚的个人主义色彩，预测结果与预测者个人的知识、经验、分析能力、推理能力等相关。该方法往往可使企业抓住时机，"当机立断"。

（二）集体经验判断法

集体经验判断法是由企业集合有关人员（主要是企业主管、管理人员、业务人员）依靠收集到的市场情报、资料、数据，运用科学的思想方法和数学运算手段对预测目标进行分析、讨论，判断市场未来发展趋势的一种方法。

集体判断法是个人判断法的发展。它能集思广益，相互启发，避免了个人判断的局限，并且由于对各预测者分析的结果进行了数学处理，排除了预测结果的主观性，提高了预测的精度。

（三）专业判断法

专业预测法一般应用于以下几种情况：没有历史资料；历史资料不完备，难以进行量的分析；需要进行质的分析的预测；在具体运用中，基本上采用两种形式：一是"面对面"的方法如专家会议法,二是"背对背"的方法,如德尔菲法(专家小组法)。适合中期、长期预测。

1. **专家会议法** 专家会议法就是邀请有关方面专家,通过会议形式,由训练有素的主持人以非结构化的自然方式对一小群专家进行访谈,让他们对企业的生产经营或某个产品及其发展前景做出评价,并在专家们分析判断的基础上,综合专家们的意见,对该企业或产品的市场需求及其发展趋势做出量的预测。由于是面对面的讨论,与会者的个性、心理状态、在组织中的地位的高低及说服能力都会影响预测效果。

这里的专家,指在某些专业方面积累了丰富经验、知识,并具有解决该专业问题能力的人。他们有可能是企业高层管理人员(当需要预测企业达到某种目标的意义时),有可能是企业内技术工程师(为获得科学技术发展方面情报时),也有可能是有经验的推销员(为了预测市场行情时)。

2. **德尔菲法** 德尔菲法(Delphi method)又称专家意见法,它是由美国兰德公司于1946年首创和使用的,20世纪50年代在西方盛行。德尔菲是古希腊一座城市的名字,该城有一座太阳神阿波罗的神殿,因阿波罗能预卜未来,故后人借用德尔菲比喻神的高超预见能力。后来有不少预言家都曾先后在德尔菲发表演说,提出各种预言,从此,德尔菲就成为专家提出预言的代名词。

德尔菲法的预测步骤大致如下:第一是选择专家,一般10～15人。第二是向各专家发去有关预测咨询问卷和资料,请专家在互不知情的情况下对所咨询的问题做出初步的独立的预测,同时说明理由,并按规定期限收回。第三是对收回的专家预测意见进行归纳、综合,再将经统计整理后的信息反馈给各位专家,并请其做出关于修正意见的说明,再按期收回。如此形式的反馈修正一般应有3～4次,使各位专家意见趋于集中和稳定。第四是在各专家判断意见稳定的基础上,对各专家的意见加以综合,得出市场预测结果。

德尔菲法具有匿名性、反馈性、代表性等特点,而预测过程耗时较长、专家咨询费用较高是其不利的一面。

二、定量预测方法

定量预测方法主要有时间序列预测法和因果关系分析预测法。

（一）时间序列预测法

时间序列预测法也称历史延伸法或趋势外推法,是通过对时间序列的分析和研究,运用科学的方法建立预测模型,使市场现象的数量向未来延伸,预测市场现象未来的发展变化趋势,确定市场预测值。时间序列是指将同一经济现象或特征值按时间先后顺序排列而成的数列。

1. 时间序列预测法具有以下特点:

（1）时间序列预测法是根据市场过去的变化趋势预测未来的发展,其前提是假定事物的过去同样会延续到未来。正是由于这一特点,它比较适合短期和近期预测。

（2）时间序列数据的变动存在规律性与不规律性。

时间序列观察值是影响市场变化的各种不同因素共同作用的结果,在诸多因素中,有的对事物的发展起长期的、决定性的作用,致使事物的发展呈现出某种趋势和一定的规律性;有些则对事物的发展起着短期的、非决定性的作用,致使事物的发展呈现出某种不规则性,时间序列分析法把影响市场现象变动的各因素,按其特点和综合影响结果分为四种类型:长期变动趋势、季节变动、循环变动、不规则变动。

（3）时间序列法撇开市场发展的因果关系去分析市场的过去和未来的联系。

运用时间序列分析法进行预测,实际上是将所有的影响因素归结到时间这一因素上,只承认所有影响因素的综合作用,并认为在未来对预测对象仍起作用。其目的是寻找预测目标随时间变化的规律。

2. 时间序列预测法的具体方法　时间序列预测法以可分为：简易平均法、移动平均法、指数平滑法、趋势外推法、季节指数法

（1）简易平均法：就是把一定观察期内的各观察值的某种平均值作为下一期预测值的预测方法。包括简单算术平均法、加权算术平均法、简单几何平均法和加权几何平均法。

● 简单算术平均法基本公式：

$$\bar{X} = \frac{X_1+X_2+\cdots+X_n}{n} = \frac{\sum_{t=1}^{n} X_t}{n}$$

● 加权算术平均法基本公式：

$$\bar{X} = \frac{\sum X_i W_i}{\sum W_i}$$

● 简单几何平均法基本公式：

$$G = \sqrt[n]{\frac{X_1}{X_0} \times \frac{X_2}{X_1} \times \frac{X_3}{X_2} \times \cdots \times \frac{X_n}{X_{n-1}}}$$

X_i——第 i 期观察值,(X_i/X_{i-1}) ——第 i 期环比发展速度,G ——几何平均数,即预测期平均发展速度。

（2）加权几何平均法基本公式：

$$G = \sqrt[W_1+W_2+\cdots+W_n]{\left(\frac{X_1}{X_0}\right)^{W_1} \times \left(\frac{X_2}{X_1}\right)^{W_2} \times \cdots \times \left(\frac{X_n}{X_{n-1}}\right)^{W_n}}$$

（2）移动平均法：简易平均法只能说明一般情况,看不出数据的中、高、低点,也不能反映事物的发展过程和趋势,而移动平均法则能较好地反映事物的发展过程和趋势,是一种对原有时间序列进行修匀,测定其长期趋势的常用而又简单的方法。移动平均法根据移动的次数可分为一次移动平均法和二次移动平均法。

【例】股指 K 线图

● 一次移动平均法计算公式：

$$\hat{X}_{t+1}^{(1)} = M_t^{(1)} = \frac{X_t + X_{t-1} + \cdots + X_{t-n+1}}{n}$$

M_t——t 期移动平均值,$\hat{X}_{t+1}$——（$t+1$）期预测值

● 二次移动平均值的公式：

$$M_t^{(1)} = \frac{X_t + X_{t-1} + \cdots + X_{t-n+1}}{n}, \quad M_t^{(2)} = \frac{M_t^{(1)} + M_{t-1}^{(1)} + \cdots + M_{t-n+1}^{(1)}}{n}$$

$$a_t = 2M_t^{(1)} - M_t^{(2)}, \quad b_t = \frac{2}{n-1}(M_t^{(1)} - M_t^{(2)})$$

$$\hat{X}_{t+T} = a_t + b_t T$$

$M_t^{(1)}$——第 t 期一次移动平均值，$M_t^{(2)}$——第 t 期二次移动平均值，n——移动期数，$\hat{X}_{t+T}$——第 $(t+T)$ 期预测值，a_t——截距，即第 t 期现象的基础水平，b_t——斜率，即第 t 期现象单位时间变化量，T——由本期到预测期的期数。

移动期数 n 的确定对预测效果有较大影响，通常：若时间序列观察值越多，移动期数应越长；若时间序列存在周期性波动，则以周期长度为移动期数。在实际预测中，通常不直接将移动平均值作为预测值，而要进行误差分析，选取误差最小的那个移动平均期数。误差分析包括平均绝对误差和标准误差分析。

（3）指数平滑法：是一种特殊的加权移动平均法。简单移动平均法是对移动期内的各组数据都用相同权数，加权移动平均法改进了这一做法，对移动期内各组数据都确定不同的权数，但是确定一个权数需要预测者花费大量的时间和精力反复计算、比较，从经济的角度讲是不划算的。指数平滑法是对加权移动平均法的改进，它只确定一个权数，即距离预测期最近的那期数据的权数，其他时期数据的权数按指数规律推算出来，并且权数由近及远逐期递减。根据平滑次数，指数平滑法可分为一次指数平滑法和多次指数平滑法。

一次指数平滑法是以预测目标的本期实际值和本期预测值为基础，分别给予二者不同的权数，计算出一次指数平滑值作为下期预测值的一种预测方法。

$$\hat{X}_{t+1} = S_{t+1}^{(1)} = \alpha X_t + (1-\alpha) S_t^{(1)}$$

$\hat{X}_{t+1}$——$(t+1)$ 期预测值，X_t——t 期实际值，α——平滑系数，$S_{t+1}^{(1)}$——第 $(t+1)$ 期平滑值，即第 $(t+1)$ 期预测值。

多次指数平滑法在实际市场预测中主要应用二次指数平滑法，二次指数平滑法的原理与二次移动平均法类同。

（4）趋势外推法：就是利用时间序列具体的直线或曲线趋势，通过建立预测模型进行预测的方法。时间序列长期发展趋势的变化轨迹有直线、二次曲线、指数曲线、生长曲线等，通过画出其在直角坐标图上的散点图来确定其变化轨迹，根据变化轨迹选择模型。这里主要介绍直线趋势外推法，其他曲线的拟合方法是类似的。

直线趋势外推法步骤：

第一：绘制散点图，将横轴为年份、纵轴为观察值作图。

第二：判断散点图的线性特征，选择预测模型，如呈明显的直线特征，则建立直线方程：

$$\hat{y}_t = a + bt$$

$\hat{y}_t$——第 t 期预测值，t——时间变量，a、b——待定参数，a——截距，b——直线斜率，

代表单位时间预测值的增加或减少量。

第三：求出参数 a、b 的值，a、b 的估算，最常用的是最小二乘法。依据最小二乘法原则，求得 a、b 的计算公式为：

$$b=\frac{n\sum ty-\sum t\sum y}{n\sum t^2-(\sum t)^2}, \quad a=\bar{y}-b\bar{t}$$

为了简便计算，可以令 $\sum t=0$，则上式可简化为：

$$a=\frac{\sum y}{n}, \quad b=\frac{\sum ty}{\sum t^2}$$

第四：把通过上式求出的 a、b 值代入直线方程 $\hat{y}_t=a+bt$ 中，可得预测模型。

第五：用预测模型进行预测。

（5）季节指数预测法：季节变动是市场现象时间序列较为普遍存在的一种变动规律。季节变动是指某些市场现象的时间序列，由于受自然气候、生产条件、生活习惯等因素的影响，在若干年中每一年随季节的变化呈现出的周期性变动。

时间序列的季节变动往往并不单独存在，而是伴随着趋势变动存在。对于含有季节变动的时间序列，可以建立季节模型加以预测。

（二）因果关系分析预测法

1. 经济变量之间的因果关系的数量变化关系形态可以分为两种：函数关系（确定型的因果关系）和相关关系（非确定型的因果关系）。

函数关系即确定型的因果关系，反映变量之间存在的严格的依存关系。

【例 6-1】保险公司的保费，如果每辆汽车保费收入为 1 500 元，共承保了 8 万辆，则保险公司承保总收入为 1.2 亿。如果把承保总收入记为 Y，承保汽车辆数记为 X，则 $Y=1\,500X$。X 和 Y 之间完全表现为一种确定性关系，即函数关系。

相关关系即非确定型的因果关系，反映变量之间存在着的一定的依存关系，这种依存关系不是确定的和严格的。即自变量与因变量之间不是严格的一一对应关系。

【例 6-2】国民经济发展速度与社会商品零售额之间、消费品需求量与居民收入水平之间、企业商品销售量与广告支出水平之间、加速资金周转与利润率之间等等，都有一定的因果关系，但它们之间的密切程度并没有到由一个变量完全确定另一个变量的程度。它们是一种非确定性关系。在不同地区或不同时期会有所不同，从而导致不同的数学模型。这种模型就称为非确定性因果关系数学模型。

变量之间的函数关系用函数表达式来描述，而相关关系要用相关关系分析和回归方程即统计分析的方法来描述。这种非确定型的因果关系数学模型分析方法有三种：回归分析法、经济计量法、投入产出法。回归分析法中又包括一元线性回归、多元线性回归和自相关回归分析法。

2. 因果分析预测法的种类　按照自变量的数量分为一元回归分析和多元回归分析。一元回归分析，即研究一个因变量与一个自变量的因果关系。多元回归分析即研究一个因变量与多个自变量的因果关系。按照自变量与因变量的函数表达式是线性的还是非线性的分为线性回归分析和非线性回归分析。线性回归分析是最基本的分析方法，非线性回归问题可以借助数学化手段化为线性回归问题处理。

3. 因果分析预测法的基本步骤

（1）选择和确定自变量和因变量。

（2）根据变量之间的因果关系类型，选择基本数学模型。这个过程必须解决自变量与因变量是否相关、相关程度如何、这种相关程度的可靠性有多大等问题。自变量与因变量之间的相关关系，可以用绘制相关图和计算相关系数的方法确定。

（3）求解参数并建立预测模型：这个过程计算比较复杂，一般运用电脑和相关软件（如SPSS）进行计算。

（4）对预测模型进行检验：一是要进行方程的拟合度检验；二是要进行回归方程的显著性检验；三是要进行回归系数的显著性检验。最终选定通过检验的拟合度高的方程作为预测模型。

（5）求出预测值，并对预测值做区间估计。

章节总结

1. 市场调查也称市场调研、市场研究，是一种经济调查。它以市场为对象，运用科学的方法，系统地设计、收集、分析并报告与企业相关的市场信息和研究结果，为市场预测和企业经营决策提供依据。

2. 市场调查遵循的原则：时效性原则、准确性原则、系统性原则、经济性原则、科学性原则、保密性原则。

3. 市场调查是企业经营决策的前提，是企业生存和发展的条件，是企业进行市场竞争的有力手段，是企业提高经济效益的主要方法，是预测的基础。

4. 市场调查的程序：弄清问题、情况分析、制定调查方案、调查实施、调查资料整理与分析、撰写调查报告。

5. 市场调查内容包括市场需求调查、市场竞争情况调查、消费者或用户购买行为调查、市场环境调查、市场营销活动调查。

6. 收集二手资料的方法即文案调查，又称间接调查、室内调查、桌面调查，是指通过查阅、阅读、收集历史和现实的各种资料，并经过甄别、统计分析得到调查者想要的各类资料的一种调查方法。收集二手资料的方法即实地调查法，主要有询问调查法、观察调查法和实验调查法。

7. 市场预测：在市场调研基础上，运用预测理论与方法，对决策者关心的变量变化趋势和未来可能水平做出估计与测算，为决策者提供依据的过程。

8. 市场预测的原理：惯性原理、相关性原理、统计学原理和类比原理。

9. 定性市场预测方法包括：个人直观判断法、集体经验判断法、专业判断法。

10. 定量市场预测方法包括：时间序列预测法和因果关系分析预测法。

思考题

1. 什么是市场调查？市场调查应遵循哪些原则？
2. 简述市场调查的基本程序。
3. 市场调查的方法有哪些？
4. 什么是市场预测？市场预测的原理有哪些？

可口可乐"新口味"的失败

20世纪80年代初，虽然可口可乐在美国软饮料市场上仍处于领先地位，但由于百事可乐公司通过多年的促销攻势，以口味试饮来表明消费者更喜欢较甜口味的百事可乐饮料，并不断侵吞着可口可乐的市场，为此，可口可乐公司以改变可口可乐的口味来对付百事可乐对其市场的侵吞。

对新口味可口可乐饮料的研究开发，可口可乐公司花费了两年多的时间，投入了400多万美元的资金，最终开发出了新可乐的配方。在新可乐配方开发过程中，可口可乐公司进行了近20万人的口味试验，仅最终配方就进行了3万人的试验。在试验中，研究人员在不加任何标识的情况下，对新老口味可乐、新口味可乐和百事可乐进行了比较试验，试验结果是：在新老口味可乐之间，60%的人选择新口味可乐；在新口味可乐和百事可乐之间，52%的人选择新口味可乐。从这个试验研究结果看，新口味可乐应是一个成功的产品。

到1985年5月，可口可乐公司将口味较甜的新可乐投放市场，同时放弃了原配方的可乐。在新可乐上市初期，市场销售不错，但不久就销售平平，并且公司开始每天从愤怒的消费者那里接到1 500多个电话和很多的信件，一个自称原口味可乐饮用者的组织举行了抗议活动，并威胁除非恢复原口味的可乐或将配方公之于众，否则将提出集体诉讼。

迫于原口味可乐消费者的压力，在1985年7月中旬，即在新可乐推出的两个月后，可口可乐公司恢复了原口味的可乐，从而在市场上新口味可乐与原口味可乐共存，但原口味可乐的销售量远大于新口味可乐的销售量。

讨论题

（1）新口味可乐配方的市场营销调查中存在的主要问题是什么？
（2）新口味可乐配方的市场调研的内容应包括哪些方面？

第七章 目标市场营销战略

本章简介

目标市场营销战略,又称STP战略(segmentation, targeting and positioning,即市场细分、目标市场选择和市场定位),是现代市场营销学的核心理念,是市场营销学的骨骼(图7-1)。

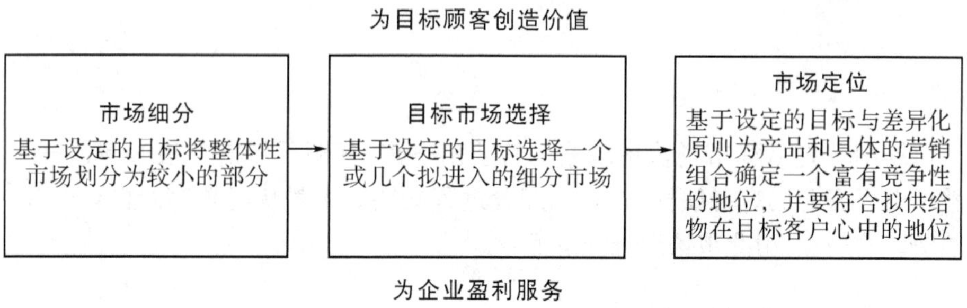

为目标顾客创造价值

| 市场细分
基于设定的目标将整体性市场划分为较小的部分 | → | 目标市场选择
基于设定的目标选择一个或几个拟进入的细分市场 | → | 市场定位
基于设定的目标与差异化原则为产品和具体的营销组合确定一个富有竞争性的地位,并要符合拟供给物在目标客户心中的地位 |

为企业盈利服务

图7-1 目标市场营销战略(STP战略)

本章从市场细分入手,基于设定的目标将整体性市场划分为若干较小的部分;再通过依据营销目标选择一个或几个拟进入的细分市场,即实施目标市场选择;最后,战略选择方进行的市场定位要基于设定的目标与差异化原则为产品和具体的营销组合确定一个富有竞争性的地位,并且这一定位要符合拟供给物在目标客户心中的地位,从而实现目标市场营销战略的优化。而整个战略制定过程要基于为目标客户创造价值与为企业盈利服务的根本目标。

学习重点

1. 了解市场细分的概念和作用,重点掌握市场细分的因素,学会利用市场细分的变量对市场进行细分。

2. 了解什么是目标市场,掌握可供目标市场选择的战略,注意进行目标市场营销战略选择时受哪些因素影响,学会如何给企业进行市场定位。

 引入案例

钢铁企业的新定位

建国以来形成以鞍钢为核心的国产铁矿石冶炼钢铁的钢铁企业生产模式,但我国国产铁矿石在品质上略低于巴西、澳大利亚铁矿石,在市场细分上难以满足对应需求方的要求,不利于我国经济建设需求。21世纪以来,我国钢铁企业痛定思痛,形成了以宝钢为核心的新型钢铁工业体系,通过进口优质铁矿石、采用先进冶炼技术,由过去产量为中心的竞争思路转向以质量为核心的新定位,积极适应不同市场细分、目标客户的需求,以崭新的市场化思路迎接挑战。

案例思考:如何理解钢铁企业的市场定位?其对市场营销有什么作用?

第一节 市场细分

市场细分是目标市场营销战略的首要出发点,其源于经济学核心问题——资源具有稀缺性。由于资源具有稀缺性,在资源配置过程就要寻求最优配置,并且单一产品无法满足所有消费者的需求,由此市场细分应运而生。

一、市场细分的定义

市场细分(market segmentation),又称市场分割,是美国市场营销学家温德尔·斯密(Wendell R.Smith)在20世纪50年代中期基于总结西方市场营销实践经验而提出的,即"企业按照一定的标准,根据购买者的需求和购买行为的差异性将一个整体市场划分为若干个具有共同特征的子市场的过程"。菲利普·科特勒(Philip Kotler)等提出"市场细分是将市场划为较小的顾客群,这些顾客群具有不同的需求、特点或行为,并需要不同的市场营销战略或组合"。J.保罗·彼得(J.Paul Peter)等从服务群体角度定义"市场细分是将一个市场划分为不同的群体,并选择企业最适合为之服务的群体的过程"。焦长勇等使用类似概念,认为"市场细分就是以顾客需求的某些特征或变量为依据,区分具有不同需求的顾客群体的过程"。陆剑清认为"市场细分即按照消费者不同的需求特征,把一个市场划分为若干不同的购买群体"。

因此,基于上述观点可从以下几个方面理解市场细分的定义:

1. **市场细分的对象** 是对商品具有购买需求、特点或行为的目标客户群。例如,根据国家科委推荐的《中国煤炭分类方案》、各种煤炭的化学性质以及各行业的实际需求,我国煤炭分无烟煤、半无烟煤、烟煤、褐煤等4个细分市场。显而易见,这种分类的出发点是为了识别不同需求群体的实际诉求,以实现资源的合理配置。

2. 市场细分的理论基础　是资源的稀缺性与市场的异质性。①资源的稀缺性：资源是有限的，将有限的资源合理配置到各个领域是市场细分的核心与目标，现实中通常通过市场博弈来实现资源的优化配置。在稀土市场上，由于各国政府在出口上进行严格管控，日本等资源稀缺国家的企业为获得长足发展，恶意囤积稀土，扰乱市场秩序，不利于资源的优化配置。②市场的异质性：市场的异质性是市场细分的前提。通过异质性分析目标客户的购买行为、购买心理等因素可以区别出客户属于何种购买倾向，进而做出市场细分。但亦存在同质市场，这种市场存在的领域极少，一般出现在基本需求领域，如人们对大米、食盐、白面等产品的需求就属于此类。

3. 市场细分的目标　在于帮助决策者选择并确定目标市场。通过市场细分划分出具有购买需求、特点或行为的目标客户群，将目标客户群与目标产品对应，从而识别出目标市场。这种对应关系可以使一对一，亦可一对多，其可发挥企业在其领域内的竞争优势，提高市场配置效率，进而提升经济效益。例如在黄金市场上，黄金产品主要有金条及经过艺术加工的工艺品，基于黄金具有货币和商品双重属性，生产商更侧重于发展黄金首饰或者其他种类的工艺品，以吸引广大具有更高黄金消费需求的客户群。

综上观点，本书认为市场细分即基于资源稀缺型理论而制定不同的市场营销战略或组合以服务不同客户群体需求的过程。

【案例7-1】

奇瑞QQ——"年轻人的第一辆车"

在微型客车市场份额不断缩小的情况下，奇瑞汽车公司经过认真的市场调查，精心选择微型轿车打入市场。它的新产品不同于一般的微型客车，是微型客车的尺寸、轿车的配置。令人惊喜的外观、内饰、配置和价格是奇瑞公司占领微型轿车这个细分市场成功的关键。

奇瑞QQ的目标客户是收入并不高但有知识、有品位的年轻人，同时也兼顾有一定事业基础、心态年轻、追求时尚的中年人。一般大学毕业两三年的白领都是奇瑞QQ的潜在客户。人均月收入2000元即可轻松拥有这款轿车。为了吸引年轻人，奇瑞QQ除了轿车应有的配置以外，还装载了独有的"I-say"数码听系统，成为了"会说话的QQ"，让奇瑞QQ与电脑和互联网紧密相连，完全迎合了离开网络就像鱼儿离开水的年轻一代的需求，堪称目前小型车时尚配置之最。

奇瑞QQ的目标客户群体对新生事物感兴趣，富于想象力、崇尚个性，思维活跃，追求时尚。虽然由于资金的原因他们崇尚实际，对品牌的忠诚度较低，但是对汽车的性价比、外观和配置十分关注，是容易互相影响的消费群体；从整体的需求来看，他们对微型轿车的使用范围要求较多。奇瑞把QQ定位于"年轻人的第一辆车"，从使用性能和价格比上满足他们通过驾驶奇瑞QQ所实现的工作、娱乐、休闲、社交需求。奇瑞公司根据对奇瑞QQ的营销理念推出符合目标消费群体特征的品牌策略：

首先，在产品名称方面，奇瑞QQ在网络语言中有"我找到你"之意。奇瑞QQ突破了传统品牌名称非洋即古的窠臼，充满时代感的张力与亲和力，同时简洁明快，朗朗上口，富有冲击力。

其次，在品牌个性方面，奇瑞QQ被赋予了"时尚、价值、自我"的品牌个性，将消费群体的心理情感注入品牌内涵。引人注目的品牌语言——富有判断性的广告标语"年轻人的第一辆车",以及"秀我本色"等流行时尚语言配合创意的广告形象,将追求自我、张扬个性的目标消费群体的心理感受描绘得淋漓尽致,与目标消费群体产生情感共鸣。

奇瑞QQ作为一个崭新的品牌,在进行完市场细分与品牌定位后,投入了立体化的整合传播,以大型互动活动为主线,包括奇瑞QQ价格网络竞猜、奇瑞QQ秀个性装饰大赛、奇瑞QQ网络FLASH大赛等,为奇瑞QQ 2003年的营销传播大造声势。通过目标群体关注的报刊、电视、网络、活动等媒介,将奇瑞QQ的品牌形象、品牌诉求等信息迅速传达给目标消费群体和广大受众;从新闻发布会和传媒的评选活动,形成全国市场的互动,并为市场形成了良好的营销氛围。在所有的营销传播活动中,特别是网络大赛、动画和个性装饰大赛,都让目标消费群体参与进来,在体验之中将品牌潜移默化地融入消费群体的内心,与消费者产生情感共鸣,起到了良好的营销效果。

奇瑞QQ作为奇瑞诸多品牌战略中的一环,抓住了微型轿车这个细分市场的目标客户。但一个具有可持续性的品牌关键在于要用更好的产品质量去支撑品牌,在营销推广中注意客户的真实反应,及时反馈意见并主动解决问题,以此会更为突出品牌的公信力,维护产品的市场份额。

(http://www.downhot.com/show/pinpaiguanli/124021623.html)

二、市场细分的意义

1. 市场细分有利于发掘并把握良好市场机会。市场机会往往是市场上客观存在的未被满足或未被充分满足的消费需求。通过市场细分,企业可以把握各个不同的购买群体的需求及其满足程度,了解哪些细分市场中产品或服务的需求已经得到满足,哪些细分市场中产品或服务的需求未得到满足或未完全得到满足,从而发现市场营销机会。对铁矿石需求市场细分有助于把握市场机会以生产适销对路的市场需求产品。

2. 有利于企业充分利用自身资源,获取竞争优势。基于资源稀缺性理论,任何一个企业的资源(包括人力、物力、财力、管理水平等)都是有限的。企业通过细分市场,集中有限的资源投放到适合自己的目标市场上,去争取局部市场上的优势,使自己在激烈的市场竞争的夹缝中生存、发展。日本第一稀土元素化学工业株式会社(DDK)通过深度市场调查发现,稀土催化剂的需求与汽车市场的增长正相关,十年内稀土需求稳定增长。DDK将充分利用自身企业积累的经验优势,把使用稀土元素的固体氧化燃料电池视为新的主攻方向。

3. 有利于企业掌握各细分市场的特点,制定并调整市场营销组合策略。市场需求具有异质性,企业通过市场细分把握不同细分市场的需求特点,相应地制定市场营销组合策略,同时由于市场细分的标准不同,营销策略应该适时调整,以便更好地满足市场需求的变化。

三、市场细分的作用

1. 市场细分有利于巩固企业市场份额。通过市场细分充分把握各类顾客的不同需求,有针对性地开展营销活动,稳定企业现有市场,提高经济效益。例如,煤炭企业通过制定一级歧视价格、二级歧视价格、三级歧视价格来有针对性地细分市场,优化定价模式,巩固与提高市场份额。

2. 市场细分有利于企业发现新机遇、开发新市场。在市场细分的基础上,企业可了解市场各部分的购买力、潜在需求、顾客满足程度和竞争状况,开发新产品,开拓新市场,夺取竞争优势。

3. 市场细分有利于企业制定适当的营销组合策略。通过市场细分,一方面企业比较容易掌握顾客的需要和对营销活动反应的差异;另一方面,企业面对细分市场能及时捕捉需求信息,针对需求变化随时调整市场营销组合策略,使企业的营销策略和计划适应各细分市场的需要。钢铁集团通过对钢材需求市场加以细分,并制定适宜的营销组合策略,在某一细分市场萎缩时能够灵活应对而避免大规模的损失。

4. 市场细分有利于提高企业的竞争力。企业的竞争力受各种因素的影响而存在差别,有效的市场细分有助于改变这种差别。基于市场细分,可以较明显地辨别竞争者的优势和劣势,企业可以据此识别市场机会,利用竞争者的弱点,同时开发自身资源优势,提高市场占有率,增强竞争能力。

【案例 7-2】

钢铁市场细分

铁矿石是一种不可再生资源,而其产品钢材的产量在近年来持续出现过剩状态,而对钢材市场细分的研究是解决这一问题的一大有效途径。

钢铁市场基于产品材质主要细分为中厚板材市场、螺纹钢市场、不锈钢市场等,而基于用途可细分为汽车用钢市场、建材用钢市场、模具用钢市场、机械用钢市场等。不同市场对于钢材需求的差异导致市场细分组合策略的必要性。首先,应通过有效的市场调研发掘市场细分种类以及何市场适合何种产品、该市场容量的大小等问题;其次,应通过国内外的横向对比,探究该市场所需产品的物理性质与成分配置,以有针对性地生产适销对路产品;最后,需做好市场预测,以生产适量产品而尽可能规避生产过剩而造成库存积压的问题。故而,有效的钢铁市场细分是基于资源稀缺性理论的资源有效配置的重要方法,其是平衡钢铁市场供需、促进生产适销对路产品的重要途径,对于钢铁市场的健康发展起到促进作用。

四、市场细分标准

市场细分标准也被称为市场细分变量,其建立在顾客需求的差异性或顾客偏好的差异性基础上,企业据此将整个市场细分为若干个具有不同偏好的小市场。由于市场类型不同,消费者市场和生产者市场细分的标准也不同。

(一)消费者市场细分的标准

受不同变量因素的影响和作用,消费者在欲望和需求方面产生了明显差异。细分消费者市场所依据的标准一般有地理变量、人口变量、心理变量和人为变量四大类。

1. 地理变量 主要指国家或地区、城镇、气候和地形等。地理变量相对稳定,不易改变,细分操作简便,因此成为大多数企业做市场细分的重要标准。

表 7-1 各城市的部分地理指标[①]

城市	国家	纬度（南/北）	海拔（m）	年平均温度（℃）	最冷月的平均温度（℃）	最暖月的平均温度（℃）	平均降水（mm/m²）
马德里	西班牙	40°25'N	660	13.9	5.0	24.1	440
拉巴斯	玻利维亚	16°30'S	3632	11.4	9.4	12.7	555
鄂木斯克	俄罗斯	55°00'N	85	1.4	-17.4	19.7	380
开罗	埃及	30°05'N	20	20.8	12.3	27.7	26
汉堡	德国	53°35'N	13	8.4	0.4	16.6	744

（1）区域：不同区域由于区位因素而造就了具有自身独特性的地理特点，对产品的性能等的要求便具有差异性。例如，联合收割机适用于东北地区的大农业生产，而在耕地细碎化的江南丘陵地区不起作用。再如，北方地区多采用柏油作为道路铺设材料，而南方由于气温等多种原因更多采用水泥路。因此，区域性差异导致市场需求的异质化，其亟需市场细分予以解决。

（2）气候：受气候影响，不同地区对产品的需求不同。例如，在秦岭淮河以南至长江中下游地区，冬季室内外的温差不会很大，传统上绝大多数家庭冬天室内不取暖。随着经济水平的提高、消费观念的改变，越来越多的家庭希望冬天家里温暖舒适。因此近几年来，小型电热取暖器在南方的销售额大幅增长。但这种小型电热取暖器在北方不会有很大市场，北方冬天的寒冷气候需要更高效的取暖设备来满足居民的生活需求。

（3）习俗：地域习俗也是一个重要的细分标准。不同的地区有不同的消费习俗与方式、不同的传统与风俗、不同的市场交换观念。例如，在回族聚居区内销售猪肉会引起反感，在满族聚居区销售狗肉会引起反感。再如，在朝鲜族聚居区狗肉销量大，在江南一带鸭子销量相对于北方较大。

2. 人口因素

（1）性别：性别常用来细分服装、个性化服务、化妆品、杂志、滋补品等产品市场。资料表明女性比较关心体形与容颜等方面，这一特点随着生活水平的提高而日益明显。不少企业为此开发出大量的美容化妆用品，近几年推出美容新观念——内调外养，市场上便出现了太太口服液、拂朵、空卜等产品。宝洁公司根据男性与女性对头发清洁的不同诉求，把飘柔和潘婷洗发水的诉求点放在女性身上，而推出的海飞丝则针对男性市场，强调去屑功能。

（2）年龄：通常而言，消费者的欲望和需求会随年龄的变化而变化。我国少年儿童（14岁以下人群）是一个庞大的消费群体，在这一阶段的人群辨别意识不强、消费模仿性强、易受广告主的宣传影响。青年消费者（15～30岁人群）处于富有创造性和追求独立性的阶段，消费意愿强烈具有时代感和自我意识，在追求流行的同时又希望能保持自身的独特性。企业在做新产品开发、设计及其营销活动时必须做到标新立异且符合时代潮流，例如移动通信公司在深入研究了这一市场的特点后，推出"动感地带"产品，打出"我的地盘我做主"的广告，深受目标客户群的欢迎。中年消费者（30～60岁人群）既具有极强的消费能力但又有自我压抑的消费特征。这一阶段的消费者追求产品的实用性和性价比，行为传统、思想保

---

① 资料来源：朱之鑫. 国际统计年鉴（2002）[M]. 北京：中国统计出版社，2002.

守,对新产品缺乏热情。企业在做宣传时最好能把产品的质量性能等优势凸显出来,以吸引这一目标客户群。老年消费者(60岁以上的人群)消费内容主要集中在饮食、医疗保健和文化娱乐方面,对产品的品牌忠诚度高。

(3) 消费能力:顾客的消费能力高低也是细分市场的一个重要因素。定位高端市场的企业,努力营造高档尊贵的产品形象以吸引高收入的消费者,而小企业则制定平价低价以招徕普通工薪阶层。有观点认为随着我国经济的不断发展,人们收入水平的提高,中国已经出现了中产阶层,其主要特征有:人均年收入在1万~5万美元,即8万~40万人民币;大多从事脑力劳动或技术基础的体力劳动,主要靠工资及薪金谋生,一般受过良好教育,具有专业知识和较强的职业能力及相应的家庭消费能力;有一定的闲暇,追求生活质量,具有较高的购买力与引导消费潮流的作用。许多企业在进入时把这部分消费群体作为目标受众,以他们的消费示范与引导作用来迅速打开消费市场,形成消费热点。

例如,某白酒企业在市场调查中发现与白酒销售关联最密切的人口变量有以下三项:年龄、社会阶层和使用率。图7-2即是以这三个变量为标准划分的细分市场。

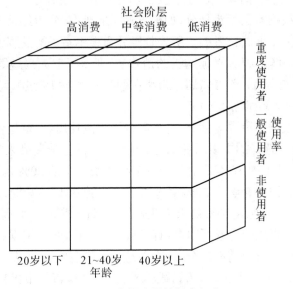

图7-2 白酒市场的初步细分

3. 心理因素　心理细分是指按照消费者的心理特征进行市场细分。显然即使按照上述几种标准划分在同一群体中的消费者,有时对产品的需求仍显示出差异,这通常是受心理因素的影响。心理因素包括性格特征、生活格调、购买动机等变量。心理细分能提供比地理细分、人口细分更感官立体的目标消费者描述,帮助企业制定更加有效的营销组合。

(1) 性格特征:性格是指一个人比较稳定的心理倾向与心理特征,它会导致人对其所处环境做出相对一致和持续不断的反应。消费者的个性多样,可分为坚强与懦弱、外向与内向、独立与依赖、竞争型与非竞争型、炫耀型与沉默型等,不同性格类型的消费者其消费需求和购买动机也有很大差别。因此,企业应努力建立自己的品牌形象,以吸引相应个性的消费者。如服装可分成朴素型、奢华型、新潮型、保守型等。

(2) 生活格调:生活格调是指人们对消费、娱乐等特定习惯和方式的倾向性,也是一种生活方式的偏好。追求不同生活格调的消费者对商品的爱好和需求有很大差异。越来越多的企业,尤其是化妆品、家具、旅游等行业的企业越来越重视按照人们的生活格调来细分市场。例如宜家家居根据市场调查结果,迎合目标受众对自然、淳朴、真实的生活的向往,推出田园风格系列家具,受到市场欢迎。

(3)购买动机:消费者对产品和品牌的选择往往基于不同的利益或动机。例如对于牙膏,消费者想要获得的利益就大不相同:或是为了洁白牙齿,或是为了清新口气,甚至是预防口腔疾病。企业针对不同的消费者、不同的动机,设计开发出不同的产品和品牌,研究制定不同的营销策略。同样是洗发水,宝洁公司为不同动机的消费者开发不同的品牌:"海飞丝"主攻去屑,"伊卡璐"致力于保持香味的持久,而"飘柔"则重在使头发光滑柔顺。

4. 行为因素　行为因素是指和消费者购买行为相关的一些变量,包括购买行为、使用情况、支付情况、消费者利益等因素。消费者的行为活动是一种客观的外在表现,相对于其心理活动而言更容易被企业所掌握。所以行为因素更能直接地反映消费者的需求差异,因而成为重要的细分标准。如超轻铂金项链,已开始成为我国首饰流行新潮。而且,铂金项链短而无挂件,简洁、高雅,为一人多链、一季一链或一衣一链的女性所喜爱。专家认为,超轻铂金项链具有格调高雅、兼容东西方文化的特点,将很快在全国流行。

(1)购买行为:根据购买行为划分,如根据购买的频率,分为经常购买者,初次购买者和潜在购买者三种类型;根据消费者购买所处阶段分为根本不了解品牌的消费者、了解品牌无兴趣购买的消费者、了解品牌有兴趣购买的消费者、非常了解无兴趣购买的消费者,以及非常了解有兴趣购买的消费者;还可以划分为潜在顾客(没有购买过)、竞品购买者(可能购买过)、试用顾客、忠诚顾客(固定用户)等。

(2)使用情况:根据使用数量划分,消费者分为大量使用者、重量使用者和少量使用者。通常大量使用者是企业选择的主要目标对象,因为对大部分消费品来说有一个 80/20 定律,即一个产品的全部销量中的 80% 是由这产品全部消费者中的 20% 购买的。以一项啤酒饮用情况调查结果为例,被调查者中 20% 喝啤酒的人喝掉 70% 的啤酒,这部分人是啤酒制造商注意的对象。尽可能争取这 20% 的人来买,最好能进一步增加他们的啤酒消费。中国喜盈门酒打出广告语:在喜庆的时候要喝喜盈门酒,喜庆吉祥,热热闹闹。

(3)支付情况:根据支付情况来分,这在传统的赊销餐饮企业或一些组织内部代金券支付系统中是一种常态。阿里支付宝、腾讯微信支付、许多城市的市民支付卡出现以后,新的市场细分日益流行成为一种新现象。

(4)消费者利益:按照对产品所期待的不同利益,可把消费者归为经济实惠型、个性或身份象征型、消费炫耀型、消遣娱乐型等不同的类别。这种细分带有根本性特点,是一种十分有效的细分方法。对一种产品,有人追求经济实用,性价比高;有人则希望通过产品的使用来显示身份与地位。这给企业提供了选择不同目标市场,供应不同品牌、不同档次产品的机会。如对于家电产品,年轻人希望其创意独特、功能多样,而中老年人则希望其功能单一、操作简单。

【案例 7-3】

特仑苏,从更好的十年开始

十年前,特仑苏品牌成立。因为敢想,特仑苏从零起步,成长为一个百亿销售额的乳业品牌。十年营销路,特仑苏总结出"坚持品牌主张+重视消费者体验"一套方法论。

为此企业拍摄了一系列精致又极富人文情怀的短片,这是由贾樟柯导演的《我们的时代·十年敢想录》纪录片,该系列纪录片从文化政商各界选出十位对时代产生影响和启示的名士,对他们进行采访和跟拍,用十部短片真实记录这十位不同行业精英的所思所感。"十年,从日薄西山到日新月异,我相信,只要敢想,实体书店一定有自己存在的空间。""我怀念年轻时候在中国经历的浪漫,度过的迷茫,时光荏苒,我希望今后我再怀念的是这个十年,这个充满机遇、挑战、变化的十年。"这分别是碧山书店创始人陈小华与CNN前驻华记者吉米的十年感想,也正是因为这样的"敢想"支撑他们走过中国飞速变化的十年。

该系列纪录片一经播出,便引发了网友的大量关注,无论是选题、导演还是代表人物的选择都极富看点与吸引力,仅第一周的曝光量就突破6 660万。伴随于此,特仑苏品牌也大量曝光。

不只是每个人都在成长,特仑苏也在成长。2014年,特仑苏推出全新品牌主张"从更好开始,从特仑苏开始",并推出系列TVC"更好2015",大范围高密集的持续曝光,让特仑苏的全新口号迅速建立高声量。2015年,是特仑苏品牌成立的第十年,如何让消费者更深入认知"从更好开始"这一诉求?基于这样的品牌定位及营销目标,特仑苏提出了"百人百天十年敢想"这一创意,《我们的时代·十年敢想录》系列纪录片,除了与贾樟柯导演携手拍摄系列纪录片,特仑苏还邀请百位社会精英名流,在共计一百天的时间里向消费者呈现精彩的"百人百天十年敢想录",通过图片和文字,丰富翔尽地记录名人十年沉浮的生命轨迹和心路历程,通过弘扬敢想精神,鼓励更多的"十年敢想"的发生,激励大家去创造更好的十年。

特仑苏"十年敢想"品牌活动上线后不仅获得了用户的认可,也受到营销界的肯定,一举拿下2015"金成奖"最佳纪录片内容营销金奖。

(http://www.vmarketing.cn/index.php?mod=news&ac=content&id=8954)

(二)生产者市场细分的依据

细分消费者市场的标准,有些同样适用于对生产者市场细分,如使用者情况、追求的利益、地理因素等。但由于生产者市场与消费者市场在购买动机与行为上存在差异,所以除了运用上述消费者市场细分标准外,还需要用其他的一些变量来对生产者市场进行细分。

1. 行业细分　在产业市场上,不同的最终用户所追求的利益不同,对同一种产品的属性亦会侧重不同的方面。根据最终用户的需求来对生产者市场进行细分是一种通用的方法。最终用户的每一种需求都可以是企业的一个细分市场,企业为满足最终用户的不同需求,相应地运用不同营销组合,提供最终用户所真正追求的利益。例如汽车制造商在生产中高低不同档次的汽车时,对汽车零件的要求也不同。

2. 规模细分　消费群体规模的大小通常是以消费者对产品需求量的多少来衡量,因而消费群体规模可作为生产者市场细分的依据。在西方国家,很多企业把用户分成大用户和小用户,并为不同规模的企业用户分别建立了专门的服务系统,以便企业更好地为各种规模用户服务。

3. 地理细分　产业用户的地理分布通常受一个国家的资源分布、地形气候和经济布局的影响制约。用户的地理位置分布,对于企业合理组织货源、设计合理的分销渠道以及高效地安排货物运输至关重要。一般而言,生产者市场比消费者市场更为集中,因为大多数国家和地区由于气候条件、自然资源、历史传统和社会环境等因素会形成若干个不同的工业区（带）。例如鞍钢坐落于拥有钢铁储量巨大、邻近煤炭供应地的辽宁鞍山，而在发现江西相山铀矿后东华理工大学的前身太原地质专科学校从太原迁往江西抚州，便于靠近研究基地，缩减科研成本。企业选择用户相对集中的地区作为自己的目标市场，不仅信息交流便捷，可以有效地规划运输线路、降低物流成本，还可以充分利用企业的营销资源，提高企业效益。

五、市场细分原则

市场细分的变量很多，企业可以根据单一因素对市场进行细分，也可以根据多种因素进行市场细分。适用的细分变量越多，相应的细分市场就越多，反之亦然。在实际营销过程中，并非所有的细分市场都有意义，如何寻找合适的细分变量，对市场进行有效的细分十分重要。一般来说应把握以下原则：

1. 可衡量性 市场的细分是可衡量的，即细分出来的市场不仅范围明确，而且能对其容量大小做出大致判断。确定的细分依据必须清楚明确，容易辨认；另一方面，细分市场的顾客特征是可以用数据进行测算的，否则细分市场难以衡量，无法描述和说明，也就失去了市场细分的意义。

2. 可进入性 细分的市场应该是企业通过营销努力可以有效抵达并为之服务的市场。一方面，有关产品的信息可能通过一定的媒体顺利传达给该市场的消费者；另一方面，企业在一定时期内有可能将产品通过一定的分销渠道配送到相关市场。否则该细分市场就不具备可进入性。例如，生产生鲜食品的企业，若将中西部农村作为细分市场，可进入性就会较差。

3. 可盈利性 即细分后的市场有可值得占领的价值，使企业获取预期的规模利益。如果细分市场规模过小，市场容量有限，而相对应的营销成本又很高，获利就会很少甚至亏损，这样的市场细分是没有价值的。因此，进行市场细分时，企业必须考虑细分市场上顾客的数量及其购买能力和频率。例如卤化银感光材料是用银量最大的领域之一。20世纪90年代，世界照相业用银量为6 000～6 500吨。由于电子成像、数字化成像技术的发展，卤化银感光材料用量有所减少，但卤化银感光材料的应用在某些方面尚不可替代，仍有很大的市场空间。

4. 有差异性 差异性是指各细分市场的消费者对同一市场营销组合方案会有不同的反应。企业进行市场细分的客观依据来自市场上顾客群体对产品需求的差异性，如果不同细分市场顾客对产品的需求差异性不大，那么这样的市场细分本身就无任何意义。在水晶饰品市场上，施华洛世奇水晶饰品把追求时尚和品位的年轻人作为市场细分，充分挖掘市场需求，目前已经成为世界水晶饰品市场上一个强大的品牌。

5. 有稳定性 市场细分所确定的子市场必须具有相对稳定性，以便企业可以长期稳定地占领该市场。这意味着企业的营销战略与营销组合在占领该细分市场后的相当长时期内不需要改变，有利于企业制定较长时期的营销战略，减少营销风险，使企业获得稳定发展。如冰岛地热资源丰富，在供暖市场上长久以来稳定地扮演着重要角色，并长期以来占领着冰岛的供暖市场。

【案例7-4】

"斯航"的明星之路

斯堪的纳维亚航空公司（简称"斯航"）是由挪威、瑞典和丹麦三国合资经营的公司。

由于价格竞争、折扣优惠及许多小公司的崛起,"斯航"在其国内和国际航线上都处于亏损状况。

1982年初,"斯航"首先设计了一种新的、单独的商务舱位等级,这种商务舱是根据工商界乘客不喜欢与那些寻欢作乐的旅游者同舱的特点设立的。工商界乘客常常因为一些情况必须改变日程,他们需要灵活性;他们在旅途中关心的是把工作赶出来,这意味着他们需要读、写,为会议或谈判做准备,或睡觉——以便到达目的地后能够精力充沛地投入工作。换句话说,他们不需要分散注意力或娱乐。旅游者却没有这种压力,对他们来说,旅途就是假期的一部分,而机票价格则是一个敏感的决定因素。设置紧凑的座位和长期预备的机票,使航空公司有可能出售打折扣的机票,因而使一些人获得了旅行的机会,这些人则把省下的钱更多地花在异国情调的度假生活中。商务旅行者与此不同,他们最重视的是时间和日程表,在"斯航"以前,没有一家航空公司懂得怎样在同一架飞机上满足这两类顾客不同的需求。

"斯航"的商务舱票价低于传统的头等舱,高于大多数的经济舱,但给予顾客更多的方便。在每个机场,"斯航"都为商务舱乘客设置了单独的休息室,并免费提供饮料,有的还可看会电影。在旅馆,为他们准备了有会议室、电话和电传设备的专门房间,并提供免费使用的打字机,使他们能够完成自己的工作。他们还可以保留这些房间,而且不受起程时间、时刻表变动及最低住宿时间的限制。所有这些都以经济实惠的价格提供。机场还为商务舱乘客设置了单独的行李检查处,他们不必去和普通乘客一起拥挤地通过安检。在飞机上,他们享有单独的宽大座椅,放腿的空间更为宽敞,还装置了一些传统的头等舱才有的装饰品,比如玻璃器皿、瓷器、台布等,他们还可享用美味佳肴。

"斯航"开辟了一个独特的市场,并正在赋予它更多的价值。对工商界乘客来说,头等舱太贵,经济舱又太嘈杂、太不舒服。他们可能与旅游者挤在同一舱内,享受旅游者同等的待遇但却要出较高的价格——因为他们不能像旅游者那样,由于不受日程限制而等待减价或折扣机票,商务舱成为工商界乘客及航空公司双方都很适用的较好的供需办法。"斯航"夺去了竞争者的生意,成为明星。许多竞争者如今也在试图仿效。

(http://www.downhot.com/show/pinpaiguanli/124021623.html)

六、市场细分步骤

市场细分是一项复杂而具体的工作,在进行此项工作时,应视市场状况制定出切实可行的市场细分步骤和程序。美国市场学家提出细分市场的一整套程序,对我们具有借鉴意义,步骤如下:

1. 正确选择市场范围 企业根据自身的经营条件和经营能力确定进入市场的范围,如进入什么行业,生产什么产品,提供什么服务。

2. 列出市场范围内所有潜在顾客的需求情况 根据细分标准,比较全面地列出潜在顾客的基本需求,作为以后深入研究的基本资料和依据。

3. 分析潜在顾客的不同需求,初步划分市场 企业将所列出的各种需求通过抽样调查进一步搜集有关市场信息与顾客背景资料,然后初步划分出一些差异最大的细分市场,至少从中选出三个分市场。

4. 筛选　根据有效市场细分的条件,对所有细分市场进行分析研究,剔除不合要求、无用的细分市场。

5. 为细分市场定名　为便于操作,可结合各细分市场上顾客的特点,用形象化、直观化的方法为细分市场定如某旅游市场分为商人型、舒适型、好奇型、冒险型、享受型、经常外出型等。

6. 复核　进一步对细分后选择的子市场进行调查研究,充分认识各细分市场的特点,本企业所开发的细分市场的规模、潜在需求,还需要对哪些特点进一步分析研究。

7. 决定细分市场规模,选定目标市场　企业在各子市场中选择与本企业经营优势和特色相一致的子市场,作为目标市场。没有这一步,就没有达到细分市场的目的。

第二节　目标市场选择

市场细分的目的是为了选择目标市场,企业的一切活动都围绕目标市场进行,在市场细分的基础上,企业通过调研评估各细分市场,结合自身的营销目标和资源条件选择最优目标市场,并制定相应的营销战略。

一、目标市场选择的定义

目标市场(target market)的概念由美国市场营销学者杰罗姆·麦卡锡(E.Jerome McCarthy)提出,其将目标市场定义为"通过市场细分后,企业准备以相应的产品和服务满足其需要的一个或几个子市场",目标市场的选择服务于市场细分。菲利普·科特勒(Philip Kotler)等指出,目标市场选择即"通过评价每一个细分市场的吸引力,并从中选择一个或几个细分市场进入"。国内在目标市场选择的研究主要集中于对企业自身能力与市场特征分析、特征群体分析。

基于上述观点,可从以下几个方面来考虑目标市场的选择:

1. 具备一定的市场规模和发展前景　一般市场规模由消费者的数量及购买力决定,目标市场是企业选择和确定的营销对象,企业必然期望能从中获取可观利益,因此,正确评估所选择的目标市场规模非常有必要,符合企业要求并且拥有一个良好的发展前景是目标市场选择的重要前提。

2. 符合企业的经营目标和资源条件　目标市场的需求规模和吸引力应与企业的发展目标相一致,使企业的资源优势得到充分发挥。在目标市场中营销必须符合企业的战略目标,对于那些虽然具有较大吸引力但不符合企业长期经营目标的市场应该果断放弃。此外,还应考虑企业的资源状况是否与该市场匹配,以使市场与企业资源优势达到最佳结合的效果。例如鞍钢集团充分发挥企业自身优势,发展高端精品钢材,弥补国内市场空白,获得巨大成功。

3. 企业应具有竞争优势　在市场经济中竞争无处不在,企业在不同的细分市场中,竞争优势也有所不同。如果在细分市场上竞争者较少或者竞争者实力较弱,而且进入的壁垒不多,竞争不那么激烈,企业可以选择该市场作为目标市场。如果细分市场上竞争非常激烈,而且竞争对手实力强大,那么企业的进入成本太高,代价太大。因此企业选择那些竞争相对较小、有竞争优势的细分市场作为目标市场最有意义。

综上,目标市场即具备一定的市场规模和发展前景,符合企业的经营目标和资源条件且企业在此具有竞争优势的市场。

【案例 7-5】

小油漆厂如何选择目标市场

英国一家小油漆厂通过调查许多潜在消费者并了解他们的需要,得到以下结果:本地市场的 60% 对各种油漆产品都有潜在需求,但是本厂无力参与竞争;剩下 40% 主要集中于四个群体,各占 10% 的份额,分别是家庭主妇群体(她们不懂室内装饰需要什么油漆,希望油漆商提供设计,并要求使用效果美观)、油漆工助手群体(他们替住户进行室内装饰,其过去所购买的油漆来自老式金属器具店或木材厂)、老油漆技工群体(他们不买调好的油漆,只买颜料和油料自己调配)、对价格敏感的青年夫妇群体(他们收入低,租住公寓,对油漆质量要求低并希望价格低廉)。

经过调研,该厂决定选择青年夫妇作为目标市场,并制定了相应的市场营销组合策略:

(1) 产品策略:经营少数不同颜色、大小不同包装的油漆。并根据目标顾客的偏好,随时增加、改变或取消颜色品种和装罐大小。

(2) 分销策略:产品送抵目标顾客住处附近的每一家零售商店。目标市场范围内一旦出现新的商店,立即招徕经销本厂产品。

(3) 价格策略:保持单一低廉价格,不提供任何特价优惠,也不跟随其他厂家调整价格。

(4) 促销:以"低价""满意的质量"为号召,以适应目标顾客的需求特点。定期更改商店布置和广告版本,创造新颖形象,并变换使用广告媒体。

该企业目标市场选择恰当,市场营销战略较好适应了目标顾客,虽然经营的是低档产品,该企业仍然获得了很大成功。

二、目标市场选择的标准

企业进入一个市场的目的是为这个市场提供产品或服务的同时,获得预期利润。市场细分向企业展示了许多细分市场的机会,使企业可以对众多的细分市场进行评估,从中选择一个或数个作为自己的目标市场。评估选择不同的细分市场可以从以下三个方面进行:

1. **市场规模与发展潜力**　企业选择目标市场首要考虑的问题便是该细分市场的规模与发展潜力。细分市场的规模是相对而言的,大企业选择具有较大销售量的细分市场,避免进入小的细分市场;而小企业则可能会避免贸然进入大市场,因为这需要大量的企业资源。因此,企业选择适当规模的细分市场才有意义。市场规模并非唯一的指标,如果市场有较大的发展潜力,企业可以利用不断增长的市场需求来扩大产品的销售量并增加盈利。但有发展潜力的市场也往往是竞争者争夺最激烈的目标,这同样又减少了企业的获利机会。例如:随着人们对健康和营养的日益重视,我国对乳制品的需求不断扩大,未来市场的发展空间还很大,但蒙牛、伊利等强势品牌的崛起给新进入者带来很大的阻力。

2. **行业结构吸引力**　吸引力主要指企业长期获利能力的高低,通常规模大、吸引力强的市场一定竞争激烈,企业选择这样的市场要充分考虑自身实力。如果市场新入者带着新的生产能力和竞争要素很容易进入竞争,那么这个市场的发展潜力通常不被看好。一个难以筑起进入障碍的市场,很容易招致竞争者进入而使竞争加剧,收益下降。从获利的角度来看,一个细分市场即便具备了适当的规模与潜力也不一定具有吸引力。决定细分市场是否长期存在吸引力的因素包括同行业竞争者、潜在的新的竞争加入者、替代产品、购买者和供应商五个方面(图 7-3)。

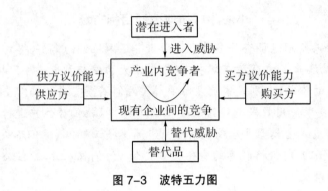

图 7-3　波特五力图

(1) 同行业竞争者:如果某个细分市场内已有为数众多、实力强大的竞争者,该市场就会失去吸引力。相反若细分市场趋于稳定或者正在趋于衰退,行业生产能力在大幅提高,固定成本过高,就常常会导致诸如价格战等恶性竞争,使企业必须付出高昂的代价参与竞争。

(2) 潜在竞争者的威胁:一个企业抢先进入一个市场,树立起良好的品牌知名度,构建优质高效的销售渠道,形成有利的市场竞争地位,对潜在的进入者来说是非常高的进入障碍。可能加入的新竞争者是企业的潜在对手,它们会投入新的生产能力和大量企业资源,争夺市场份额,对原有企业造成威胁。

(3) 替代品的威胁:是否存在具有竞争力的替代品也是衡量细分市场吸引力的条件之一。替代品的存在会限制细分市场内的价格和利润水平的提高,因此,已存在替代品或即将出现替代品的细分市场的吸引力会降低。如对于奶茶市场,咖啡和瓶装饮料等都是替代品,限制了其价格水平和利润空间的上升。

(4) 购买者议价能力的威胁:若在细分市场中购买者的议价能力很强或者正在加强,该细分市场的吸引力就会下降。购买者会设法压低产品价格,对所购买的产品质量和服务提出更高的要求,并且引发行业竞争者之间的斗争,这些都会使企业的销售利润下降。

(5) 供应商议价能力的威胁:企业供应商的议价能力若是比较强,能够提价或者降低产品和服务的质量,或者减少供应数量,那么该细分市场就会缺乏吸引力。

3. 与企业目标和资源的相融性　企业评估的细分市场在市场规模够大、发展潜力好并具有良好结构吸引力的条件下,还应考虑企业自身的目标在这一细分市场中能否有效地实现,自身的资源与能力是否满足进入这一细分市场的条件。吸引力大的市场也许并不能促进企业长远目标的实现,符合企业发展目标的细分市场或许与企业的现有资源并不相融。例如企业进入一个新的细分市场,需要建立新的原料供应渠道和产品销售渠道,安装或者更新生产设备,招募新的员工或者重新培训老员工,也没有刻意利用的品牌资源,显然这样的细分市场是不值得进入的,成本太高。很少有各项标准均能满足的目标市场,因此选择目标市场的过程通常是各方面利益反复衡量的过程。在目标市场权衡选择中,企业应该从上述标准出发,结合企业自身资源与长远目标进行选择。

三、目标市场选择策略

目标市场选择策略是指企业经过谨慎评估后,决定选择那些细分市场为将要进入的目标市场,它实际是关于企业进入哪些目标市场的策略问题。通常有市场集中化、产品专门化、市场专门化、选择性专门化、完全市场覆盖五种模式,如图7-4至图7-8所示:

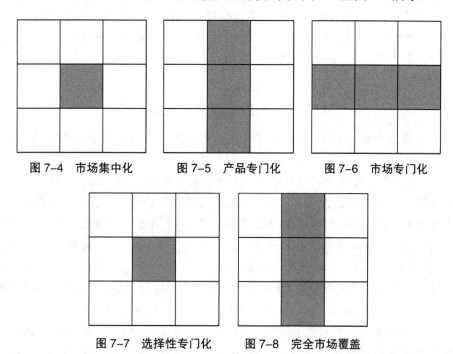

图7-4　市场集中化　　　图7-5　产品专门化　　　图7-6　市场专门化

图7-7　选择性专门化　　图7-8　完全市场覆盖

1. 市场集中化　即企业只生产一种产品,选择一个目标市场实行密集性市场营销。集中营销使企业能较为深入地掌握该目标市场的需求特点,及时、准确地了解市场动态,以生产、价格和促销等营销手段树立良好的声誉,建立并巩固市场地位。但市场集中化的风险也较大,如果目标市场上的消费群体需求发生较大变化或有更强大的竞争者进入,会对企业造成几乎是毁灭性的打击。

2. 产品专门化　产品专门化即企业只生产一种产品,同时向各类消费群体销售该产品。比如豆浆企业仅仅生产一种类型豆浆,同时向家庭、酒店等不同消费群体销售。产品专门化有利于集中资源以便于加大技术投入,改进产品质量,也有利于企业树立良好的品牌形象,亦可通过规模生产来降低成本,提高经济效益。该生产模式的缺陷也比较明显,就是没有充分考虑到各细分市场的需求差异性,当各细分市场上出现针对性强的产品时,会给企业带来巨大的损失。

3. 市场专门化　市场专门化即企业向某一特定细分市场提供不同种类的产品。如水果超市专门向消费者提供各种水果,工程设备制造企业专门向各建筑业用户提供挖掘机、水泥搅拌机、推土机等工程机械设备。这一模式的优点在于虽然企业目标市场较为狭小,但产品类型众多,能够适度分散市场风险;由于企业的目标市场集中在一个细分市场,一旦该市场需求量下降,企业就会面临困境。

4. 选择性专门化　选择性专门化即企业选择几个细分市场,针对每一个细分市场设定目标并且投入资源,但被选定的各细分市场之间很少或基本没有内在联系,而且每个细分市场都有可能盈利。这种模式有利于企业更好地适应市场环境的特点,随时选择并进入新的市场空白点,当某一细分市场出现亏损时,企业可以从其他子市场获利来平衡利润。这有助于企业分散经营风险,保持稳定运营。但采用该模式要求企业拥有较有优势的资源和市场竞争力。

5. 完全市场覆盖　市场完全覆盖即企业同时为某整体性市场所属的各细分市场上的消费者提供其所需的产品。这类企业通常实力雄厚,在资金、技术、生产和营销等各方面都处于优势地位甚至具有垄断性地位。例如美国波音公司在飞机制造业处于垄断性地位,该公司生产各种类型的飞机,包括民用客机、货机、私人飞机甚至还包括各种军用飞机等。

【案例7-6】

"奇葩"的秘密:选择平价内衣市场

选择平价内衣市场的都市丽人,与立足于其他服装细分行业的企业相比,更像是"风口上的猪"。

一方面,是整体内衣消费市场的崛起:根据咨询公司 Frost&Sullivan 的统计,2014年,中国内衣市场消费额高达200亿美元,2015年的预期增幅在18%左右。另一方面,是这个市场品牌的高度分散,市场上有超过3 000家品牌和厂商,并不存在一家独大的情况。按照都市丽人自己给出的数据,2014年按零售额市场份额也仅占整体市场2.9%的份额。在这种大背景下,产品价格为80～300元、加价率仅为2.5～3倍的都市丽人,则选择了一个"薄利多销"、快速崛起的大众市场。而成为"风口上的猪",仅仅是基础。为什么是都市丽人率先崛起?

第一,多元化店铺选址,主推社区店。植根于大众市场、崛起于三四线的都市丽人,其店铺业态也有其非常本地化的特征,以30～50平方米的小店为主,区别于之前150～200平方米的服装及体育用品企业。同时,该企业认为大店的投资成本自然比较高,而且大店只能开在商业街和步行街等热门商圈。但都市丽人除了这两种业态,更把店铺开到社区、交通枢纽、学校。事实上,这种布局的另外一个好处,就是让这些门店像是电子商务"最后一公里"的功能,贴近消费者。同时"试衣"这种功能也是内衣品牌不可或缺的。

第二,强力掌控门店。公司直接控制零售网络,按与直营店大致相同的模式管理加盟店;实行扁平化业务模式,不涉及分销商或分隔多层的加盟商。如果和体育用品比,他们有省代,省代下面有加盟商,而加盟商下面还有小加盟商,而都市丽人只有一层,即单店加盟模式,单店所有销售系统、监控及送货都是总部直接负责的。

第三,期货+现货的采购模式。所说的现货采购,指的是都市丽人每周下单、每周快递给店面货品的制度。为了刺激销售,都市丽人仿照 Zara、H&M 等快销品牌的做法,每年不断推出新款,2014年销售的75%都为新款。每个季度,其都准备新品发布会,每个门店根据自己的需求以"淘宝"的方式通过软件后台向公司订货,订货内容因地而异、因时不同。每周,公司开放两次订货平台,门店的每笔订单只需要一星期左右(包括物流时间)就可以到货。

为了应对这种现货制度,在备货上,都市丽人通常会将库存产品以"334"形式备货。其中三成是原材料在原料厂仓库(例如布、锦纶等等),三成为半成品在代工厂(花边、肩带、罩杯等等),四成为现货在都市丽人仓库。由于内衣产品的相近性,如果该产品销售一般,这种"334"的模式还能够将将近六成原料或者半成品用作其他系列产品。

(http://www.vmarketing.cn/index)

四、目标市场营销战略

企业在对各个细分市场进行评估并确定了目标市场后,可以对不同目标市场制定相应的营销战略。可供企业选择的目标市场营销战略有三种,分别是无差异营销战略(undifferentiated marketing)、差异性营销战略(differentiated marketing)、集中性营销战略(concentrated marketing),如图7-9所示:

1. 无差异营销战略(undifferentiated marketing) 是指企业把整个市场看做一个大的目标市场,用一种产品、统一的市场营销策略来吸引尽可能多的购买者。例如一战时期的黑色福特汽车,可口可乐公司的早期可乐产品,都奉行无差异营销战略。

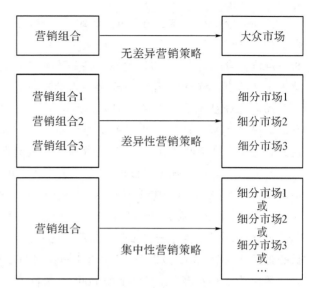

图7-9 目标市场营销战略

无差异营销战略的理论基础是成本的经济性,可以降低生产成本。那个时期的人们认为生产单一产品,可以减少生产和储运成本;无差异的广告宣传和单一的分销渠道可以节省促销费用;不对市场进行细分,可以减少企业在市场调研和产品开发研发的费用。

采取无差异营销战略需要满足三个条件:一是企业具有大规模生产线,可进行大规模生产;二是有覆盖面广的分销渠道,能把产品送达所有的消费者;三是产品质量好,获得消费者的广泛认同。

2. 差异性营销战略(differentiated marketing) 是指企业根据不同消费者在市场从需求上的差异性特点,对整体性市场进行市场细分,把其中若干个细分市场作为其目标市场,在针对不同的细分市场,分别制定并实施市场营销组合战略,以满足不同消费者的目标市场营销策略。比如制鞋生产企业针对不同性别、收入水平的消费水平推出不同品牌、不同价格的产品,并采用不同的广告主题来宣传这些产品。

差异性营销战略一般由实力雄厚的大企业所采用,通过多样化的产品线和多样化的分销渠道,使企业的总销售额增加;如果企业同时在几个细分市场上占据优势,便能在消费者心中树立良好品牌形象,企业可以利用品牌声誉优势同时在不同市场进行产品推广,推动整个企业向上发展。差异性营销战略的缺点在于企业采取多品种、小批量的生产销售,使得企业的生产成本和销售费用增加,同时对市场营销调研的要求也比较高。

【案例7-7】

是谁在超越阿迪达斯?

2014年,在美国这个全球规模最大的运动服装市场,仅有18年历史的新锐品牌Under Armour首次超越了Adidas成为仅次于Nike的全美第二大运动品牌。作为美国本土品牌,Under Armour在美国青少年中颇具影响力,很多消费者提到该品牌的第一个形容词,就是"酷"。

Under Armour 由 Kevin Plank 创建于 1996 年，这位创始人兼 CEO 是橄榄球球星出身，当初他创立该品牌是为了制造出能快速排汗、让运动员在剧烈运动中保持身体清爽和轻盈的高性能紧身运动服。此后，凭借产品的专业性和高科技形象，Under Armour 在众多体育品牌中脱颖而出，受到职业运动员和年轻人的追捧。

面对已经被运动品牌巨头们瓜分殆尽的局势，Under Armour 切入市场的策略是开创一个新的产品类别。这样做的好处是避免与大品牌正面竞争，也可以赚取更高的利润。而且最先打进细分市场的品牌，往往给消费者最深刻的印象，步步为营地巩固自己的地位。

紧身衣和专业性就是它撬动市场的杠杆，当 Under Armour 推出第一件运动紧身服时，市场上没有这类产品，这种紧身运动服，干爽、凉快又轻便，满足了运动员及运动爱好者的实际需要。当时，体育用品行业的巨头耐克、阿迪达斯并未重视这一市场，没有相关的专业产品。Under Armour 的紧身衣一推出，便在高性能紧身衣市场以 70% 的占有率远远地将运动品牌巨头们甩在身后，在过去 3 年，它的销售额和利润分别上升了 78% 和 100%。

同时为了站稳市场，Under Armour 力推具有不同功能的不同系列产品，不仅切入了独具功能的细分市场，紧身运动服也成为运动服装产业增长最迅速的门类之一。Under Armour 将专业性变成品牌吸引注意力的利器，运动者希望透过穿上专业的运动服，表现肌肉的力量与美，紧身运动服不但满足他们实际上的需求，也满足了心理上的追求。

Under Armour 的创始人兼 CEO Kevin Plank 认为："Under Armour 净利润连续 10 多个季度以 20% 以上的速度增长，成功秘诀是我们一直致力于满足用户需求并带来新品和创新技术。"在美国国内取得快速发展后，Under Armour 的全球化战略启动，并开始了线上线下包括移动端的快速发展，其中包括 Under Armour 迅速扩张的线下零售店、电商网站以及收购著名移动端应用 Map My Fitness，满足了消费者需求。

（http://www.vmarketing.cn/index.php？mod=news&ac=content&id=8186）

3. 集中性营销战略（concentrated marketing） 又称为密集性市场营销战略，是指企业在将整体市场分割为若干个细分市场后，只选择其中一个或少数几个细分市场作为目标市场，集中企业一切资源进行专门化生产和销售。该战略实施的基础是通过为消费者提供比竞争对手更为优质的产品和服务来确立自身的竞争优势。它与无差异营销战略和差异性营销战略的不同在于它将目标市场集聚在整体市场上一个狭窄区域，前述两种战略则以广大的市场或多个细分市场为目标。

实行集中性营销战略的一般是资源有限的小企业，由于服务对象比较集中，对一个或几个子市场有较深的了解，且在生产和销售方面实行专业化，可以较容易在这特定市场上获得有利地位。采用集中性营销战略的优点是：可扩大市场占有率，提高企业知名度；可准确了解消费者需求，制定针对性的营销方案；可以节约营销费用。但这一战略蕴含的经营风险较大。如果目标市场的需求发生变化，或者行业竞争加剧，或替代品出现等，都有可能使企业陷入困境。

五、影响目标市场选择策略的因素

前述的三种目标市场营销战略都各有其优缺点，企业究竟应该选择哪一种战略，应结合企业实际并综合多方面因素。影响企业目标市场营销战略选择的主要因素主要有以下几个

方面:

1. 企业的实力及资源　如果企业自身实力（包括人力、物力、财力和经营管理水平等）雄厚，可以考虑采用差异性或无差异性营销战略；若企业实力相对薄弱，则最可行的是采取集中性市场营销战略。

2. 产品特性　产品特性具体体现在其所具有的同质性上，即同类产品在性能、特点等方面的相似程度。相似程度高，则同质性高；反之亦然。在外观、质量等方面同质性产品的差别不大，因此竞争主要集中在价格和服务上。这样的产品适合采用无差异性营销战略，如煤炭、食盐、钢铁等产品。异质性产品由于在质量、规格、款式、型号等方面存在较大差别，同质性低，宜采用差异性或集中性营销战略，如服装、化妆品、特色旅游等产品。

3. 市场特性　若市场的同质性较高，即各细分市场上顾客需求、购买行为等方面大致相似时，可采用无差异性市场营销战略；反之，当市场同质性较低时，采用差异性或集中性营销战略。

4. 产品生命周期　产品的生命周期是指产品从正式进入市场到被淘汰出局的整个活动过程，一般分为投入期、成长期、成熟期、衰退期四个阶段。在产品投入期，竞争者较少或没有，竞争不激烈，企业可考虑无差异营销战略；当产品进入成长期或成熟期，同类产品增多，竞争日趋激烈，企业可考虑采用差异性营销战略；当产品处于衰退期，为维持市场份额，延长产品生命周期，可考虑集中性营销战略。例如：在20世纪90年代前，由于科技不发达人们对锡制烛台、锡壶的需求量大，而随着经济的发展、科技的进步，现在对锡制品的需求量已大大减少，处于生命衰退期，不宜再进行大规模投资。

5. 市场竞争状况　市场经济中竞争无处不在，所以企业在选择目标市场营销战略时，一定要考虑到竞争者尤其是主要竞争者的营销战略。密切关注竞争者的数目及其营销动向，及时调整目标市场营销战略。

【案例7-8】

美国米勒公司营销案

在20世纪60年代末，米勒啤酒公司在美国啤酒业排名第八，市场份额仅为8%，与百威、蓝带等知名品牌相距甚远。为了改变这种现状，米勒公司决定采取积极进攻的市场战略。

他们首先进行了市场调查。通过调查发现，若按使用率对啤酒市场进行细分，啤酒饮用者可细分为轻度饮用者和重度饮用者，而前者人数虽多，但饮用量却只有后者的1/8。

他们还发现，重度饮用者有着以下特征：多是蓝领阶层；每天看电视3个小时以上；爱好体育运动。米勒公司决定把目标市场定在重度使用者身上，并果断决定对米勒的"海雷夫"牌啤酒进行重新定位。

重新定位从广告开始。他们首先在电视台特约了一个"米勒天地"的栏目，广告主题变成了"你有多少时间，我们就有多少啤酒"，以吸引那些"啤酒坛子"。广告画面中出现的尽是些激动人心的场面：船员们神情专注地在迷雾中驾驶轮船，年轻人骑着摩托冲下陡坡，钻井工人奋力止住井喷等。

结果，"海雷夫"的重新定位战略取得了很大的成功。到了1978年，这个牌子的啤酒年销售达2 000万箱，仅次于AB公司的百威啤酒，在美名列第二。

（http://www.downhot.com/show/pinpaiguanli/124021623.html）

第三节 市场定位

企业在市场细分的基础上,选择并确定自己的目标市场,接下来就要在其目标市场进行鲜明的市场定位。市场定位在目标市场战略中处于重要位置,它直接关系到企业能否突出自身优势,能否在竞争中争得一席之地,以求达成营销目标。

一、市场定位的概念

市场定位(marketing positioning),也被称为产品定位或一般性定位,其概念由艾尔·里斯(Al Reis)和杰克·特劳特(Jack Trout)在1972年提出,通过研究发现"定位起始于一件商品、一项服务、一家公司、一个机构,甚至是一个人,定位不是对产品本身做什么而是针对潜在的顾客的心理采取的行动,即把产品在潜在顾客的心中确定一个适当的位置"。基于理论发展与实践,营销大师菲利普·科特勒(Philip Kotler)将市场定位定义为"对企业的产品和形象的策划行为,目的是使它在顾客的心里占据一个独特的、有价值的位置"。王槐林等人从产品竞争角度出发认为"市场定位即企业根据目标市场上同类产品的竞争状况,对其产品或服务及企业形象进行设计,以便在目标客户的心目中占有独特地位的一系列活动"。经过长期的研究与总结,吴建安将其定义为"市场定位是根据竞争者现有产品在细分市场上所处的地位和顾客对产品某些属性的重视程度,塑造出本企业产品与众不同的鲜明个性或形象并传递给目标顾客,使该产品在细分市场上占有强有力的竞争位置"。

因此,一个成功的市场定位,必须要确保4个关键因素的成立:竞争性、可信性、简明性、一致性(图7-10)。

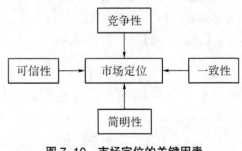

图7-10 市场定位的关键因素

1. 竞争性　市场定位的实质就是为了使本企业及其产品在目标客户的心中占据强有力的竞争位置,顾客高度认可企业提供的服务或产品,而竞争对手由于资源稀缺难以复制或模仿。如可口可乐公司凭借其独特的配方和口味,在消费者心中占据牢固的地位。

2. 可信性　企业所选择并最终确定下来的市场定位必须是顾客所能接受信服的,打出来的产品印象不能与顾客长期以来的基本认知相违背。

3. 简明性　企业所做的市场定位应该传达出清晰明了的信息,在顾客心中确立鲜明的印象,晦涩或复杂的定位容易产生歧义,也难以被目标顾客记住。任何时候,简明清晰的市场定位都是最佳选择。国内护肤品"温碧泉"一直以来专做补水市场,现在已经在市场上牢固地占据了一定份额。

4. 一致性　市场竞争日趋激烈,顾客每天都会接收到大量的产品信息,所以成功的市定位必须在时间上保持长期一致性。例如"和其正"一开始的口号是"中国凉茶和其正"走民族感情线,之后模仿王老吉改为"清火养元",让顾客无所适从。

综上,市场定位即基于对竞争者的市场营销策略的研究而塑造出本企业产品差异于竞争对手产品的鲜明个性与形象,使产品在细分市场上占据强有力的竞争地位。

【案例7-9】

奥蔻服装定位案例学习

随着时代的发展、人均收入的增加,人们的消费观念也在改变,品牌意识更加强烈。在经济全球化的背景下,中国女装市场出现了前所未有的繁荣景象。韩国SK是一个设计师独立创设的顶级流行时尚女装品牌,并对其旗下高端女装品牌奥蔻进行了本土化命名及设计。

现代消费者着装讲究个性和完美,选择自己喜欢的服装品牌是一种时尚,大部分女性愿意以服装来彰显自己的文化层次和品位。奥蔻将流行元素与独特的设计完美融合,以"现代浪漫""独创转变""强烈对比"为精髓,强调精致细节的创新设计,体现怀旧与时尚、大胆与温柔、玩味与优雅、内敛与干练的对比融合。企业通过对中国市场的深入调查与研究,结合其自身的市场定位,决定以"年轻时尚"为突破口,既突出韩国女装的时尚特色,也使品牌更加专注"年轻",使其与其他时尚女装品牌形成鲜明的差异化,迅速提高其在中国女装市场上的知名度。

从2008年进驻中国市场到目前在中国有多个卖场,奥蔻一跃成为中国市场韩装品牌的翘楚。2011年奥蔻进驻了时装起源地纽约的BARNEY's百货,在日本大型服饰连锁店United Arrows中也能看到奥蔻品牌的身影。如今,奥蔻在韩国及中国已经成为一个拥有多家店铺的标志性品牌,并且正在积极准备在国际市场的扩张。

二、市场定位的方式

市场定位是设计企业与产品在消费者心中独特地位的行为,可以使企业明确自己在目标市场中相对于竞争者的位置。为使消费者迅速认知本企业及其产品,企业在进行市场定位时应仔细斟酌,通过反复比较和科学调研,找出最合理的突破口。常用的定位方式一般有以下六种:

1. 实体定位　是指从产品的功效、品质、市场、价格等方面,突出该产品在广告宣传中的新价值,强调本品牌与同类产品的不同之处以及能够给消费者带来的更大利益。这是一种差异化的策略,以此确定本产品的独特的市场位置。实体定位对于理性的消费者具有较大的刺激性,他们明确自己的需求,会直接选择与需求吻合的产品。比较鲜明的实体定位企业如贝奇野菜"缓解视力疲劳"、江中猴头菇"养胃护胃"、王老吉"怕上火,喝王老吉"等。

2. 情感定位　是指突出产品所代表的价值或所具有的象征意义,一个触动消费者内心世界的情感诉求往往会给消费者留下深刻而长久的记忆,在消费者做出购买决策时激发出一种直觉,增强消费者的品牌忠诚度。"我喜欢"往往比"我需要"的吸引力更持久。情感定位对于感性的消费者具有较大的吸引力。小米手机"为发烧而生"吸引了众多年轻有个性的消费者,燕京啤酒"为中国干杯"激起人们的爱国情怀。

【案例 7-10】

畅轻"走心"营销：轻生活 一身轻

品牌营销只有"走心"，才能入得了消费者的法眼。品牌触达消费者的方式多种多样，但要想进入消费者的内心世界，却困难重重。如果品牌表现足够抢眼，也许就有机会进入消费者层层包裹的内心世界。对于酸奶品牌而言，不仅是口味和包装，更重要的是情感共鸣，消费者只有对品牌产生发自内心的认同感，形成长久的记忆和依赖，才会产生强烈的欲望去了解和购买。

2009年伊利畅轻一上市，便以"肠道舒畅"的品牌理念触达消费者。准确的定位以及全新的健康概念让该系列产品一上市便快速深入人心，吸引了广大消费者的目光。经过两年多的传播，畅轻拥有了一系列主打"通畅"的品牌资产，先后在2010年、2011年推出了"肠道版"及"家庭版"产品，这一扩展，也将主打消费人群由20多岁的年轻白领扩展到30多岁的家庭主妇。基于此，畅轻提出"ABB菌双调节"（A菌促吸收，B菌管通畅）健康理念，迅速吸引了家庭主妇的目光。但品牌成长之路并非一帆风顺。"畅轻"上市两年后，开始遭遇发展瓶颈，销量出现了大幅度负增长。问题究竟在哪儿？畅轻团队开始认真思考。他们走市场、做调研、对品类及消费者进行深入分析，希望可以寻找到突破口。结果发现，畅轻的驱动力并非来自品牌，而是借了品类需求的势。也就是说，当功能需求大而进入品牌少时，畅轻凭借提供符合需求的产品，迅速分到一杯羹，当进入品牌增多之后，畅轻的既有竞争优势就会变得越来越模糊，逐渐在价格战中陷入被动。

战略转型力求情感共鸣：

为了改善畅轻品牌窘迫的现状，一场新的产品改革旋风席卷而来。伊利畅轻团队与广告公司深度沟通后发现在"畅"品类里其实还有一片蓝海亟待开发和挖掘。因为酸奶本身除了具有促进消化和利于健康的功能性作用外，还可以帮助压力较大的年轻消费者排除消极情绪和缓解精神负担，让其找寻到属于自己的"轻生活"模式。

"首先，帮助畅轻从'畅'到'轻'的定位转型，跳出功能同质化竞争格局，对接白领生活，建立差异性的情感诉求，从功能驱动转向品牌利益驱动，让品牌拥有更多的附加价值；其次，从产品出发，对接品类核心人群，主要关注年轻的高收入白领人群的生活方式，为其提供独特品牌利益。"在此策略的指导下，畅轻的品牌定位及消费人群有所调整，聚焦25～34岁的年轻都市白领女性为品牌核心目标人群，尤其是"朝五晚九"的加班一族。他们虽然渴望拥有轻松生活，但现实所迫，无法丢掉这些压力。而畅轻的转型正是抓住这一点，希望新的畅轻不只是酸奶，也是了解消费者的"好闺蜜"，畅轻主打"情感牌"，提出"轻生活一身轻"的品牌全新理念，抢先一步进入消费者的眼帘。畅轻还为消费者提供具有人文关怀性质的"轻生活"暗示，比如精美的包装、简单的文字等，这种人文关怀正好对接白领需求，与目标消费者需要的"轻生活"契合，让消费者与品牌达成情感共鸣。

因势而变差异化抢占蓝海：

随着畅轻品牌定位的转型和品牌整体的提升，畅轻踏上"引领轻生活"的超级品牌之路，奏响了"受众、产品、传播"重生三部曲。

第一，受众方面，由家庭消费转向个人消费，由中端到高端益生菌市场转型。消费主体人群由25～39岁家庭转向25～34岁都市白领。针对这一消费人群的需求，引入畅轻提出的"轻生活—身轻"的全新理念,主要包括身体层面和精神层面。

身体层面,即畅轻为消费者所带来的身体利益,虽然无法避免不规律的饮食作息和不健康的饮食结构现实,但可以借助喝畅轻酸奶来帮助消化,排出不必要的身体垃圾畅轻身体,健康营养。

精神层面,即"轻生活"的生活态度,畅轻通过转型,为产品赋予了"轻松的、活力的、现代的"标签概念,品牌得以升华,消费者也认同这种简单、轻松的生活态度。此理念的提出,畅轻品牌与现代都市白领产生了共鸣,消费主体人群对该品牌产生了深深的认同感。这使得产品不但具有功能利益,还满足了消费者的情感需求,健康身体和精神利益双丰收,与轻生活建立联系。这样一来既顺利承接了前两年所累积的品牌资产,又立足于产品功能利益之上的品质提升。经测试,发现消费者从喜欢程度、购买意愿等角度与竞品相比都以显著优势胜出。

第二,产品方面,"改头换面",从包装重塑产品力,承载品牌新形象。在这个处处都离不开"看脸"的社会,包装其实就是产品的一张脸,怎样的包装才能与消费者有"眼缘"呢?畅轻团队通过调研发现,此品类的消费人群在包装的选择方面比较喜欢环保、高档的材质,同时也发现商品包装上的一些优点和不足,比如优点是瓶装产品方便携带和外出饮用,不足是开启不方便,步骤繁杂,且容易引起酸奶飞溅。受此启发,畅轻做了相应调整和优化升级以更好地吸引目标客户。这也成为畅轻"走心"重生的又一重要因素。

在畅轻酸奶包装上,写着这样的走心文案:"总觉得拥有太少,是因为总想拥有太多,问问自己,有必要吗?是时候来一次身心大清理了!当清空了世界,才会真正拥有这世界,从今天起,轻轻地对自己。"伊利畅轻的华丽转身,引发销量大增、消费者热议的现象,值得深入研究。该现象背后所蕴含的精准品牌定位,从产品到包装的浑然天成,与目标消费者的高度情感契合,这都是品牌营销不可忽视的环节。畅轻团队的"轻生活"走心营销,为品牌赋予了真实的情感灵魂,触动消费者内心最柔软的地方,让品牌与消费者谈一场"一见钟情"的爱恋。

(http://www.vmarketing.cn/index.php)

3. 迎头定位　又称"迎强定位""对峙性定位""针对式定位",是指企业根据自身的实力,为占据较佳的市场位置,不惜与市场上占支配地位的、实力最强或较强的竞争对手发生正面竞争,而使自己的产品进入与对手相同的市场位置。迎头定位可能引发激烈的市场竞争,具有较大的风险性。但另一方面,由于竞争对手相当强大,竞争过程往往相当惹人注目,甚至产生轰动效应,企业及其产品可以较快地为消费者或用户所了解,易于达到树立市场形象的目的。如百事可乐与可口可乐的百年斗争,伊利与蒙牛的市场争夺。实行迎头定位必须知己知彼,看准市场尤其清醒估计自身实力。

4. 避强定位　是指企业力图避免与实力最强的或较强的其他企业直接发生竞争,而将自己的产品定位于另一市场区域内,使自己的产品在某些特征或属性方面与最强或较强的对手有比较显著的区别。避强定位策略能够使企业较快速地在市场上站稳脚跟,并能在消费者或用户心目中树立起一种形象,市场风险较小、成功率较高。例如:北京推出一个新的快餐叫乐杰士,乐杰士和麦当劳、肯德基有所不同,麦当劳和肯德基格调比较相近,而乐杰士营造的是一种氛围,可以在里面聊天、交流,但是它的单位价格比较高,从每一个顾客身上所获得的利润比麦当劳、肯德基要大,它营造的是不同的个性以满足另外一部分顾客的需求。但在另一方面,避强往往意味着企业必须放弃某个最佳的市场位置,很可能使企业处于最差的市场位置。

5. **重新定位** 就是对产品进行再次定位,旨在摆脱困境、使品牌获得新的增长与活力。重新定位与原有定位有截然不同的内涵,它不是原有定位的简单重复,而是企业经过市场的磨炼之后,对自己、对市场的一次再认识,是对自己原有品牌战略的一次扬弃。可能是由于竞争对手推出的新产品侵占了本企业品牌的部分市场,使市场占有率降低。或者消费者发生了偏好的改变,比如专为中老年人设计的产品在年轻人群体中流行开来,该服饰就会因此而重新定位。

【案例 7-11】

三只松鼠的品牌定位

安徽三只松鼠电子商务有限公司成立于 2012 年,是一家以坚果、干果、茶叶等森林食品的研发、分装及网络自有 B2C 品牌销售的现代化新型企业。先后获得 IDG 的 150 万美金 A 轮天使投资和今日资本的 600 万美元 B 轮投资。其发展速度之快创造了中国电子商务历史上的一个奇迹。在 2012 年天猫"双十一"大促中,成立刚刚 4 个多月的"三只松鼠"当日成交近 800 万元,一举夺得坚果零食类日冠军宝座,2013 年的坚果销售额超过 3 亿元,三只松鼠正在成为一家实力雄厚的互联网电商食品领导品牌。

三只松鼠的快速崛起除了 VC 的强有力推进外,还有如下几点成功:

①正确的定位:无论是早期的森林食品第一品牌,还是后面提出中国最具用户体验网店,接着宣传互联网食品第一品牌,到现在直截了当提出全网坚果销量第一,都牢牢获取了用户心智,合适的时间踏出了合适的脚步。

②极具互联网思维:从创新的使用开箱器、果壳袋、湿巾到称呼顾客为主人,从简单易记忆的品牌名字到萌意十足的动漫 LOGO,从每个员工都只叫鼠××到装修着大树、池塘的办公室,三只松鼠的每一个举动都在用互联网思维去引发顾客好评。

③成功撬动媒体:无论是三只松鼠的微博矩阵和所有粉丝互动,还是创始人章燎原频频现身各大电视报纸杂志媒体,三只松鼠本身和它的成功以及它的团队都引发了媒体的狂热追捧,在这个全民自媒体的时代,抓取观众的眼球,挖掘媒体想要什么,电商太需要会这块资源的操盘手了。想想为何刘强东每次融资总会伴随着一个事件炒作?陈欧为什么要亲自给聚美优品代言呢?

④优秀的设计+数据运用:很多人觉得三只松鼠的设计很赞——冲击力十足的大头包装、狂抓眼球的宝贝首图、频繁更新的创意首页、文化故事丰富的宝贝描述;然而更要看到三只松鼠旗舰店背后强有力的数据驱动——日均 10 万的 UV、"双十一"500 万的 PV、直通车高于同行 2 倍的 ROI、日均 1 000 单还有高于同行 20% 的 DSR。这么庞大的数据没有一个强有力的数据引擎是吃不消的。

当然,三只松鼠的快速崛起肯定还包括优秀的供应链、成功的团队文化打造和资金运作,但这些不是互联网时代独有产物,在此不做深究。我们要深层次去挖掘其背后独特彰显的互联网思维。

三、市场定位的步骤

市场定位的主要任务是通过集中企业的主要若干竞争优势,将自己与其他竞争者区别开来。实现产品市场定位,需要通过识别潜在竞争优势、企业核心优势定位和制定发挥核心优势的战略三个步骤实现。

1. **识别潜在竞争优势**　这是市场定位的基础。通常企业的竞争优势表现在两方面：成本优势和产品差别化优势。成本优势使企业能够以比竞争者低廉的价格销售相同质量的产品,或以相同的价格水平销售更高质量水平的产品。产品差别化优势是指产品独具特色的功能和利益与顾客需求相适应的优势,即企业能向市场提供的在质量、功能、品种、规格、外观等方面比竞争者能够更好地满足顾客需求的能力。为实现此目标,企业首先必须进行规范的市场研究,切实了解目标市场需求特点以及这些需求被满足的程度。一个企业能否比竞争者更深入、更全面地了解顾客,这是能否取得竞争优势、实现产品差别化的关键。另外,企业还要研究主要竞争者的优势和劣势,知己知彼,方能战而胜之。可以从以下三个方面评估竞争者：一是竞争者的业务经营情况,例如,估测其近三年的销售额、利润率、市场份额、投资收益率等；二是评价竞争者的核心营销能力,主要包括产品质量和服务质量的水平等；三是评估竞争者的财务能力,包括获利能力、资金周转能力、偿还债债务能力等。

2. **定位企业核心优势**　核心优势是指与主要竞争对手相比（如在产品开发、服务质量、销售渠道、品牌知名度等方面）,在市场上可获取明显的差别利益的优势,这些优势的获取与企业营销管理过程密切相关。所以识别企业核心优势时,应把企业的全部营销活动加以分类,并对各主要环节在成本和经营方面与竞争者进行比较分析,最终定位和形成企业的核心优势。同为电商企业平台,京东拥有自建的物流体系,相比于淘宝,其能够为用户提供更为优质快捷的物流服务。

3. **制定发挥核心优势的战略**　企业在市场营销方面的核心优势不会自动地在市场上得到充分表现。对此,企业必须制定明确的市场战略来充分表现其优势和竞争力。如通过广告传导核心优势战略定位,使企业核心优势逐渐形成一种鲜明的市场概念,并使这种概念与顾客的需求和追求的利益相吻合。

【案例7-12】

美加净：民族品牌的"PK战"

美加净,一个诞生于1962年的国内知名美容护肤品牌,身世辗转、产品众多,一度形象模糊,如何不在这个最坏的时代出局？又如何在这个最好的时代上位？

2013年美加净推出"别惊讶"系列海报,目标直指国际大牌；2014年夏季防晒营销战,美加净反其道而行之,说服消费者"别躲了,来晒吧！"；2014年美加净推出了"别装了"海报及互动活动,号召网友发表自己的"不装宣言"……从"别"系列,再到"做自己",美加净高调地"爆发"！对于国内护肤品牌,这是一个最好的时代,在支持国货的大背景下,前有佰草集、相宜本草等汉方国粹；社交传播大热,营销突围又往往一战成名,后有像韩后、韩束一样剑走偏锋。而这又是一个最坏的时代,国内众品牌崛起、厮杀不算,国外又有欧舒丹、Fresh、Kiehl's这样的后来者蚕食细分市场。

随着美加净产品线不断升级,品牌的目标受众已经渐渐转化成更年轻时尚的女性。她们会上网了解新鲜事物,与朋友在网上交流和分享。她们喜欢上微博看新闻,喜欢在朋友圈分享好玩的资讯。最重要的是,她们开放,愿意接受新事物,乐于打破传统观念,尤其注重产品的口碑。而社交媒体的出现给了品牌更自由的发言权,很多品牌也利用契机直接抛出自己的观点,甚至与竞品正面PK。

因此本次喊话在传播方式上也为年轻人量身定制,传播渠道上选择新浪微博和微信作为主要的传播阵地,以SNS平台为辅,打造自媒体平台矩阵,精准聚焦目标消费者。"别惊讶"式的传播,引起自媒体平台网友的自发参与和创造,这种病毒式传播引发越来越多的网友参与,不仅目标消费者,连同非目标群体都产生了极大的兴趣,这对于扭转品牌形象来说产生了意料之外的效果。这一次美加净凭借态度单刀直入,塑造了清晰而明确的品牌形象,这与整个"别"系列的态度鲜明与有效重复,不无关系。

根据第三方数据,个人护理品的消费升级趋势越来越明显,消费人群的年龄结构正在发生变化,年轻人、年轻的家庭比例在增加。于是美加净做出决策:想针对一些更年轻的人群,推出更年轻或是升级化的产品,所以在营销上也要做出与年轻人相匹配的方式。

在此基础上,美加净尝试着与国际一流设计包装公司合作,以刷新原有的陈旧包装形象,加之三四线市场有力渗透,我们看到相当一部分年轻消费者(22~28岁)很快已经成了美加净的忠实客户。如今,不论是3~12岁的儿童人群、22~28岁年轻女性、28~35岁的轻熟龄女性,还是35岁以上的熟龄人群,他们中间都有大量的美加净拥护者。来自尼尔森的数据显示,2014年美加净品牌在面霜大众市场中已跃居全国销量第四;在手霜大众市场中稳居第一;市场份额2014年维持稳步增长,进一步与其他品牌拉开差距。

(http://www.vmarketing.cn/index.php)

四、市场定位战略

市场定位的核心是差异化,因此市场定位战略也可以称为差异化竞争战略。为了更好地在消费者心中树立企业形象,企业与顾客接触的全过程都可以进行差异化,主要可以从下列几方面区别差异,找出市场定位:

1. 产品差异化竞争战略 就是做的产品从质量、可靠性、创新性、性能等方面寻找差异,突出其产品差异特性。

(1) 产品质量:产品质量优异,能产生较高的产品价值,进而提高销售收入,获得比对手更高的利润。例如,奔驰汽车,依靠其高质量的差异,售价比一般轿车高出近一倍,从而为公司创造了很高的投资收益。再如,青岛电冰箱厂的海尔电冰箱,以高质量形象进入国际市场,开箱合格率达100%,从而建立起质量独特的形象,赢得国内外用户的信赖。

(2) 产品可靠性:其含义是,企业产品具有绝对的可靠性,甚至出现意外故障时,也不会丧失使用价值。比如美国坦德姆计算机公司开发了一种多部系列使用电子计算机系统,这种系统操作时,某一计算机发生故障,其余计算机立即可替代工作。该公司这种独特的产品可靠性在市场上影响很大,甚至连国际商用机器公司开发的操作系统都难适应。因此,公司将营销重点集中于那些使用计算机的大客户,如联网作业的金融机构、证券交易所、连锁商店等,满足了这些客户不愿因系统故障而停机的要求。

(3) 产品创新性:拥有雄厚研究开发实力的高技术公司,普遍采用以产品创新为主的差异化战略。这些公司拥有优秀的科技人才和执著创造的创新精神,同时建立了鼓励创新的组织体制和奖励制度,使技术创新和产品创新成为公司的自觉行动。

如美国的国际商用机器公司、明尼苏达矿业制造公司、中国联想集团、四通集团都以高科技为先导,为市场创造新颖、别致、适用、可靠、效率高的新产品,成为世人瞩目的高技术创新企业。实践证明,产品创新差异化战略,不仅可以保持企业在科技的领先地位,而且大大增加企业的竞争优势和获利能力。

(4)产品特性:如果产品中具有顾客需要,而其他产品不具备的某些特性,就会产生别具一格的形象。因此,计算机公司可以在计算机中配置一种诊断性程序,以能自动测知故障来源,也可以包括一整套培训服务。有些产品特性的差异化已为广大顾客所共识,例如,在世界汽车市场上,奔驰轿车是优质、豪华、地位和高价格的象征,丰田汽车具有质量高、可靠性强、价格合理的特征。

2. 服务差异化战略　就是企业项目市场提供与竞争对手不同的优异服务。现代企业的竞争,既是产品的竞争同时又是服务的竞争。随着市场竞争的日益激烈和技术的进步,在实体产品上建立和维持差异化越来越困难,于是竞争的服务点逐渐向增值服务上转移。服务差异化日益重要,尤其是技术复杂的产品,特别强调服务质量。比如日常家用电器,冰箱、空调、电脑等,消费者希望能获得良好的售后服务。换句话说,在市场同价格水平线上的产品质量差异并不大,消费者看中的是企业在售前售后所提供的服务质量。

3. 渠道差异化战略　是指通过设计分销渠道的覆盖面、建立分销专长和提高效率,以取得渠道差异化优势。实施渠道差异化战略,首先要解决的是量体裁衣,让渠道以最佳的效率保持与目标市场的接触,不同的目标市场对应着不同的渠道手段。比如在中心城市、二三级城市、小城镇和农村分别有着自己的特点,所以在渠道建设中,不同的运营商要量体裁衣,有针对性地选择渠道,使渠道能够与目标消费人群的生活习惯、消费行为特征合拍。一切市场战略定位都是根据自身优势而开展的,不具备足够的资源优势,要实施完成市场定位都是非常困难的。所以,认真分析自身资源优势,根据自身优势进行市场定位是产品成功的关键。

4. 人员差异化战略　是通过聘用和培训比竞争者更为优秀的人员以获取差别优势。培养训练有素的人员,是企业,尤其是服务性行业中的企业取得强大竞争优势的关键。例如迪士尼乐园的雇员有精神饱满、麦当劳的人员都彬彬有礼、沃尔玛的员工给人以服务热情的印象等。一个受过良好训练的员工应具备以下基本素养:

(1)责任:责任是员工努力向上、抵御恶劣环境和人生陋习的必备品德,是员工取得成就的原动力。在现代社会里一个组织或团队的基本不再是以权力服人,而是信赖,是人与人之间的相互信任和依靠,它要对相互理解而确立起来的关系负责,使组织或团队相互团结、和谐融洽,自我责任是更好地管理住自己、为实现组织或团队的目标而服务。

(2)积极自信:具有积极心态的员工能在逆境中微笑,从容不惧地去面对艰难困苦,在工作中更加有斗志和热情。

(3)热情:通常对生活和工作热情的员工有更高的洞察力、视野更加开阔,能够看到别人无法识别的美丽和魅力,在工作上也更具进步的空间。

(4)进取心:在这个改革的时代里,进取心就意味着开阔精神,也意味着面对现实有忧患意识、对未来有冒险精神。安于现状没有进取心虽然不会出太大差错,但公司是不需要太多这样的人的,因公司是以增长为目标、需要的是不安于现状把眼光放在未来的员工。这样的人才无疑将会被委以重任。

(5)有教养、守纪律:教养是一种礼仪,是我们与人共事的一条最基本的法则,唯有以礼待人才能诚信天下。纪律则是一个组织团队生存发展的最基本地基石,需要每个员工去认识了解并付诸行动。

5. 形象差异化战略　是指在产品的核心部分与竞争者类同的情况下塑造不同的产品形象以获得差别优势。形象就是公众对产品和企业的看法和感受,企业想要成功塑造差异化形象,需要有创造性的思维和实际,需要持续不断地利用企业所有的传播工具,针对竞争对手的形象策略,以及消费者的心智而采取不同的策略。比如佰草集公司的中医药产品的形象差异化战略,使其在竞争呈白热化的护肤市场上迅速被消费者所认知并且接受,走出一条不同寻常的路。由此可见企业巧妙地实施形象差异化策略就会收到意想不到的效果。

【案例 7-13】

五粮液黄金酒品牌定位战略

作为一个刚刚推出的新品牌,黄金酒从一面世就获得了业内和媒体的超高关注度,这不仅因为 2008 年年底各大电视媒体铺天盖地的"送长辈,黄金酒"的广告,还源于五粮液集团和史玉柱巨人投资的双重背书。而这种超高关注更是在史玉柱宣称黄金酒将在 3 个月内为其赚到 10 亿元后掀起最高潮。

项目组研究发现,保健酒存在官方和民间两种不同的定义。

目前国家标准中并没有保健酒这个产品类别,保健酒具有露酒和保健(功能)食品双重身份,其中露酒属于饮料酒的范畴,官方定义是以发酵酒、蒸馏酒或食用酒精为酒基,加入可食用的辅料或食品添加剂,进行调配、混合或再加工制成的,已改变了其原酒基风格的饮料酒。保健(功能)食品的官方定义:保健(功能)食品是食品的一个种类,具有一般食品的共性,能调节人体机能,适于特定人群食用,但不以治疗疾病为目的。

无论从保健食品还是从露酒的定义看,保健酒首先都是食品,应该具有酒的一般共性,能调节人体机能或具有营养补益的功能,而不以治疗疾病为目的。而在民间消费者将保健酒基本等同于药酒,这是因为过去数千年中,二者统称为"药酒",前者为"治疗型药酒",后者为"滋补型药酒"。但按照国家相关规定药酒属于药品范畴,是以治疗疾病为目的的。

这两种不同的定义,其实蕴含了作为礼品酒,黄金酒有两种截然不同的推广方向可供选择。

一种是将黄金酒定义为饮料酒,黄金酒应该具备酒的一般共性,消费者选择这种产品是基于酒的基本属性"好喝",是种享受,而保健功能是增加的一个新利益。这就对黄金酒的色香味要求更高,而对其功能的期望相对较低。

另一种是将黄金酒定义为民间理解的保健酒(药酒)。由于传统药酒在消费者头脑中的认知主要是针对疾病的,加之过去不少保健酒宣传过度夸大疗效,将保健酒包装成壮阳补肾、祛风湿甚至包治百病的神药,导致中国消费者将保健酒和药酒混为一谈,消费选择保健酒主要是基于药品的基本属性——药效,而酒只是产品的一个剂型。这就对黄金酒的配方及所含药材要求更高,而对其是否好喝的期望相对较低,甚至在"良药苦口"的传统观念下,其药味应该更浓。

这两种不同的方向选择其实是进入不同的目标市场,它不仅影响黄金酒的产品、包装、推广、价格,更是影响黄金酒的市场规模。因此成美分别对礼品白酒和礼品保健食品进行研究。

对于保健功能的诉求,项目组认为首先必须明确保健功能的信息不能脱离"白酒"好喝的属性,这就像功能饮料王老吉在整体上都体现了饮料的属性——好喝、清凉、解渴、时尚、年轻等,再去突出其"预防上火"功能的差异。

其次,明确诉求保健功能的目的是要区隔普通白酒。因此在整体上体现白酒的享受下,黄金酒应该利用消费者观念中滋补酒适应人群广的认知,现阶段诉求具有适应人群最广的笼统的滋补功能即可,而无需强调有何具体保健功能。这一方面可避免进一步将市场局限在某一个具体保健功能市场上,另一方面还可以弱化消费者对保健酒固有的认知——"药酒",尽量避免治疗药酒针对疾病的联想,从而弱化消费者对黄金酒口感和每次饮用量的担心,并符合消费者对于功能期望相对较弱的现实。

如何令消费者接受到黄金酒具有保健功能,显然只需要宣传推广酒中含有滋补药材的信息,就能令消费者感知到保健功能,从而实现与普通白酒的区隔(巨人投资在后来的新闻发布会上直接提出功能白酒的概念)。

(http://www.chengmei-trout.com/case_detail.aspx)

章节总结

本章重点讨论企业如何计划、实施市场营销战略管理过程,包括市场细分战略、市场选择战略、市场定位战略。通过本章学习,可以了解市场细分、市场选择、市场定位等目标市场战略各步骤的含义及其联系,掌握市场细分的作用和依据,并能应用市场细分原理和市场定位方法,分析企业目标市场营销中存在的各种问题。

思考题

1. 简述市场细分的概念与划分标准。
2. 何谓目标市场?影响目标市场选择的因素有哪些?
3. 地矿企业在选择目标市场时有哪些战略?
4. 什么是市场定位?市场定位的步骤是什么?
5. 请举例说明地矿企业的市场定位。

永城矿区煤炭产品市场定位的探讨

永城矿区地处淮河平原北部,与我国煤炭消费中心华东地区毗邻,探明储量25亿吨,煤种为低灰、低硫、低磷的优质无烟煤,为华东地区稀缺煤种,是我国继阳泉矿区、晋城矿区、焦作矿区之后又一重要的无烟煤生产基地。

永城矿区有永城煤电集团公司(国有企业)和神火煤电股份公司(地方煤矿)。矿区第一对统配矿井及选煤厂——陈四楼矿及陈四楼选煤厂于1997年11月建成投产,矿井生产能力为240万吨/年;第二对统配矿井及选煤厂——车集矿及车集选煤厂于1999年12月建成投产,生产能力为180万吨/年;第三对在建矿井——城郊矿及城郊选煤厂预计2003年投产;新桥矿在设计中。从公司3年多的生产和销售情况看,产品结构不甚合理。投产的两座配套选煤厂原工艺均为块煤入洗,入洗下限为13 mm。产品结构为末原煤(<13 mm)、洗末精煤(<13 mm)、洗小块煤(13～25 mm)、洗中块煤(25～80 mm),其中末原煤为主要产品,占全部销售量的80%以上。这种产品结构导致煤炭综合售价较低,经济效益较差,造成公司3年来都出现亏损,没有充分发挥其煤质和地理位置好的优势。我们在市场调查、比较国内无烟煤生产的基础上,为永城矿区做产品结构优化,并确定合理的市场定位。

无烟煤用途的市场调查:

通过市场调查发现,高炉喷吹用煤是将煤分作为燃料和还原剂直接喷入炉中以代替价格较为昂贵的焦炭,化肥工业用无烟煤主要用于合成氨、造氮肥而需求量巨大,电力用无烟煤主要为末原煤而电力燃煤消耗约占全国原煤产量的30%,水泥行业用煤占总耗煤量的90%。

市场定位分析:

无烟末精煤用于高炉喷吹。与阳泉、晋城、焦作等末精煤主产区相比,永城矿区的优势比较明显。首先,煤质方面,矿区内主采煤层为2#煤层,煤层灰分13%～16%,全硫含量小于0.5%,磷的含量在0.01%以下,属特低硫、低磷煤,坚固系数为0.92,煤质较软,且可磨性较好,其煤质特征最适合高炉喷吹用煤。其次,地理位置方面,靠近华东,吨煤运费比山西低近40元。永城矿区末精煤优势明显,应能在喷吹市场上创出名牌,洗出低灰、低硫(Ad<10.0%)的优质喷吹煤。目前,这一优势已初步显露。末精煤已受到宝钢、南钢、鞍钢等大钢厂的欢迎,并已经出口到日本和韩国。其中2001年1—6月份已出口末精煤8万t,并得到了外商的称赞。因此永煤集团以后通过加强生产管理和加大市场开拓力度,可望成为全国无可替代的喷吹煤生产基地。因此,永城煤电集团公司要充分发挥末精煤的优势,把价格高的末精煤作为主导产品,根据用户的要求,把灰分稳定在9%～11%。加大市场开拓以提高末精煤在国内外的市场占有率。

国内无烟煤生产基地都生产洗块煤,包括洗中块和洗小块。洗中块、洗小块分别主要供应给大型化肥厂、小化肥厂。永城矿区的洗块煤因交通和有害元素低的优势,现在和将来应该有稳定的市场。但由于该矿区煤质较软,造成块煤限下率较高。限下率高,化肥厂造气时,会影响气化剂与原料的充分接触,且炉内阻力增加,送风量减小,炉温难以提高,不能获得较好的气化效果。洗块煤限下率高是影响其销路的主要原因,因此投产较早的陈四楼选煤厂从2000年就开始降低洗块煤限下率的技术改造,并取得了很好的效果。目前洗块煤产品供不应求,并基本无因限下率造成的煤质纠纷。这说明了永城矿区要进行技术改造降低限下率,把限下率控制在15%以下。由于地理和煤质优势,市场前景将非常好。

末原煤主要用于电力、水泥、建材等行业,一部分用于民用燃料。永城矿区由于临近煤炭消费中心华东地区,在地理位置上占有优势。永城矿区只要稳定末原煤的发热量,保持在

24.23MJ/kg 以上,其销路肯定是没有问题的。但其价格较低,应尽量把末原煤转变成高附加值的末精煤,提高经济效益。

从以上分析,可以看出,永城矿区由于其煤质和地理优势,应成为全国非常重要的无烟煤生产基地。对所产煤炭进行深度加工,满足冶金工业和化学工业的要求,将是永城矿区用以提高企业效益的良好途径。永煤矿区应把产品定位在高价位的洗末精煤(Ad<10.5%)和洗中块煤(限下率<15%)上,大力开拓这两种煤的市场,提高其在国内外的市场占有率。其次是低价位的动力煤(Qnet.ar>24.23MJ/kg)和洗小块。与此相对应,永煤集团公司生产的总体布局应是:陈四楼矿以出喷吹煤、洗块煤和动力煤并重;车集矿以出动力煤为主;城郊矿应优化采煤工艺和选煤工艺流程,以出优质喷吹煤(可生产 Ad<10.0% 的末精煤)和洗中块煤为主,保留生产洗小块煤的灵活性。

[资料来源:胡参军,陈祥恩,陈国平. 永城矿区煤炭产品市场定位的探讨[J]. 选煤技术,2001(4):18-19.]

案例思考

1. 如何评价煤矿的市场定位?

2. 在与其他煤矿的竞争中,你认为永城煤矿应如何制定差异化战略以形成忠实的目标客户群?请给出你的建议。

第八章 竞争性市场营销战略

竞争是市场的基本属性。竞争是把双刃剑，既会带来机遇，也会带来挑战，而这把双刃剑造就了市场竞争优胜劣汰的规则，它像一只无形的手推动着市场经济向前发展，推动产品更新换代、企业市场策略不断更新，调整企业产业结构，淘汰落后产能，压缩经营成本，提高管理效率与水平，以最适宜的效益推动社会进步。

竞争是常态的、健康的，新经济形势下企业必须适应竞争、认真研究竞争对手以及自身的优势与劣势，以此方能知己知彼而制定合理的战略与决策，进而在市场竞争中展现自身竞争优势以博得生存发展空间（图8-1）。

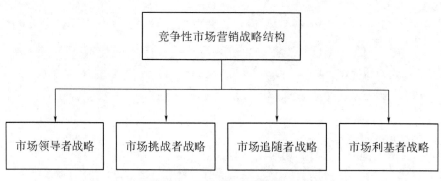

图8-1 竞争性市场营销战略

本章从竞争者分析入手，基于竞争者识别、判定竞争者的战略和目标、评估竞争者的实力和反应、进攻与回避对象的选择开启竞争性市场营销战略研究，再对市场领导者战略、市场挑战者战略、市场追随者战略、市场利基者战略加以分析，从而系统阐释竞争性市场营销战略。

第八章　竞争性市场营销战略

1. 对竞争者进行分析，尤其是确定竞争者的目标和策略、优势和劣势以及反应，评估是否要攻击或回避特殊的竞争者。
2. 依据市场领导者、挑战者、跟随者和填补者在市场上的不同竞争地位，解释竞争策略的原则。
3. 以图表或示例说明为什么要平衡顾客导向和竞争者导向，并比较竞争者导向、顾客导向和市场导向之间的不同之处。

奇瑞、华晨合资采购的战略图谋

在车市销售不畅、汽车价格猛跌、整车厂成本压力骤增之际，华晨金杯和奇瑞汽车共同出资 1 000 万元在上海成立了上海科威汽车零部件公司。该消息一经公布便引起业界的广泛关注。

从 2003 年年底开始，华晨金杯与奇瑞汽车高层多次碰头，探讨双方合作问题。但对于合作事宜，华晨金杯与奇瑞汽车一直保持低调。2003 年 5 月，两家公司的合资企业上海科威汽车零部件公司在上海注册成立。

华晨金杯与奇瑞汽车之所以成立合资公司，其实是希望利用上海科威汽车公司这个共同的平台，进行零部件采购上的资源整合，从而降低零部件采购成本。

对此，中国汽车工业咨询总公司首席分析师贾新光表示，"联合起来力量就会大一些"。此前，不论是奇瑞还是华晨金杯，零部件采购的规模都不是很大，双方通过联合产生的规模效应肯定能降低成本。贾新光分析，未来双方在零部件研发等方面也可能展开合作，以降低各自的研发资金压力。

事实上，面对国际汽车巨头提速进入中国市场和目前车市低迷的销售形势，新兴的中国汽车企业感到了前所未有的巨大压力。"国际巨头不只是资金实力雄厚，而且在新车投放等方面也远胜国内汽车企业。"一位汽车行业的分析人员指出，目前国内汽车企业已经不再拥有起家时所具备的价格优势，必须加大车型研发和新品投放才能抓住市场机遇，而两家企业尝试联合将比各自单打独斗更有利于发展。

与合作企业双方的审慎态度相比，不少业内人士大胆猜测，奇瑞和华晨金杯这种联合不仅仅是零部件采购上的联合。一种说法是，奇瑞汽车正在做上市前的股改，合作是希望能借助华晨汽车成功的资本运作经验。而另一种更为普遍的说法是，奇瑞汽车和华晨金杯有可能会从资本层面上进行整合，相互持股组成类似雷诺—日产战略联盟一类的合作关系。实际上，华晨金杯与奇瑞汽车的公司性质很相似，都是地方政府控股的新兴国有企业，并且都是民族品牌的举旗者；国家新公布的产业政策也明确提出，支持国内民族汽车企业之间的并购联合。但面对实质性的利益问题，业内专家分析认为双方要想在资本层面有更深一步的合作难度相当大。

（资料来源：陈忠卫. 战略管理［M］. 大连：东北财经大学出版社，2011：96-98.）
案例思考：处于市场挑战者的两大汽车制造商采取何种战略布局来支撑发展？

第一节 竞争者分析

什么是竞争者？竞争者是市场构成的必有要件，竞争者之间通过行为争夺市场上的资源，由于资源是有限的，有市场就势必存在竞争，在这种竞争环境下做到"知己知彼"方能"百战不殆"。需要解决以下几个问题：我们的竞争者是谁？他们的战略和目标是什么？他们的优劣势是什么？他们的反应模式是什么？我们应当攻击谁？回避谁？

一、竞争者识别

竞争者可以分为两类，一类是现实竞争者，这类竞争者与企业在市场上竞争，各方有目共睹；另一类是潜在竞争者，这类竞争者处于隐藏状态，不易被发现，而恰恰是这类潜在竞争者会突然袭击，被潜在竞争者击败的可能性远大于现实竞争者。因此，应从行业、业务范围导向角度识别竞争者。

（一）行业竞争观念

行业，一般是指其按生产同类产品或具有相同工艺过程或提供同类劳动服务划分的经济活动类别，如餐饮行业、服装行业、机械行业、金融行业、移动互联网行业等。行业内的供需基本状况决定着行业动态，而其影响着行业结构，行业结构又影响行业的行为，行业的行为最终决定行业的业绩。在此主要探讨决定行业结构的主要因素。

1. 销售商品数量及产品差异程度 根据经济学市场论，销售商品数量和产品差异程度这两个指标构成了五种行业结构类型，如图 8-2 所示。

	一个销售商	少数销售商	众多销售商
无差别产品	完全垄断	完全寡头垄断	完全竞争
有差别产品		不完全寡头垄断	垄断竞争

图 8-2　行业结构的五种类型

（1）完全垄断：是指在整个行业中只有唯一一个厂商提供商品或服务。这种状态下通常具备三个特点：①市场上只有唯一一个厂商生产和销售商品或服务；②该厂商生产和销售的商品没有任何相近的替代品；③其他任何厂商进入该行业都极为困难或不可能。汇集上述三个特点，最终造成垄断厂商可以控制和操纵市场价格，因为这一市场上没有竞争者。诸如铀矿等关系国家战略安全的矿产资源的开采、加工等为国家控制下的完全垄断产业。

（2）寡头垄断：是指少数几家厂商控制整个市场产品的生产和销售。美国的汽车行业、电器设备行业都被少数几家寡头企业所控制，这也反映出寡头市场进入和退出皆困难，竞争结构稳定。对寡头垄断的细分可分解为完全寡头垄断和不完全寡头垄断。

完全寡头垄断：亦称为无差别寡头垄断，即某一行业内少数几家大公司提供的产品或服务占据市场的绝大部分并且顾客认为各公司产品没有差别，对不同品牌无特殊偏好。西方国家的钢铁、石油等行业多为完全寡头垄断。在这一市场中，完全寡头企业调整商品价格会引发竞争者的强烈反应，因而竞争多在管理、成本、服务领域。

不完全寡头垄断：亦称为差别寡头垄断，其核心在于差别性，即行业虽然为寡头厂商所控制，但各公司在产品的质量、性能、款式、服务等方面存在差异，对品牌具有特殊偏好。金矿开采、稀土矿开采等行业属于不完全寡头垄断型行业，例如赣南稀土与内蒙古稀土在成分上存在差异，需求方在购买时会予以权衡。因此，在这一市场上，竞争的焦点在于产品特色上的领先。

（3）垄断竞争：是指一个市场中存在许多厂商生产和销售有差别的同种商品。通常把市场上大量的生产非常接近的同种产品的厂商总和称作生产集团，诸如汽车加油站集团、快餐食品集团、钢铁集团等。垄断竞争亦存在三个特点：①行业内的厂商生产的同种商品具有差别，是同类但不同质，例如钢材生产上存在含碳量的区别；②行业内存在较多的厂商；③厂商的生产规模比较小，因此进入和退出一个生产集团比较容易。而面对这样的市场，应对竞争者的有效策略为扩大本企业品牌与竞争品牌的差异，突出特色，以此更好地满足目标市场需求以获得溢价。在这一市场上，垄断企业价格变动不会引发竞争者的强烈反应。

（4）完全竞争：完全竞争市场具备四大特征：①市场上有大量的买者和卖者；②市场上每一个厂商提供的商品都是完全同质的；③所有的资源具有完全的流动性；④信息是完全的。因此，在该市场上产品是同质的，诸如冶金行业剩余的矿渣、水泥、食盐等，买卖双方按供求关系确定商品价格，企业竞争的焦点在于降低成本、增加服务、扩大产品差异化的研发、通过广告塑造良好品牌形象等。

2. 进入与流动障碍　倘若一个行业利润率高，其生命周期在成长期，利润可观，势必引发大量企业设法进入。但在这时进入难度就会提升，主要受制于资本、经营规模、专利和许可、场地、原料、战略分销商、市场信誉等方面。其中一部分障碍是行业固有的，而另一部分是行业内部已成熟企业单独或联合设置的，诸如资本、经营规模、资质等，其维护的现有已形成资本与经营规模、已在业界数立良好声望的大企业的利益，例如金融行业和地理信息行业。与此同时，行业内部的细分市场往往很难逾界，占据细分市场优势的企业会大肆阻挠其他企业进入。这种进入与流动障碍造就了一种现象——先期入驻流入与流动障碍高的行业的企业往往高利润高增长，而进入与流动障碍低的行业通常行业平均利润率偏低。

3. 退出与收缩障碍　生命周期进入衰退期的行业收益率持续降低，行业内企业会主动退出或收缩经营规模以将人力、物力、财力转移到朝阳产业。但退出与收缩过程要放弃原有客户资源、向债权人和雇员尽法律和道义上的义务、政府限制转型、专业化企业过渡困难等等，整个过程需面对层层阻隔以至于一些企业宣布破产。

4. 成本结构　不同行业从事经营所需的成本及成本结构不同，但在成本控制上要着眼于最大成本，应在不影响公司业务发展的前提下减少这部分成本，以实现成本结构优化。例如钢铁工业进口铁矿石用于冶炼、专注于高精尖冶炼技术的研发虽然成本高,但相比开采本土矿石、采用传统技术冶炼净收益更高。

5. 纵向一体化　许多行业实行前向或后向一体化更易获得竞争优势,例如中粮集团的全产业链策略,从粮食种植到粮食销售,再到粮食产品深加工都属于其经营范围。这一过程可以降低企业成本,有利于对整个链条的质量得以严格把关,生产自己需求的产品还能在各个细分市场获取控制价格、成本的能力,在税收最低处获取利润,相对于未能实现纵向一体化的企业占据比较优势地位。但纵向一体化亦存在缺点,如链条过长会造成管理困难,倘若其中某个环节出现问题将造成整个产业链动荡,以至于维持成本较高。因此在进行纵向一体化的同时也应与上下游供应商保持良好关系以备应急之用。

6. 全球经营　在经济全球化浪潮影响下,全球连锁企业众多,诸如微软、联想、大众、凯宾斯基等跨国公司在当前市场中扮演着重要角色,这些公司所处行业统称为全球性行业,但全球性行业在国际化经营管理的同时也应在竞争上实现"因地制宜",以此方能对症下药获得稳固的市场地位。实现规模经济、引领行业发展。

(二) 业务范围导向与竞争者识别

竞争者识别是有针对性的,因此企业应根据自身业务范围来确定竞争者范围,在这一范围内有针对地进行竞争者识别。

1. 产品导向与竞争者识别　产品导向,即企业业务范围限定为经营某种定型产品,在不从事或很少从事产品更新的前提下设法寻找和扩大该产品的市场。

企业的各项任务通常包括四个方面的内容:
①要服务的客户群;
②要迎合的客户需求;
③满足需求的技术;
④运用这些技术生产出的产品。

从上面四个方面可见,这一过程中技术与产品是既定的,而客户群与顾客需求是未知量。因此在产品导向下,企业业务扩大时,导致的是顾客与顾客需求增多。例如,自行车厂为了迎合现代人的审美需求不断淘汰传统的老式自行车,以新型山地车和赛车取代。

产品导向的企业的竞争对手是生产同种产品的企业。产品导向的适用条件为:
①市场上的产品供不应求;
②企业产品更新乏力。

而当原有产品供大于求且无力开发新产品时,则主要营销策略为两个方向:
①市场渗透,即在现有市场挖掘市场潜力,提高市场占有份额;
②市场开发,即探索新的目标市场,用现有产品满足新市场需求。

2. 技术导向与竞争者识别　技术导向,即企业业务范围限定为经营用现有设备或技术生产出的产品。对照企业业务的四项内容来看,技术导向指企业的生产技术类型是确定的,而用这种技术生产出何种产品、服务于哪些顾客群体、满足顾客的何种需求却是未定的,需要根据市场变化去寻找和发掘。例如钢铁企业为顺应时代潮流应积极开拓彩钢板等产品以适应顾客需求。

技术导向将所有使用同一技术、生产同类产品的企业视为竞争对手,例如在钢铁生产领域,鞍钢的对手是宝钢、首钢、武钢等企业。与此同时,易出现"竞争者近视症"的行业是由于技术导向未把满足同一需要的其他大类产品的生产企业视为竞争对手,例如柴油的竞争对手包括天然气、乙醇等,笔记本电脑的竞争者包括手机、平板电脑等。因此,当满足统一需要的其他行业迅速崛起,会造成本行业产品的生存危机。

【案例 8-1】

典型"竞争者近视症"患者——《大不列颠百科全书》

200 多年来,《大不列颠百科全书》出版商认为自己在和其他印制参考书以及售价 2 200 美元一套的百科全书出版商竞争。但是,20 世纪 90 年代,当世界进入数字时代,它却深刻地吸取了教训。微软推出以 CD-ROM 为载体、售价仅 50 美元的微软电子百科全书(Encarta),随着基于网络的百科全书和参考资料的快速发展,微软百科全书和其他电子百科全书彻底颠覆了全球市场。结果,"大不列颠"的销售在过去 7 年间猛跌了 50%。"大不列颠"的真正竞争者不再是其他出版商,而是电脑、网络和数字内容。"大不列颠"仍然出版其 32 卷的顶级《大不列颠百科全书》和一些其他印刷参考书。但是,它也提供 DVD 和网络版本的信息服务。《大不列颠百科全书》出版商意识到其竞争者范围包括 Encarta 和免费的网络"暴发户",比如维基百科——草根的、戏剧性的、非营利的、基于网络的、"任何人都可以编辑的"百科全书。

(资料来源:菲利普·科特勒,等.市场营销原理[M].13 版.北京:清华大学出版社,2010:492-493.)

案例思考:《大不列颠百科全书》将如何摆脱"竞争者近视症"困境?

3. 需求导向与竞争者识别 需求导向,即企业业务范围确定为满足顾客的某一需求,并运用可能互不相关的多种技术生产出分属不同大类的产品来满足这一需求。对照企业业务的四项内容来看,需求导向满足两大特征:

①企业所迎合的需求是既定的;

②企业满足这种需求的技术、产品和所服务的顾客群体随技术的发展和市场的变化而变化。

例如,鞍山宝得钢铁公司原名鞍山第二轧钢厂,其需求导向定义为为客户提供钢材,但随着技术进步、市场需求变化,现在产品种类多样化、技术含量愈发提升,更能满足顾客需求。

与此同时,据需求导向确定业务范围时,应考虑市场需求和企业实力,以避免范围过窄或过宽。实行需求导向的企业的竞争者是满足顾客同一需求的企业,不论其采用何种技术、提供何种产品。而其适用条件是市场商品供大于求,企业具有强大的投资能力、运用多种不同技术的能力和经营促销各类产品的能力。

需求导向的竞争战略是新产业开发,进入与现有产品和技术无关但满足顾客同一需求的行业。

4. 顾客导向与竞争者识别 顾客导向,即企业业务范围确定为满足某一群体的需求。对照企业业务的四项内容来看,顾客导向应满足两大特征:

①企业要服务的顾客群体是既定的;

②顾客群体的需求及满足这些需求的技术和产品要基于内部和外部条件来确定。

顾客导向的适用条件为基于顾客群体中的美誉度和销售网络等优势并能转移到公司的新

增业务上。其优点在于可以利用企业在顾客群体中的美誉度、业务关系或渠道销售其他类型产品,降低市场进入障碍,增加销售和利润总量。但其缺点在于要求企业拥有丰厚的资金和运用多种技术的能力,并且新增业务若未能获得顾客信任和满意将损害原有产品的声誉和销售。

5. 多元导向与竞争者识别　　多元导向,即企业通过对各类产品市场需求趋势和获利情况的动态分析以确定业务范围,新发展业务可能与原有产品、技术、需求和顾客群体都无关。例如网易开办养猪场、鞍钢开办乳业公司等。这种多元导向适用于具有雄厚实力、市场洞察力敏锐、具有强大的跨行业经营能力的企业。其优点在于最大限度挖掘和把握市场机会,撇开固有束缚;但缺点在于新增业务如若未受到市场认可则会损害原有产品声誉,最严重的问题在于业务过于分散以至于资金链断裂,如史玉柱在20世纪90年代为巨人大厦所累。

二、判定竞争者的战略和目标

(一) 判定竞争者的战略

战略群体,即在某特定行业内推行相同战略的一组公司。战略的差别表现在产品线、目标市场、产品档次、价格、技术水平、销售范围等方面。公司最直接的竞争对手即那些处于同一行业同一战略群体的公司。基于战略群体的区分可认识到以下几个问题:

①不同战略群体的进入与流动障碍不同。

②同一战略群体内的竞争最为激烈。

③不同战略群体之间存在着现实或潜在的竞争。

因此,企业应实行动态化战略以适应。

(二) 判定竞争者的目标

竞争者的最终目标是追逐利润,但各个公司对长期利润和短期利润的预期不同,对利润的满意水平有异。因此可以从短期利润最大化和满足当期目标以为长期增长奠基这两类予以划分。

竞争者具体的战略目标是多种多样的,诸如获利能力、市场占有率、现金流量、压缩成本、技术先行、服务领先等,而各个企业都有符合自身定位的侧重点和目标组合。因此,了解竞争者的战略目标及其组合可以判断他们对不同竞争行为的反应,从而实现"知己知彼"。

而竞争者的目标由多种因素确定,诸如企业的规模、历史、经营管理状况、经济状况等。

三、评估竞争者的实力和反应

(一) 评估竞争者的优势与劣势

对于评估竞争者要先回答一个重要问题:"我们的竞争者能够做到什么?"第一步就应收集竞争者的信息,包括竞争者过去几年的目标、战略以及业绩表现等方面的数据。然后再进行分析评价,在数据挖掘的基础上进行超越。

1. 收集信息　　需要收集的竞争者信息主要包括竞争者过去几年的目标、战略以及业绩表现等方面的数据。但信息收集的过程要做到有针对性,在限定范围内收集,避免范围过窄或过宽。收集信息的方法是查找二手资料和向顾客、供应商、中间商调研获取一手资料。

2. 分析评价　　即根据所获取的资料综合分析竞争者的优势与劣势,如表8-1所示。

表 8-1　竞争者优势与劣势分析

品牌	顾客对竞争者的评价				
	顾客知晓度	产品质量优劣度	情感份额	技术服务满意度	企业形象优异度
A	5	5	4	2	3
B	4	4	5	5	5
C	2	3	2	1	2

注：1～5 分别表示优秀、良好、中等、较差、差。

表 8-1 的评价结果为：竞争者 A 的产品知名度、质量都是最好的，但在技术服务和企业形象方面有待改善，其导致情感份额下降。竞争者 B 的产品知名度和质量都不及 A，但在技术服务和企业形象方面优于 A，造就了情感份额达到最大。因此公司在技术服务和企业形象方面可以胜于 A，在多方面可超越 C，而 B 的劣势不明显。

3. 定点超越　是一种战略竞争者扩大市场份额的方法，即找出竞争者在管理和营销方面的最好做法作为基准，然后加以模仿、组合和改进，力争超过竞争者。例如施乐公司向美国运通公司学习账单处理技术，向卡明斯工程公司学习生产计划技术，向 L.L. 比恩公司学习仓库整理，施乐公司的定点超越缩短了其成为行业领导者的时间。与此同时，在定点超越对象的选择上应选择"最好实践"的公司，筛选方法就是第三方评价。

实施定点超越应当集中在影响顾客满意和成本的关键任务上。

【案例 8-2】

施乐公司：开辟标杆管理的先河

面对佳能、NEC 等公司的步步紧逼，施乐最先发起向日本企业学习的运动，通过全方位的集中分析和比较，弄清了这些公司的运作机制，找出了与对手之间的差距，全面协调了经营战略战术，改进了业务流程，把失去的市场份额重新夺了回来。施乐在提高交付订货的工作水平和处理低值货品浪费大的问题上，同样应用标杆管理方法，以交付速度比施乐快 3 倍的比恩公司为标杆，并选择 14 个经营同类产品的公司逐一考察，找出了问题的症结并采取措施，使仓储成本下降了 10%，年节约低值品费用数千万美元。

（资料来源：康丽，张燕. 企业战略管理. 南京：东南大学出版社，2012：186-187.）

案例思考：施乐公司定点超越的借鉴意义是什么？

（二）评估竞争者的反应模式

常见的竞争者反应模式有四种：

1. 从容型竞争者　对某些特定的攻击行为没有迅速反应或强烈反应，其原因可能为顾客忠诚度高、资金限制、反应迟钝、收割榨取利润等。

2. 选择型竞争者　只对某些类型的攻击做出反应，而对其他类型的攻击无动于衷。

3. 凶狠型竞争者　对所有攻击行为都做出迅速而强烈的反应，其意在警告其他企业最好停止任何攻击。

4. 随机型竞争者　对竞争攻击的反应具有随机性，有无反应以及反应强弱无法据其以往情况预测。小公司是这类竞争者的主体。

四、进攻与回避对象的选择

对竞争者了解后,企业要确定与谁展开最有力的竞争,企业要进攻的竞争者无外乎下面三类。

1. 强大或弱小的竞争者 大部分公司宁愿将它们的攻击目标指向弱小的竞争者,因为这样其所需要的资源和时间较少。然而在此过程中,公司所获得的利润比较少。从理论上讲,公司还应该与强大的竞争对手抗衡以磨炼本身的能力。再者,即使实力强大的对手也会有弱点,不断地对抗他们往往能得到较大的回报。

评估竞争对手强弱的一种有用工具是顾客价值分析(customer value analysis)。在进行顾客价值分析时,公司首先要识别顾客重视的属性和顾客将这些属性排名的重要性。其次,要评估公司和竞争对手在有价值属性上的业绩。获得竞争优势的关键是分析每个顾客细分市场,检查和比较公司与主要竞争对手的产品。如果公司的产品在所有重要的属性方面均胜过竞争者,就可以定较高的价格并获取更多的利润,或者定相同的价格而获得更多的市场份额。但是,如果公司产品主要属性表现得比主要竞争对手差,则必须加强这些属性或找出其他能领先竞争者的重要属性。

2. 近或远竞争者 大部分公司重视与近竞争者竞争,但竞争胜利后可能招来更难对付的竞争者。例如在20世纪70年代末期,博士伦公司积极进攻其他隐形眼镜制造商并取得了巨大的成功。然而,这种成功是有欠缺的,一个又一个竞争者被迫卖给其他较大的公司,如露华浓、强生,结果成为了博士伦公司实力更为强大的竞争者。强生公司收购了维斯泰肯公司,后者是一个小的市场填补者,年销售额仅为2 000万美元,它服务于很小一部分(有散光者)的隐形眼镜市场。由于强生雄厚资金的支持,维斯泰肯很快成了令人生畏的竞争者。当维斯泰肯向市场推出它的创新产品阿克尤牌一次性镜片后,实力强大得多的博士伦受到巨大冲击。到1992年,强生的维斯泰肯在快速成长的一次性镜片细分市场上占据了领先地位,并在整个隐形眼镜市场上取得了25%的份额。由此可以看出,博士伦公司虽然成功地击败了当时实力相当的竞争对手,却引来了更难对付的竞争者。

3. "品行良好"或"具破坏性"的竞争者 从某种意义上说,公司确实需要并受益于竞争者,因为他们的存在为公司带来几种利益。竞争者可能有助于增加全面的需求;他们可能分担市场开发及产品开发成本,并协助推出新技术;他们可能服务于较无吸引力的细分市场或导致更大的产品差异;他们也会降低反托拉斯活动带来的风险并改善与劳工组织或管制机构的谈判能力。然而,公司也会发现,并不是所有竞争者都是有益的。在每个行业里都会有"品行良好"的竞争者和"具破坏性"的竞争者。前者遵守行业的规则,喜爱一个稳定的和健康的行业,根据成本制定合理的价格,激励别人去降低成本或改进差异,接受合理水平的市场份额和利润。与此相反,后者不守业规,试图购买市场份额而不是靠自己的产品或服务,他们喜欢冒大风险,还会震动全行业。例如美国航空公司发现,德尔塔公司和联合航空公司是品行良好的竞争对手,因为它们遵守竞争规则,票价定得合理;环球航空公司、大陆航空公司和美国西部航空公司为具有破坏性的竞争者,因为它们不断地通过大幅度价格折扣和激进的促销计划使航空行业呈现不稳定状态。公司应当明智地支持品行良好的竞争者,而将具有破坏性的竞争者作为攻击目标。有些分析家声称,1992年夏天美国航空公司推出大幅机票折扣就是有意的,以期破坏其他航空公司的运作,或者将它们统统逐出该行业。

品行良好的公司希望本行业只由品行良好的竞争者构成。它们通过谨慎地授予特许权、有选择的报复和联盟来形成行业,因此使得竞争者的行为合理、和谐、遵守规则、赚取而非购买市场份额,以及增加产品差异性以减少直接的竞争。

第二节　市场领导者战略

市场领导者,即占有最大的市场份额,在价格变化、新产品开发、分销渠道建设和促销战略等方面对本行业其他公司起着领导作用的公司。

通常市场领导者会成为众多公司的进攻目标,因此市场领导者战略应从扩大市场总需求、保护现有市场份额、扩大市场份额三方面入手。

一、扩大总需求

市场领导者所占有的市场份额最大,其已经处于成熟期,扩大市场总需求受益最大,而扩大总需求也是较困难的,因此其途径选择上应着重在挖掘新用户、拓展产品新用途、增加顾客使用量等。

（一）开发新用户

1. 转变未使用者　即说服尚未使用本行业产品的人开始使用,将潜在客户转变为现实客户。例如,移动通信行业可以深入边远山村,在完善移动信号的前提下,向该地区尚未使用手机的潜在客户宣传使用手机的好处以引发其购买及使用意愿,将这部分潜在购买者转化为现实购买者。

2. 进入新的细分市场　即该细分市场的顾客使用本行业产品,但不使用其他细分市场的同类产品。要使企业在原细分市场饱和后设法进入新的细分市场,扩大原有产品的适用范围,说服新细分市场的顾客使用本产品。例如金饰行业属于小众市场,为了扩大市场份额就要进入不同年龄市场,通过宣传结婚周年金饰等新产品概念以吸引新用户。

3. 地理扩展　即寻找尚未使用本产品的地区,开发新的地理市场。当前这种扩展趋势为城市市场向农村市场扩展,发达国家市场向发展中国家市场扩展。

（二）寻找新用途

寻找新用途指设法找出产品的新用法和新用途以增加销售量。例如方便面的食用方法可以采用开水泡、煮、直接干嚼。许多新用法和新用途往往是在使用过程中发现的。

（三）增加使用量

增加使用量的方法有提高使用频率、增加每次使用量、增加使用场所。例如,牛奶销售员会告诉用户早晚喝奶有助于儿童身体骨骼生长;牙膏生产商将牙膏管口稍微放大,消费者按照固有习惯使用会造成使用量增加;服装生产商会以穿衣搭配品味大肆宣传不同场合的穿衣风格等等。

二、保护现有市场份额

在设法扩张总市场规模时，领先的公司也必须不断保护它的现有业务以对抗竞争者的攻击，因此市场领导者应采取防守战略。防守战略的基本目标在于减少受到攻击的可能性，或将进攻目标引到威胁较小的区域并设法减弱进攻强度。主要的防御战略有以下六种：

1. 阵地防御　即占据最理想的有利市场空间，充分利用自身优势，正面防御对手的攻击。其属于静态防御战略，其要求企业在资本、资源上有优势，但这种防御则是一种"市场营销近视症"。企业更应积极在技术、开发、业务拓展等领域进行发掘。例如，金饰企业要积极把握好新婚金饰需求这一传统营销阵地。

2. 侧翼防御　即企业在自己主阵地的侧翼建立辅助阵地以保卫自己的周边和前沿，并在必要时作为反击阵地。沃尔玛在食品和日用品市场上占统治地位，但在食品方面受到来自快餐店的威胁，在日用品方面受到来自折扣店的进攻。因此，沃尔玛以经营包装食品、速冻食品来抵御来自快餐店的竞争，推广价格相对低廉的自营日用品以对抗折扣店的冲击。

3. 以攻为守　是指在竞争对手尚未构成严重威胁或在向本企业采取进攻行动前抢先发起进攻以削弱或挫败竞争对手，即先发制人以达到最终震慑对手的防御目的。例如格兰仕多次率先降价以规模效益陷对手于困境。

4. 反击防御　即市场领导者受到竞争者攻击后采取反击措施。反击战略主要有几种：

（1）正面反击：是企业与对手采取相同的竞争措施以迎击对方的正面进攻。例如对方采取降价策略，市场领导者可以基于雄厚财力予以降价还击，这样可以正面有效击退对手。

（2）攻击侧翼：即选择对手的薄弱环节加以攻击。

（3）钳形攻势：是同时采用正面攻击和攻击侧翼。例如竞争者对液晶电视削价竞争，那么本企业的应对方案是不仅电视降价，冰箱、空调也降价，亦推出新产品，多战线发起进攻。

（4）退却反击：是在竞争者进攻时我方避其锋芒，待对方麻痹大意时再突然袭击，收复市场，使得能够出其不意地以小代价换取大成果。

（5）围魏救赵：即对方攻击我方主要市场时攻击对方主要市场，迫使对方撤退以保卫自己的原有市场份额。

5. 机动防御　是一种移动式防御策略，即市场领导者不仅要固守现有产品和业务，还要拓展到一些有发展潜力的新领域以为未来防御和进攻中心。

6. 收缩防御　即企业主动从实力较弱或未来发展潜力不大的市场中退出，以避免不必要的竞争带来的损失。当企业涉足领域过多而效益下滑时采取该措施可以挽回损失。其优点在于可以在关键领域集中优势力量，增强竞争力。

三、扩大市场份额

市场领导者也可通过进一步提高市场份额来使自己成长。在很多市场里，小的市场份额的增加意味着很大的销售额的增加。研究指出，一般情况下，公司的利润率与市场份额成正比。由于这些研究结果，许多公司已在追求扩大市场份额，以改善其获利能力。然而很多时候获取更多的市场份额并不等同于获取更高的利润，尤其对于人力资源密集型产业等无法轻易找到规模效应的产业，这一问题尤其突出，关键在于企业的战略是否应用得当。而对这一问题的研究主要落在以下几个方面：

1. 经营成本　许多产品都存在一种现象：随着生产和销售数量的提高，有一个"最佳市场份额点"，超过这个市场份额企业就需花费更多的成本来实现同等数额的利润，且越来越低（图 8-3）。造成利润下滑、成本上涨的主要原因有市场中不存在规模经济、吸引力强的细分市场已经饱和、顾客有较强的求新求异心理、退出壁垒高而导致的市场份额竞争愈加激烈等。

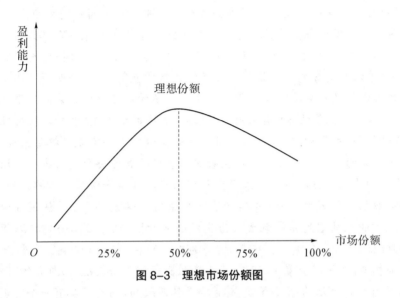

图 8-3　理想市场份额图

2. 营销组合　倘若企业实行了错误的营销组合战略，如在未进行充分的市场调研、分析的情况下，过度压低价格，过高支出广告费、公关费等，以及过度的服务项目，将导致事倍功半，或是没达到预期效果，或是达到了部分效果并扩展一定量的市场份额，但投入产出大大偏离预期定位而形成利润下降的局面。

3. 反垄断法　为保护自由竞争，防止出现市场垄断，许多国家的法律规定，当某个公司的市场份额超出一定限度时，就要被强行拆分为若干相互竞争的小公司。微软曾卷入反垄断诉讼。而市场领导者不想被拆分，就要在自己的市场份额接近临界时做好管控。

【案例 8-3】

可口可乐：瞄准新市场

1992 年 7 月，可口可乐公司宣布该公司在全美国范围内的小型办公场所已安装了 35 000 个"休息伴"（注："休息伴"即可口可乐小型自动售货饮料机），这种"休息伴"的安装标志着可口可乐公司实现了多年的梦想：办公室的工作人员足不出户就可以享用可口可乐饮料。

梦想的实现是因为可口可乐公司成功地开发了这种新型可乐分售机，该机的开发经历了 20 多年的研制，并在 30 多个国家进行推广试用，耗资巨大，被产业观察家称为软饮料史上史无前例的一项开发。

这种新型的"休息伴"除了对可口可乐公司年 80 亿销售额的潜在影响外，它显然还会给整个产业界带来某些变化。1986 年，每位美国市民软饮料的年消费量约为 45 加仑，已经超过了他们的饮水量。然而，在过去的 10 年里，主要的饮料市场可供进一步开发的细分市场已所剩无几,新型的替代产品发展迅速,市场上充斥着新的商标和商标系列。结果,软饮料商们发现他们主要产品的市场份额在日益缩减,而其销售成本却在急剧上升。

可口可乐的"休息伴"标志着市场细分的新趋势,以及大规模的、未开垦的办公市场争夺战的开始。由于咖啡饮用量的减少和人们逐渐喜欢上碳酸软饮料,办公市场对饮料公司来说变得越来越重要了。工作场地将是可乐销售的未开垦的巨大市场。

然而,可口可乐公司并未完全占领办公市场。百事可乐公司提前向公众推出了一种24听装的小型售货机。据百事公司说这种小机器使公司的零售额增加了10%。虽然可口可乐公司不是针对听装饮料来设计"休息伴"的,但"休息伴"却显示出特别的优势。市场细分专家认为,每杯平均8美分的机售饮料要比听装饮料便宜得多,每个听罐成本是10美分,搬动数十箱听装或瓶装饮料需要较大的器械并占用更多的存放空间。调查结果也表明主妇们更喜欢购买"休息伴"机售的6.5盎司饮料,而不是百事的标准12盎司罐装饮料。

早在20世纪70年代初,可口可乐公司就开始尝试在办公室设置机售系统,但因系统占地太大和需要巨大的二氧化碳容器来产生碳酸而告终。其他公司进入办公市场的尝试也屡屡受挫,因为他们要求工作人员自己来调和糖浆与水。在市场份额日益缩减的紧迫形势下,可口可乐公司加快了开发的步伐,并确立了一个原则:"休息伴"应是使用方便、占地不大、可放于任何地方的机售喷射系统装置。为完成这项计划,可口可乐公司特邀德国波契—西门子公司加盟制造这种机售喷射系统装置,并为"休息伴"申请了专利。研制出的"休息伴"同微波炉大小相似,装满时重量为78磅。机器上装有3个糖浆瓶,每瓶大约可提供30份的6盎司饮料,只有可口可乐的糖浆罐与"休息伴"是匹配的,同时还配有一个可调制250份饮料的二氧化碳贮气瓶。人们只需在3个按钮中任选一种自己喜爱的饮料,水流就从冷却区流入混合管,同时二氧化碳注入就形成了碳酸饮料。另外,机器上还装有投币器,在买可乐时,可以投入5、10、25美分的硬币。由于机器输出的饮料只有华氏32度,因此也无需另加冰块。

市场测试使可口可乐公司对"休息伴"售出饮料的质量稳定性充满信心。可口可乐公司说顾客认为这个系统和售咖啡机一样好用。

在市场试销的最初阶段,可口可乐公司建立了一个由500家分销商组成的分销网络。然而,公司不久便意识到,要想控制如此庞大的分销队伍是相当困难的,势必对营销策略的有效实施产生不利影响。因此,公司决定执行重点分销商计划,即以50家经营"休息伴"较为出色的分销商为重点,以向办公室提供咖啡服务的分销商为主力军(其中30～35家是办公室咖啡供应商,5家是瓶装饮料分销商,另外一些是瓶装水销售公司和特殊分销商)。这支主力军的业务相当熟练,对向办公室提供服务的业务了如指掌,并已形成了一个完整的办公室销售体系。至此,这一计划的实施为可口可乐公司未来的分销渠道设计铺平了道路。

"休息伴"3年的市场试销,使可口可乐公司在分销渠道设计、市场细分等方面积累了大量的经验。在试销过程中,可口可乐公司为寻找"休息伴"的最终目标市场,不断改进其细分策略。最初的一项调查表明,将"休息伴"置于20人或20人以上的办公场所可以获得相当的利润。因此公司欲以20～45人的办公室为目标市场。然而,这就意味着可口可乐公司将丧失掉上百万个不足20人的办公室这一巨大市场,显然这一目标市场不合理。公司通过进一步调研、分析,发现小型办公室的数量大有增长之势,并证明对于那些经常有人员流动的办公室,"休息伴"只需 5 人次使用就可赢利。

鉴于对"休息伴"潜力的大致分析,可口可乐公司面临着一场真正的挑战:可口可乐公司及其分销商不可能一下于发展和占领上百万个合适的场所,它能找出比划定人数更好的方法来分割市场吗?是否另有一些行业对"休息伴"更具代表性?是否不同行业的人具有不同的购买决定过程?

可口可乐公司深信,在办公室这一细分市场的争夺战中,它比老对手百事公司超前了 18 个月。为了保持这一优势,它必须迅速行动占领这上百万个目标市场。可口可乐公司甚至梦想,在办公市场取得胜利之时,还将开辟出另一条战线——让"休息伴"走进千家万户。

（资料来源:http://www.guanggao001.com/news/8208538.html）

案例思考：
1. 企业竞争战略分为哪几种?
2. 可口可乐公司作为市场领导者采取了何种竞争战略开辟新市场?如何理解这种战略?

第三节　市场挑战者战略

市场挑战者,即在行业中占据第二位及以后位次,有一定实力对市场领导者和其他竞争者采取攻击行动,希望夺取市场领导者地位的企业。

一、确定战略目标与竞争对手

市场挑战者必须首先确定它的战略目标。大部分市场挑战者通过增加其市场份额增加它们的盈利能力。战略目标与所要进攻的竞争对手直接相关。

1. 攻击市场领导者　是一种高风险高利润的策略。当市场领导者在一个细分市场中服务效果较差而令顾客不满意时,采用这一策略就恰到好处。

2. 攻击规模相当,但经营不佳、资金不足的公司　市场挑战者崛起的基本方式就是吞并弱小竞争者来应对市场领导者。要经过严密的市场调研来判断何公司符合规模相当且经营不佳、资金不足的标准,筛选出的公司可以被作为进攻对象。

3. 攻击规模较小、经营不善、资金缺乏的公司　这类公司在我国较常见,许多资本雄厚、管理先进的企业都是通过吞并这类企业来实现对抗市场领导者。

二、选择进攻战略

选择进攻战略应遵循两大原则：①"密集原则",即集中优势兵力歼灭敌人的决心不能变；②市场挑战者要以进攻为主,不能轻易考虑防御。

1. 正面进攻　即"攻彼之强"。例如,以更好的产品、广告、服务以及更低的价格来进攻对手的明星产品。有些挑战者实力稍弱,也会选择稍显柔和的进攻方式,或进攻那些实力较弱、经营不善的对手。降价是一种有效的正面进攻战略。倘若让顾客相信我方的产品与对手同质，但价格相对低，这种进攻便会取得成功。为保障打持久价格战不伤元气就要在压缩成本上进行研究。如若防守者存在市场上美誉度高、拥有牢固的客户关系、广泛的销售网络等，则实力原则可能会失灵，资源上占优的一方不一定取胜，想要取胜还要做强自身软实力。

2. 侧翼进攻 即"击彼之弱"。一般而言，侧翼进攻分为两个战略维度：地域性和细分市场性。地域性攻击中，市场挑战者集中力量挑选那些对手表现较差的地区发动总攻。细分市场性攻击中，市场挑战者发掘对手未满足或未发觉的潜在需求群体，然后发动总攻，占据这部分市场份额。侧翼进攻易成功的原因在于避开对手锋芒，特别适用于资源占有量少的进攻者。

3. 包抄进攻 即在多个细分领域同时发动对对手的进攻。其适用条件为：

（1）通过市场细分未能发现对手忽视或尚未覆盖的细分市场，补缺空当不存在，无法进行侧翼进攻。

（2）与对手相比拥有绝对的资源优势，制定了周密可行的作战方案，相信包抄进攻能摧毁对手的防线和抵抗意志。

4. 迂回进攻 即避开对手的现有业务领域和细分市场，进攻对手尚未覆盖的领域和市场以壮大自身实力。这是一种相对柔和的战略，当市场挑战者认为自身实力明显不及市场领导者，但又迫切希望能迅速成长，此时应当选此策略。

迂回进攻主要有三种方法：

（1）多元化地经营与竞争对手现在业务无关联的产品；

（2）用现有产品进入新的地区市场；

（3）用竞争对手尚未涉足的高新技术制造的产品取代现有产品。

5. 游击进攻 主要为一系列小规模的、间歇性的进攻和骚扰，逐步削弱对手以至于自己能夺取永久性的市场领域。该策略适用于小公司打击大公司，主要方法是在某一局部市场上有选择地降价、开展短促的密集促销等。游击进攻能够有效地牵制对手、瓦解对手的士气且不用冒太大风险做正面进攻。适用条件为对方的损耗将不成比例地大于己方。实践证明，一连串的小型进攻能形成累积性冲击，效果更好，对于过渡到正面、侧翼或多面进攻更平滑。

【案例8-4】

真功夫以速度对决洋快餐

当前，中国市场上直营店最多、规模最大的中式快餐企业是哪一家？答案是真功夫。

在过去几年里，真功夫一直是中国快餐行业里耀眼的明星，其势头甚至盖过了肯德基和麦当劳。

靠"蒸"争得天下

真功夫主打原盅蒸饭，但蒸饭并非是他们发明的，岭南地区传统上就有瓦煲蒸饭、荷叶蒸饭等吃法。真功夫能争得天下市场，关键在于他们对于蒸饭工艺设备的革新。

真功夫的前身"168"蒸品店主营中高档蒸饭，由于创始人蔡达标和潘宇海非常用心，菜品口味很好，来此用餐的顾客络绎不绝。随后蔡达标和潘宇海与华南理工大学一起用两年时间于1997年开发出了"电脑程控蒸汽柜",所需时间是"蒸饭22分钟,蒸鸡腿220秒",实现餐厅无需厨师、60秒取餐的生产工艺,一举突破了中式快餐难以"标准化生产"的瓶颈。解决了蒸饭工艺设备问题后,他们还制定了7本从前厅到后厨100多个岗位的操作手册,这样从设备到管理都实现了标准化。真功夫的蒸品可以通过一系列流程固化食品质量和生产时间,将米饭的颗粒大小和软硬度、鸡汤里的枸杞数量都形成统一标准,餐厅门店"无需厨师""百店一味",这成为真功夫的竞争优势。

真功夫所使用的"蒸"的烹饪方法,能够充分保持食物的营养。为了发挥产品的优势,真功夫将自己的品牌定位于"蒸",宣称要"传承中华美食五千年蒸文化,用特色蒸品演绎中华美食的营养精髓",并根据自己的定位,提出了"营养还是蒸的好"的品牌口号。为了坚持自己的定位,2006年3月真功夫淘汰了芋香圆圆、薯香圆圆、牛肉串及瘦肉串四款油炸产品,相当于损失了2%的营业额,废弃了很多炸炉及相关装置,丢弃了不少原材料。通过这些做法,真功夫的蒸品越发为市场所接受。

抓住快餐的根本:速度

在真功夫的厨房里有大排蒸柜,这就是他们的核心设备,由于他们的米饭、"炒菜"都可以像蒸馒头一样用蒸柜直接蒸出来,省去了传统的"炒"的过程,整个烹制过程只需要一个"蒸"的环节就可以完成,出餐时只需取出一份份已经蒸好的饭菜即可,速度非常快。在出餐服务环节上,2006年真功夫针对麦当劳的"59秒服务",提出了"80秒服务"承诺,这是中式快餐里的一个创举,在此之前没有哪个中式快餐品牌敢保证出餐时间。2008年7月,"真功夫排骨饭,60秒到手"的快速服务在北京、上海、杭州、宁波、南京、苏州、天津、无锡8个城市的50家真功夫餐厅开展,顾客从确认订单开始计时,如果没能在60秒内收到所点的食品,真功夫就立即免费送出一杯价值5.5元的豆浆。"60秒到手",在整个快餐行业只有麦当劳、肯德基达到了同样速度。2009年真功夫引入在麦当劳应用成熟的NEWPOS系统,新的点餐系统提高点餐效率至少1倍,使真功夫在后台系统和总部ERP方面赶上甚至超越了国际先进水平。可以说,如今真功夫的服务水平已经达到世界一流。

向快餐巨头学"功夫"

麦当劳、肯德基进入中国后,给市场带来了巨大的冲击,也成为中式快餐们的学习榜样。永和大王、马兰拉面等品牌都学习了国际连锁大品牌最重要的一点:QSC——标准化的品质、服务、清洁,从而实现了快速发展。Q代表优质(quality)、S代表服务(service)、C代表清洁(clean)。真功夫同样学习并执行严格的QSC标准,餐厅各岗位、各级管理程序都制定了详细标准,形成了详尽而细致的营运手册,使得真功夫全国300多家餐厅执行一样严格的品质、卫生、清洁、服务标准。

真功夫请来在百胜餐饮集团亲眼见证和推动了肯德基在中国从300家到3 000家扩张的全过程的王磊出任CIO(首席信息官)。王磊来到真功夫之后,首先"将在麦当劳应用成熟的NEWPOS系统引入真功夫的运营体系,实现了员工点餐行为的集中管控",此举解决了飞单(窃取营业额的偷钱行为)的问题。其次,根据真功夫的特性设计了一套后台系统,它可以实时读取前台POS系统的数据,然后做出分析得出理论值,再通过和盘点实际值的差异,就从另外一个角度避免了员工的不规范行为。再次,王磊通过引进用友NC全面实现管控集团的财务、生产链、采购供应链、物流配送链、人力资源、食品安全管控的协调运行,为真功夫植入新的神经系统,解决了飞单、各种浪费、人力分配的不合理等问题。这些新系统的引入，增强了总部对餐厅的管控能力，使真功夫在后台系统和总部ERP达到了先进的水平，足以支撑几千家店的规模，使真功夫可以大胆扩张。

真功夫的故事告诉我们：取其上得其中，做梦就要像真功夫一样做"春秋大梦"，餐饮人不要过于小家子气，要敢于做"春秋大梦"！

（资料来源：http://canyin.91jm.com/newsitem-844W81XQ0433.html）

案例思考：
1. 真功夫采取了何种市场竞争策略对阵洋快餐？
2. 真功夫还可以采取哪些竞争策略以在市场上获取更大的市场份额？

第四节　市场追随者与市场利基者战略

一、市场追随者战略

市场追随者，即在产品、服务、技术、定价、销售模式等大多数营销战略上模仿或跟随市场领导者的公司。因为不是所有公司都有实力、经历、耐力向市场领导者发起挑战，挑战是具有巨大风险的，倘若挑战者实力"中空"，那么市场领导者很快就会做出配合行动来瓦解挑战者的攻势。因此，为了生存与保存实力，许多公司甘愿作为跟随者而不愿向市场领导者发起挑战，故而追随者也应当制定利于自身发展而不会引起竞争者报复的战略。

1. **紧密跟随**　紧密跟随者，学界亦称为"克隆者"，即克隆市场领导者的产品、服务，甚至名称、包装、定价和促销方式等，这就是一种盗版行为。诸如服装、软件、出版等行业"克隆者"甚多，他们利用市场领导者的投资和营销策略去开拓市场，自己紧跟其后来分一杯羹。当前国际上大力打击这种盗版行为以维护健康、有序的市场竞争环境。

2. **距离跟随**　距离跟随者，亦称模仿者，其只复制领导者的一部分优点，以降低自己的风险和成本，但也有一定的自身特色。例如，无差别的产别，有的公司的促销方式是打折，有的公司采取赠送礼品的促销方式，这都是一种柔和型模仿者策略，领导者往往不太在乎，可以有一个相对安稳的发展环境。但值得注意的是，在不易施行差异化战略的行业里，价格模仿者会很多，因为价格敏感性高，随之会引发价格大战。

3. **选择跟随**　选择跟随者，即在某些方面紧跟市场领导者，在某些方面又自行其是的公司。选择跟随者先仔细分析领导者和市场主要挑战者的优势，把营销组合策略学习过来，再进行改进，转化为自己的营销组合。避免与市场领导者正面交锋，并选择其他市场销售产品。这种选择追随者通过改进并在别的市场上壮大实力后可能成长为新的市场挑战者。

虽然追随者战略风险小，但也存在明显缺陷。研究表明，市场份额处于第二、第三及以后位次的公司与第一位的公司在投资报酬率方面有较大差距，追随者的淘汰率也相对较高。

二、市场利基者战略

(一) 市场利基者的含义与利基市场的特征

市场利基者,即专门为规模较小的或大公司不感兴趣的细分市场提供产品和服务的公司。利基者的特点在于规模较小、集中精力专注于狭小的细分市场、拥有自己的差异化优势,因此其亦被称为"狭小市场上的领导者"。

理想的利基市场具备以下特征:

①具有一定规模和购买力,能够实现盈利;
②具备未来的发展前景;
③强大的公司一般不会感兴趣进入;
④本公司一旦进入,能建立壁垒抵抗其他公司进入;
⑤本公司具有满足这一市场需求的能力。

(二) 市场利基者竞争战略选择

市场利基者的本质就是多种多样的专业化经营,主要途径有以下几个方面:

1. **最终用户专业化** 公司可以专门为某一类型的最终用户提供服务。例如,中航油专门为航空部门提供油料服务。

2. **垂直专业化** 公司可以专门为处于生产与分销循环周期的某些垂直层次提供服务。例如,钢锭厂专门生产钢锭,云母厂专门生产云母。

3. **顾客规模专业化** 公司可以专门为某一规模(大、中、小)的顾客群体服务。利基者专门为大公司所忽略的小规模客户群体服务。

4. **特殊顾客专业化** 公司可以专门向一个或几个大客户销售产品。例如一些蔬菜企业专门向一个大学食堂供应蔬菜。

5. **地理市场专业化** 公司只在某一地点、地区或范围内经营业务。例如,东华理工大学的优乐购超市、江西财经大学的财大购物广场只在其学校及其商业缓冲区范围内经营。

6. **产品或产品线专业化** 公司只经营某一种产品或某一类产品线,例如,某印刷厂只生产农药瓶标签。

7. **产品特色专业化** 公司专门经营某一类型的产品或者产品特色。例如,古玩店专门经营古玩。

8. **客户订单专业化** 公司专门按客户订单生产特质产品。例如,私人定制服装店按客户要求量体裁衣,广告厂商按照顾客要求制作相应广告。

9. **质量—价格专业化** 公司只在市场的底层或上层经营。例如,苹果公司致力于生产高端笔记本电脑、平板电脑、手机。

10. **服务专业化** 公司向顾客提供一种或数种其他公司没有的服务。例如,热水器公司提供免费送货上门、免费上门安装、免费定期上门清洗、N年保修等服务。

11. **销售渠道专业化** 公司只为某类销售渠道提供服务。例如某家食品厂决定只生产无糖饼干,并且只在医院、疗养院出售。

市场利基者在市场上往往是弱小者,面临的主要风险是当竞争者入侵或目标市场的消费习惯变化时有可能陷入绝境,因此利基者要居安思危,完成三项主要任务:创造利基市场、扩大利基市场、保护利基市场。企业要不断地创造多种利基市场,在多种利基市场上企业能够规避风险,增加生存机会。

与此同时,企业不能够忽略顾客的感受,不能单纯强调以竞争为核心的经营理念,而损害顾客的利益。企业要树立自己独立的经营理念和中心思想,而非亦步亦趋。故而企业营销战略的制定和实施要兼顾竞争者的战略与顾客需求的变化,此方能实现顾客导向与竞争导向的充分平衡。

【案例 8-5】

R.A.B. 食品集团的利基者战略

R.A.B. 食品集团不是卡夫公司,而且它并不渴望成为卡夫。销售额超过 370 亿美元的卡夫公司生产所有场合的食物,目标群体广泛。相反,R.A.B. 食品集团的销售额只有 1 亿美元,它瞄准喜欢烹饪犹太菜的狭小的客户细分群体。R.A.B. 是一个全美国领先的犹太菜制造商,他拥有的品牌包括 Manischewitz、Horiwitz Margareten, Goodman's 和 Rokeach。犹太菜是一个很有吸引力并可获利的缝隙市场。在过去 5 年间,卡夫公司都在为个位数的增长率而苦苦挣扎,而 R.A.B. 食品集团的销售则增长了 50%。而且,这个可获利的缝隙市场有着非常光明的前途。在种族食物的需求猛增,以及对营养和食物原料质量兴趣增强的推动下,犹太菜正变得主流。研究发现,消费者认为犹太菜的制作与悠久的饮食规则相符,它更干净、更纯粹,并且质量更高。如今,只有 1/5 的犹太菜购买者是传统的犹太顾客。为了把该品牌从商店中较小的犹太专区推广到客流量更大的好位置,R.A.B. 食品集团最近发动了一场"简单的马尼舍维茨"(Simply Manischewitz)广告运动(马尼舍维茨牌大概占其总销售的 54%)。该公司 CEO 说:"虽然犹太食物很明显是我们的传统和支柱,但我们重申我们的犹太食物特质,为谋求更大的发展而定位。"

(资料来源:菲利普·科特勒,等. 市场营销原理[M]. 13 版. 北京:清华大学出版社,2010:507-508.)

案例思考:R.A.B. 食品集团采取了何种市场利基者战略?请简要说明。

章节总结

本章着重论述了竞争者分析、市场领导者战略、市场挑战者战略、市场追随者战略与市场利基者战略。

竞争者分析首先包含竞争者识别、竞争者的战略和目标、竞争者的优势与劣势、竞争者的反应模式、进攻与回避对象的选择。

市场领导者指占有最大的市场份额,在价格变化、新产品开发、分销渠道建设和促销战略等方面对本行业其他公司起着领导作用的公司。市场领导者面临三种挑战:扩大总需求、保护现有市场份额和扩大市场份额。市场领导者愿扩大市场总需求,因为它从增加销售量能获取最多的利润。为保护现有市场份额,市场领导者采用几种防卫办法:阵地防御、侧翼防御、以攻为守、反击防御、机动防御和收缩防御。在扩大市场份额的战略制定过程中,应当考虑经营成本、营销组合和反垄断法等因素。

市场挑战者指在行业中占据第二位及以后为此,有一定实力对市场领导者和其他竞争者采取攻击行动,希望夺取市场领导者地位的企业。市场挑战者的战略目标与所要进攻的竞争对手直接相关。可选择的进攻对象有:市场领导者;规模相同,但经营不佳,资金不足的公司;规模较小,经营不善,资金缺乏的公司。市场挑战者可选择的挑战战略有正面进攻、侧翼进攻、多面进攻、迂回进攻和游击进攻。

市场追随者指在产品、服务、技术、定价、销售模式等大多数营销战略上模仿或跟随市场领导者的公司。市场追随者获取市场份额的战略主要有紧密跟随、距离跟随和选择跟随。

市场利基者指专门为规模较小的或大公司不感兴趣的细分市场提供产品和服务的公司。其竞争战略主要有最终用户专业化、垂直专业化、顾客规模专业化、特殊顾客专业化、地理市场专业化、产品或产品线专业化、产品特色专业化、客户订单专业化、质量—价格专业化、服务专业化、销售渠道专业化等。

在现代市场中,企业营销战略的制定要兼顾竞争者与顾客,实现顾客导向与竞争导向的平衡。

思考题

1. 开展有效的市场竞争需要哪些条件?
2. 行业的进入与流动障碍、退出与收缩障碍分别有哪些?
3. 分析竞争者的反应类型有何意义?
4. 试述市场领导者可采用的防御战略。
5. 试述市场挑战者可采用的进攻战略。
6. 市场追随者可分为哪些类型?
7. 理想的利基市场具备哪些特征?

百思买:自有品牌错位竞争

百思买宣布,自 2010 年 9 月 15 日起,公司将任命新的高级副总裁兼首席设计官,以提速公司的自有品牌战略。在华一波三折的百思买,一直试图将美国模式复制到中国市场,但至今并未成功。继百思买卖场、五星家电连锁后,自有品牌业务成为公司寻求在华突破的第三支生力军。而百思买在中国的主要竞争对手——国美与苏宁,早就开始了由零售店向制造业的渗透,以谋求更高利润率。

百思买中国公关经理刘婷认为,自有品牌的利润率会比经营其他品牌的利润更高。初期的设计、前期物流等投入也很大。一开始就把自有品牌作为赚钱的盈利点是不太合适的,这样也无法做大。

东方证券连锁行业高级分析师郭洋则持如下观点:虽然引入自有品牌商品是现阶段百

思买中国一个明智的选择,但已经具备了规模优势的苏宁和国美通过品类延伸、门店创新和定制包销来提升毛利率,显然比百思买单纯从商品中干挤毛利要容易得多。

  对零售业来说只有两条出路:要么快速扩张求规模,要么做深品类求毛利率。百思买刚刚进入中国不久,在购销规模上很难与已经具备庞大门店网络的苏宁、国美竞争,虽然零供矛盾无法避免,但通过引入新业态和自有品牌来提升毛利率,似乎是百思买现阶段较为合理和现实的选择。

  (资料来源:http://www.vmarketing.cn/index.php?mod=news&ac=content&id=2738)

案例思考

1. 如何评价百思买的自有品牌错位竞争策略?
2. 在与其他品牌的竞争中,你认为百思买应该制定何种战略?请给出你的建议。

第九章 产品策略

 **本章简介**

本章主要探讨了五层次的产品整体概念以及不同依据下产品的分类；产品组合，产品线，产品组合的宽度、长度、深度和相关度的概念，波士顿矩阵以及产品组合调整策略；产品生命周期的四个阶段——导入期、成长期、成熟期和衰退期及其应对策略，不规则产品生命周期的形态；新产品的类型、新产品开发的必要性、新产品的开发策略以及新产品开发的过程和采用过程；品牌的概念、作用、策略以及品牌设计应注意的问题；包装的含义、作用和策略。

学习重点

理解产品以及产品整体的概念，掌握产品组合的相关概念以及产品组合策略，把握产品生命周期概念，区分产品生命周期各阶段特征及各阶段的营销策略，了解新产品的概念及新产品开发的原则，掌握新产品开发的科学程序，掌握制定和实施产品品牌、包装策略的原理和方法。

 **引入案例**

新航的差异化品牌策略

新加坡航空公司，一个"弹丸"国家的航空霸业，一个没有国内航线的国航公司。700多平方公里大的新加坡,怎样成就了世界前列的航空公司？

新加坡，岛国，人口547万（2014年统计），国土面积718.3平方公里。开车绕全国一周仅需一个多小时，这么小的一个城市国家，没有发展国内航线的需要，而新加坡航空就是在这样一个"弹丸"之地发展起来的。截止到2010年，新加坡航空公司是全世界市值最大的航空公司,是利润最高的航空公司,是五星级的航空公司,当时全世界一共只有6家五星级航空公司,中国只有一家四星级航空公司。新加坡航空公司无疑是航空业的一个奇迹,而造就这个奇迹的是新加坡航空公司差异化的品牌策略。

新加坡航空的发展历程

新加坡航空成立于1947年,当时的名称是马来西亚航空。1965年新加坡独立建国,马来西亚航空更名为马来亚—新加坡航空(MSA),主要负责东南亚地区的运营。1972年,新加坡与马来西亚政府间的合作破裂,使马来西亚航空一分为二,拆分为马来西亚航空公司和新加坡航空公司,自此两家公司各自发展。由于没有国内航线可以依赖,新加坡航空把眼光投向了国际航空市场。刚刚拆分出来的新加坡航空百废待兴,没有政府的补助,也没有银行贷款,要面对国际航空市场强大竞争对手的激烈竞争,还要采用低成本的运营方式,这就是刚刚成立的新加坡航空公司所面临的严峻形势。1981年新加坡樟宜机场建成,由于受到城市国家地理位置狭小的限制,只能填海建机场,机场总面积的一半建在海里。由于新加坡地理位置特殊,是东方的"十字路口",樟宜机场被定义为亚欧中转站,同时为了与新加坡大力发展旅游业和服务业的政策相适应,因此新加坡航空的重点在中转联程,大力发展澳大利亚、东南亚、欧洲航线。此后,新加坡航空不断发展,截止到2010年,构建了覆盖全球38国家和地区的93个目的地航空网络。

新加坡航空品牌策略

新加坡航空想要抢占国际航空市场并不容易,因为经营多年的老牌航空公司,几乎已经占有了一切。面对这样的局面,新加坡航空公司靠什么赢得了顾客?航空业的服务产品从本质上区别不大,一共只有两大主要的飞机制造商——空客和波音,所有航空公司的硬件配置区别不大。航空公司能在这种激烈竞争中突围而出,主要是靠在消费者心中建立的品牌形象和声誉,例如两家知名的世界航空公司——英国维珍航空和美国的西南航空,前者是充满创意的品牌形象,后者是低价实惠的品牌形象。因此,新加坡航空要成功进入国际航空市场,主要靠建立差异化的品牌形象。

新加坡航空通过五感营销建立了自己特殊的品牌形象,它从听觉、视觉、味觉、触觉和嗅觉在消费者心中建立了一个立体的品牌形象。首先,1994年,新加坡空姐作为第一个商业人物进入了全世界水平最高之一的伦敦杜莎夫人蜡像馆,这对新加坡空姐的商业价值进行了肯定,温柔体贴的新加坡空姐在消费者心中留下深刻印象。航空公司对空姐形象进行了一系列的打造:服装上,空姐身上是由巴黎设计大师设计的独特的纱笼,沙笼是马来西亚的传统服装,代表着南洋风情,显得既优雅、亲切,而且很职业。礼仪上,新加坡秉承儒家文化,强化的东方礼仪体现在空姐的举手投足之间,表现出亲切、热情、优雅以及体贴的东方女人形象,极致放大了东方女人的魅力。新加坡空姐就此成为新加坡航空公司提供优质服务的完美的人性化体现和最佳的品牌代言人。其次,由于高空气压问题,人的味觉迟钝,而且飞机上烹饪空间有限,乘客要在飞机上享受一顿美食不是件简单的事情。1998年,新航为了让顾客吃到世界各地的美食,成立了由来自全球著名美食城市的名厨组成的国际烹饪顾问团,推出了20多款美食供选择。再次,顾客登机之后,新航空姐会递上带有独特香味的热毛巾,这香味是新加坡航空定制和注册的一款独一无二的香水,也是新加坡航空的形象之一。美女、美食、美味给顾客从视觉、味觉、听觉、嗅觉和触觉上留下立体的品牌的形象,就是新加坡航空公司的五感营销。

新加坡航空公司能在竞争激烈的国际航空市场突出重围与它的持续创新是分不开的。它能不断地向市场提供新产品和新服务,来取得竞争优势,例如,1978 年作为第一家航空公司在经济舱免费供应耳机、酒类饮料和餐点的选择,1984 年作为第一家航空公司提供由伦敦直飞新加坡的航班,1991 年作为第一家航空公司飞机上装设环球卫星电话,1996 年作为第一家航空公司装设最先进的个人客舱娱乐系统以及通信系统,2007 年作为第一家航空公司接受和运营超大型空客 A380 飞机,新加坡航空公司一直坚持尝试最新型的豪华科技。新加坡航空推出的一系列航空服务业创新,甚至可以说是服务业的革命之举。

新加坡航空公司提供的一系列的服务都是免费的,但是它的机票价格却远远比其他航空公司贵,所以它能成为利润最高的航空公司。新加坡航空采用高端服务策略,它的目标不是做最大的航空公司,而是做最盈利和口碑最好的航空公司。经过多年的发展,新加坡公司通过各种营销策略和持续不断的创新,成功树立了高端优势的品牌形象。

案例思考:
1. 新加坡航空公司发展过程中怎样体现出产品整体概念的?
2. 新产品和新服务对新加坡航空公司发展有何影响?
3. 新加坡航空公司是怎样树立品牌形象的?
4. 本案例给你带来哪些启示?

第一节 产品与产品分类

一、产品的概念

人们通常理解的产品是指看得见、摸得着,具有某种物质形状和用途的物品,这是狭义的产品概念。从市场营销学的观点来看,产品概念的内涵得到了扩展,是指一切能满足消费者某种利益和欲望的物质产品和非物质形态服务的总合。它既包括产品实体及其品质、特色、款式、品牌和包装等有形物品,也包括可以给买家带来附加利益和心理上的满足感及信任感的售中和售后服务、保证、产品形象、销售声誉等无形服务,这就是"产品整体概念",即现代营销意义上的产品。产品整体概念包括五个基本层次,如图 9-1 所示:

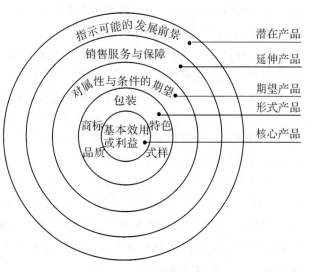

图 9-1 产品整体概念

1. 核心产品　是指向顾客提供的产品的基本效用或利益，是顾客需求的中心内容，也是产品整体概念中最基本和最实质的层次。顾客愿意支付一定的货币来购买产品，就在于产品的基本效用，拥有它能够从中获得某种利益或者欲望的满足。如洗衣机的核心利益体现在它能让消费者方便、省力、省时地清洗衣物。

2. 形式产品　是指核心产品所展示的全部外部特征，即向市场提供的产品的具体形象或外在表现形式，主要包括产品的款式、质量、特色、品牌、包装等。具有相同效用的产品，其表现形态可能有较大的差别。因此，企业进行产品设计时，除了要重视用户所追求的核心利益外，也要重视如何以独特的形式将这种利益呈现给目标客户。

3. 期望产品　是指购买者在购买产品时期望得到的与产品密切相关的一组产品属性和条件。顾客在购买产品时，会根据以往的消费经验和企业的营销宣传，对所要购买的产品形成一种期望。如对于购买洗衣机的人来说，期望该机器能省事省力地清洗衣物，同时不损坏衣物，洗衣时噪音小，方便进排水，外型美观，使用安全可靠等。

4. 延伸产品　是指顾客购买形式产品和期望产品时，获得的附带各种利益的总和，主要包括运送、安装、调试、维修、产品保证、零配件供应、技术人员培训等。附加产品来源于对消费者需求的综合性和多层次性的深入研究，要求营销人员必须正视消费者的整体消费体系，但同时必须注意因附加产品的增加而增加的成本消费者是否愿意承担的问题。

【案例9-1】世界上前5名的美国最大制药商查理斯·威格林，最初采取了赠送服务的方式而招揽生意，顾客也十分满意。

他说："假如有人来电话购货，我一面接电话，一面举手示意伙计备货，并立刻送货上门。"

有一天电话来了，他大声回答道："霍斯福太太，2瓶消毒药水，1/4磅消毒棉花。好，霍斯福18号，知道，还要别的什么吗？啊，今天天气好，没有出去散步吗？还有……"

他一边在电话里和顾客聊天，一边指挥伙计取齐货物，马上送去，伙计也训练有素，每有电话就密切配合，在接电话几分钟内，货物已送到霍斯福太太的门口，而他们还在继续通话。这时，霍斯福太太在电话里说："对不起，门铃响了，威格林先生，我得马上去开门，再见！"

威格林放下听筒，面露喜色，他完全可以想象得到霍斯福太太既惊奇又高兴的样子。由于顾客的传播，威格林先生的药房威名大震，他从一间小小的药房，扩展成公司，并成立了制药厂，后来分公司开遍了美国各地。

5. 潜在产品　是指现有的包括所有延伸产品在内的，可能发展成为未来最终产品的潜在状态产品。企业需要不断寻求满足顾客的新方法，不断地将潜在产品变成现实的产品，这样才能使顾客得到更多的意外惊喜，更好地满足顾客的要求。

产品整体概念的五个层次，明确地体现了以顾客为中心的现代营销概念。这一概念对企业营销管理具有重要意义，它表明了解顾客所追求的核心利益十分重要，同时我们可以从不同层次概念的产品来寻求和建立企业自身的竞争优势。

整体产品概念对市场营销的意义是重要的，注意体现以下几个方面：①整体产品概念体现了以顾客为中心的现代营销观念。②整体产品概念为企业开发适合消费者需要的有形与无形产品、挖掘新的市场机会提供了新的思路。③整体产品概念给企业产品开发设计提供了新的方向。④整体产品概念为企业的产品差异化提供了新的线索。⑤整体产品概念要求企业重视各种售后服务。

【案例9-2】芭比诞生于二战后的美国。1959年3月9日，世界上第一个金发美女娃娃正式问世,它的创造者美泰公司创办人露丝·汉德勒见女儿喜欢玩当时流行的纸娃娃,兴致盎然地帮它们换衣服、换皮包,便想到应该设计一款立体娃娃。而一次在德国度假时,露丝无意间发现了身高11.5寸、三围39-18-33的德国娃娃"莉莉"。正是这个娃娃激发了露丝的灵感,回到美国后,露丝立刻对莉莉的形象加以改造,让她看上去像玛丽莲·梦露一般的性感迷人。1959年3月9日,世界上第一个金发美女娃娃正式问世,露丝用小女儿芭芭拉的昵称给它命名,从此这位金发美女就叫作"芭比"。目前,芭比的足迹遍布全球150个国家,平均每一秒钟在世界上就有3个芭比娃娃被售出。

几十年来,芭比始终保持着青春、亮丽的形象,曲线玲珑、光彩照人。美泰公司平均每年要推出90组芭比系列娃娃,为使芭比更加人性化,美泰专门为它设计了朋友、家人,还有一个名叫肯尼的男友;芭比从事的职业也各种各样,它当过明星、教师、工程师甚至兽医;而最让孩子们着迷的是,芭比有数不清的漂亮衣服。据统计,自问世以来,芭比和它的朋友们一共穿过近10亿件衣服,芭比以其迷人的形象征服了全世界。从1959年至今,芭比从一名摇滚明星到战地护士,有无数种身份;经专家精心设计的三围和五官,拥有达10亿套时装及10亿双鞋,共穿过45个国家或民族的服装;是所有女性的梦想。芭比的出现,将女人关于美的理想,从3岁一直延续到80岁。风靡了50多年的芭比,见证了50多年来时尚的各种风潮。芭比卖的不只是玩具,还有梦想,它体现了更深层次和整体的产品概念。

二、产品的分类

1. 根据产品是否耐用和有形分类 产品可以根据其耐用性和是否有形,分为以下三种。

(1) 耐用品:指使用时间较长,使用期限至少在1年以上的物品,如电冰箱、汽车、电视机、机械设备等。耐用品单位价值较高,购买频率较低,需要许多的人员推销和服务,销售价格较高,利润也较大。

(2) 非耐用品:指使用时间较短,甚至一次性消费的商品,如手纸、糖果、牙膏等。这类产品单位价值较低,消耗快,消费者往往经常购买、反复购买,大量使用。

(3) 服务:即为出售而提供的活动、利益或满足。服务的特点是无形、不可分、易变和不可储存。一般来说,它需要更多的质量控制、供应商信用以及适用性。

2. 根据消费者购买习惯分类 根据人们的消费习惯和购买的特点,消费品可以分为以下四种。

(1) 便利品:通常是指消费者经常和随时需用,不必花费很多时间和精力去购买的物品。又可以进一步:①日常需要的,如牙膏,香烟,肥皂等;②即兴购买的,如报纸,工艺美术品等;③特定情况下需要的,如雨具、痱子粉、蚊香等。

(2) 选购品:指顾客对使用性、质量、价格和式样等基本方面要做认真权衡比较的产品。例如家具、服装、旧汽车和大的器械等。在购买之前,消费者要进行反复比较,比较注重产品品牌与产品的特色。选购品占到产品的大多数,价格一般也要高于便利品,消费者往往对选购品缺乏专门的知识,所以在购买时间上的花费也就比较长。服装、皮鞋、农具、家电产品等是典型的选购品。

(3) 特殊品:指消费者对其有特殊偏好并愿意花较多时间去购买的商品。例如特殊品牌的服装、汽车等。

(4) 非渴求品:指消费者不了解,或即便了解也不会主动去购买的产品。传统的非渴求品有墓地、墓碑等。

3. 根据生产资料的分类 根据产品组织需要购买各种产品和服务,产业用品一般分为以下三类。

（1）材料和部件:指完全进入产品制造过程的工业品,包括原材料、半制成品和部件。如天然产品（煤、原油）、农产品（小麦、棉花）、半制成品（面粉、生铁）和构成部件（轮胎、压缩机）。

天然产品的供应量有一定的限度,而且没有其他完全可以替代的产品,通常由少数规模巨大的生产者向市场提供。其营销方式的特点有:营销的好坏基本上取决于运输条件的组织安排;适宜采取最短的销售路线;严格按照合同如期交货是最基本的营销手段,广告及其他的促销活动意义不大;价格是最主要的选购因素。农产品的营销特点有:必须有很多中间商和很长的销售渠道;集中力量解决好储存问题;广告及其他促销活动的作用不大。材料和构成部件一般均按事先的订单大量供货,中间商所起的作用较小,经营成败的关键因素是在质量符合使用要求的前提下价格和出售者提供的服务。

（2）资本项目:指在生产过程中长期发挥作用,其价值是逐渐、分次地转移于所生产的产品中去的劳动资料。它分为主要设施和附属设备两类。

主要设施是生产资料购买者投资的主要支出,包括建筑物（厂房）和固定设备（纺纱机、发电机）。主要设施价值大,使用时间长,且在生产过程中起举足轻重的作用,通常由供需双方的高层管理人员直接谈判,通过购销合同的形式成交,一般不经过中间商。主要设施的销售和提供修理、补充修理等技术服务关系很大,比价格因素重要。主要设施供应方给买家以不同形式的财务上的支持,已被证明是一种对买卖双方均为有利的促销方式。

附属设备是指协助生产资料的购买者完成生产经营活动所需要的各种产品,如各种手工工具、办公室家居。附属设备通常价值较低,使用时间较短,对整个企业的生产经营活动的影响较小,不需要高层管理人员做出决策。附属设备通用程度高,用户广泛,基本通过中间商出售给使用者。采用广告及其他传播手段对促进销售有明显的影响。

（3）易耗品和服务:指维持企业生产经营活动所必需,但其本身完全不进入生产过程的产品。易耗品可以分为使用易耗品（如燃料、铅笔）和维修易耗品（如油漆、扫帚）。易耗品单价低、顾客多、地区分散,一般通过中间商销售。易耗品大部分都相当标准化,因此,用户的品牌忠诚度不高。价格和销售服务是选购时主要考虑的因素。

作为生产资料的服务,包括维修服务金额咨询服务。维修服务通常需要订购合同,除维护工作常由小型专业公司提供外,修理服务则大多由原设备的制造商提供。咨询服务是纯粹的非实体产品,买家选购时主要考虑的因素是咨询者的声誉及其所拥有的人才的业务与技术水平。

第二节　产品组合

一、产品组合的相关概念

1. 产品组合是指某个企业生产或销售的全部产品的组成方式,它包括所有的产品线和每一产品线中的产品项目。它反映了一个企业的经营范围或生产的产品结构。

2. 产品线是指能够满足同类的需要,在功能、使用和销售等方面具有类似性的一组产品。产品线是产品组合中的一大类,一般有许多不同的产品项目。

3. 产品项目是指按产品目录中列出的每一个明确的产品单位,一种型号、品种、尺寸、价格、外观等就是一个产品项目。

4. 产品组合的宽度、长度、深度和相关度。

(1) 产品组合的宽度指拥有的产品线数目。如某公司假如拥有清洁剂、牙膏、条状肥皂、纸尿布、卫生纸,那它的宽度为 5。

(2) 产品组合的长度指每一条产品线内的产品品目数,当然如果一个公司具有多条产品线,公司可以将所有产品线的长度加起来,得到公司产品组合的总长度,除以宽度则可以得到公司平均产品线长度。

(3) 产品组合的深度是指每一生产产品品目内的品种数,如某品牌牙膏具有多种口味与香型,这些就构成了该牙膏的深度。

(4) 产品组合的相关性是指不同的产品线在性能、用途、渠道等方面可能有某种程度的关联。

【案例 9-3】由表 9-1 我们可以知道 P&G 的产品组合信息:

表 9-1　P&G 的产品组合

清洁剂	牙膏	条状肥皂	纸尿布	纸巾
象牙雪 1930	格利 1952	象牙 1879	帮宝适 1961	媚人 1928
德来夫特 1933	佳洁士 1955	柯克斯 1885	露肤 1976	粉扑 1960
汰渍 1933		洗污 1893		旗帜 1982
快乐 1950		佳美 1926		绝顶 1992
奥克雪多 1914		爵士 1952		
德希 1954		保洁净 1963		
波尔德 1965		海岸 1974		
圭尼 1966		玉兰油 1993		
伊拉 1972				

产品组合的宽度:5 条产品线;

产品组合的长度:总长度 25 个品种,平均每条产品线 5 个品种;

产品组合的深度:佳洁士品牌有 3 个规格,每个规格有 2 种口味,则佳洁士品牌的深度是 6。

二、产品组合策略

产品组合决策就是企业根据市场需求、竞争形势和企业自身能力对产品组合的宽度、长度、深度和相关性方面做出的决策。以下是对波士顿产品组合决策的介绍。

1. 波士顿咨询集团法　又称四象限分析法、产品系列结构管理法,是由美国著名的管理学家、波士顿咨询公司创始人布鲁斯·亨德森于 1970 年首创的一种用来分析和规划企业产品组合的方法。图 9-2 是波士顿矩阵:

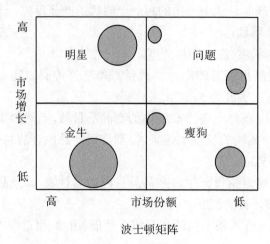

图 9-2　波士顿矩阵

这种方法仅依据市场增长率及相对市场占有份额两个因素对产品组合进行分析。年市场增长率以 10% 为界分高、低两档。相对市场占有份额,是指本公司某一产品的市场占有份额与同行业中最大的竞争者的同一产品的市场占有份额之比。第一象限是明星产品,第二象限是问题产品,第三象限是金牛产品,第四象限是瘦狗产品。各类产品的策略如下:

(1) 明星业务,高增长 / 高市场占有率,就是指增长率很快,市场占有率也很高,得到的利润较好,就像明星一样,发展前途很好,这类业务处于迅速增长的市场,具有很大的市场份额。在企业的全部业务当中,"明星业务"在增长和获利上有着极好的长期机会,但它们是企业资源的主要消费者,需要大量的投资,为保护或扩展"明星业务"在增长的市场中占主导地位,企业一般应对此类业务进行保护,在短期内优先供给它们所需的资源,支持它们继续发展。

(2) 问题业务,该业务是高增长 / 低市场占有的,就是指增长率很快,但是市场占有率不高,得到的利润有限,这类业务通常处于最差的现金流量状态。一方面,新创业的市场增长率高,企业需要大量的投资支持其生产经营活动;另一方面,其相对份额地位低,能够生成的资金很小。因此,企业在对于"问题业务"的进一步投资上需要进行分析,判断使其转移到"明星业务"所需要的投资量分析其未来盈利,研究是否值得投资等问题,要是无法投资的,应该放弃该类业务了。

(3) 金牛业务(也叫奶牛业务),低增长 / 高市场占有率,像奶牛一样,吃的是草,产出的是高质量的牛奶,这类业务处于成熟的低速增长的市场之中,市场地位有利,盈利率高,本身不需要投资,反而能为企业提供大量资金,用以支持其他业务的发展,企业的任何业务都是朝着这种业务发展的。

(4) 瘦狗业务,低增长 / 低市场占有率,像瘦狗一样,要吃饭,但是自身却没有什么价值,即要投入较大,但是利润较少,或是没有利润,甚至亏损的,这类业务处于饱和的市场当中,竞争激烈,可获利润很低,不能成为企业资金的来源。如果这类经营业务还能自我维持,则应该缩小经营范围,加强内部管理。如果这类业务已经彻底失败,企业应及早采取措施,清理业务或退出经营。

【案例9-4】P&G的洗发水产品组合策略,图9-3是各类产品的理念及构成的波士顿矩阵图。

"海飞丝"的广告策略是全明星阵容,专业去头屑。

"沙宣"选用很酷的美女,是专业美发。

"潘婷"是营养,维生素B_5。

"飘柔"是洗护二合一,顺滑。

"润妍"是黑发。

"伊卡璐"是草本护理。

图9-3 P&G洗发水产品组合

由图9-3可以看出,明星产品——沙宣的特征:高市场占有率、高市场渗透率、稳定的客户群;其策略:加大投资以支持其速发展。现金牛产品——飘柔、海飞丝、潘婷的特征:低市场增长率、高市场占有率、已进入成熟期;策略:所投入资源以达到短期收益最大化为限。问题产品——伊卡璐的特征:高市场增长率、低市场占有率、处于引进期;策略:选择性投资战略。瘦狗产品——润妍的特征:市场占有率低、市场增长率低;策略:撤退战略。

2. 产品组合调整策略 企业的产品组合状况应该与企业内部条件和外部环境相适应,适时地调整产品组合,使其保持最佳的组合状态。常见的调整策略有以下。

(1)扩展产品组合:包括扩展产品组合的宽度和加深产品组合的深度。前者是在现有的产品组合的基础上增加一条或几条产品线,从而扩大经营产品的范围;后者是在现有产品大类内增加新的产品项目,一般出现在企业发展期、经济繁荣期。

(2)缩减产品组合:包括缩减产品组合的深度和缩短产品组合的深度。当市场情况良好时,较长、较宽产品组合会给企业带来更多的盈利机会,但当市场不景气时,原料和能源供应紧张时,剔除产品组合中那些微利或者亏损的产品线和产品组合,反而有利于提高企业的总利润,一般出现在企业出现困难,经济萧条期。

(3)产品延伸:产品延伸策略是指全部或部分地改变企业原有的市场定位,具体包括向下延伸、向上延伸和双向延伸。

①向下延伸:是指企业由原来生产高档产品,后来增加到生产低档产品。向下延伸的风险:使名牌产品的市场形象受到损害;激怒低档产品生产者,导致其向高档市场发起进攻;因所得利润较少,经销商不愿意经营低档产品。

②向上延伸:则指原来生产低档产品,后增加生产高档产品。向上延伸的风险:引起高档产品竞争者进入低档产品市场来反攻;未来的顾客可能不相信企业能生产高档产品;销售代理商和经销商可能没有能力经营高档产品

③双向延伸:是指企业原来定位中档产品市场,后来决定向产品大类的上下两个方向延伸。向下增加市场占有率,求生存;向上增加市场影响力,图发展,总之恰当的产品的延伸有利于企业更加灵活地迎合顾客多样化的需求。

【案例9-5】早年,美国的"派克"钢笔质优价贵,是身份和体面的标志,许多社会上层人物都喜欢带一支派克笔。1982年新总经理上任后,把派克品牌用于每支售价仅3美元的

低档笔上,结果,派克公司非但没有顺利打入低档笔市场,反而丧失了一部分高档笔的市场。其市场占有率大幅下降,销售额只及其竞争对手克罗斯公司的一半。

派克新任总经理采取产品向下延伸策略,没有达到迎合顾客多样化需求的目的,反而损坏了派克笔在消费者心目中的形象,错误的产品延伸策略使公司面临更大的风险。

【案例9-6】 理查德·内尔和阿瑟·梅林是一家名叫惠姆—奥制造公司的合伙老板,1958年3月,在纽约的一次玩具博览会上,有个熟人告诉他们,有一种大木圈很快就会在澳大利亚到处流行,孩子把它套在屁股上转着玩。回到公司后,内尔和梅林便开始制造木圈。但做了20来个,就停下了。他们不喜欢木头的,想用塑料来试一试。到5月,他们做出了符合他们要求的东西,他们用花花绿绿的聚乙烯管做成三英尺大的圈,每只售价九角三分,可得毛利16%。惠姆—奥公司的这种新玩具定名为呼啦圈。

第三节　产品生命周期

一、产品生命周期的概念

1. 产品生命周期的概念

产品生命周期(product life cycle,PLC)是指产品的市场寿命,而不是产品的自然生命或使用寿命。它是指产品从研究开发、试销、进入市场、市场饱和,至最后被市场淘汰的全部过程。典型的产品生命周期一般包括四个阶段:导入期、成长期、成熟期和衰退期,如图9-4所示。

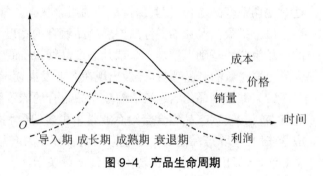

图9-4　产品生命周期

2. 如何判断产品的生命周期

(1)历史资料类比法:该方法是根据以往市场上相类似的产品的生命周期变化的资料来判断本企业产品所处市场生命周期的阶段。如要对彩电市场进行判断,可以借助类似产品如黑白电视机的资料为依据,做对比分析,进行判别。

(2)销售增长率法:该方法就是以某一时期的销售增长率与时间的增长率的比值来判断产品所处市场生命周期阶段的方法。

$$销售增长率辨别法 = \frac{\Delta Y}{\Delta X} = \frac{本期销售额-上期销售额}{上期销售额} \times 100\%$$

其中,Y:销售额;X:时间(假定以年为单位);ΔY:销售增长率;ΔX:时间增量。

判别法则:

① $\Delta Y/\Delta X$ 的值不稳定→投入期;

② $\Delta Y/\Delta X$ 大于 10%→成长期;

③ $0.10\% \leqslant \Delta Y/\Delta X < 10\% \rightarrow$ 成熟期；

④ $\Delta Y/\Delta X < 0 \rightarrow$ 衰退期。

二、产品生命周期各阶段特点和营销策略

1. 导入期

（1）导入期一般指产品刚投入市场销售的阶段，主要特点有：第一，制造成本高，生产批量小，试制费用大；第二，由于消费者对产品不熟悉，广告促销费高；第三，产品销价偏高；第四，几乎没有利润；第五，完全创新的产品和含有高新技术的换代产品在引入期的竞争者较少甚至没有竞争者。

（2）导入期的营销策略：第一，明确促销活动的重点；第二，正确选择价格策略；第三，把促销与价格组合运用；在产品的介绍期，一般可以由产品、分销、价格、促销四个基本要素组合成各种不同的市场营销策略。仅将价格高低与促销费用高低结合起来考虑，就有下面四种策略：

①快速撇脂策略：即以高价格、高促销费用推出新产品。实行高价策略可在每单位销售额中获取最大利润，尽快收回投资；高促销费用能够快速建立知名度，占领市场。实施这一策略须具备以下条件：产品有较大的需求潜力；目标顾客求新心理强，急于购买新产品；企业面临潜在竞争者的威胁，需要及早树立品牌形象。一般而言，在产品引入阶段，只要新产品比替代的产品有明显的优势，市场对其价格就不会那么计较。

【案例9-7】1945年的圣诞节是战后第一个圣诞节，当时许多人希望能买一种新颖别致的商品作为圣诞礼物。雷诺公司看准了这一时机，不惜重金从阿根廷引进了当时美国还没有的圆珠笔生产技术，并在很短的时间内生产出产品。

在制定价格时，他们进行了认真的研究分析，考虑到这种产品在美国首次出现，无竞争对手，战后市场物资供应缺乏，购买者求新好奇，追求礼物新颖等因素，决定采取快速掠取战略，以远高于成本的价格每支10美元卖给零售商。当时每支笔的生产成本仅为0.50美元。零售商以每支20美元的价格出售，产品在美国风靡一时，雷诺公司获得了巨额利润。由于圆珠笔的生产技术比较简单，所以很快出现了大量的竞争者，产品价格迅速下降，零售价降为每支0.70美元，生产成本降为每支0.10美元。

②缓慢撇脂策略：以高价格、低促销费用推出新产品，目的是以尽可能低的费用开支求得更多的利润。实施这一策略的条件是：市场规模较小；产品已有一定的知名度；目标顾客愿意支付高价；潜在竞争的威胁不大。

例如，某种珠宝加工新设备的问世，由于其本身属于高科技产品，不容易让竞争对手模仿，市场容量也比较有限，不适宜做大量的广告宣传，只需要印制一些宣传册邮寄给珠宝加工商即可。

③快速渗透策略：以低价格、高促销费用推出新产品。目的在于先发制人，以最快的速度打入市场，取得尽可能大的市场占有率。然后再随着销量和产量的扩大，使单位成本降低，取得规模效益。实施这一策略的条件是：该产品市场容量相当大；潜在消费者对产品不了解，且对价格十分敏感；潜在竞争较为激烈；产品的单位制造成本可随生产规模和销售量的扩大迅速降低。

④缓慢渗透策略：以低价格、低促销费用推出新产品。低价可扩大销售，低促销费用可降低营销成本，增加利润。这种策略的适用条件是：市场容量很大；市场上该产品的知名度较高；市场对价格十分敏感；存在某些潜在的竞争者，但威胁不大。

2. 成长期　又称畅销期,是指产品通过试销阶段以后,转入大量销售的阶段。

(1) 成长期主要特点:①销售额迅速增长;②生产成本大幅度下降;③利润迅速增长;④同类产品、仿制品和代用品开始出现,使市场竞争日趋激烈。

(2) 成长期的营销策略:①提高质量。如增加新的功能,改变产品款式,发展新的型号,开发新的用途等。对产品进行改进,可以提高产品的竞争能力,满足顾客更广泛的需求,吸引更多的顾客。②进一步细分市场,扩大目标市场。通过市场细分,找到新的尚未满足的细分市场,根据其需要组织生产,迅速进入这一新的市场。③改变广告宣传目标。把广告宣传的重心从介绍产品转到建立产品形象上来,树立产品名牌,维系老顾客,吸引新顾客。④降低价格。在适当的时机,可以采取降价策略,以激发那些对价格比较敏感的消费者产生购买动机和采取购买行动。⑤按照高绩效的分销渠道体系要求,真正建立起满足企业需要的分销渠道体系。

3. 成熟期　又称饱和期,是指产品在市场上销售已经达到饱和状态的阶段。

(1) 成熟期的主要特点:①销售额增长速度趋于缓慢甚至减少;②市场需求趋于饱和;③竞争最为激烈。

(2) 成熟期的营销策略:①市场改良策略。这种策略不是要调整产品本身,而是发现产品的新用途、寻求新的用户或改变推销方式等,以使产品销售量得以扩大。②产品改良策略。这种策略是通过产品自身的调整来满足顾客的不同需要,吸引有不同需求的顾客。整体产品概念的任何一层次的调整都可视为产品再推出。③市场营销组合改良策略。即通过对产品、定价、渠道、促销四个市场营销组合因素加以综合调整,刺激销售量的回升。常用的方法包括降价、提高促销水平、扩展分销渠道和提高服务质量等。

【案例 9-8】

杜邦公司延长尼龙生命周期的战略

1. 频加使用:尼龙袜的销售曲线日趋平坦后,杜邦公司便潜力研究,发现当时女性已趋向于"露腿",人们的生活不定,青年妇女对于穿袜子的"社交需要"之感也日渐淡薄。由于这些发现,杜邦公司乃认为要使销售曲线回升,有一个直接的方法就是重复强调社交必须穿袜子;这种方法显然颇为困难,宣传的成本也很高,不过它却能在现有的使用者之间,促使她们时常穿着袜子,达到延长产品生命的目的。

2. 变化使用:对杜邦来说,这种策略主要是要使妇女更普遍地购用尼龙丝袜。首先,杜邦公司推出一种淡色的丝袜,当作时髦标致的装饰;让大家普通购用后,又推出一些带有花样的高级丝袜,取代以前那种花色单调的丝袜,妇女因受新花样的吸引,则趋之若鹜,纷纷换旧购新,货色的变化换新,使人觉得年年有新花样可买、可穿。

3. 创造新顾客:即使人们公认年轻女性穿尼龙丝袜是种正当的需要,从而增加年轻女性这一阶层的顾客。此时,必须用广告、公共关系来支持这种宣传。

4. 寻求新用途:从变化袜子的形态(如松紧长丝袜、松紧短袜)到寻求新的用途(如地毯、轮胎、轴承等等)。

4. 衰退期　又称滞销期,是指产品不能适应市场需求,逐步被市场淘汰或更新换代的阶段。

(1) 衰退期的主要特点:第一,产品需求量,销售量和利润迅速下降;第二,新产品进入市场,突出表现为价格竞争,且价格压到极低的水平。

(2) 衰退期的营销策略：①继续策略。继续延用过去的策略，仍按照原来的细分市场，使用相同的分销渠道、定价及促销方式，直到这种产品完全退出市场为止。②集中策略。把企业能力和资源集中在最有利的细分市场和分销渠道上，从中获取利润。这样有利于缩短产品退出市场的时间，同时又能为企业创造更多的利润。③收缩策略。抛弃无希望的顾客群体，大幅度降低促销水平，尽量减少促销费用，以增加利润。这样可能导致产品在市场上的衰退加速，但也能从忠实于这种产品的顾客中得到利润。④放弃策略。对于衰退比较迅速的产品，应该当机立断，放弃经营。可以采取完全放弃的形式，如把产品完全转移出去或立即停止生产；也可采取逐步放弃的方式，使其所占用的资源逐步转向其他的产品。

三、不规则的产品生命周期形态

1. 风格 一种基本和独特的表达方式。例如：住宅、衣物和艺术；一种风格一旦被发明，就会处于一种时而风行、时而衰落的特殊生命周期（图 9-5）。

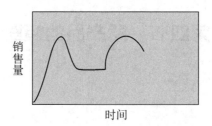

图 9-5 风格产品生命周期

2. 流行 在某个领域中当前被接受的风格。流行通常时间增长缓慢，保持一段时间，然后缓慢衰退（图 9-6）。

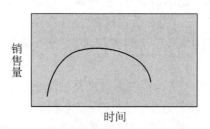

图 9-6 流行产品生命周期

3. "扇形"产品生命周期 它是基于发现了新的产品属性、用以推广出售就显示了这种扇形特征（图 9-7）。

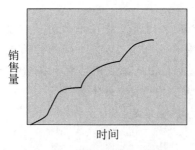

图 9-7 扇形产品生命周期

4. "时尚"产品生命周期　一种来得很快的潮流,它被人们狂热追随,在迅速达到高潮后很快消退(图 9-8)。

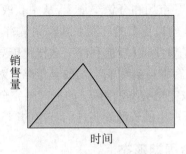

图 9-8　时尚产品生命周期

第四节　新产品的策略

一、新产品的概念

市场营销学中新产品的概念是指只要在功能货形态上得到改进或与原有产品产生差异,并能为顾客带来新的利益的产品。新产品可以分为以下四种类型:

1. 全新产品　全新产品是指采用新材料、新工艺、新技术,运用新原理制成的前所未有的产品,如电话、电灯、电视机、飞机、计算机等,就属于全新产品。这类产品的问世大都源于科学技术在某一方面的突破,它们的普及也能极大地改善人们的生活。全新产品是极为难得的,任何一项科技创造和发明,从理论到实践,都要投入大量的人力、物力和财力,大多数企业难以做到。

2. 换代型新产品　换代型产品是指在原有产品的基础上,全部采用或部分采用新技术、新材料、新结构制造出来的产品。这类产品与原产品相比,往往在产品的外观、性能或功能方面有较大进步。例如,苹果手机从第一代到第六代产品,并且还在迅速的更新换代中,每一代产品都有新的进步。

3. 改进型产品　改进产品是指在有产品基础上适当加以改进,在产品的质量、性能、结构、造型等方面有所改善。改进后的产品与原产品差别不大,改进难度不高,使用方式与原来差别不大。

【小资料】研究表明,至少 90％的新产品在推出两年内最终失败。另一项研究则表明,食品饮料、美容和保健品市场每年大概有 2.5 万个新产品面市,但是 5 年之后只有 40％左右能够存活下来;更为可叹的是,新推出的工业产品中也有 30％左右的失败率。

思考:新产品开发的成功率只有 30％,为什么?

①创意(特别是生活用品)严重不足;

②市场分割过细;

③社会/政府压力;

④开发成本；
⑤资金不足；
⑥需求的快速变化；
⑦产品的生命周期越来越短。

二、新产品开发的必要性

以上的资料表明新产品开发难度，新产品的开发有着耗资大，成本高、难度大，时间长、风险大，失败率高等特点。但是，只有不断地创新，企业才能长久。新产品的开发是企业发展源源不断的动力，其必要性主要体现在以下几个方面：

1. 产品生命周期的客观需要。产品具有市场寿命，发展到一定阶段会被市场所淘汰，企业不进行新产品的研发，同样会被淘汰。一般而言，企业向市场投放一种新产品时，就应该着手设计另一款新产品，甚至更早，从而保证企业有源源不断的发展动力。

2. 满足消费者需求变化的需要。消费者的需求会随着自身的消费体验的增加而不断变化。这种变化促使企业淘汰不适应消费者要求的老产品，研发新产品。

3. 科技发展的推动。科学技术的发展会带来许多高科技新型产品的出现，并加快产品的更新换代的速度。企业为了取得市场先导权，会采用新技术研发更优越的产品并推向市场。

4. 市场竞争的压力。市场竞争日趋激烈，企业要保持竞争优势，就必须不断地研发新产品。

【案例9-9】P&G自从成立以来，一直对产品的研发非常重视。每年，其研发经费大约占其营业额（约400亿美元）的4%，在全球各地共设有22个研发中心，并聘有7 500名左右的研发人员，其中约有博士1 250名。同时，为了有效地管理庞大的研发阵容和经费，P&G特别设有直属CEO的研发官CTO，统筹管理研发部门，并直接向其报告。P&G积极投入研发的结果，是使其具备了强大的竞争力，也让它获得了许多专利权。

【案例9-10】强生公司并不是第一个发明隐形眼镜的企业。但是经过调查发现：许多需要矫正视力的消费者并不经常佩戴隐形眼镜，原因是传统的硬式或软式隐形眼镜给眼睛带来不适，而且必须经常清洗。因为佩戴的不正确，还会引起并发症。面对这样的问题，1987年强生公司引进DANA镜片专利，开发了一种艾可牌隐形眼镜，并提出了隐形眼镜佩戴方式的新概念——抛弃式配戴方法。这种隐形眼镜配戴舒适，可在一星期内扔掉，不用清洗，在价格方面与传统的隐形眼镜相比仍有竞争力。

三、新产品开发的战略

1. 新产品开发的方法和原则　企业研发新产品的方法有企业自行研制、实行技术引进和研制与引进并重，企业可以根据自身能力和外部环境进行选择。为了使新产品尽可能成功地进入市场，企业应该遵循的基本的原则有：①创新原则。新产品必须具有新的性能、新的用途和新的特点。新产品如果与旧产品相比对顾客没有足够的吸引力，这种新产品的研发是没有意义的。②适销对路的原则。开发新产品时，要深入、细致、彻底地了解顾客需求，做好前期的市场调研工作，并做出较为准确的分析和预测，尽可能地使新产品满足消费者需求，适应市场的需要。③量力而行原则。企业开发新产品需要投入大量的人力、物力和财力，这需要企业根据自身的能力而行，或者研发成本太高，会使企业难以支持，结果前功尽弃。④效益原则。企业在研发新产品时力求降低成本的同时,要为新产品进入市场确定一个合理的价格,即能为市场所接受,又要能有一定的利润。

2. 新产品开发战略　企业在进行新产品的开发时,根据自身的资源和外部市场环境选择的新产品开发战略有:领先型新产品开发战略和跟随型新产品开发战略。

(1)领先型新产品开发战略:领先型新产品开发战略是指企业首先研制、开发新产品,并率先将产品投入市场,从而在行业中确立技术领先和产品领先的战略。它的优点是使企业处于市场主动地位,取得竞争优势。企业可凭借领先的技术、理念等优势,树立企业品牌形象,尽可能多地占有市场份额,赚取高额的市场利润。它的缺点是投入大,成本高,开发周期长,企业面临的风险高,没有经验可以借鉴,研发的结果难以预料。一旦研发失败,会给企业造成巨额的损失。

(2)跟随型新产品开发战略:跟随型新产品开发战略是指企业密切关注市场上刚出现的新产品,一旦发现新产品获得成功,便立即组织力量通过某种方式生产出类似产品以进入这一市场的战略。它的优点是企业承担的风险小、投资少、成本低,可以借鉴已经成功企业的经验,避免研发失败出现的巨额损失。同时,根据市场反应,通过改进产品能够开发出更具竞争力的新产品。它的缺点是跟随型企业几乎在同一时期进入市场,面临激烈的竞争,因此跟随型产品必须有自己的特点,否则很难取得市场份额。

四、新产品的开发过程和采用过程

1. 新产品的开发过程　新产品的开发过程由八个阶段构成:寻求创意、甄别创意、形成产品的概念、制定市场营销策略、营业分析、产品开发、市场试销、批量上市。

(1)寻求创意:创意就是开发产品的设想。寻求尽可能多的创意可以为开发新产品提供较多的机会。新产品的创意主要来源有:顾客、科研机构、竞争对手、经销商、推销员、企业管理人员、市场调研公司、广告代理商、大学等。总体而言,企业内部是创意的主要来源。

(2)甄别创意:创意甄别是指在寻求足够多的创意之后,对这些创意进行评价,挑选出可行性高的创意。一般需要考虑的因素有:创意是否适应企业的战略目标;企业是否有能力去开发这种创意。

(3)形成产品概念:对甄别后的创意进一步发展成为产品概念。产品概念是指企业从顾客的角度对这种创意进行详尽的描述。确定最佳的产品概念,进行产品和品牌市场定位后,应该对产品概念进行试验,即用文字、图画描述或者用实物将产品概念展示于一群目标顾客面前,观察他们的反应。

(4)制定市场营销策略:形成产品概念后,企业有关人员要拟定一个新产品投放市场的初步市场营销策略报告书。它由以下几个部分组成:描述目标市场的规模和结构、新产品的市场定位、最初几年的销售额,市场占有率和利润目标等;初步确定新产品的计划价格、分销策略以及第一年的市场营销预算;阐述计划长期的销售额和目标利润以及不同时间的市场营销组合。

(5)营业分析:营业分析是指在这一阶段内,企业市场营销管理者要复查对新产品将来的销售额、成本和利润估计,从而确定它们是否符合企业的目标。

(6)产品开发:通过营业分析之后,企业可以进入试制阶段,研究部门可以把这种产品概念转变为产品。如果这一阶段内,产品概念不能转为技术上和商业上的可行产品,所耗资的资金则将全部付诸东流。

（7）市场实验：如果企业满意某种新产品开发试验的结果，就会着手用品牌名称、包装和初步市场营销方案把这种新产品装扮起来，把产品推上真正的消费者舞台进行试验。

（8）批量上市：这一阶段企业需要决定何时、何地、向谁以及如何推出新产品，即要制定开始投放市场的市场营销策略。

2. 新产品的采用过程　新产品采购过程是指消费者个人由接受创新产品到成为重复购买者的各个心理阶段。美国著名学者埃弗雷特·罗杰斯（Everett M. Rogers）把采用过程看作是创新决策过程，他认为新产品采用过程包括五个阶段。

（1）认识阶段：在认识阶段，顾客要受消费者个人因素（性格、社会地位、收入、性别、年龄、文化水平等）、社会因素（经济、社会、政治、科技、文化等）和销售方的营销手段的影响。这一阶段，消费者会逐步认识到新产品，并学会用这种产品，掌握其新的功能。

（2）说服阶段：消费者一旦产生喜爱和占有该种产品的愿望，决策行为就进入了说服阶段。在该阶段里，消费者为了避免购买风险，常常要亲身体验新产品，但是这还不足够促使消费者购买行为的发生，还需要市场营销部分让消费者充分认识到产品的特点。这些特点有：新产品的相对优越性，即新产品被认为比原有产品好；新产品的适用性，即新产品与消费者的行为以及观念的吻合度较高；复杂性，即新产品的设计、整体结构、使用维修和保养方法等方面与目标市场的认知程度想接近，尽可能设计出简单易懂、方便使用的产品；可试性，即新产品在一定条件下可以试用；明确性，即新产品在使用时，是否容易被人们观察和描述，是否容易被说明和示范。

（3）决策阶段：在对新产品有充分的认识后，消费者开始决策，即决定是采用还是拒绝采用该种新产品。

（4）实施阶段：在实施阶段内，消费者开始使用新产品。在该阶段内，消费者并没有决定是仅仅试用一下，还是使用该产品。消费者会考虑该怎样使用新产品和如何解决操作难题等问题，这时，市场营销人员应主动地向消费者介绍和示范。

（5）证实阶段：人们往往在做出某项决策之后会寻找额外信息，来证明自己决策的正确性，消费者购买决策也不例外。消费者往往会向身边的朋友传播自己采用新产品的好处，如果无法说明采用决策的正确，那么他们就有可能中断购买。

【小资料】

采用者分类

（1）创新采用者：富有个性，勇于冒险，性格活跃，经济宽裕，受过教育，社会地位较高，占消费群的2.5%，是企业推广新产品的极好目标。

（2）早期采用者：年轻、富于探索、适应性强，经济状况好，以领先为荣，占消费群的13.5%。

（3）早期大众：收入固定，有较强的模仿心理，性格稳重，愿用新产品，占消费群的34%。

（4）晚期大众：与外界接触少，经济条件差，对新事物持怀疑态度，往往在产品成熟时才购买，占消费群的34%。

（5）落后的购买者：为人谨慎，思想保守，对新事物持反对态度，在产品进入衰退期时才能接受，占消费群的16%。

第五节 品牌和包装策略

一、品牌策略

（一）品牌的含义

对于企业而言，品牌日益成为生存和成功的核心因素之一。越来越多的企业认识到品牌的重要性，那究竟什么是品牌？

"一个名字、名词、符号或设计，或是上述的总和，其目的是使自己的产品或服务有别于其他竞争者。"
——菲利普·科特勒

"品牌就是一种类似成见的偏见，成功的品牌是长期、持续地建立产品定位及个性的成果，消费者对它有较高的认同。一旦成为成功的品牌，市场领导地位即高利润自然会随之而来。"
——大卫·阿诺

"品牌是借着市场上的各种方法使某种产品提高其价值并且可与其他类似产品分别出来的手段。简单地说，品牌是造成一种好形象，以便和消费者或顾客沟通。"　　——朱正中

"品牌是一个名字，而品牌资产则是这个名字的价值。"本书采用美国市场营销协会对品牌的定义：品牌是一种名称、术语、标记、符号、设计等方面的组合体，其目的是借以辨认某个销售者，或某群消费者的产品及服务，并使之与竞争对手的产品和服务区分开来。

品牌实质上是卖者向购买者长期提供的一组特定的特点、利益和服务。品牌最持久的含义是其价值、文化和个性，它们确定了品牌的基础，揭示了品牌之间的差异。品牌包含六个层次：

（1）属性：代表着特定的商品属性。例如，奔驰车意味着价格昂贵、工艺精良、耐用、马力大、速度快等。多年来，奔驰的广告一直强调"世界上工艺最卓越的汽车"。

（2）利益：品牌不仅代表着一系列属性，而且还体现着某种特定的利益。消费者买的不是属性，而是利益。属性需要转化为功能性或情感性的利益。耐久的属性体现了功能性的利益："多年内无须再买一辆新车。"昂贵的属性体现了感情性利益："这辆车让我感觉到自己很重要，并受人尊重。"

（3）价值：品牌体现了生产者的某些价值感。因此，"奔驰"代表着高绩效、安全、声望及其他东西。品牌营销者必须分辨出对这些价值感兴趣的消费者群体。

（4）文化：品牌还附着特定的文化。例如："奔驰"代表着德国文化，即组织严密、高效率和高质量。

（5）个性：品牌也反映一定的个性。如"奔驰"可能会让人想到严谨的老板、凶猛的狮子或庄严的建筑。

（6）用户：品牌暗示了购买或使用产品的消费者类型。如当看到一位20来岁的秘书开着一辆"奔驰"时，我们会感觉很吃惊，我们更愿意看到开车的是一位55岁的高级经理。

（二）品牌资产

品牌资产是一种超过商品或服务本身利益以外的价值。它通过为消费者和企业提供附加利益来体现其价值，并与某一特定的品牌紧密联系着，品牌给企业带来的附加利益，最终源于品牌对消费者的吸引力和感召力。品牌资产是企业与顾客关系的反映，而且是长期动态关系的反映。

品牌资产的特性：

（1）无形性；

（2）在利用中增值；

（3）难以准确计量；

（4）波动性；

（5）营销绩效的主要衡量指标

（三）品牌作用

1. 品牌对消费者的作用　①品牌有助于消费者更有效地识别商品和服务；②品牌有助于消费者得到相应的服务便利，如更换零部件，维修服务等；③品牌有助于消费者权益的保护，选购时避免上当受骗，出现问题时便于索赔和更换；④品牌有助于消费者避免购买风险，降低购买成本，有利于消费者选购商品；⑤品牌有利于消费者形成品牌偏好，满足消费者的精神需求。

2. 品牌对企业的作用　①有助于产品的销售和占领市场；②有助于稳定产品价格，减少价格弹性，增强对动态市场的适应性，减少未来的经验风险；③有助于新产品的开发，节约新产品市场投入成本；④有助于企业抵御竞争者的攻击，保持竞争优势；⑤有助于市场细分，进而进行市场定位。

（四）品牌策略

1. 品牌与商标　商标（trade mark）是一个法律概念，是指已获得专利权受到法律保护的一个品牌或一个品牌的一部分。品牌或品牌的一部分一旦注册即为商标。驰名商标——指在市场上享有较高声誉并为相关公众所熟知的注册商标。

品牌与商标的区别体现在：①品牌是一个商业名称，其主要作用是宣传商品；②商标也可以宣传商品，但更重要的是，它是一个法律名称，受法律保护。品牌与商标的联系是：一是品牌的全部或部分作为商标经注册后，这一品牌便具有法律效力；二是品牌与商标是总体与部分的关系，所有商标都是品牌，但品牌不一定是商标。

2. 商标专用权及其确认　商标专用权是指品牌经政府有关主管部门核准后独立享有其商标使用权。

国际上对商标权的认定，有两个并行原则：①注册在先指品牌或商标的专用权归属于依法首先申请注册并获准的企业；②使用在先指品牌或商标的专用权归属于该品牌的首先使用者。

3. 驰名商标（名牌）的作用

（1）专用权超越国界。

（2）注册权超越优先申请原则。

（3）驰名商标是企业巨大的无形资产。

（4）驰名商标意味着对市场、投资者、人才的巨大吸引力。

【案例9-11】解放前,上海有一家ABC糖果厂,该厂老板冯伯镛利用儿童喜爱"米老鼠"卡通片的心理,为自己的产品设计了一种米老鼠包装,并命名为"ABC米老鼠"奶糖,结果一下子走俏国内市场。解放后,ABC糖果厂并入上海冠生园,其主要产品仍是"米老鼠奶糖"。到了20世纪50年代,考虑到老鼠是"四害"之首,冠生园又设计了一种以大白兔为形象的包装,与米老鼠包装一起使用。

但由于没有产品整体观念,没有品牌意识,"大白兔"和"米老鼠"一直没有注册成为合法商标。1983年,一家广州糖果厂到冠生园取经,这之后他们也开始生产"米老鼠奶糖",而且还抢先一步把"米老鼠"给注册了。不久之后,这家广州糖果厂又以区区4万美元把"米老鼠"卖给了美国迪斯尼,至此,这一由中国人创造并经营达半个世纪的著名品牌就由外国人控制了。

冠生园吸取这次血的教训,赶紧为幸存的"大白兔"注册。为稳妥起见,冠生园不仅注册了"大白兔",还把与"大白兔"近似的十几种"兔子"都进行了注册,使其组成了一个"立体防御体系"。着眼未来,冠生园还把"大白兔"的注册领域延伸到食品、钟表、玩具、服装等各个与儿童有关的行业。不仅如此,冠生园还在工业知识产权"马德里协定"的20多个成员国和另外70多个国家和地区拿到了"大白兔"的注册证。出色的商标战略,使冠生园在国内企业中脱颖而出,成为市场竞争中的佼佼者。

2. 品牌策略 科学合理地制定品牌策略,是企业品牌运营的核心内容。根据企业品牌运营的程序与环节看,品牌策略包括:

(1) 品牌使用策略:企业根据自己的需要选择是否采用品牌,具体分为以下两种:

①使用品牌:基于品牌的作用,使用品牌对企业有许多好处。因此,在一般情况下,绝大多数产品都会使用品牌。

②不使用品牌:为了节省成本,有些商品会不使用品牌。无品牌策略的主要原因有:一是同性质产品,如钢材、原油和棉花等,这些产品品质和特性不会因为经营者不同而有太大差异;二是工艺简单、消费者不习惯认牌购买的产品,如超市的一些纸巾;三是临时或一次性生产的产品,没有使用品牌的需要;四是适应出口市场的需要,避免国外政策政府歧视和限制,不使用品牌。

(2) 品牌防御策略:是指企业为防止他人侵权行为以及由此造成的企业声誉和利润等方面蒙受损失而采取措施,通常有以下三种策略:

①及时注册商标,以保证自身的合法权利。品牌标记一经注册便受到法律的保护,能有效地防止竞争者抢注、仿制、使用和销售本企业的商标。注册有效期满后应该及时申请续展注册。

②在非同类商品中注册同一商标。例如,自行车的"永久牌"商标已注册,该企业对欲进行生产的雨伞等商品上也注册一样的商标,防止可能造成的损失。

③在同一商品中注册多个商标。如"永久牌"自行车同时注册"永久牌""久永牌",从而堵住可能被仿冒的漏洞。

(3) 品牌归属策略:品牌归属策略可以分为以下三种:

①企业品牌:是指企业使用自己的品牌。企业使用自己的品牌,享有品牌的作用带来的所有利益。

②中间商品牌:是指企业把无品牌的商品卖给中间商,中间商使用自己的品牌销售商

品。对于规模较小或新成立的公司,缺乏资金,销售经验不足,自己产品品牌难以打入市场,他们更愿意采用中间商的品牌,集中精力搞生产。

③双重品牌:是指企业依据现实需要,有的产品用自己的品牌,有的产品用中间商的品牌。

(4)品牌统分策略:企业决定所有的产品都采用自己的品牌时,品牌决策有以下四种选择:

①个别品牌决策:是指企业将自己不同的产品分别选用不同的品牌名称。这种策略有利于满足不同消费对象的各类需要,争取更多的消费者;当某种产品失败,不会影响企业的整体声誉。这种策略的缺点是多种品牌管理上比较困难,品牌设计和广告宣传费用高。

②统一品牌决策:是指企业将自己全部产品都选用统一品牌名称。统一品牌策略可以节省其商标设计和广告宣传的费用;企业声誉好,产品必然畅销。但其缺点是企业整体的声誉容易受个别失败产品的影响。

③分类品牌决策:是指企业依据一定标准将其产品进行分类,把不同类别的产品分别选用不同的品牌名称。这种策略适用于经营多种类别产品的企业,从而避免不同类别产品相混淆。

(5)品牌扩展策略:企业进行品牌扩展,可以分为以下四种:

①品牌延伸策略:即先推出某个品牌,成功后,再凭借该产品声誉去推出新产品或改进型的产品的策略。

②产品线延伸策略:指企业同一产品线使用同一个品牌,当该产品线推出新产品时,仍用该品牌。

③多品牌策略:指在相同产品类别中引进多个品牌的决策。

④新品牌策略:指为企业推出的新产品设计新的品牌的策略。

(6)品牌变更策略:品牌更新策略主要可以从形象、定位、产品进行更新,也可以是管理创新。

①形象更新策略:企业品牌形象为了适应消费者心理的变化不断更新,从而在消费者心中形成新印象的过程。

②定位修正策略:是指企业会因竞争形势而修正自己的目标市场,品牌定位也会随之修正。

③产品更新换代:为了在市场竞争中占有有利地位,企业需要不断地创新,不断地进行产品更新,品牌形象也会随之改变。

④管理创新:是指从企业生存的核心内容来指导品牌的维系和培养,包括与品牌有关的观念创新、技术创新、制度创新以及管理过程创新等。

(二)品牌设计应注意的问题

1. 定位清晰,特征明显,即品牌设计不远离商品的属性,能显出商品的优点。它应该包括产品的用途、特性和品质。例如"飘柔"洗发水。

2. 寓意深刻,发音响亮。品牌名称要简短,易于拼读、发音、辨认和记忆,便于传播,同时要与时代相协调,并赋予某种意义,具有启发性,能引起消费者的联想。

3. 形体优美,适应性广。品牌 LOGO 应该优美别致,图案鲜明形象,增强对消费者的艺术感染力。

4. 符合商标法,不与其他企业的品牌雷同。

【小资料】

品牌命名策略

1. 产地命名：如"西湖龙井茶"。
2. 人物命名：如"俞兆林保暖内衣"。
3. 制法命名：如"二锅头"。
4. 效用命名：如"三九胃泰"。
5. 外形命名：如棒棒糖。
6. 译音命名：如"百事可乐"。
7. 寓意命名：如"梦"牌席梦思。
8. 夸张命名：如"永固"牌弹子锁。
9. 数字命名：如"555"牌电池。
10. 以产品成分命名：如"人参蜂王浆"。
11. 以产品生产厂家命名：如"美菱冰箱"。
12. 以动植物命名：如"熊猫"彩电。
13. 以革命圣地、名胜古迹命名：如"石林"牌香烟。
14. 以自然存在物命名：如"旭日升"饮料。

二、包装策略

（一）包装的含义

包装是指将产品盛放于某种容器内或进行外部包扎。包装设计应适应消费者心理，显示产品的特色和风格，包装形状、大小应为运输、携带、保管和使用提供方便。包装的一般组成有：①首要包装，是指最接近产品的容器，也称内包装；②次要包装，是指保护首要包装的包装，又叫中包装；③储运包装，是指为了便于储存和运输而进行的包装，又称外包装。

（二）包装的作用

1. 保护商品　商品在流通过程中经过搬运、装卸、运输、贮藏等过程容易受到处界因素损害和影响使商品破坏变形、渗漏和变质。

2. 便于储运　在流通过程中，商品需要经过搬运、堆放、运输、装卸、零售、批发等环节，包装合理，可加速商品流转，提高商品流通的经济效益。

3. 识别商品　不同产品采用不同包装，或同类产品不同厂家、不同品牌，采用不同的包装，可以使消费者易于识别。合理的商品包装，其绘图、商标和文字说明等既展示了商品的内在品质、方便消费者识别，又介绍了商品成分、性质、用途和使用方法，便于消费者购买、携带。

4. 刺激销售　产品采用包装后，一定程度上能引起消费者的兴趣和激发购买动机。

5. 增加赢利　在运输过程中，包装能减少损坏、变质等情况，减少耗损，从而减少支出，增加利润。

6. 便于使用　适当的包装可以起到便于顾客使用和指导消费的作用。

总之，包装在很多方面起着重要的作用。在包装设计的时候，我们应该遵循的原则有：安全；便于运输、保管、陈列、携带和使用；美观大方，突出特色；与商品价值和质量水平相匹配;尊重消费者的宗教信仰和风俗习惯;符合法律规定,兼顾社会利益。

【小资料】世界著名的杜邦公司通过周密的市场调查得出了著名的杜邦定律:63%的消费者是根据商品的包装和装潢进行购买决策的;到超市购物的家庭主妇,由于受精美包装和装潢的吸引,所购物品通常超过她们出门时打算购买数量的45%。如贵州茅台酒改进包装后,在国际市场上的价格由原来20美元上升为125美元。

【案例9-12】20世纪80年代初,内地的一些商人将一种粉末用品以大包装卖给沿海人;

沿海人将大袋改装成10袋装,总价格提高了3倍;

尔后卖给香港人,香港人又把1袋装了10盒,又提高了3倍的价格卖给日本人;

日本商人以精美的小瓶子装,一盒装了10瓶,又提高了6倍的价格。

我们想想,如果当初就用小瓶子装呢?

【案例9-13】美国罗林罗克啤酒厂于1939年由一个家族建立并经营,后几经转手,于1987年卖给了拉科特家族。从那时起,营销专家约翰·夏佩尔开始了他神奇的经营活动。在啤酒业这样的高风险行业里,由于受到资金有限的束缚,夏佩尔不得不找一些独创的方法把罗林罗克啤酒同其他竞争者区分开。例如,总共只拨给夏佩尔1 500万美元的营销预算,其中500万元用于电视、广播和户外广告,相差于其他厂家10多倍。在这种情况下,夏佩尔决定让包装发挥更大的作用,把包装变成牌子的广告。公司为罗林罗克啤酒设计了一种绿色长颈瓶,并漆上显眼的艺术装饰,使包装在众多啤酒中很引人注目。这种瓶子独特而有趣,人们愿意把它摆在桌子上,而许多消费者感到装在这种瓶子里的啤酒更好喝。公司还重新设计了啤酒包装箱,突出它的绿色长颈瓶和罗林罗克啤酒是用山区泉水酿制的特点,包装上印有放在山泉里的这些绿瓶子,照片的质量很高,色彩鲜艳,图像清晰,消费者很容易从30米以外认出罗林罗克啤酒。

(四)包装的策略

1. 类似包装策略 是指企业所生产经营的各种产品在包装上采用相同的图案、色彩或其他共有特征,从而整个包装外形相类似,使公众容易注意到这是同一家企业生产的产品。

2. 等级包装策略 指企业依据产品的不同档次、用途,不同的细分市场采用不同的包装设计。

3. 配套包装策略 是指企业依据人们生活消费的组合习惯,将几种有关联的产品配套包装在同一包装物内。

4. 复用包装策略 又称多用途包装,指在包装容器内的商品使用完毕后,包装并未作废,这一包装容器还可继续利用。

5. 附属品包装策略 是指利用包装中附属赠物品或给顾客各种奖励,借以吸引顾客购买和重复购买,其形式多种多样。

6. 改变包装策略 是指为克服现有包装的缺点,为吸引新顾客废弃旧式包装,采用现代化的包装材料、容器和科学的包装技术,或为适应市场而修改现有包装,显示产品特点,体现消费潮流等。

【案例9-14】消费者在选购啤酒时,除了质量和口感外,包装也是一个重要的考虑因素,因为包装能从一方面体现出品牌的整体形象。世界畅销啤酒品牌——百威对于这一点谙熟于心。为了保证每一箱、每一瓶、每一罐百威啤酒都拥有从内到外的卓越品质,"啤酒之王"百威始终通过不断改良的优质包装来进一步提升其品牌形象。

百威啤酒长期以来注重产品包装的创新,并以其在包装上所体现出来的丰富创意闻名于世。百威(武汉)国际啤酒有限公司秉承了这一传统,不断在包装上推陈出新,为中国消费者提供更多选择:1997年的压花玻璃小瓶装百威,1999年的大口盖拉环罐装百威,2000年的4罐便携装百威,针对中国的市场特别推出的700毫升装和500毫升装百威,百威在包装上的每一个创新都为中国消费者带来惊喜,充分显示了百威对中国消费者的高度重视。

除整体包装外,百威对包装的各个细节也不断进行着完善和创新。1998年百威推出可显示啤酒最佳饮用温度的温度感应锡箔标签;2000年初百威对标签重新设计,全新的标签在金色叶片的衬托下更显高贵;2000年12月,百威又对瓶身标签的文字进行了修改,以方便消费者阅读。所有这些对包装细节的精益求精无不体现出百威对产品质量的不懈追求。

在酒瓶的选择上,自1997年中国啤酒瓶国家标准要求使用"B"瓶(即啤酒专用瓶)包装以来,百威就一直严格遵照执行。此外,百威不使用回收瓶,并为百威专用酒瓶制定了非常严格的检测标准。全新的玻璃瓶无异物、无油污、无杂质,干净卫生,充分保证了百威啤酒的纯正口味和新鲜程度。在每次使用前,百威还要对所有啤酒瓶进行抗内压力检测,以最大限度地减少瓶爆现象。百威的瓶盖垫全部从美国和德国进口,并经过特别密封和风味测试,确保无任何异味后方投入使用。

百威的与众不同还体现在其对高强度耐压纸箱的使用。同一般啤酒商使用塑料箱外包装不同,百威从1998年起就开始使用高强度耐压纸箱外包装。这种保护力强、高质量的多重包装保证了百威啤酒瓶不会裸露在外,避免啤酒口味因阳光的直射而被破坏,从而确保了百威啤酒的新鲜程度。这样,消费者品尝到的百威啤酒就和它出厂时的口感一样清澈、清醇、清爽。

此外,对所有为其生产易拉罐和啤酒瓶的供应商,百威都一律实行严格的资格审核,包括厂房及生产工艺技术、抽样检测产品,甚至于对每个原材料进行审核等。即使是在对方获准成为百威的供应商后,百威仍坚持对他们实行严格的管理措施。

优质的包装与卓越的品质紧密相连,体现了百威不懈进取、精益求精的企业精神。正是这种对每一个细节追求完美的工作态度,成就了百威在中国啤酒市场上的领先外资品牌地位。百威还将继续努力,在包装上不断改良和创新,将更高品质的百威啤酒奉献给广大的中国消费者。

章节总结

市场营销学上的产品是广义上的产品概念,是指一切能满足消费者某种利益和欲望的物质产品和非物质形态服务的总合。它既包括产品实体及其品质、特色、款式、品牌和包装等有形物品,也包括可以给买家带来附加利益和心理上的满足感及信任感的售中和售后服务、保证、产品形象、销售声誉等无形服务,即产品整体概念。产品整体概念包括核心产品、有形产品、期望产品、延伸产品和潜在产品五个层次。

产品分类方法有多种,可以根据产品是否耐用分为耐用品、非耐用品;根据消费者购买习惯可以分为便利品、选购品、特殊品和非渴求品;根据生产资料可以分为材料和部件、资产项目和易耗品和服务。

产品组合是指一个企业在一定时期内生产经营的各种产品线和产品项目的组合,即企业的业务经营范围。理解产品宽度、长度、深度和关联性,企业在优化产品组合时,可依据具体情况选择适宜的策略。

产品生命周期指产品的市场寿命,而不是产品的自然生命或使用寿命。它是指产品从研究开发、试销、进入市场、市场饱和,至最后被市场淘汰的全部过程。典型的产品生命周期一般包括四个阶段:导入期、成长期、成熟期和衰退期。应根据生命周期各阶段的特点选择不同的策略。

市场营销学中新产品的概念是指只要在功能货形态上得到改进或与原有产品产生差异,并能为顾客带来新的利益的产品。持续不断的创新是企业占有竞争有利地位的主要途径,掌握的新产品开发、采用和扩散至关重要。

品牌的整体含义包括属性、利益、价值、文化、个性、用户等六个层次。品牌对企业和消费者都有重要的作用。企业应根据自身的现实情况进行品牌策略的选择。包装策略主要掌握包装的作用和具体的策略。

思考题

1. 什么是产品整体概念?整体上的产品包括几层面内容?
2. 什么是产品组合?产品组合策略有哪些?
3. 产品生命周期划分依据是什么?各阶段特点和策略是怎样的?
4. 新产品开发的程序是怎样的?开发途径有哪些?
5. 品牌的作用有哪些?品牌策略具体有哪些?
6. 产品包装的作用有哪些?包装策略有哪些?

案例分析

万达集团的转型之路

一、万达集团的介绍

万达集团创立于1988年,截至2014年,企业资产5 341亿元,年收入2 424.8亿元。已在全国开业109座万达广场,71家酒店(其中68家五星级酒店),6 600块电影屏幕,99家百货店,形成万达商业、文化旅游、电子商务、连锁百货四大产业。

万达商业是全球规模最大的商业地产企业,持有物业面积2 157万平方米;建设中的万达广场70个,酒店69个,物业面积1 747万平方米。2015年1月,在香港上市的万达商业(03699,HK)市值超过2 200亿港币。万达商业拥有全国唯一的商业规划研究院、酒店设计研究院、全国性的商业地产建设和管理团队,形成商业地产的完整产业链和企业的核心竞争优势。万达广场历经十多年发展,已从第一代的单店、第二代的组合店,发展到第三代的城市综合体。城市综合体是万达集团在世界独创的商业地产模式，内容包括大型商业中心、商业步行街、五星级酒店、商务酒店、写字楼、高级公寓等，集购物、休闲、餐饮、文化、娱乐等多种功能于一体，形成独立的大型商圈，万达广场就是城市商业中心。万达广场是企业效益和社会效益的高度统一，产生四大社会效益：完善城市功能；提升城市商业档次；新增大量稳定就业岗位；创造持续的巨额税收。

万达文化产业集团是中国最大的文化旅游企业，注册资金50亿元，资产490亿元，2014年年收入341亿元，旗下包括电影制作、发行、院线，电影科技娱乐，舞台演艺，主题乐园，儿童连锁娱乐，旅行社等多个产业。文化旅游正成为万达新的支柱产业。2012年5月21日大连万达与全球第二大院线集团AMC签署并购协议，万达以26亿美元并购AMC。北京时间2012年9月5日凌晨，万达集团宣布完成对AMC娱乐控股公司价值26亿美元的收购，成为全球最大影院运营商。

电子商务是万达集团迅速崛起的支柱产业，包括万达电商和快钱两家公司。2014年8月29日上午，万达集团、腾讯、百度在深圳举行战略合作签约仪式，宣布共同出资成立万达电子商务公司。万达电商计划在三年时期内一期投资人民币50亿元，第一年投资10亿元，万达集团持有70%股权，百度、腾讯各持15%股权。此次三方的合作，重点是对资源的整合。腾讯和百度拥有巨大的流量和入口优势，而万达是线下零售业的巨头，同时在O2O的布局上已经初具规模。合作将带来线上和线下资源的整合。同时，万达也可以借助互联网公司的管理理念改造传统的管理思维。

2015年4月21日，王健林董事长在沈阳举行的"2015中国绿公司年会"上首次对外披露万达"2211"工程：到2020年，万达资产达到2 000亿美元，市值达到2 000亿美元，收入1 000亿美元，净利润达到100亿美元。目前，万达成就之最有：

中国商业地产第一品牌——万达广场；中国最好的企业学院——万达学院；亚洲最大的不动产企业——超过2 150万平方米；亚洲最大的滑雪场——万达长白山国际度假区；中国最大的文化企业——2014年收入341亿元；亚洲最大的商业管理企业——万达商业管理公司；中国投资额最大文化旅游项目——武汉中央文化区；全球唯一室内电影乐园——万达武汉电影乐园；中国文化产业最大海外并购——26亿美元并购AMC；全球最大电影院线运营商——超过500座影院；中国首家奢华酒店管理公司——万达酒店管理公司；全球首个舞台和观众席随动顶级秀场——汉秀；中国年新增就业岗位最多企业——14.6万人；全球首个特大型文化旅游商业综合项目——万达城。

二、万达集团的四次转型

从目前来看，万达集团无疑取得了巨大的成功，取得这些成功主要原因之一在于万达的四次转型和不断创新的精神。万达的四次转型经历如下：

第一次在1993年，由地方企业转向全国性企业。从大连走出去，到广州开发。广州是中国改革开放的高地，当时流行一句话，"东西南北中，发财到广东"。万达敢去很不简单，需要勇气。总结走出去经验后，1998年万达大规模走向全国。

第二次在2000年，由住宅地产转向商业地产。住宅地产不稳定，有项目就有现金流，项目做完现金流就断了。而且从全世界的实践看，每个国家的城市化进程就半个世纪左右，城市化进程结束房地产行业就会萎缩。从企业持续稳定发展角度，万达决定转向商业地产。

第三次在2006年，从单一房地产转向商业地产、文化旅游综合性企业。围绕不动产，万达进入文化、旅游等其他产业。这次转型使万达的思维方式、人才结构、企业管理都发生变化。过去万达总裁班子都是搞建筑出身，转向综合性企业后，文化、旅游等方方面面的人才都有了。

第四次转型 2014 年初开始实施。这次转型分两方面：从空间上看，万达从中国国内企业转向跨国企业；从内容上看，万达从房地产为主的企业转向服务业为主的企业，形成商业、文化、金融、电商四个支柱产业。万达第四次转型从空间和力度上都发生深刻变化，与前三次转型有本质不同。一是企业性质发生根本变化。前三次转型，企业仍以房地产为主，这一次转向以服务业为主。二是企业战略目标发生本质变化，从中国一流企业转向世界一流跨国企业。不满足在中国发展，要走向世界。

这四次转型的原因主要有：

1. 获得更大竞争优势 过去有人说万达做商业地产是挖护城河，那么万达第四次转型就是挖更宽更深的护城河，获得更大竞争优势。现在万达在全国不动产行业的地位，可以说"只有第一，没有第二"。随着万达的不断发展壮大，它将成为全球持有物业面积最大的不动产企业。轻资产模式实施后，万达广场的发展速度还将翻倍，2020 年万达持有和经营的物业面积将相当于世界不动产前几名企业的总和，至少在中国内地，排斥掉所有竞争对手。

2. 不受经济周期影响 经济周期会对周期性行业带来致命打击，房地产就是典型的周期性行业，周期一来，房子无论怎么降价吆喝都很难卖，人们的心态就是买涨不买跌。中国房地产行业经历过 1993 年至 1995 年、2007 年至 2008 年的这两个下滑周期，企业生存非常困难。万达之所以转型，就是要通过自己的转型熨平经济周期。万达的轻资产模式，投资万达广场的钱来自机构投资者，或者通过理财产品募集，因为没有房地产销售，而万达广场的大众消费定位，又是抗周期的，所以房价涨跌跟轻资产万达广场投资关联不大，这样做就避免经济周期影响。

万达为什么做文化、体育产业？美国文化产业占 GDP 的 24%，出口最多的产品既不是武器也不是民用飞机，而是文化产品，包括电影、音乐、图书版权等等，而目前中国文化产业只占 GDP 的 3%。2014 年美国体育产业规模近 5 000 亿美元，中国现在还谈不上体育产业，中国把体育及相关产业，包括体育服装、运动鞋都算在一起才 3 000 亿人民币，是美国的十分之一，人均体育支出只有美国的五十分之一。文化、体育产业在中国才刚刚兴起，未来发展空间巨大。而且文化、体育产业没有明显周期性。

3. 行业趋势变化决定 中国房地产已经出现拐点，由供不应求变为供需平衡，而且这次拐点不是"V"型而是长长的"L"型。中国房地产永远不会回到买到就赚到的局面，"躺着都能挣钱"的时代已经过去。这是万达对房地产长期趋势做出的判断，所以万达不能再走靠销售赚现金流，投资万达广场这种重资产的路子，因为房地产逐渐会回到平均利润行业。

4. 符合国家战略要求 现在整个中国经济都在转型、都在调整结构，国家宁可付出代价也要转型，转型的主要目标是成为内需主导的经济发展模式。现在中国生产的产品，60% 卖到国外，自己才消费 40%；相当于生产 100 块的产品，60 块卖给外国人才能支撑中国经济发展。而美国国内的消费率达到 85%，发达国家基本上都是 80% 以上。如果中国的消费率达到发达国家水平，宏观经济就会更加稳定，中国成为全球最大消费市场，在国际上话语权更大。万达转型符合国家战略要求，投资不是增加过剩产能，万达的四大产业都是国家倡导的现代服务业，既扩大投资又扩大就业又扩大内需，正是经济转型需要的。

5. **万达企业文化决定** 万达是一个不停折腾自己的企业,一直在求变,一直在改变自己,它有持续创新求变的企业文化基因。因为只有不断求变,不断寻找更新的模式,才会有更长远的现金流,才能获得更高的利润,企业才能更安全,才能符合20多年前企业提出的8个字:"国际万达,百年企业。"万达在实践中不断创新,将来万达四大产业平衡发展,互相依托支持,形成良好的商业生态系统。不受管理人员的变动的影响,万达可以持续健康地发展。

三、万达集团的跨越式品牌发展之路

1. 万达集团秉承先进的企业运营理念,和市场创新能力,凭借综合性、互补性、规模化产业结构形成的运营能力,依托较成熟的城市中心及新区地产运营模式,实现了跨越式发展,成为了涵盖万达商业、文化旅游、电子商务、连锁百货领域的实力强劲的中国品牌企业。图9-9是万达品牌架构图。

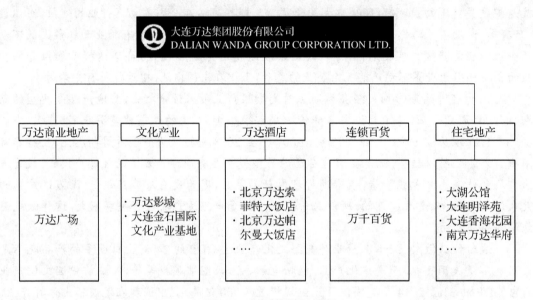

图9-9 万达品牌架构图

2. 万达集团的品牌战略目标:

短期目标:发展成为一个全国品牌。

长期目标:发展成为一个国际品牌。

3. 万达集团LOGO内涵:

分别以字母W和D的写意变化,代表海浪和船帆,寓意万事通达,一帆风顺;色彩"万达蓝",体现企业诞生于大海之畔,寓意万达人海洋一样的胸襟与气魄。

4. **万达的品牌定位** 缔造中国新城市中心发展,地产界的领跑者。

5. **万达品牌塑造** 万达扩张成为以万达商业、文化旅游、电子商务、连锁百货为四大支柱产业的大型企业集团,成为中国产业地产行业的龙头企业,也着力建设拥有全国唯一的商业规划研究院、全国性的商业地产建设团队、全国性的连锁商业管理公司,打造自主品牌(万千百货、万达院线、大歌星KTV、大玩家游戏机中心),形成商业地产的完整产业链和企业核心竞争优势,成为中国商业地产的第一品牌。以下是万达品牌塑造的历程介绍:

2003—2004年万达品牌形象:订单地产的创新者。2003年,万达依靠"订单地产"这一

新的商业地产产品引起了业内外人士的关注。万达自投身商业地产伊始即与国际零售巨头沃尔玛、百胜等结成战略合作伙伴关系，形成万达独特的"订单地产"模式。国际商业资源的深度挖掘与多方整合能力，形成万达的品牌优势，也成为万达的独特优势。"订单模式"的优点在于可以提高项目号召力；提升项目商业价值；减少投资开发风险。2004年华纳决定和万达联合建设影院，万达决定和国外的酒店运营商联合建设经济酒店，这可以看作是订单地产在酒店和电影业的延伸。

2005—2007年万达品牌形象：负责任，积极开拓融资渠道的商业地产商。2006年开始，在万达第三代城市综合体风靡之时，万达自主品牌已经成为万达商业地产在经营中最中坚的后盾，保证了其经营的稳定性和持久性，同时还体现在它的连锁经营模式上，使万达商业地产真正规模化开发，连锁化经营，而这反过来又进一步加强了万达在政府、银行心目中的分量，巩固了与国际巨头的结盟，进一步促进万达品牌优势。2006年初，王健林获得CCTV 2005年年度经济人物，主要原因是他投入500万设立农民工基金。这一举动为地产开发商树立了正面形象，为企业品牌树立了良好的社会形象。2007年，王健林获得中华慈善奖，用实际行动阐释了"共创财富，公益社会"的企业使命，促进了企业品牌良好形象的树立。

2008—2009年万达品牌形象：具备成熟模式、完备产业链，积极扩张的商业地产商。万达的成熟体现在对商业地产运营规律的掌握，对订单地产的把握，并形成一套体系；并体现在拥有完整的产业链——前期设计规划、中期建设开发、后期招商统筹、运营策划推广等方面都具有强大优势和整合能力。2008年，万达获得了中国房地产百强企业综合实力的前十。2009年，万达积极扩张，以较低价格大量买进土地，同时通过私募引入战略投资者，为A股IPO做前期准备工作。

2009年至今，万达集团品牌形象：国内跨越式强劲品牌，逐步树立国际品牌形象。万达早在2009年就确立文化旅游产业为企业新的重点发展方向，并且开始树立国际品牌形象。具体表现有：2011年武汉中央文化区楚河行街开业，成立万达影视制作公司，万达和美国弗兰克·德贡公司成立合资演艺公司，2012年成立万达文化产业集团，并购全球第二大影院公司——美国AMC，长白山国际度假区开业，西双版纳国际度假区开工，2013年桂林万达文化旅游城签约，2014年万达携手百度、腾讯，打造全球最大的O2O电商公司等等。

万达集团把万达商业、文化旅游、电子商务、连锁百货等品牌方法在战略统筹考虑，最终形成了相当的品牌美誉度，构成了万达丰满活化的品牌形象，构筑了万达国内一流品牌的地位。

讨论题

1. 万达集团在四个转型时期，采用了什么样的产品组合策略？
2. 万达集团是如何应对产品生命周期的？
3. 万达集团的品牌结构是什么，品牌策略是什么？
4. 万达集团的发展给你带来了哪些启示？

第十章 定价策略

 **本章简介**

本章主要探讨市场营销组合中的重要因素之一——价格,影响企业定价的因素主要包括定价目标、成本因素、市场因素、竞争因素等。常见的企业定价方法有成本导向定价法、需求导向定价法和竞争导向定价法。然而,产品的价格不是一成不变的,为了生存和发展必须随着市场环境的变化对价格进行适当的调整。

 **学习重点**

通过本章学习了解企业定价的影响因素,理解在制定价格时,采用综合方法的重要性,掌握企业定价的一般方法,熟练运用企业在竞争活动中的价格策略。

引入案例

车厘子跟樱桃是"同门师兄",可樱桃只能卖十几到二十几元,而车厘子零售价在 70 元以上,甚至上百元。猕猴桃与奇异果是"表弟兄",但一斤猕猴桃甚至买不了一个奇异果。

车厘子、奇异果能卖高价很大一部分原因是它们是"国外产品"。另外,车厘子、奇异果、都乐菠萝等国外品牌能卖高价,还是因为它们能"戴高帽",不但宣传水果本身的营养价值,还对其相关资源加强开发利用。

奇异果的营养价值丰富,被营养师称之为"营养活力的来源",新西兰还对奇异果来历等相关典故进行传播。车厘子以来自美国等地为傲,让消费者认为来自美国的就是好产品。

创新可以让产品在外观上直接区别于同类产品,更有吸引力,在营养价值上也更有说服力,是提高附加值的有效手段。新西兰不但将猕猴桃培育成奇异果,佳沛国际还改良了原先口味偏酸的绿色奇异果,推出了口味偏甜的黄色果肉的全新品种——黄金奇异果。目前,黄金奇异果占新西兰奇异果销售量的20%,这种偏甜口味的奇异果在亚洲尤其好卖。

高度统一的正规军总是比散乱的杂牌军更有战斗力,水果要买出高价格,就要像进口水果一样具有规范的管理和高度统一的产品形象。

美国都乐公司在种植菠萝时,只选择适宜当地土壤和气候种植的品种;佳沛奇异果不仅具有统一规范的包装,水果本身颜色、个头、形状也有严格控制。

要成功塑造水果品牌,水果企业首先要实现水果生产的标准化,保证品质如一。都乐严格的可追溯系统,严格控制从生产到销售的每一个环节。其次,要在包装上下工夫,加大创新力度,在"保鲜"的基础上,充分体现品牌的个性形象和价值品位,并且针对不同目标群体,分别规划设计包装形象。

地方政府掌握着地方最大最丰富的资源,而水果业的发展直接关系到一个地区的农民收入,甚至影响一个地区的经济发展。我国水果行业基本处于自然销售阶段,由于商家众多,竞争激烈,相互杀价现象非常严重,造成价格下挫,大家都不赚钱。这就更需要政府出面,整合资源,避免价格"血拼"。整合更多、更丰富的资源,充分调动多方积极性,快速产生规模效应,增强水果品牌的可信度,而且能够持续有效地提高农民收入,带动地方经济高速发展,切实为地方政府解决"三农问题"做贡献。

在企业品牌和产品品牌创建初期,需要大力并且巧妙地借助产地知名度,"嫁接"地域文化,促进企业品牌的快速腾飞。

产地名称不宜直接做企业和产品品牌,只能做背书。夏威夷菠萝叫"都乐",新西兰奇异果叫"佳沛"。而我们的水果,绝大多数只是停留在地域品牌的层次上,与产品品牌和企业品牌混淆在一起,各种层次的企业和农户一起混战。当公共资源成了"公厕",大品牌、高溢价只是天方夜谭。

单纯使用地域品牌还会造成,一旦出现假冒伪劣事件,整个地域品牌全被株连,甚至给企业带来灭顶之灾。重庆奉节脐橙染色打蜡事件中,染色、打蜡仅仅是个别商贩行为,却造成大量无辜脐橙积压,众多无辜果农蒙受损失。

所以,不能单独用地域名品做品牌,决不能让地域品牌盖过了企业品牌或产品品牌,要出于地域,高于地域。企业不能总吃老本,要在产品、工艺上推陈出新,以换代产品甩开同行对手,重树品类标准标志,创造品牌溢价。

水果行业已经步入品牌竞争阶段,中国水果的品牌塑造水平急需提高,做品牌将是中国水果企业的唯一出路。

第一节 定价策略的概述

马克思曾对价格做了经典定义:"价格是价值的货币表现"。Pride 和 Ferrell(1997)认为,定价是指在市场交换中对商品价值的具体量化和表述。Nagle 和 Holden(1995)称定价的主要目的是"寻找到最大化利润和市场占有率的结合点"。高鸿业所给出的定义,商品的需求价格是消费者在一定的时期内对一定数量的某种商品所愿意支付的最高价格。支付的价格与效用的大小有关。如果某一单位的商品的边际效用越大,消费者为购买这一单位的该种商品愿意支付的最高价格就越高。消费者购买就是想最大程度地获取消费者剩余。消费者剩余是消费者在购买一定数量的某种商品时愿意支付的最高价格和实际支付的总价格之间的差额。简单地说,价格就是我们为了获得某样东西而必须付出的货币量。从狭义上讲,价格是对某一种产品或某一项服务的标价;从广义上讲,价格是买卖双方关于产品和服务的交换价值。

定价策略有很多种定义。即企业在一定的价格决策目标指导下,根据商品的特点、市场状况、竞争状况和消费者购买行为而采取的定价手段。罗姆·麦卡锡教授在 1960 年总结性地提出 4P。1967 年,伟大的现代市场营销学之父菲利普·科特勒在其著作《营销管理:分析、规划与控制》中确认了以 4Ps 为核心的营销组合方法(Product:产品,Price:价格,Place:渠道,Promotion:推销)。他还认为世上没有降价两分钱不能抵消的品牌忠诚。所以,无论你的品牌多么受人欢迎,也要研究价格策略。他还说:如果有效的产品开发、促销和销售为商业成功播下了种子,那么有效的定价就是收获。

商品与服务的定价是市场营销中的一项基本内容,是企业最重要的决策之一。对企业而言,4P 市场营销组合策略中的产品(Product)、渠道(Place)、促销(Promotion)都是表现为成本,只有价格(Price)这个 P 是唯一为公司提供收益的因素,也是最容易调节的营销组合因素。

哈佛大学教授雷蒙德·科里最早将定价决策引入并关注研究的市场营销领域。早在 20 世纪 60 年代早期他就首先提出定价对企业极其重要,整个市场营销的聚焦点就在于定价策略。定价策略应当以顾客如何评价商品为基础。价格已成为影响消费者决策的主要因素,但是非价格因素的影响作用也越来越大。价格还是市场营销组合中唯一能产生收入的因素,其他几个因素都代表成本。

企业在进行战略定价时发现,用心理学中的前景理论、积极的消费者选择理论、心理账户与消费者选择模型以及理性选择和决策框架等更能真实地反映消费者行为。

价格战略在以下三种情况下显得尤为重要:①当企业推出新产品面向市场的时候;②对某一产品进行长期性的战略调整;③短期的价格波动。

第二节 影响企业定价的因素

一、企业内部因素

1. 定价目标

(1) 企业的生存:这是最低层次的目标。制定低价以补偿变动成本和部分固定成本,以求得能在行业内经营下去。一般只有在社会产能过剩、竞争非常激烈的情况下才会冒险选择。

(2) 本期利润最大化:以利润为定价目标是企业经常考虑到的一个因素,无论股东、管理者还是职工都是以利润衡量公司经营状况,因此,以本期利润最大化是公司制定各项营销活动的重要目标,且是可以获取最多现金和投资回报的价格。追求本期利润的最大化是短视的,明智的经营者应该站在更高的角度去把握。具体的定价是以 MC=MR 的基本原理进行,即边际收益等于边际成本。这种策略和方法的使用往往是为了获得高额的利润。

（3）市场占有率最大化：市场占有率是一个相对指标,有相对市场占有率,这种定价策略和方法目的是尽可能制定低价以达到市场份额领先的地位。大企业在赢得高市场占有率的同时,能产生规模经济效益并获得较高的长期利润,而一些小企业不具备这种优势,必然会被大企业的为维持自身的占有率甚至提高占有率,采取低价位的策略击垮。同时大企业在一定程度上打击了竞争对手,市场就是一块有限的蛋糕,此方切多了,剩下的就少了。70年代初,美国哈佛商学院教授巴兹尔和麻省理工大学经济学副教授盖勒对美国594家企业市场占有率与投资收益率间的关系进行了深入的研究工作,发现在影响投资收益的37项主要因素中,市场占有率是最主要的。这与竞争力的盈利性目的相吻合。市场占有率与投资收益率的关系,如表10-1所示。

表 10-1 市场占有率与投资收益率的关系

市场占有率	投资收益率
<10%	约 8%
10% ～ 20%	>14%
20% ～ 30%	约 22%
30% ～ 40%	约 24%
>40%	约 29%

（4）产品质量领先：它是产品领先战略的核心,指的是企业通过源源不断地出售质量领先的产品和服务,使得原有的产品和竞争产品过时,从而提供最大化的价值。方法是制定高价格以补偿高品质和研发成本的支出。这种策略在电子计算机行业比较常见,例如索尼、奔驰、英特尔。

（5）顾客满意目标：满意理论是1978年获得诺贝尔经济学奖的组织决策管理大师赫伯特·西蒙提出的,"管理人"的假设所追求的是满意化而不是最优化的决策。同理适用在企业中,只关注企业的短期利润,企业将会失去长期客户,唯有让消费者满意才能获得长期利润。

（6）形象提升目标：消费者经常通过价格推断产品质量优劣,但是在同等价位的基础上,消费者还是倾向于选择知名企业的知名品牌产品。所以说品牌也是一个很重要的因素,它决定了消费者购买与否。我们无从得知品牌到底是怎样影响消费者选择的,但是我们能够根据声望进行定价策略。同样的,在行业内的企业会在消费者的心目中形成特定的印象而采取相应的价格水平,优质优价是消费者的首选,因此,企业形象的塑造就显得十分必要了。

2. 产品成本

（1）固定成本：又称固定费用,是指在一定时期和一定量业务范围内,不随企业产量和收入的变化而变化的生产费用。它与企业的生产水平无关,可分为约束性固定成本和酌量性固定成本。例如厂房设备的折旧、租金、利息,还有行政人员的工资等。

(2) 变动成本：变动成本与固定成本相反，又称可变成本，是指那些成本的总发生额在相关范围内随着业务量的变动而呈线性变动的成本。如原材料费用、生产工人工资、销售税金等都是典型的变动成本，在一定期间内它们的发生总额随着业务量的增减而呈正比例变动，但单位产品的耗费则保持不变。变动成本与固定成本一样，变动成本与业务量之间的线性依存关系也是有条件的，即有一定的适用区间，超出相关范围时，变动成本发生额可能呈非线性变动。

(3) 总成本：是固定成本和变动成本的总和，是指企业生产某种产品或提供某种劳务而发生的总耗费。即在一定时期内（财务、经济评价中按年计算）为生产和销售所有产品而花费的全部费用。根据成本核算的不同方法，按照其费用的归集和分配程序，产品总成本是生产某种品种或数量的产品所耗费的生产资料和人工费用的总和。当产量为零时，总成本等于固定成本。

(4) 平均成本：总成本与产量的比值为平均成本。平均成本是指一定范围和一定时期内成本耗费的平均水平。平均成本总是针对一定的产品或劳务而言的。一定时期产品生产或劳务提供平均成本的变化，往往反映了一定范围内成本管理总体水平的变化。不同时期的平均成本可能会有很大变化，通过比较分析，能了解成本变化的总体水平和为深入分析指明方向。平均成本分为行业平均成本和企业平均成本。行业平均成本也称社会平均成本，是一个行业内，对生产同种产品的所有企业按照加权平均数方法所计算的平均成本。企业平均成本等于总成本除以产出的单位数。

(5) 边际成本：每增加或减少一个单位产量所造成的数额或成本的变动量。企业对边际成本比对平均成本更为重视，但是边际成本与固定成本无关。这个概念表明每一单位的产品的成本与总产品量有关。例如仅生产一辆汽车的成本是极其巨大的，而生产第 101 辆汽车的成本就低得多，而生产第 10 000 辆汽车的成本就更低了（这是因为规模经济）。但是考虑到机会成本，随着生产量的增加，边际成本可能会增加。当增加一个单位产量所增加的收入（单位产量售价）高于边际成本时，是合算的；反之，就是不合算的。所以，增加任何一个单位产量的收入不能低于边际成本，否则必然会出现亏损。

(6) 机会成本：企业从事某一项经营活动而放弃另一项经营活动的机会，另一项经营活动所获得的收益就是某项活动的机会成本。机会成本所指的机会必须是决策者可选择的项目，若不是决策者可选择的项目便不属于决策者的机会。例如，某农民只会养猪和养鸡，那么养牛就不会是某农民的机会。放弃的机会中收益最高的项目才是机会成本，即机会成本不是放弃项目的收益总和。例如，某农民只能在养猪、养鸡和养牛中择一从事，若三者的收益关系为养牛＞养猪＞养鸡，则养猪和养鸡的机会成本皆为养牛，而养牛的机会成本仅为养猪。在稀缺性的世界中选择一种东西意味着放弃其他东西。一项选择的机会成本，也就是所放弃的物品或劳务的价值。机会成本是指在资源有限的条件下，当把一定资源用于某种产品生产时所放弃的用于其他可能得到的最大收益。

3. 产品品质及差异性　追求产品的质量不仅是企业的目标，也是顾客的要求，产品的差异性可以减少竞争的激烈程度。差异性主要表现在产品的功能、外观、位置、质量或者其他方面，具体的表现形式为将产品的价格定位差异化、技术差异化、功能差异化、文化差异化。

4. 企业的营销组合策略　产品组合是指企业把若干种产品组合成一组产品，并分别把产品组里的产品制定合适的价格，达到一组产品利润最大化目的的定价方法。例如，华龙方便面组合策略分析。华龙拥有方便面、调味品、饼业、面粉、彩页、纸品等六大产品线,也就是其产品组合的长度为六。方便面是华龙的主要产品线。

二、外部因素

1. 市场需求　需求是经济学上的概念,指的是在一定的时期,在一既定的价格水平下,消费者愿意并且能够购买的商品数量。影响需求的因素有产品价格、消费者收入、消费者偏好、替代产品的价格。需求函数是由这些因素组成的函数。假定其他因素不变,在一般情况下,价格和需求关系表现为当价格上涨,需求减少;价格下降,需求增加,价格与需求量成反方向变化。价格与供给的关系刚好相反,价格与供给的变化方向相同。均衡价格如图10-1所示。

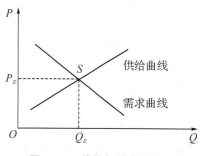

图10-1　价格与供求的关系

需求弹性称需求价格弹性,反映需求量对价格变动反应的灵敏度。需求弹性用弹性系数表示,它是需求量变化的百分比与价格变化的百分比的比值。

表达式:$Ed=(\Delta Q/Q)/(\Delta P/P)=(\Delta Q/\Delta P)\times(P/Q)$

Ed:需求弹性系数;P:原来的价格;ΔP:价格的变动量;Q:原来的需求量;ΔQ:需求的变动量。根据弹性系数的大小,把不同商品的价格弹性分为以下五种,分别是完全无弹性、完全弹性、单位弹性、富有弹性和缺乏弹性。详细情况如图10-2所示。

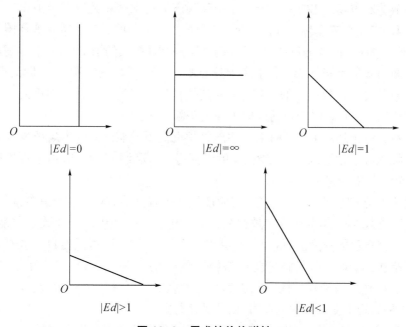

图10-2　需求的价格弹性

缺乏弹性的商品满足的条件:绝无仅有或相当独特;质量信誉良好;替代品难以找到;支出费用对收入影响甚微。粮食、食盐、煤气等生活必需品都是此类。

当 $|Ed|<1$ 或 $|Ed|=0$,需求没有价格弹性时,价格上涨会降低需求量,但总收入上升;价格下降会增加需求量,但总收入下降。因此缺乏弹性的商品,适宜于稳定价格或适当提价。

当 $|Ed|>1$ 或 $|Ed|=\infty$ 时,则称富有弹性,例如服装、家电等大部分耐用的消费品。当需求富有弹性的时候,价格上涨导致销售量暴跌,总收入下降;价格下降会导致需求量暴涨,总收入上升。因此企业可以适当降价,以扩大销量。

决定产品的需求价格弹性的五要素主要有:产品的替代品或同类竞争品的数量、消费者对价格的敏感程度、消费习惯、消费者对整个环境的认知程度和价格的关系。需求弹性的分析可以量化价格与需求的关系,可以作为定价时的参考,但具有一定的极限性。

2. 市场竞争

(1) 完全竞争市场:是指竞争充分而不受任何阻碍和干扰的一种市场结构,其特点主要有以下四个:①市场上有无数的买者和卖者。由于市场上有为数众多的商品需求者和供给者,他们中的每一个人的购买份额或销售份额都不会对整个商品市场的价格水平产生任何影响。②同一行业中的每一个厂商生产的产品是完全无差别的,即是同质的。完全无差别,是指商品之间的质量完全一样,还有销售条件、商标、包装等方面是完全相同的。③厂商进入或退出一个行业是完全自由的。厂商进出一个行业不存在任何障碍,所有的资源都可以在各行业之间自由流动。④市场信息是完全的。每一个买者和卖者都掌握了与自己的经济决策有关的商品和市场的全部信息。在现实的经济生活中,完全竞争的市场是不存在的,通常只是将某些农产品市场看成是比较接近的市场类型。由于在这种情况下,每一个消费者或每一个厂商都是市场价格的被动接受者,对市场价格没有任何控制力量。单个厂商只能实现自身的一小部分销售额,所有的行为完全由市场决定。

(2) 完全垄断市场:是指在一个行业中某种产品的生产和销售完全由卖方独立经营和控制。主要形式有:政府垄断;自然垄断;资源独占。垄断的目的经常是涉及国计民生产品的定价,甚至经常低于成本,但有时为了限制对某些特殊产品的消费,价格会定得极高。

完全垄断市场的特征包括:①市场上只有唯一一个厂商生产和销售商品;②该厂商生产和销售的商品没有任何相近的替代品;③其他任何厂商进入该行业都极为困难。在现实生活中,公用事业如电力、固定电话近似于完全垄断市场。

(3) 垄断竞争市场:许多厂商生产并出售相近但不同质商品的市场现象。企业定价的原则是边际收入等于边际成本。在短期,可以获得超额利润;在长期,由于规模经济递减规律和新进入者的影响会形成均衡。

垄断竞争市场的特征有以下三点:①生产集团中有大量的企业生产有差别的同种产品,这些产品彼此之间都是非常接近的替代品。②一个生产集团中的企业数量非常多,以至于每个厂商都认为自己的行为影响很小,不会引起竞争对手的注意,因而自己也不会受到竞争对手的报复措施的影响。③厂商的生产规模比较小,因此进入和退出一个生产集团比较容易。垄断竞争迫使厂商多样化的产品能够满足消费者多样性的需要和选择,对于生产者来说,垄断竞争最有利于促进技术创新,带动了其他行业。

在现实生活中,垄断竞争的市场组织在零售业和服务业中是很普遍的,如修理、糖果零售业等。

(4) 寡头垄断市场:是指有垄断又有竞争的市场,但是垄断因素多于竞争因素,比较接近完全垄断的市场结构。其特点包括:①厂商数量较少,只有几个势均力敌的厂商共同控制一个行业的市场,产品是同质或异质的;②厂商之间相互依存,是价格的寻求者;③厂商的行为具有不确定性。寡头按产品的分类有同质寡头和差别寡头。同质寡头与差别寡头之间的差别就在于是否存在勾结。寡头垄断市场的定价可以用价格领先制来说明。成本加成法是寡头垄断市场上最常用的定价方法,常见例子有重工业产品市场、家电市场、汽车业、航空业等。

3. 政府政策　当整个经济环境发生巨变的时候,并不是"看不见的手"总有效,这就需要政府的干预,使得经济平稳健康地发展。政府干预的措施有很多种,如规定毛利率、规定最高价和最低价、实行价格补贴等。

4. 消费者的心理　心理因素是很难度量的,企业制定价格策略时应该充分考虑其对价格因素的影响。当消费者面对自己熟悉的产品时,往往靠着以往的经验来判断购买与否,做出决策。消费者的心理又是复杂多变的,而且有时不符合逻辑,如全国发生过的好几起大面积抢购瓶装水事件。

第三节　定价的程序和方法

一、定价的程序

1. 选择定价目标　企业在制定价格之前,必须明确定价目标,即明确定价的指导思想。企业应根据不同的市场状况、不同产品选择不同的定价目标,从而决定采用不同的定价方法和技巧。

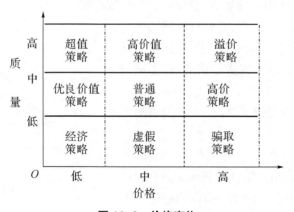

图 10-3　价格定位

2. 测定需求　需求的测定主要是调查了解市场容量,即调查该产品有多少现实和潜在的顾客;分析产品价格变动对市场需求的影响,掌握不同价格水平上的需求量,即测定需求价格弹性。估算成本。成本是制定产品价格的最低限度,是定价的基础。一般情况下,价格不能低于成本,否则企业将出现亏损,这里主要是估算平均成本和平均变动成本。掌握竞争者的产品和价格。企业定价必然要受到竞争者同类产品价格的制约,要想在市场竞争中取胜,企业就必须"知己知彼",掌握并认真分析竞争者的产品、价格、特色,经过比质比价为自己的产品制定出具有竞争力的价格。

3. 选择价格策略　企业定价方法主要有三种:成本导向定价法、需求导向定价法和竞争导向竞争法。在每一种方法中又有许多种具体的方法,企业应根据自己的定价目标选择不同的定价方法。

4. 确定最终价格　企业运用一定的方法制定出基本价格后,还要定性地考虑一些因素的变化,采用定价技巧对基本价格进行适当的调整,确定出最终的价格。大多数的价格调整都与消费者的行为、环境、竞争态势、成本、战略和目标相关,最显著的例子莫过于飞机票定价。

二、定价方法

企业定价主要考虑成本、需求、竞争等主要因素。因此,定价主要包括成本导向定价法、需求导向定价法、竞争导向定价法三种基本形式。

1. 成本导向定价法　是以成本作为基本依据的定价方法。在具体定价时,首先考虑的是回收企业在生产经营花费中的全部成本,以成本为商品定的价为最低界限。

(1) 成本加成定价法:通常考虑到资金问题,并为每一种产品或服务定价以使得公司能够获得总成本之上的公平收益,尤其适用于临时定价。计算公式如下:

$$价格 = 单位成本 + 单位成本 \times 成本利润率 = 单位成本 \times (1 + 成本利润率)$$

例如:某企业全年生产某种产品25万件,产品的单位变动成本10元,总固定成本250万元,该企业要求的成本利润率为10%,则应定价格 = (10+250÷25)×(1+10%)=22(元)。

完全成本加成定价法是企业较常用的定价方法,它有以下优点:计算方法简便易行,资料容易取得;根据完全成本定价,能够保证企业所耗费的全部成本得到补偿,并在正常情况下能获得一定的利润;有利于保持价格的稳定。当消费者需求量增大时,按此方法定价,产品价格不会提高,而固定的加成,也使企业获得较稳定的利润。

(2) 目标收益定价法:又称目标利润率定价法、目标回报定价法、盈亏平衡定价法。它是根据企业预期的总销售量与总成本,预期销售量和投资回收期等因素来确定价格。确定一个目标利润率的定价方法,是成本编制的方法之一。

目标利润率定价法的特点是使产品的售价能保证企业达到预期的目标利润率。企业根据总成本和估计的总销售量,确定期望达到的目标收益率,然后推算价格。这种定价方法需要参照图10-4。计算公式如下:

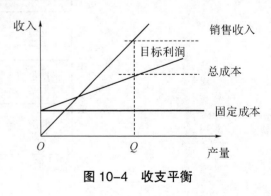

图 10-4　收支平衡

$$价格 = (总成本 + 目标利润) \div 产量$$

例如:某企业预计其产品的销量为20万件,总成本200万元,目标利润400万元,则单价是多少?单价 = (200+400)÷20=30(元)。

（3）边际成本定价法：又称边际贡献法，其基本思想是只考虑变动成本，不考虑固定成本，以预期的边际贡献补偿固定成本并获得盈利。在价格高于变动成本的情况下，企业出售的产品的收入除完全补偿变动成本外，尚可用来补偿一部分固定成本，甚至可能提供利润。价格定为等于边际成本，是为了获得资源配置效率最佳。单位产品价格＝单位产品变动成本＋单位产品边际贡献。

2. 需求导向定价法 是从消费者的角度出发，依据消费者对商品价格的反应和接受能力确定价格。需求导向定价法包括认知价值定价法和需求差别定价法。

（1）认知价值定价法：市场交易得以进行的条件是消费者愿意支付的价格必须大于或等于营销者愿意出售的价格。认知活动是考虑并决定要买什么商品，对消费者来说拥有的信息远不及商家多，容易造成信息不对称问题。价值是商品的本质属性，是凝结在商品中的无差别的人类劳动。消费者的购买活动就是在权衡成本与价值，即若消费者意识到购买提供的效用比成本更大，更愿意进行交易取得自身所需要的商品。然而消费者对价格的认识仅停留在浅层次的层面上，价格在做选择上取得很重要的地位，但不是完全能决定消费者的选择。我们注意到的一些看似微小的东西影响着人们对价格变量的理解，从而改变消费者的行为。还有信息这个微小因素对消费者产生影响的过程机理如图10-5所示。

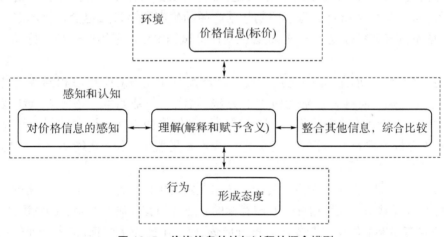

图 10-5 价格信息的认知过程的概念模型

【案例 10-1】天下之大，定价真是无奇不有。听说过去饭店吃饭，由你自己定价的吗？但是就有一家饭店推出了"让消费者定价"的方法。这真是一件新鲜的事，难道店家不怕吃了饭不给钱吗，没有利润，怎么继续营业呢？然而，没有像我们想象中的那样。这家饭店给出了以下的规定：凡是来饭店消费的顾客，所消费的饭菜都由消费者自己定价，根据您的感觉，对饭菜定价，饭店不对饭菜的价格做出规定，如果您觉得饭菜没有达到您的预期标准，可以分文不付。

结果是这样的，消费者听到这个消息觉得新奇，怀着好奇的心理，品尝了该饭店的食物，吃完以后发现，到底该付多少钱给店家成了一个难题，反而难道了自己。由于每个人的支付能力不同，一些高收入的消费者支付的费用往往比较高，有时甚至超出预期费用的两倍。还有大部分的消费者按同等质量的正常价格进行支付，只有极少数的人不付钱，这样饭店不仅不亏本，而且还盈利了。那么饭店又是怎么想出这个定价策略的呢？这是本章即将要讨论的定价策略的问题。

（2）需求差异定价法：是指企业以产品市场需求为基础，根据不同细分市场需求强度和需求弹性的差别，以不同的价格销售给不同的顾客的方法。基于需求的定价方法使得厂商在需求旺盛时可以定高价，而在需求萎缩时定低价。主要根据：时间差异、数量差异、地区差异、消费水平和心理差异。企业利用差别价格可以获得较大的利润。差别定价具体包括产品差别、批量差别、时间差别、交易差别和地域差别等定价方法。

（3）逆向定价法：这种方法从顾客角度出发，考虑需求状况，依据消费者能够接受的最终销售价格，逆向推出中间商的批发价和生产企业的出厂价。逆向定价法的特点是：价格能反映市场需求情况，有利于加强与中间商的良好关系，保证中间商的正常利润，使产品迅速向市场渗透，并可根据市场供求情况及时调整。它不以事实为依据，比较灵活，但是能够制定出针对性强，能为顾客接受，又能抗衡竞争者的价格。缺点是容易造成产品的质量下降和客户的不满，并导致客源减少。

3. 竞争导向定价法　是根据同类产品或服务的市场竞争状态为主要定价依据的定价方法。这种定价方法更关注竞争对手的报价，而不是自身的成本和收入，较少考虑产品成本、需求等其他因素的影响。

（1）随行就市定价法：又称流行水准定价法，指根据同行业企业的现行价格水平来定价。垄断定价法是指垄断企业为了控制某项产品的生产和销售来定价。保本定价法是指企业在市场不景气和特殊竞争阶段，或者在新产品试销阶段所采用的一种保持成本的定价方法。

（2）竞争价格定价法：是指企业为追求其产品有比竞争对手产品相同或更高的性价比，从而使本企业产品具有价格竞争力的方法，它注重的是竞争。该定价方法就是参考市场上同类商品竞争的销售价格，反向计算出自身价格的方法。这种定价能够充分考虑到市场的供给与需求及竞争因素，但是它与成本费用脱节，不一定能实现企业的目标利润。

（3）投标竞争法：是指多个企业为一个项目制定的价格进行出价角逐，价格的确定是由出价者确定的，经常用于工程招标。参与竞标的企业必须首先清楚竞争者的情况，才能有机会胜出，还要有足够的经验作为支撑。报价应该合理，不能为了中标，损害企业的利益。一般采用的是预期利润来定价。

第四节　定价策略

一、新产品的定价策略

1. 撇脂定价　又称高价法或吸脂定价（skimming prices），即在产品刚刚进入市场时将价格定位在较高水平（即使价格会限制一部分人的购买），在竞争者研制出相似的产品以前，尽快地收回投资，并且取得相当的利润。然后随着时间的推移，再逐步降低价格使新产品进入弹性大的市场。其名称来自从鲜奶中撇取乳脂,含有提取精华之意。企业在产品寿命周期的投入期或成长期,利用消费者的求新、求奇心理,抓住激烈竞争尚未出现的有利时机,有目的地将价格定得很高,以便在短期内获取尽可能多的利润,尽快地收回投资的一种定价策略。一般而言,对于全新产品、受专利保护的产品、需求的价格弹性小的产品、流行产品、未来市场形势难以测定的产品等,都可以采用撇脂定价策略。

【案例 10-2】 柯达公司生产的彩色胶片在 20 世纪 70 年代初突然宣布降价,立刻吸引了众多的消费者,挤垮了其他国家的同行企业,柯达公司甚至垄断了彩色胶片市场的 90%。到了 80 年代中期,日本胶片市场被富士所垄断,富士胶片压倒了柯达胶片。对此,柯达公司进行了细心的研究,发现日本人对商品普遍存在重质而不重价的倾向,于是制定高价政策打响牌子,保护名誉,进而实施与富士竞争的策略。他们在日本发展了贸易合资企业,专门以高出富士 1/2 的价格推销柯达胶片。经过 5 年的努力和竞争,柯达终于被日本人接受,走进了日本市场,并成为与富士平起平坐的企业,销售额也直线上升。

2. 渗透定价　又称薄利多销策略,是在产品进入市场初期时将其价格定在较低水平,尽可能吸引最多消费者的营销策略。它是以一个较低的产品价格打入市场,目的是在短期内加速市场成长,牺牲高毛利以期获得较高的销售量及市场占有率,进而产生显著的成本经济效益,使成本和价格得以不断降低。渗透价格并不意味着绝对的便宜,而是相对于价值来讲比较低,是企业在产品上市初期,利用消费者求廉的消费心理,有意将价格定得很低,使新产品以物美价廉的形象,吸引顾客,占领市场,以谋取远期的稳定利润。

【案例 10-3】 苹果 iPod 在最初采取撇脂定价法取得成功后,就根据外部环境的变化,而主动改变了定价方法,2004 年,苹果推出了 iPod shuffle,这是一款大众化产品,价格降低到 99 美元一台。之所以在这个时候推出大众化产品,一方面是因为市场容量已经很大,占据低端市场也能获得大量利润;另一方面,竞争对手也推出了类似产品,苹果急需推出低价格产品来抗衡,但是原来的高价格产品并没有退出市场,而是略微降低了价格而已,苹果公司只是在产品线的结构上形成了"高低搭配"的良好结构,从而改变了原来只有高端产品的格局。

3. 温和定价　又称平价销售策略或满意价格策略,是介于撇脂定价和渗透定价之间的一种定价策略。由于撇脂定价法定价过高,对消费者不利,既容易引起竞争,又可能遇到消费者拒绝,具有一定风险;渗透定价法定价过低,对消费者有利,对企业最初收入不利,资金的回收期也较长,若企业实力不强,将很难承受。而温和定价既能博得顾客的好感,又能给自己降价留有一定的余地,基本可以使顾客和企业都满意。

4. 仿制品定价　仿制品一般是市场上已有的产品,并且能为企业带来一定的利润,即市场上存在竞争者。定价的关键在于如何进行市场定位,特别要与市场上原有创新者的定位保持一定的价格差。从产品质量和价格两方面因素来考虑,得出以下可供企业选择的九种仿制品定价策略(如图 10-6 所示)。

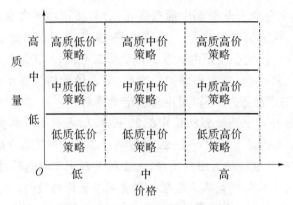

图 10-6 仿制品企业的定价策略

二、产品生命周期不同阶段价格策略

如同有机生物体一样,产品也有生命周期。产品的生命周期指的是从产品进入市场到退出市场的过程。一般包括四个阶段:导入期、成长期、成熟期和衰退期。厂商可以根据不同时期的不同特点,采取相应的价格策略。

1. 导入期　产品刚面世,技术不成熟,产量也少,产品质量没有标准,处于试验阶段,没有稳定的设计。成本高,市场上的竞争者少,消费者可供选择的范围小,对价格不敏感。企业的规模可能会比较小,企业的战略目标是争取成为"领头羊",此时的经营风险也会很高。这个时期比较适合采用高价策略尽快收回成本。新产品只有两种结果,即成功和失败,成功则进入成长期,失败则无法收回前期投入、开发、人力和设备成本。

2. 成长期　成长期是随着产品技术的成熟,一个很明显的标志是产品销量节节攀升,由于规模经济的效应,产品的单位成本急剧降低,使得利润上升较快。随后竞争者的加入,使得同类产品供给增加,竞争加剧。此时消费者能够接受的产品范围扩大,对产品质量的要求也不高。企业为了争取最大的市场份额,往往通过降低价格来进行竞争。

3. 成熟期　成熟期时整个产业的销售额达到最高点,属于产品饱和程度阶段。特点是销量平缓,利润稳,市场竞争激烈,企业必须根据市场条件的变化实行竞争价格。也就是在此时最激烈的价格战容易出现,同时企业的主要任务是进一步巩固市场份额,提高投资报酬率。消费者倾向购买品牌产品,且进行重复购买。

4. 衰退期　衰退期表现为销量急剧下降,替代品出现,消费者兴趣转移,同业竞争抛价销售,企业利润降到最低。有些企业处于这个阶段会退出市场是由于成本控制上不占优势。大批量生产的并且有自己销售渠道的企业为获取产品的最后的剩余价值采取低价策略,使利润降至最低水平,维持正的现金流量。

三、心理定价策略

1. 尾数定价　又称零头定价,是指将价格定在与整数有一定距离的一种方法。这是一种具有强烈刺激作用的心理定价策略。有学者研究过尾数定价会让消费者联想到商品便宜或在处于价格促销中。研究称,尾数定价可以有效增强消费者的购买意愿。

2. 整数定价　是指价格刚刚定在整数的一种方法。整数定价会让消费者认为商品是高质量的,此时消费者会感觉良好,因而厂商如果为了突出商品的质量可以采用此策略。例如经常在路边会看到"两元店""十元店"。

3. 声望定价　　这是整数定价策略的进一步发展。消费者一般都有求名望的心理,根据这种心理行为,企业将有声望的商品制定比市场同类商品价高的价格,即为声望性定价策略。它能有效地消除购买心理障碍,使顾客对商品或零售商形成信任感和安全感,顾客也从中得到荣誉感。

比如金利来领带,一上市就以优质、高价定位,对有质量问题的金利来领带他们决不上市销售,更不会降价处理。给消费者这样的信息,即金利来领带绝不会有质量问题,低价销售的金利来绝非真正的金利来产品,从而极好地维护了金利来的形象和地位。如德国的奔驰轿车,售价20万马克;瑞士莱克司手表,价格为五位数;巴黎里约时装中心的服装,一般售价2 000法郎;我国的一些国产精品也多采用这种定价方式。当然,采用这种定价法必须慎重,一般商店、一般商品若滥用此法,弄不好便会失去市场。

4. 招徕定价　　又称特价商品定价,是一种有意将少数商品降价以招徕吸引顾客的定价方式。商品的价格定得低于市价,一般都能引起消费者的注意,这是适合消费者求廉心理的。采用招徕定价策略时,必须注意以下几点:

(1) 降价的商品应是消费者常用的,最好是适合于每一个家庭应用的物品,否则没有吸引力。

(2) 实行招徕定价的商品,经营的品种要多,以便使顾客有较多的选购机会。

(3) 降价商品的降低幅度要大,一般应接近成本或者低于成本。只有这样,才能引起消费者的注意和兴趣,才能激起消费者的购买动机。

(4) 降价商品的数量要适当,太多则亏损太多,太少反而容易引起消费者的反感。

(5) 降价商品应与因伤残而削价的商品明显区别开来。

5. 分档定价　　指的是企业把众多花色、式样、等级的商品,划分为有限的几个档次,分档次定价的策略,又称"价格阵线策略"。同类商品中分为高、中、低档,购买高档商品和购买低档商品的消费者,其心理需求是不尽相同的。

分档定价的形式有:

(1) 针对不同顾客群体定不同价格,差别对待。如"Price Smart"会员商店,对会员顾客实行优惠价格售货,而对非会员顾客购物则要加收价格的10%。

(2) 同一产品,不同花色、样式,实行分档定价。例如,将各式各样的西服分为高、中、低三档,每档确定一个价格。

(3) 不同位置分档定价。如商店的猪肉价格,前臀尖和后臀尖的售价就不相同;剧院前排和后排的售价也不相同。

(4) 不同时间分档定价。如国际长途电话节假日和平时的话费不同,即使一天的不同时段话费也不相同。菜市场农民卖菜,上午蔬菜价格比较高,到下午接近收摊之前,一些经营者就会削价处理了。

分档定价可以使消费者感到商品档次高低的明显差别,为消费者选购提供了方便。但分档不宜太少也不宜太多,档次太多,价格差别太小,起不到分档作用;档次太少,价格差别太大,除非商品质量悬殊,否则容易使期望中间价格的顾客失望。采用这种策略时,价格差距的确定应该进行认真的分析研究,在适当的时候还要做适当的调整。商品档次不要过多,档次过多就失去意义；此外，各档次的差价要适当，如果差价过大，就会失去期望调价的顾客。多用于商品的零售环节。

6. 习惯定价　某些商品需要经常、重复地购买，因此这类商品的价格在消费者心理上已经定格，成为一种习惯性的价格。许多商品尤其是家庭生活日常用品，在市场上已经形成了一个习惯价格。消费者已经习惯于消费这种商品时，只愿付出这么大的代价，如买一块肥皂、一瓶洗涤灵等。这些商品的定价，一般按照习惯确定，不要随便改变价格，以免引起顾客的反感。善于遵循这一习惯确定产品价格者往往得益匪浅。

四、地理定价策略

1. FOB 原产地定价　以产地价格或出厂价格为标准，运费由买方承担。比较适合市场供应较为紧张的商品和地区的买主，对于距离较远，运费和风险较大的买主是不利的。优点是卖方需要保证装到运输工具上时的产品是完整无缺的就可以了，省去了很多麻烦；缺点是将风险全部转嫁给了买方，容易失去较远距离的顾客。

2. 统一交货定价　又称邮票定价法，对所有的买主收取同样的运费，这种方法适用于商品价值高、运杂费占成本比重小的商品。优点是距离近的消费者比距离远的消费者需要多付运费，造成他们的满意度降低。

3. 区域定价　卖方把销售市场划分为多个区域，不同的区域实行不同的价格，同一区域实行统一价格。如果跨区的价格相差很大，投机者可以投机获利。

4. 基点定价　又称起始点定价，指企业通过指定一个城市或地区作为计费的起始点，按照这个起始点到消费者所在的区域的距离计算运输费用的定价策略。适用于产品笨重，运费成本比例较高，生产分布较广，市场范围较大，需求弹性小的产品。有利于扩大市场占有率和销售量。这种策略与我们乘坐出租车收费类似。

5. 免运费定价　企业为了促成交易的达成，增加销售额，降低总平均成本弥补运费，为消费者提供免运费的服务定价策略。例如天猫上的免邮。

五、差别定价策略

所谓差别定价，也叫价格歧视，就是企业按照两种或两种以上不反映成本费用的比例差异的价格销售某种产品或劳务。差别定价有四种形式：

1. 顾客差别定价　即企业按照不同的价格把同一种产品或劳务卖给不同的顾客。例如，某汽车经销商按照目标价格把某种型号汽车卖给顾客 A，同时按照较低价格把同一种型号汽车卖给顾客 B。这种价格歧视表明，顾客的需求强度和商品知识有所不同。

2. 产品形式差别定价　即企业对不同型号或形式的产品分别制定不同的价格，但是，不同型号或形式产品的价格之间的差额和成本费用之间的差额并不成比例。

3. 产品部位差别定价　即企业对于处在不同位置的产品或服务分别制定不同的价格，即使这些产品或服务的成本费用没有任何差异。例如剧院，虽然不同座位的成本费用都一样，但是不同座位的票价有所不同，这是因为人们对剧院的不同座位的偏好有所不同。

4. 销售时间差别定价　即企业对于不同季节、不同时期甚至不同钟点的产品或服务也分别制定不同的价格。例如，蒙玛公司在意大利以无积压商品闻名，其秘诀之一就是对时装分多段定价。它规定新时装上市,以 3 天为一轮,凡一套时装以定价卖出,每隔一轮按原价削价 10%,以此类推,那么到 10 轮(一个月)之后,蒙玛公司的时装价就到了原价 35% 左右的成本价了。这时的时装,蒙玛公司就以成本价售出。由于时装上市仅一个月,其价格已跌到原价的 1/3,所以经常一卖即空。

六、产品组合定价策略

1. 产品线定价　指的是一群相关的产品中制定一系列价格,由最低价至最高价,价格差距适中,还应考虑竞争对手的价格,让消费者适应这种定价方式且具有不同的功能的产品。如特步的运动鞋系列,不同的款不同的价格,满足消费者的各种需求。

2. 备选产品定价　许多公司在销售与主体产品配套的备选产品或附件时,采用备选产品定价法。

3. 附属产品定价　这种产品产量少,企业在消费者购买主要产品的同时,提供配套使用的附加产品,而这些产品定价一般会高于主要产品,往往都会和主要产品一起销售。

4. 副产品定价　副产品是企业在生产主要产品时,附带生产的产品。这种副产品对某些消费者是有价值的且能满足他们的特殊要求。企业可以根据这点来制定适合消费者的定价策略。

5. 一揽子定价　又称单一价格定价。统一定价的方式可以省去很多不必要的麻烦,产品线上所有产品项目采取单一的价格。对产品项目中成本项目差距不大的情况下尤为适用。

七、促销定价

促销是营销者向消费者传递商品的促销信息,进而促进其购买欲望的活动。由于在特定的时间内,消费者购买某种产品的可能性很小,通过促销可以刺激他们的需求。然而,在市场上如何区分是否有潜在的消费购买欲望是重中之重。

促销策略主要有现金折扣、数量折扣、交易折扣、季节折扣、复合折扣和价格折让。促销的手段应该委婉,以不损害企业的形象和收益为前提进行。促销应该考虑的因素有人员、经费、效果等。

1. 现金折扣策略　又称付款期限折扣策略,是在信用购货的特定条件下发展起来的一种优惠策略,即对按约定日期付款的顾客给予不同的折扣优待。现金折扣实质上是一种变相降价赊销,鼓励提早付款的办法。如付款期限一个月,立即付现折扣 5%,10 天内付现折扣 3%,20 天内付现折扣 2%,最后十天内付款无折扣。有些零售企业往往利用这种折扣,节约开支,扩大经营,卖方可据此及时回收资金,扩大商品经营。

2. 数量折扣策略　是指根据代理商、中间商或顾客购买货物的数量多少,分别给予不同折扣的一种定价方法。数量越大,折扣越多。其实质是将销售费用节约额的一部分,以价格折扣方式分配给买方,目的是鼓励和吸引顾客长期、大量或集中向本企业购买商品。其优点是能增加卖方的变现能力,降低收账成本,防止发生坏账。数量折扣根据中间商的作用和功能差异,可以分为累计数量折扣和非累计数量折扣两种形式。

3. 交易折扣　又称功能折扣、业务折扣,是指根据各类中间商在市场中的各种不同地位和功能,给予不同的折扣。折扣的大小随行业与产品的不同有所区别,一般给予批发商的折扣较大,给予零售商的折扣较小,对工业使用者可能另有一种折扣。通常的做法是,先定好零售价,然后再按相应的折扣制定各环节的价格。最常见的有批发价、零售价。

4. 季节折扣　也称季节差价,一般在有明显的淡、旺季商品或服务行业中实行,是指卖方为鼓励买方在淡季购买而给予的折扣,目的在于鼓励淡季购买,减轻仓储压力,利于均衡生产。例如,服装生产经营企业,对不合时令的服装,给予季节折扣,以鼓励中间商和用户提前购买、多购买;旅游公司在旅游淡季,给旅客以价格折扣,是为了招徕更多的生意。季节折扣比例的确定应考虑成本、储存费用、基价和资金利息等因素。

5. 价格折让　主要包括以旧换新折让和促销折让。以旧换新比较常见,通常是以旧物充当一部分的货款抵消部分新品的价款,有利于废旧物品的回收和利用,同时也容易出现以次充好的现象。促销折让则是生产企业给予愿意参加本企业组织的促销活动的中间商的一种折让。企业应该对长期的折让进行慎重考虑。

八、实用定价策略

1. 大甩卖　逛街的时候常见有"亏本大甩卖""清仓大甩卖""吐血大甩卖""搬迁甩卖"等字样,其实这些信息给出来,消费者需要加以甄别。常常是人们由于好奇心驱使,认为有合适的商品等待自己。当进入了店内,发现大部分价格仅比正常时期价格低一点点。消费者每次经受不住诱惑,正是由于商家巧妙地抓住了消费者的心理,给商家带来了利润。

2. 一口价　明码标价,是多少就是多少,不给讨价还价的余地,甚至还有"谢绝还价"的字样。这种标价的方法优点是减少了买卖双方讨价还价的时间,同时显示了商家对自己产品的信心。如果消费者长时间购买此商家的产品,就会接受此种标价行为,也容易对此种商品产生信任,认为此种商品物有所值。缺点是顾客认为此种商品的价格不合适,就会终止购买,从而损失了一批潜在顾客。

3. 全市最低价　如果你是消费者,相信会抱着一种怀疑的态度来看待"全市最低价"的这个说法。即使消费者真的发现别处比此商家的便宜,也不会为了几块钱去找商家理论,毕竟不是所有的消费者都有耐心货比三家,因而"全市最低价"的这种策略在一定程度上为商家提供了保护伞,赚取了利润。

九、网络营销中的定价策略

上述策略在网络营销中均有使用,作为发展比较迅速而且广为人们接受的消费,学习网络营销中的定价策略就显得更加重要了。

网络市场分为两大市场,一是消费者大众市场,另一个是工业组织市场。与传统营销相比,企业价格的制定更主要是从市场整体来考虑的,它取决于需求方的需求强弱程度和价值接受程度,另外也来自替代性产品的竞争压力程度;需求方接受价格的依据则是商品的使用价值和商品的稀缺程度,以及可替代品的机会成本。

第五节 价格调整

一、降价

1. 原因　企业的降价原因主要包括以下几个方面：①应付竞争者的价格竞争压力。如果竞争者具有先天性的某些优势，就能迫使企业不得不采取降价的方式来缓解竞争压力。②扩大市场占有率。市场占有率的扩大有利于提高企业的投资利润率和销售利润率，因此很多企业都采用降价策略来扩大市场份额。③市场需求的下降。当产品的销量下降时，企业为了扩大销量也会采取降价策略，特别是在产品衰退期，这是一种收回资金的好方法。④科技进步，劳动生产率的提高，生产经营成本下降。企业进入规模经济阶段，生产成本下降，这时企业降价有利于消费者消费。⑤根据产品生命周期进行的价格调整。生命周期调整也称阶段性调整，一般降价出现在衰退期。

2. 方法　降价的方法包括直接降价和间接降价两种。但是直接降价的方式就是明码标价，提示该商品降价，相比直接降价产生的消极影响，间接降价是企业保持目录价格不变即保持名义价格不变的前提下，降低产品的实际价格。它的方式主要有购买售后保险、免费送货上门、免费赠送样品等。总之，降价应该"师出有名"，要找一个合适的降价理由，避免顾客对企业产生一些不好的印象。比如可以是新店开张、周年庆典、反季销售。经验表明，降价20%左右得到的促销效果优于其他。

二、提价

1. 原因　提价一般会遭到消费者和经销商的反对，但有些情况又不得不提价，原因主要是由于资源约束产生严重的供不应求或发生通货膨胀。

2. 方法　有两种方式，直接调高（明调）和间接调高（暗调），主要的策略有限时提价、减少或取消折扣。需要配合其他营销手段，减少提价的影响。

三、价格变动的反应

1. 消费者　价格意识是指消费者对商品价格高低强弱的感觉程度，直接表现为顾客对价格敏感性的强弱，包括知觉速度、清晰度、准确度和知觉内容的充实程度。它是掌握消费者态度的主要方面和重要依据，也是解释市场需求对价格变动反应的关键变量。在一定范围内的价格变动是可以被消费者接受的。由于存在企业和消费者的信息不对称，因此对于降价消费者可能会有这样的想法：产品质量有问题；企业的财务困难；产品已经过时了，将被取代；价格还会进一步下降。这些都是消极的影响，所以直接降价应该慎重考虑。消费者对提价的反应是：提价幅度超过可接受价格的上限，则会引起消费者不满，产生抵触情绪；提价意味着产品质量的改进；企业将高价作为一种策略，以树立名牌形象；卖主想尽量取得更多利润；各种商品价格都在上涨，提价很正常。

2. 竞争者　企业面对的竞争者有千千万万,不同的竞争对手又有不同的策略。总的来说,竞争者的反应有提价和降价两种,但本书主要讨论降价引起的后果,主要包括以下几种:①如果降价会导致利润的减少,则竞争者不一定会跟随。②如果竞争对手在短期内不具备成本优势,则可能过段时间会降价。③如果竞争的对手生产销售的同质产品差异化明显,竞争对手降价的可能性很小。④如果企业只是进行价格微调,而没有大幅调价的话,竞争对手就可以不降价;如果降价幅度很大的话,竞争对手有可能降价幅度会加大。

3. 政府　政府是保证经济运行正常的看得见的手。政府对企业价格的调整起到监督的作用且不干预企业的合理提价,同时还会采取一系列的措施保障经济的健康运行。不良的恶性竞争不利于企业的健康发展,也会造成国民经济福利损失。良性的竞争有利于经济的健康发展,现在提倡绿色经济。

4. 本企业对竞争者调整价格的反应　首先,对竞争者的调价进行分析,竞争者调价的目的是什么?是否该企业会长期调价还是阶段性的调价?别的和本企业一样的竞争者又是怎么做的?此外,还要根据需求和供给的关系分析。其次,企业应迅速做出反应,防止发生不可逆转的竞争后果。最后反应要适度,正如商场如战场,成王败寇。

章节总结

价格决策作为市场营销中众多因素中敏感、重要及难以控制的因素之一,企业为了实现其营销目标,应该在充分调查、审慎考虑后确定产品的价格,不能盲目定价。定价的巧妙会带来事半功倍的效果。如何在整个大环境下,进行合理的定价就显得十分重要,必须满足两个条件:①消费者乐于接受产品的价格;②企业可以获得较多的收益,取得较高的市场份额,获得竞争优势。

因此,企业选择的定价方法直接影响到营销目标。主要的定价方法有三类:①成本导向定价法;②需求导向定价法;③竞争导向定价法。根据消费者的心理,在基本定价方法上进行调整,调整的策略主要有以下四种,即心理定价策略、地理定价策略、差别定价策略、促销定价和产品组合定价策略。

然而,企业的这些价格策略不是一成不变的。当它处在不断变化的环境中,为了适应环境,也为了自身的生存和发展,需要适时地进行提价或降价。同时为了应对竞争者,也必须做出适当的反应,因而价格也会发生调整和变化。

思考题

1. 定价目标有哪些?
2. 定价的基本方法有哪些?

3. 影响定价策略的因素有哪些？
4. 如何根据产品生命周期进行产品定价？
5. 阐述商品价格的心理功能与消费者的价格心理。

**案例讨论**

苏宁京东的价格之战

 vs

京东、苏宁简介

近几年来我国的 B2C 电子商务交易额急剧上升，天猫一直占据着半壁江山，其次是京东商城、苏宁易购、腾讯还有亚马逊。而在家电行业方面，公认的大佬是京东商城和苏宁易购，所以这两者之间不可避免地会有价格战的发生。中国的电子商务发展至今，发展速度很快，但一直没有形成具有真正竞争力的商业模式，价格战成了电商之间争夺份额和市场地位惯用的杀手锏。但价格战不仅没有为行业的发展赢来重整和走向理性的机会，而是随着包括苏宁、国美等传统电器销售商的加入而更加惨烈。每逢节日，电商们在线上线下杀得天昏地暗，一些明显违背公平价格竞争的手段层出不穷，去年"11 月 11 日"过多的让利更是让很多电商的系统直接崩溃。交易额直线上升，眼球也有了，低价的商品也不断刺激着购物者的荷尔蒙和胃口。然而，看电商的业绩，却是一片惨淡。京东作为行业龙头，8 年以来却年年亏损，苏宁易购和国美这些传统的电器连锁经营者，面对如此惨烈的价格战要想赚钱显然只是一个梦想。"史上最惨烈的价格战"迎来了"史上最强烈"的抱怨声。不管是曾经的家电厂商、传统卖场，还是今天的电子商务网站，一个永恒的主题就是价格战。

京东商城，原名为京东公司，成立于 1998 年的中关村，创始人刘强东，是目前中国最大的自营式电商企业。自 2004 年初涉足电子商务领域以来，专注于该领域的长足发展，凭借在 3C 领域的深厚积淀，先后组建了上海及广州全资子公司，将华北、华东和华南三点连成一线，使全国大部分地区都覆盖在京东商城的物流配送网络之下；同时不断加强和充实公司的技术实力，改进并完善售后服务、物流配送及市场推广等各方面的软、硬件设施和服务条件。京东商城组建以北京、上海、广州、成都、沈阳、西安为中心的六大物流平台，以期能为全国用户提供更加快捷的配送服务，进一步深化和拓展公司的业务空间。2007 年 6 月，成功改版后，京东多媒体网正式更名为京东商城，以全新的面貌屹立于国内 B2C 市场。2007 年京东商城销售额超过 3.5 亿元人民币，实现了连续三年 300% 的增长。自 2004 年初正式涉足电子商务领域以来，京东商城一直保持高速成长，连续八年增长率均超过 200%。2008 年 6 月，京东商城在2008年初涉足销售平板电视,并于6月将空调、冰箱、电视等大家电产品线逐一扩充完毕。这标志着京东公司在建司十周年之际完成了3C产品的全线搭建,成为名副其实的3C网购平台。2010年,京东跃升为中国首家规模超过百亿的网络零售企业。2009年2月,京东尝试出售特色上门服务,此举成为探索B2C增值服务领域的重要突破,也是商品多元化的又一体现。3月,京东商城单月销售额突破2亿元。6月,京东商城单月销售额突破3亿元,与2007年全年销售额持平。同时,日订单处理能力突破20 000单。2010年3月,京东商城收购韩国SK集团旗下电子商务网站千寻网,2010年6月,京东商城开通全国上门取件服务,彻底解决了网购的售后之忧。11月,图书产品上架销售,实现从3C网络零售商向综合型网络零售商转型。12月23日,京东商城团购频道正式上线,京东商城注册用户均可直接参与团购。2011年5月重启千寻网,上线运营。截至2012年12月底,中国网络零售市场交易规模达13 205亿元,同比增长64.7%。国内的两家电商公司,阿里巴巴和京东商城,阿里巴巴2012年交易额增长超100%,京东商城则接近200%。2013年,活跃用户数达到4 740万人,完成订单量达到3 233亿。2013年3月30日正式切换域名涉及金融、拍拍及海外业务。2014年5月22日,京东在纳斯达克挂牌,股票代码JD,是成为仅次于阿里巴巴、腾讯、百度的中国第四大互联网上市公司。

苏宁,原为苏宁电器股份有限公司,创办于1990年12月26日,是中国商业企业的领先者,经营商品涵盖传统家电、消费电子、百货、日用品、图书、虚拟产品等综合品类,线下实体门店1 600多家,线上苏宁易购位居国内B2C前三,线上线下的融合发展引领零售发展新趋势。2004年7月,苏宁云商集团股份有限公司成功上市,口号是正品行货、品质服务、便捷购物、舒适体验。2009年,苏宁提出"营销变革",此后在苏宁易购和乐购仕中大力拓展非电器品类,延伸至百货、图书、母婴、虚拟产品等;2012年苏宁推出全新的主力型门店——Expo超级店,在门头上去掉"电器"两字,标志着苏宁线下实体门店超电器化经营步伐的加速。苏宁不断拓展经营品类,实施超电器化战略。2011年以来,苏宁持续推进新十年"科技转型、智慧服务"的发展战略,云服务模式进一步深化,逐步探索出线上线下多渠道融合、全品类经营、开放平台服务的业务形态。线上线下渠道融合发展将是2013年空调渠道的主要特点。2014年1月27日,苏宁云商收购团购网站满座网。2014年2月7日,苏宁宣布已经通过国家邮政局快递业务经营许可审核,获得国际快递业务经营许可。苏宁由此成为国内电商企业中第一家取得国际快递业务经营许可的企业。2014年10月26日,中国民营500强发布,苏宁以2 798.13亿元的营业收入和综合实力名列第一。围绕市场需求,按照专业化、标准化的原则,苏宁电器形成了旗舰店、社区店、专业店、专门店4大类,18种形态,旗舰店已发展到第六代。开发方式上,苏宁电器采取"租、建、购、并"四位一体、同步开发的模式,保持稳健、快速的发展态势,每年新开200家连锁店,同时不断加大自建旗舰店的开发,以店面标准化为基础,通过自建开发、订单委托开发等方式,在全国数十个一二级市场推进自建旗舰店开发。

价格战的经过

2012年8月14日8月14日上午10时,京东商城董事局主席兼首席执行官刘强东连发两条微博,表示"京东大家电三年内零毛利"、"京东所有大家电保证比国美、苏宁连锁店便宜至少10%以上",点燃了一场号称"史上最惨烈的价格战"的导火索。他同时表示,从8月15日开始"京东大家电价格绝对比国美、苏宁门店低10%。如果苏宁敢卖1元,那京东的价格一定是0元！"对于刘强东的表态，苏宁易购的李斌在微博上第一时间强势回应："苏宁易购包括家电在内的所有产品价格必然低于京东，任何网友发现苏宁易购价格高于京东，我们都会即时调价，并给予已经购买反馈者两倍差价赔付。第二天9:00开始，苏宁易购将启动史上最强力度的促销，我一定能够帮刘总提前、超额完成减员增效目标。"同时，没有被京东点名的国美电器也加入了战团，其副总裁何阳青也在微博上表示："国美从不回避任何形式的价格战，国美电器网上商城全线商品价格将比京东商城低5%。并且从本周五（8月17日）开始，为方便不同消费群体购买，国美1 700多家门店将保持线上线下一个价。"

至此，这场由京东发起，苏宁和国美参与的电商价格战再次打响，和以往中国电商之间的价格战不同，这次无论是挑战者京东，还是应战者苏宁与国美，"死掐"的味道极为浓厚。

8月14日，京东商城CEO刘强东称"未来3年所有大家电保证比国美、苏宁连锁店便宜至少10%以上"，苏宁、国美先后响应，诱发"价格战"。直接指名道姓地瞄准实体店的做法，当天引起了苏宁易购和国美的强烈反应，久未露面的国美在17日、18日，已有部分产品出现了价格回调。参战者态度的微妙变化似乎也传递出价格战热度递减的趋势。有媒体报道，17日刘强东在接受采访时提出停止价格战，"现在这是一场恶性价格战，如果这样下去，不出三个月，三家都得死"。随后，刘强东在微博上辟谣。

国美电器总裁王俊洲则对记者更直白地表达了担忧。利益相关方尤其是上游供应商反应激烈，市场更传出海尔宣布停止与京东合作等消息导致股价大幅跳水。"我们与供应商是一损俱损、一荣俱荣的关系，如果对产业链产生负面影响，将是所有零售商和电商的灾难。"他也注意到，部分消费者质疑电商行业假营销，"都是这种恶性趋势的表现，消费者的信任度在下降。"电器副总裁何阳青，以及一贯强势的苏宁易购执行副总裁李斌都针锋相对。

京东有关高管表示，至少我们看到更多消费者认识到线上的优势，这正是国美、苏宁实体店最担心的。8月17日，国美、苏宁不约而同地发起线下促销。

有道购物助手统计的数据显示，截至8月15日晚上8点，相比14日同期商城流量变化，明确参与价格战的苏宁、国美、京东、易迅均有大幅流量增长，其中苏宁增长幅度最大，高达706%。

高流量带来了销售。京东商城称，其大家电销售额在价格战打响的两个多小时内就突破了两亿元。"美苏"联抗京东价格战，背后获益的是苏宁易购和国美网上商城以及国美旗下库巴网。不管京东是否胜利，都带动了两大传统零售商的网络商城知名度大增，苏宁易购据称取得了同比增长超12倍的业绩。

在经过一天的筹备后，"美苏"又将价格战引致线下，借势刺激了其实体店的销售。苏宁线下大规模让利从17日开始，北京苏宁采销中心总监李琪告诉记者，当日线下门店销售增长达到320%。国美门店宣战首日，销售比平日相比增长4倍以上，其中彩电增长320%、电脑增长507%。大中电器的数据称，到周末，销售同比增长了340%，环比增长498%，传统大家电销售占比近八成。

8月18日中午，中国证券报记者在苏宁电器马甸店、国美电器新活馆马甸店和大中电器马甸店发现，无论是传统家电还是数码3C产品的柜台前，都是人头攒动。很多顾客都是趁着周末，冲着价格战而来的。为了应对可能出现的人流高峰，国美电器马甸店有些专柜还在周末聘用了临时售货员。苏宁电器18日打响"全国大惠战"的第一枪，并将持续三天，期间90%以上品类的传统家电满千返百，并且承诺全网比价，双倍补差价。

京东加码称销售已超2亿,无货悄提价遭痛批:京东商城大家电在其官方认证微博称,京东商城8月15日大家电品类总销售额超过2亿!全国一半的库存已经被抢光了。对此,大批网友均认为京东商城作秀嫌疑大。虽然京东商城CEO刘强东上周在微博上豪言称"下周一要将价格战扩展至全品类(产品)",不过2012年8月20日,刘强东就删除了自己的微博,而且从昨天京东商城的整体表现来看,刘强东又一次"食言"了。据东方今报报道,来自一淘网的"比价擂台"榜单监测信息显示,截至昨日下午3点,在参与"8·15"电商大战的几家电商的3C及大家电类目中,京东商城当天最低价的商品只有258件,排行从8月18日的前三名下滑到昨日的第五名,成为参战商家中排名垫底的商家之一。

早在价格战开打一周后,刘强东就曾表示,在股东的授意下,愿意将价格战延伸至京东商城全品类商品上,对苏宁易购放手一搏,但随后他删除了该消息。对于"8·15"价格战一役,刘强东在接受媒体采访时坦言,未曾料到苏宁易购会迎战,也没有想到价格战没有想象中那般惨烈。且如果不考虑运营成本,京东在8月15日当天的价格战中亏损超过2000万元。"不管是我们还是苏宁,我相信都是赔钱的"刘强东坦言。

8月30日消息,京东商城CEO刘强东午间通过强势迎战苏宁集团董事长张近东后,苏宁易购执行副总裁李斌则随即瞄准京东数码3C类产品,邀约价格战,截至发稿前,京东商城尚未对此予以回应。苏宁与国美全面应战。已经准备好"E18"促销的苏宁易购,以及准备8月促销的国美电器网上商城、库巴网,甚至已经与包括海尔、西门子、三星等核心供应商达成了抵制京东的方案。

曾有媒体披露,张近东直言京东是个"小孩",且强调倘若苏宁易购的增速不及京东商城,则把苏宁拱手相让。而刘强东迅速做出回应,表示接受挑战,并要求对方履行承诺。"我会拿出赢得的苏宁电器(002024,股吧)股票中的一亿股均分赠送给转发这条微博的网友!"

在价格战开始后苏宁一直处于防守的地位,不过最近苏宁显然加大了促销力度。李斌表示,苏宁易购将于9月1日起,就所有电脑、手机、数码产品启动大型促销活动,价格直降一步到位。同时,苏宁还将差价补偿承诺延伸到3C领域,如果比京东同款产品价格高,则以差价两倍进行赔偿。

苏宁易购在"8·15"期间因订单量暴增,远超最初三周年所做的服务预案,爆发了网站页面滞缓、商品送货不及时、品类缺货等问题。有业内专家根据电商投资者透露的信息分析,京东商城的成本费用率约在11%,毛利率约在5%~6%,净利润率约在-5%。

"那是一场微博营销战。"8月27日,苏宁电器(002024,股吧)总裁副董事长孙为民表示。公开信息显示,京东商城发起的价格战,事先并未做备货等准备。不过京东也做了一定准备,其对苏宁易购的部分大家电价格进行了深度调研后,决定向拥有价格优势的品牌和型号来有针对性地发起进攻。

京东商城方面尚未对苏宁易购的约战给予回应,且不知是否会于9月1日再现"8·15"价格战的疯狂。不过,有业内人士指出,3C数码是京东商城的大本营,正如此前京东叫板苏宁易购的家电品类,以四两拨千斤的方式,迫使对方优势品类不断压低利润空间。

价格战的结果

虽然在实体店促销上,国美和苏宁一致将矛头对向京东商城,但除了一致自认为"价格战的职业选手""京东不在一个级别上"之外,实际上并无太多默契。国美网上商城总经理也明确表示,国美不会和苏宁合作。

来自一淘网的比价数据显示，苏宁在3C数码商品榜单的名次上升一位，而在大家电领域，苏宁超过了易迅、京东等同行，位居第四。在总榜单中，苏宁的整体排名也上升至第四位。

京东、国美、苏宁的电商大战已持续了五年之久，虽然一直被诟病噱头成分太多，但在此次线上、线下价格战刺激下，上周末北京国美、苏宁实体店仍然迎来了客流高峰，平均增长2倍以上，销售额也是节节攀升。京东商城与苏宁、国美间的价格战已经引起了国家发改委等政府相关部门介入调查。作为B2C领域规模最大、舆论影响力最强的一次"巅峰对决"，短期来看，本次价格战似乎是"闹剧收场"，但从长期来看，在政府协调下，电商企业的整顿则可能促进整个电商、家电零售业的思考。对于目前电商行业的竞争手段，孙为民认为，还处于野蛮生长占主导地位的阶段。"8·18"事件已经引起国家职能部门注意，商务部、发改委正在做一些规范性的东西，并约谈相关企业谈话。

价格战的影响

（1）投资者：国美电子商务总经理韩德鹏表示，"其实这次京东同样没有做好价格战的准备，虽然在价格变动、服务后台等方面看似准备得很好，但是刘强东赌的是国美、苏宁不敢拿占自己收入60%的大家电参战，因此在采购和物流方面没有做好准备的情况下就高调宣战。"

"京东商城发起的那一场价格战，可能醉翁之意不在酒。"上述业内专家称，京东抛出一个观点：之所以我们做到这么大规模不盈利，是因为我们过去一直在做3C电子产品，这类产品行业毛利太低，但打破传统零售连锁企业垄断的大家电就有可能盈利。传统零售连锁大家电有25%的毛利，即使京东商城卖得便宜10%，也有15%的毛利空间，这个空间比3C电子产品高不少。这种观点可以向投资者释放一个积极信号，即电商还有大家电这个金矿没有挖；又可以向外界传达一个零售连锁企业挤压供应商的信号。

如果京东"死"掉了，之前投的几亿美元就黄了。所以，往死里打！上周最引人瞩目的一个段子，恐怕就是刘强东的一段微博了："这场战争是要消耗很多现金的，你们什么态度？一个股东说：我们除了有钱什么都没有！你就放心打吧，往死里打！"这些投资人真的是京东源源不断的血库？

投资人自然都是精打细算的。尽管京东商城一直称2013年之前不考虑上市，但其准备上市的消息却不断传出，而如今临近2013年，却又传出京东四处寻找私募的消息，原因是现在中概股表现低迷，目前毛利率只有5.5%的京东，能否以"中国亚马逊"的概念获得海外投资人的认可？要知道亚马逊的毛利率维持在20%。退出无门的京东投资人们目前能做的，恐怕也只能跟着强哥走。

（2）消费者：这次价格战改变了消费者的消费习惯。在本次价格战中，京东、苏宁等均向消费者承诺，会比对方价格低，一旦发现价格高的现象会即时调价，显然从逻辑上看这是一个"死循环"，除非双方价格持平，按兵不动。就当业界均认为这种"自杀式"的价格战对双方会产生伤害的同时，却引发了消费者对京东、苏宁易购两大电商平台的疯狂登录，加速了消费者向线上消费的迁移。

为了避免消费者比价，生产商给不同商家提供的同一款产品，会在产品型号上和配置细节上做手脚，让消费者感觉非同款产品。此外，由于线上线下产品重合不多，虽然商家喊出线下产品比价线上的口号，但实际上比价意义不大。

据介绍，生产商给不同商家提供的产品都是大型号相同，但后缀一串小型号不同，原因就是为了让消费者难以比价。比如,同一款笔记本,给京东供的是带蓝牙的,给苏宁供的是不带蓝牙的,给国美供的是有操作系统的,给当当供的是带读卡器的,成本相差多在20元左右,售价也不尽相同。

以清华同方一款一体机为例,在大中电器马甸店,这款产品名为"清华同方一体机精锐V41H",而在苏宁易购同款产品名为"精锐V41-07"。卖场工作人员告诉中国证券报记者,其实这两款产品配置一样,但价格却不相同。该款产品在京东商城并无销售,苏宁易购标价为4 018元,而大中电器实体店标价为3 999元,实际售价可以做到3 799元。

上述人士指出,不光是电脑产品,其他品类的产品也一样,细小的差别让消费者实际比价难度很大。除了产品细节存在差别之外,线上线下产品重合不多也给比价带来难度。线上产品促销之前多会选择提价,因此即便是在降价之后还是会高于普通价,此次线下产品如果比照线上价格则会高出普通价。商家的最终目的是盈利,从产品销售情况来看,此次价格战成了卖场以及厂家清理库存的好时机。

(3)供应商:业界人士指出,本次价格战大大提升了大家电厂商对于线下渠道的博弈能力,有望打破传统线下渠道长期以来的毛利保护条款即返点体系,传统零售巨头迫于电商规模和影响力的提升,可能对自身较高的返点政策有所调整。

所谓毛利保护条款,又称保底返利,实际上是保护零售商的条款。它具体是指供应商与零售商之间签署协议,供应商需要无条件保证零售商有固定的毛利率。一旦零售商单方面降价,厂家则需要自己掏钱补足零售商的损失。

一位大家电行业资深人士指出,"此前,传统零售巨头为了保证自身利益,均会向供应商要10~15个点的毛利保护。但基于电商渠道还并未成为大家电产品的主要营销渠道,线下零售的这种返点政策虽已呈现破局形势,但新的行业发展局面并未建立"。

(4)家电渠道平衡关系被打破:本次大规模价格战后,线上线下零售模式成本的高低与否,也已成为衡量平台发展优劣的关键关注点之一。数据显示,京东2011年毛利率为5.5%、配送费占比6.6%、广告占2.3%、技术和管理费用率在1.5%左右,综合推算,京东电商成本接近10.4%;苏宁财报显示,去年成本费用率为11.95%。可以说,向电商模式的转型将驱使国美、苏宁等传统零售巨头持续优化结构,不断优化资源配置及运营模式。

苏宁副董事长孙为民26日在苏宁南京总部约见媒体,反思"8·18"事件。孙为民称,此事对苏宁而言,"名大于利,利大于弊"。

谁是赢家or输家

众所周知,一边是亏损,一边却是不断的价格战。这背后的逻辑非常简单,京东的目的非常简单,就是把苏宁易购竞争者通过价格战彻底拖垮,以亏损换市场份额,以亏损赢得未来的市场地位。用刘强东的话来说,现在还不是京东赚钱的时候,他没说什么时候赚钱,但很显然,苏宁易购等竞争者倒下之日,就是京东赚钱之时。对于一个缺乏持续而健康的产业链的产业而言,除了价格战之外,似乎并没有太多的选择,打价格战可能死,但不打价格战肯定死。当然,任何一场战争,需要有人为此买单,对于京东而言,军费的提供者是京东的战略投资者,而苏宁也刚刚在资本市场完成了增发,并且还要发行债券。这和当年英国和大清王朝的战争是一个道理,英国当年有一个发达的金融市场为其战争提供军费,而大清王朝并没有这方面的融资能力,因而最终一败涂地。

然而,不管是谁为这场战争提供军援,参战者的目的很明确,提供资金的股东也很明确,就是把对方"打死",战争才能结束。正因为如此,双方的价格战不仅血腥,而且大多具有违法的嫌疑。如果京东和苏宁的承诺是真的,那最终有一方会不惜血本,以低于成本的价格挤压对方的生存空间。而这样的不正当竞争手段,在中国电商之间屡见不鲜。面对电商之间的价格战,消费者们笑逐颜开,认为捡到了最便宜的东西,然而,一旦硝烟散尽,那些获得市场垄断地位的胜利者就会开始提高价格,弥补亏损,那些支持这场战争的风险投资者就会要求公司赚钱,以收回投资,最终的买单者将仍然是消费者。

对于刚刚起步的中国电子商务而言,市场的空间相当大,蛋糕本身的规模足以养活很多的电商,根本没必要通过你死我活的战争来赢得市场份额。中国的电子商务不会死于市场,京东也好,苏宁也好,把这些搞价格战的所有的市场加起来也不到整个中国消费品零售总额的几千分之一。这么一个庞大的市场,靠京东一家,甚至靠他们几家都是无法满足的。但中国的电子商务发展到今天,最担心的是恶性的价格竞争以及一些投资者对这些公司恶性价格竞争的纵容。这只能加剧京东等更加没有积极性打造自己的商业模式和核心竞争力,行业的门槛只会越来越低,而打败竞争对手的手法只会越来越简单,就会和小孩斗气一样,不惜成本,不计后果。

面对电商之间的价格战,笔者多次呼吁中国的反不正当竞争机构一定要出手。欧美的市场管理部门,对行业的降价行为非常敏感,因为降价可能导致不正当竞争。奇怪的是,中国的市场管理部门,却只管涨价,而对于企业之间的价格战,不闻不问。这是基本逻辑的错位。京东试图毁灭一个世界,但他似乎并没有为毁灭后的重建做点什么。当然,对于京东而言,笔者真不觉得他目前有足够的能力消灭竞争对手。他注定既毁灭不了世界,也改变不了世界。但这场恶性竞争本身,却会让中国的电子商务付出成熟的惨重代价。而中国的消费者,在享受了昙花一现的低价的商品之后,很快将发现,恶性价格战的遗产将不仅仅是战败者的累累白骨,还有中国家电廉价时代的结束。

当当网CEO李国庆说:所有不真降价的价格战都是要流氓,所有不说真心话的价格战都是大冒险,所有先涨后降的价格战都是大忽悠。不幸的是,我们正在经历这样一场"闹剧"。

不过,"8·15"仍然是个值得载入电商发展史的日子。以"价格战"作为主要营销模式的中国电商到了该反思的时候。这场突破底线的营销大戏由于破绽百出,结果是"副作用"和影响力成正比。有个调查显示,91%的网友都赞同本次大战的真相不过是电商们的联手炒作。其对电商品牌的伤害,也许会在未来长久地发酵。靠价格,而非创新的市场竞争还能打多久?

在这场大战中,苏宁和国美都不再仅仅是传统零售业的代表,我们见识了一场心理战、一场压力测试,在感慨于互联网与传统零售业碰撞猛烈的同时,人们更惊叹于他们转型的决心。这场大战无疑会使这一进程变得更加紧迫,这将如何影响整个商业世界?

有人认为,从目前看,价格战更像是一场炒作。另外,京东也表示让利主要是厂商让利,保障京东的利润并不会变,所以这次价格战对投资人来说不过是喊喊口号。而在独立分析师李成东看来,其实投行和京东之间的挟持是相互的。既然错过了阿里,那就捧一个京东吧。但苏宁始终是最大的威胁,如果京东"死"掉了,之前投的几亿美元就黄了。因此,8月14日当晚开会,股东的一致意见是,打!因为不打,苏宁再次顺利融资,以后就要被动挨打,投更多的钱了。

真正的战斗本来就没有打响,接下来也极有可能平静收场。参战电商们对于这一问题的回答众口一词,"价格战永远没有结束的一天!"但是,现实真的是这样吗?中国电商已集体陷入囚徒困境,都指望对手能够先死去,成为滋润自己的化肥。消费者和供应商肯定都不希望看到"谁把谁干掉"的局面。谁会喜欢垄断呢?不过,在这个市场的冬天,谈垄断恐怕还早。现在比的不是谁更优秀,而是谁更能撑,生存下来了才是赢家。

价格战营销术何时休

从商家的角度分析,追求销售额和销售利润的最大化是永远的目标,因此他们需要衡量降价会产生多大的新增销售量,在高于成本价的基础上,如果降价一成却能带来超过一成的市场需求量,那么商家降价就可以带来更多的销售额和利润。而在当前电子商务市场群雄并起、诸侯割据的局面中,企业选择扩大销售规模迅速抢占市场,进而挤垮对手,无疑是最优的竞争战略,而降价促销、大打价格战则是实现这一战略的最快路径。但实现这一目标要有一个先决条件,那就是足够的资本。

虽然不少电商大腕在价格战开打之前奋力疾呼"不差钱",然而在冲锋号响起之后,各家网站的实战功夫却基本停留在"吼"的阶段,而非真刀真枪的降价肉搏,看似惨烈的降价盛况只是半夜提价后的"假摔"而已。而据公开的比价网站数据显示,电商大战开始后,有网站的部分品类是涨价的,平均涨幅超过15%,而降价品类的平均降幅则不到10%。

一涨一降,降后再涨,涨后再降,消费者像猴一样被耍,效果怎样?真真假假价格战这么多年,"史上最惨烈的价格战"迎来了"史上最强烈"的抱怨声。"狼来了"的次数太多了,顾客们早就摆脱了"信息不对称"的限制,网购先比价。

竞争对手在特殊时期也是可以利用的朋友。相关企业之间的竞争是必然的事情,尤其是那些大企业之间竞争十分激烈,可是在一些特殊时期,这些本来互为竞争对手的企业之间也能建立某种程度上的友情。比如说此次电商大战中京东首先扬言要发起价格战,然后苏宁、国美等表示绝不示弱,纷纷迎战,虽然我们并不知道几大电商的产品是否在降价,但是我们唯一能够感受到的是此次声势空前绝后,社会各界都在关注他们,他们扮演着价格战中的敌对双方同时又通过关注回应等方式来对话,最终彼此都能够从中受益达到营销造势的目的。

微博上的真真假假

利用微博等平台来营销从而吸引用户关注。现在的营销手段日益丰富多样,商家也根据自己的需要选择最佳的营销渠道,此次三大电商巨头完美地演绎了一出利用微博平台进行营销造势的空城计。在微博上宣战然后引起社会各界关注从而提升微博的转发量,刘强东的几句话仿佛立刻就点燃了电商大战的导火索,于是越来越多的人怀着不同的心态来关注此事件,因此与电商大战有关的人、事、物都被大家顶得紧紧的。只要电商官方微博、CEO等主要负责人发布一条微博都会吸引无数人来转发,竞争对手当然不会坐以待毙,肯定要利用微博这个平台来做出回应,这样来来往往使得事件有扩大化的趋势,加上中国人都喜欢充当看客的优秀传统,转发量陡增,关注的人数狂飙,商家营销造势的目的也就达到了。往往只用一组微博,不需举办新闻发布会和在传统媒体做广告,就能赢得诸多媒体比广告版贵得多的新闻版版面的关注,而且还是头条。京东这次花了数千万元砸在微博上,一方面,在刘强东自己发带有挑衅字眼的微博的同时,通过一些营销机构,找一些意见领袖,分析他们的喜好,给他们转发适合他们发表的微博内容;另一方面,通过微博,将自己的话题设置为热门话题,增加普通网友参加的活跃度。而从现在京东占到自主B2C超一半的市场份额来看,当京东发起价格战时,袖手旁观似乎不是最佳选择。从实际效果看,每次参战收获真的并不小,因为由于网购市场还在不断扩大中,各家的流量和销售都得到了很好的增长。

不再低调,制造舆论爆点来吸引各路媒体来为自己营销造势。此次电商价格大战伊始,京东、苏宁、国美等都高调行事,有意吸引来各路媒体,这些电商的CEO忙忙碌碌地穿梭在各大媒体之间未敢忘记发言或者回应,即使他们说的话可能并没包含多少讯息,但是媒体绷紧的敏感神经在特殊时期更加容易受到刺激,对这些言语能够放大甚至进行必要的联想,有时候人家只是微微透露点想法甚至说些很官方的话,媒体就添油加醋地夸大一些事实,民众被舆论牵着走,最终受益的还是电商,因为营销的目的已然达成。

利用名人效应来服务自己。名人效应,是名人的出现所达成的引人注意、强化事物、扩大影响的效应,或人们模仿名人的心理现象的统称。名人效应已经在生活中的方方面面产生深远影响,比如名人代言广告能够刺激消费,名人出席慈善活动能够带动社会关怀弱者等。简单地说,名人效应相当于一种品牌效应,它可以带动人群,它的效应可以如同疯狂的追星族那么强大。现在很多商家就利用名人来替自己宣传造势,通过邀请名人写文章或者发微博等来达到营销的目的,名人包括影视明星、财经达人、商务智者等,他们说的话不论出于何种目的都容易被关注。此次电商大战中几大电商都是在利用竞争对手这个名人来替自己宣传造势并且效果反响不错。

第十一章 分销策略

本章简介

企业生产出来的产品,只有通过一定的市场营销渠道,经过物流过程,才能在适当的时间、地点,以适当的价格供应给广大消费者或用户,满足市场需要,实现企业的市场营销目标。我们主要讨论了营销渠道的各种概念和特征,以及作为一个制造企业如何建立自己的营销渠道,并对其进行有效的管理和控制,同时进一步介绍构成营销渠道的主要成员:中间商和物流机构。它们是帮助和促使企业的产品进入市场,转移到消费者的手中,满足消费需要,实现产品价值的主要营销中介。

学习重点

掌握营销渠道的概念与作用;了解渠道策略的不同类型及其适应性;了解主要的营销中介及其特征;掌握渠道设计与决策的基本步骤;了解实施营销渠道控制的基本方法;了解互联网经济对分销渠道发展的影响;掌握零售商与批发商的主要区别;了解零售商的主要类型和特征;了解批发商的主要类型和特征;掌握零售商和批发商的营销策略。

引入案例

比亚迪分销策略的成功

我国各区域经济的发展是不平衡的,所以汽车厂商会按照各地消费能力的不同将市场划分层次。比亚迪汽车分销渠道已经深入到二三线城市。按照比亚迪的理论,一线市场是指北京、上海、广州、深圳等,其他的一些省会的城市可能把它放在二线市场的范围内,一些地级市放到三线的市场。比亚迪上市初期采取的是一个区域一个区域来做,首先集中精力从二三线市场入手,避开了北京、上海、广州等一线城市,因为这些城市主要被合资品牌占据,消费者的品牌意识比较强,比亚迪作为一个新品牌盲目进入这个市场存在一定的风险。在二线市场渠道已经发展成熟后,品牌有了一定的积累,比亚迪将"北上广"作为一个专门的营销区域去做推广,并成立了专门的营销团队,从而使自身取得了突飞猛进的发展。可见,分销渠道的设计与管理至关重要。

第一节 营销渠道的含义

一、营销渠道的性质与作用

在商品经济中,产品必须通过交换,发生价值形式的运动,使产品从一个所有者转移到另一个所有者,直至消费者手中,这称为商流。同时,伴随着商流,还有产品实体的空间移动,称之为物流。商流与物流相结合,使产品从生产者到达消费者手中,便是分销渠道或分配途径。

所谓分销渠道,是指某种商品和劳务从生产者向消费者转移过程中,取得这种商品和劳务的所有权或帮助所有权转移的所有企业和个人。因此,分销渠道包括商人中间商(因为他们取得所有权)和代理中间商(因为他们帮助转移所有权),此外,它还包括处于渠道起点和终点的生产者和最终消费者或用户。但是,它不包括供应商、辅助商。

所谓市场营销渠道,是指配合起来生产、分销和消费某一生产者的商品和劳务的所有企业和个人。也就是说,市场营销渠道包括某种产品供产销过程中的所有有关企业和个人,如供应商、生产者、商人中间商、代理中间商、辅助商以及最终消费者或用户等。

两种概念有所区分,本书中我们以营销渠道为参考概念。

在我们的日常经济活动中,生产厂商为何愿意把企业全部或部分销售工作委托给营销中介机构呢?从某种意义上说,公司管理当局的这种委托意味着放弃部分经营控制权,等于把公司的一半命运放在他人手中。然而这样做是有其经济效益的。事实上,我们只要简单地将使用营销中介机构和不使用营销中介机构做一个简单的比较,就可以得出结论。图11-1是营销中介机构的经济效果图,从中我们便可以直观地感受到营销中介机构的介入为生产企业带来的好处。

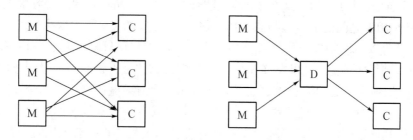

M：制造商；D：营销中介；C：顾客（客户）

图11-1 营销中介效果图

从图 11-1 我们可以得知,如果不使用营销中介机构,三个制造商和三个顾客之间将发生总共九次的交易行为,而使用了营销中介机构后,交易行为只有六次,节省了交易成本,因而后者更为经济,更有效率。在实际的交易中,情况更为复杂。这是因为在产品从生产厂商向最终顾客或用户流动的过程中,不仅发生了产品实体的流动,还发生了其他多项与之相关的流动。在营销渠道中,一般存在五种流:实体流(物流)、所有权流(商流)、付款流、信息流和促销流。它们各自的流程如图 11-2 所示。

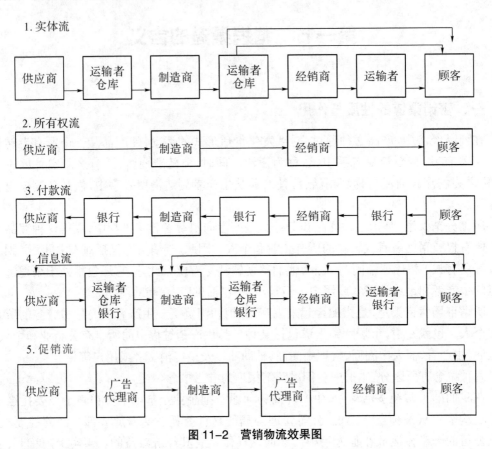

图 11-2 营销物流效果图

以上这些流程可以在任何两个渠道成员中进行,有些是正向流程(实体流、所有权流和促销流);另一些是反向流程(付款流);还有一些是双向流程(信息、谈判、筹资和风险承担等)。即使是一个简单的商品,在营销渠道里也会呈现出极为复杂的关系。营销渠道的构成虽然极其复杂,但由于它强有力的执行功能帮助企业把商品转移到消费者手里,弥补了产品、服务和其使用者之间的缺口,因此渠道对所有的企业来说又是不可缺少的。

营销渠道可以帮助收集和传播营销环境中有关潜在与现行顾客、竞争对手和其他参与者及力量的营销调研信息;可以发展和传播有关供应物的富有说服力的吸引顾客的沟通材料;可以帮助加强生产者和消费者之间的信息沟通;营销渠道还可以帮助企业尽力达成有关产品的加工和其他条件的最终协议,以实现所有权或者持有权的转移。除了以上这些帮助达成交易的功能以外,营销渠道还具有在执行任务的过程中承担有关风险,帮助企业将产品实体输送到最终顾客手中等帮助已达成交易付诸实施的功能。

各级中间商是营销渠道的重要组成部分,在市场营销中,中间商至少具有如下的作用:

首先,中间商的存在能为生产者和消费者带来方便。因为对买主来说,中间商可以提供包括更多的花色品种、合适的时间地点、灵活的付款条件、周到的售后服务等各种方便。而对生产企业和贸易企业来说,中间商是大买主,还能为卖主联系千千万万的用户,使企业的销路有了保证。

其次,中间商的存在可以缓和产需之间在时间、地点和商品数量和种类方面的矛盾。同时,中间商又是架设企业和市场之间的桥梁,中间商可以向企业反馈市场信息,了解市场,还可以利用自己在当地市场上多年经营形成的商誉为企业的产品提供无形保证,使市场了解企业。比如,其他省市的产品想进入上海市场,选择市百一店、华联商厦就能充分利用其商誉,快速进入目标市场。另外,中间商通过存货、赊销等方式为生产和零售企业减轻了资金负担,从而有利于这些企业资金的周转和融通,促进经济的发展。

二、营销中介机构的主要类型

按照不同的归类方法,我们可以将营销中介机构分成不同的类型。在此,我们主要介绍两种分类方法:按所有权的归属划分和按商品流通途径中承担的角色来划分。

(一)按照所有权的归属划分

我们可以将营销中介机构分为经销商、代理中间商和辅助机构三大类。

1. 经销商　经销商是指在商品流通过程中,取得商品所有权,然后再出售商品的营销中介机构。经销商具有独立的经营机构,拥有商品的所有权(买断制造商的产品/服务),获得经营利润,多品种经营,经营活动过程不受或很少受供货商限制,与供货商责权对等。如我们常说的一般批发商、零售商等。除此以外,还有一种经销商称为工业品经销商,他们主要是将工业品或耐用消费品直接出售给顾客的中间商。工业品经销商通常同他们的供应者之间建有持久的关系,并在某个特定的区域内拥有独家经销的权利。

2. 代理中间商　代理中间商是指这样一种中间商,在商品流通过程中,他们参与寻找顾客,有时也代表生产厂商同顾客谈判,但不取得商品的所有权,因此也无需垫付商品资金,他们的报酬一般是按照商品销售量的多少,抽取一定比例的佣金。比较常见的有企业代理商、销售代理商、采购代理商、佣金代理商和经纪人。有关代理商的类型和特征将在第十三章中详细介绍,这里不再论述。

代理商的主要任务是接受订单,然后转交制造商,由后者直接运送货物给客户,客户则直接付款给制造商。因此,代理商一般不必持有存货。生产厂商在其业务范围内可委托多个代理商。

有时中间商没有实际获得商品实体,但他已经获得了商品的所有权,那么我们仍然认为他属于经销中间商。相反,一个中间商即使他已经取得商品的实体,但如果他不拥有商品的所有权,那么他仍然只能算是一个代理中间商。

3. 辅助机构　在营销中介机构中,还有这样一种类型的机构——他们既不参与买或卖的谈判,也不取得商品的所有权,只是起到支持产品分配的作用。我们把这类机构称为辅助机构。配送中心是这类辅助机构中的重要形式之一。配送中心主要是对商品进行集中储存,然后根据销售网点的需要,定期或不定期地对所需商品进行组配和发送的机构。在现代连锁业广泛发展的今天,配送中心的作用显得尤为重要。目前在欧美及日本等国,不少批发企业实际上是以配送中心为外壳而存在的,他们集商流、物流、信息流于一体,大大提高了批发流通的效率。辅助机构还包括运输公司、独立仓库、银行和广告代理商。我们将在下一章中加以详细介绍。

(二) 按照角色划分

如果按照在渠道中承担的不同角色来划分,我们还可以将渠道成员分成批发商、零售商、批发零售商和辅助机构。如果从国际贸易的角度考虑,还有进口商、内外贸兼营等形式。在此,我们主要向大家介绍批发零售商、进口商和内外贸兼营等几种类型。

1. 批发零售商 批发零售商是指批零兼售的中间商。在外国许多城市里,大零售商经常将商品批发给本地小商店出售。如英国有经营服装、纺织品、食品、水果及工业原料零售业务的独立批发商。有的零售商兼营建筑材料、谷物等批发业务。批零兼营的营业额占英国批发总额的26%。

2. 进口商 进口商是指那些直接向海外制造厂商采购商品,然后出售给批发商、零售商的中间商。一般来说,制造厂商可以将其产品同时卖给多个进口商。在我国,这样的中间商过去主要由对外经济贸易部所属的各进出口公司或其他部门所属的各种专营或兼营进出口贸易的公司以及省、直辖市所属的对外贸易公司担任。外贸放开经营以后,开始出现专门从事进出口业务的服务企业,成为一般情况下我们所讲的进口商。

3. 内外贸兼营 内外贸兼营的例子中最为突出的是瑞典的"批发商和进口商联合会",其成员包括进口商、批发商、代理商等。营业额约占瑞典进口总额的2/3。其实这种类型的中间商是批发商和进口商的综合体,只不过对外以同一的名义进行业务活动。

第二节 渠道的营销策略

渠道对于企业来说十分重要,但由于它同时具有非常强大的惯性,不能轻易地被改变,因此企业非常有必要在建立渠道之初就尽量做到尽善尽美。企业在建立渠道时,一般需要考虑渠道的长度、宽度和各种渠道的联合策略等。

一、渠道的长度策略

谈到渠道的长度策略,我们不得不先来解释一下什么是渠道级数。渠道级数也即是指产品所经过渠道的环节数目。每个中间商,只要在推动产品及其所有权向最终买主转移的过程中承担了若干工作,就是一个渠道级。由于生产者和最终消费者都担负了工作,他们也是渠道的组成部分。我们用中介机构的级数来表示渠道的长度。

第一种:零级渠道

零级渠道是由生产者直接销售给消费者,有时又称为直销。直接营销的主要方式是上门推销、邮购、制造商自设商店、电视直销和电子通信营销。

第二种:一级渠道

一级渠道包括一个销售中介机构。在消费者市场,这个中介机构通常是零售商。在工业市场,它常常是一个销售代理商或经销商。

第三种：二级渠道

二级渠道包括两个中介机构。在消费者市场，它们一般是一个批发商和一个零售商。在工业市场，它们可能是一个工业分销商和一些经销商。

第四种：三级渠道

三级渠道包括三个中介机构。通常由一个批发商，一个中转商（专业批发商）和一个零售商组成。

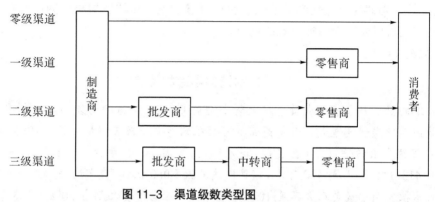

图 11-3 渠道级数类型图

级数更高的营销渠道也还有，但是不多。从生产者的观点看，渠道级数越高，控制也越成问题，制造厂商一般总是和最近的一级中间商打交道。渠道的长度策略即是指企业根据产品特点、市场状况和企业自身条件等因素来决定渠道的级数。

一般来说，技术性强的产品，需要较多的售前、售后服务水平，保鲜要求高的产品都需要较短的渠道；而单价低、标准化的日用品需要长渠道。从市场状况来看，顾客数量少，而且在地理上比较集中时，宜用短渠道；反之，则宜用长渠道。如果企业自身的规模较大，拥有一定的推销力量，则可以使用较短的渠道；反之，如果企业的规模较小，就有必要使用较多的中间商，则渠道就会较长。

此外，企业渠道级数的多寡还取决于企业的经营意图、业务人员素质、国家政策法规的限制等因素。例如，美国施乐公司在全世界销售复印机都是采用直接销售形式，但是在中国行不通，只能通过经销商分销。

二、渠道的宽度策略

渠道宽度是指企业在某一市场上并列地使用多少个中间商。企业在制定渠道宽度策略时面临着三种选择：

第一种：独家分销

独家分销是指在一定地区，一定时间内只选择一家中间商经销或代理，授予对方独家经营权。这是最窄的一种分销渠道形式。生产和经营名牌、高档消费品和技术性强、价格较高的工业用品的企业多采用这一形式。这种做法的优点在于：中间商经营积极性高，责任心强；缺点是市场覆盖面相对较窄，而且有一定风险，如该中间商经营能力差或出现意外情况，将会影响到企业开拓该市场的整个计划。

第二种：广泛分销

广泛分销又称为密集性分销，即使用尽可能多的中间商从事产品的分销，使渠道尽可能加宽。价格低、购买频率高的日用消费品,工业用品中的标准件、通用小工具等,多采用此种分销方式。其优点是市场覆盖面广泛,潜在顾客有较多机会接触到产品;缺点是中间商的经营积极性较低,责任心差。

第三种:选择性分销

选择性分销即在市场上选择部分中间商经营本企业产品。这是介于独家分销商和广泛分销商之间的一种中间形式,主要适用于消费品中的选购品,工业用品中的零部件和一些机器、设备等。当然经营其他产品的企业也可以参照这一做法。如果中间商选择得当,采用此种分销方式可以兼得前两种方式的优点。

【案例 11-1】

日本销售渠道的特点

日本的批发与零售业成员包括大量小型商号,销售渠道颇为复杂。日本销售渠道复杂,主要是由其批发制度造成。日本商品批发往往需经二级及三级批发商。1985 年日本批发总额较零售额多出四倍以上(在美国、联邦德国、英国、法国,则为 1~2 倍)。当时,日本批发商共有 413 002 家,雇员 400 万人,销售额达 4 265 060 亿日元,平均每一万人中有 34 家批发商。日本批发商中雇员人数不足 10 名者占 76%;经营消费品则占 50%。日本零售商的结构相当繁复,其中包括大量小零售商及饮食店。雇员数目不足 50 人的零售商的零售额占日本零售总额的 80%。百货公司、连锁商店以及一些大型专卖店都是进口消费品的主要零售渠道。日本的零售营业额在过去 20 年来一直迅速增长,近年来由于消费者日趋讲究,同时,日本消费品市场日渐涌现大量的出售多类小量商品并 24 小时服务的便利商店专售某类商品店以及邮购店等,零售商才着重加强服务和方便顾客。

三、渠道的联合策略

分销渠道不是一成不变的,新型的批发机构和零售机构不断涌现。在发达国家,一些渠道正在逐渐走向现代化和系统化。全新的渠道系统正在逐渐形成。这里,我们将考察垂直、水平和多渠道营销系统的产生和发展变化。

(一)垂直营销系统的发展

垂直营销系统是近年来渠道发展中最重大的发展之一,它是作为传统营销渠道的对立面而出现的。传统营销渠道由独立的生产者、批发商和零售商组成。每个成员都是作为一个独立企业实体追求自己的利润最大化,即使它是以损害系统整体利益为代价也在所不惜。没有一个渠道成员对于其他成员拥有全部的或者足够的控制权。传统渠道可以说是一个高度松散的网络,各成员间各自为政,各行其是。

垂直营销系统则正相反,它是由生产者、批发商和零售商所组成的一种统一的联合体。某个渠道成员拥有其他成员的产权,或者是一种特约代营关系,或者这个渠道成员拥有相当实力,迫使其他成员与其合作。垂直营销系统可以由生产者、批发商、零售商中的任一组织担任支配者。这种系统的特征在于专业化管理和集中执行的网络组织,他们有计划地取得规模经济和最佳市场效果。垂直营销系统有利于控制渠道行动,消除渠道成员为追求各自利益而造成的冲突。他们能够通过其规模、谈判实力和重复服务的减少而获得效益。这种模式在西方非常流行,如在消费品市场上已占有了 70%~80%,居于市场主导地位。

现在主要有三种类型：公司式、管理式和契约式垂直营销系统。

1. 公司式垂直营销系统　公司式垂直营销系统是由同一个所有者名下的相关生产部门和分配部门组合而成的。垂直一体化能向后或向前一体化，能对渠道实现高水平的控制。如假日旅馆正在形成一个自我供应的网络。

2. 管理式垂直营销系统　管理式垂直营销系统不是由同一个所有者属下的相关生产部门和分配部门组织形成的，而是由一家规模大、实力强的企业出面组织的。名牌制造商有能力从再售者那儿得到强有力的贸易合作和支持。因此，柯达、吉利和宝洁等公司能够在有关商品展销、货柜位置、促销活动和定价政策等方面获得其再售者强有力的贸易合作和支持。

3. 契约式垂直营销系统　契约式垂直营销系统是由各自独立的公司在不同的生产和分配水平上组成，以契约为基础来统一他们的行动，以求获得比其独立行动时所能得到的更大的经济和销售效果。契约式垂直营销系统近年来获得了很大的发展，成为经济生活中最引人瞩目的发展之一。

（二）水平营销系统的发展

这是由两家或两家以上的公司横向联合，共同开拓新的营销机会的分销渠道系统。这些公司或因资本、人力、生产技术、营销资源不足，无力单独开发市场机会，或因惧怕承担风险，或因与其他公司联合可实现最佳协同效益而组成共生联合的渠道系统。公司间的联合行动可以是暂时性的，也可以是永久性的，也可以创立一个专门公司。这被称为共生营销。

（三）多渠道营销系统的发展

过去，许多公司只向单一的市场使用单一渠道进入市场。今天，随着顾客细分市场和可能产生的渠道不断增加，越来越多的公司采用多渠道营销。这是指一个公司建立两条或更多的营销渠道以达到一个或更多的顾客细分市场时的做法。蒂尔曼将多渠道零售组织定义为"所有权集中的多种经营商业帝国，通常由几种不同的零售组织组成，并在幕后实行分配功能和管理功能的一体化。"如 J.C. 彭尼公司既经营百货商店，也开设大众化的商场和专业商店。

对同一或不同的细分市场，采用多条渠道的分销体系，大致有两种形式：一种是制造商通过两条以上的竞争性分销渠道销售同一商标的产品；另一种是制造商通过多条分销渠道销售不同商标的差异性产品。此外，还有一些公司通过同一产品在销售过程中的服务内容与方式的差异，形成多条渠道以满足不同顾客的需求。多渠道系统为制造商提供了三方面利益：扩大产品的市场覆盖面、降低渠道成本和更好地适应顾客要求。但该系统也容易造成渠道之间的冲突，给渠道控制和管理工作带来更大的难度。

通过增加更多的渠道，公司可以得到3个重要的利益：增加市场覆盖面，降低渠道成本和更趋向顾客化销售。公司不断增加渠道是为了获得它当前的渠道所没有的顾客细分市场（如增加乡村代理商以获得人口稀少地区的农业顾客市场）；或者，公司可以增加能降低向现有顾客销售成本的新渠道（如电话销售，电话访问小客户）；或者，公司可以增加其销售特征更适合顾客要求的渠道（如利用技术型推销员销售较复杂的设备）。

关于多渠道营销系统是否会造成渠道成员之间的"不平等竞争"现在正在成为一个讨论的热点，但无论如何，渠道联合正在使企业从分散无序的游击战走向集约规模的阵地战。

第三节　渠道的设计策略

渠道设计是指建立以前从未存在过的营销渠道或对已经存在的渠道进行变更的策略活动。设计一个渠道系统要求建立渠道目标和限制因素，识别主要的渠道选择方案，和对它们做出评价。下面是进行渠道设计的一般步骤。

一、分析服务产出水平

这是设计营销渠道的第一步，其目的是了解在其所选择的目标市场中消费者购买什么商品（what）、在什么地方购买（where）、为何购买（why）、何时买（when）和如何买（how）。营销人员必须了解为目标顾客设计的服务产出水平。影响渠道服务产出水平的有这样一些因素：

第一个因素是批量的大小。所谓批量是营销渠道在购买过程中提供给典型顾客的单位数量。一般而言，批量越小，由渠道所提供的服务产出水平越高。

第二个因素是渠道内顾客的等候时间。也即是渠道顾客等待收到货物的平均时间。顾客一般喜欢快速交货渠道，但是快速服务要求一个高的服务产出水平。

第三个因素是营销渠道为顾客购买产品所提供的方便程度，也就是空间便利的程度。如果顾客能够在他所需要的时候不需要花费很大的精力和时间，就能获得所想要的产品或服务，那么我们认为这个渠道的空间便利程度是较高的。

第四个因素是营销渠道提供的商品花色品种的宽度。一般来说，顾客喜欢较宽的花色品种，因为这使得顾客满足需要的机会增多了。

第五个因素是被称为服务后盾的因素。服务后盾是指渠道提供的附加的服务（信贷、交货、安装、修理）。服务后盾越强，渠道提供的服务工作越多。

营销渠道的设计者必须了解目标顾客的服务产出需要，才能较好地设计出适合的渠道。当然，这并不是说提高了服务产出的水平就能吸引顾客，因为高的服务产出水平，也意味着较高的渠道成本和为了保持一定利润而制定的相对较高的价格。折扣商店的成功表明了在商品能降低价格时，消费者将愿意接受较低的服务产出。

二、设置和协调渠道目标

无论是创建渠道，还是对原有渠道进行变更，设计者都必须将公司的渠道设计目标明确地列示出来。这是因为公司设置的渠道目标很可能因为环境的变化而发生变化，只有明确列示出来，才能保证设计的渠道不偏离公司的目标。在这种情况下，明确地列出渠道目标比言传意会更有效。渠道目标因产品特性不同而不同。体积庞大的产品要求采用运输距离最短，在产品从生产者向消费者移动的过程中搬运次数最少的渠道布局。非标准化产品则由公司销售代表直接销售，因为中间商缺乏必要的知识。单位价值高的产品一般由公司推销员销售，很少通过中间商。

渠道策略作为公司整体策略的一部分，还必须注意与渠道的目标和其他营销组合策略的目标（价格、促销和产品）之间的协调，注意与公司其他方面的目标（如财务、生产等）的协调，避免产生不必要的矛盾。

三、明确渠道的任务

在渠道的目标设置完成之后，渠道设计者还必须将达到目标所需执行的各项任务（一般包括购买、销售、沟通、运输、储存、承担风险等）明确列示出来。

渠道任务的设计中应反映不同类型中介机构的差异，以及它们在执行任务时的优势和劣势。如使用营销中介机构能使得制造厂商的风险降低，但中介机构的业务代表对每个顾客的销售努力则低于公司销售代表所能达到的水平。两者各有优势，因此要多加斟酌。除此之外，在进行渠道任务的设计时，还需要根据不同产品或服务的特性进行一定的调整，以最大限度地适应渠道目标。

四、确立渠道结构方案

在确立了渠道任务后，设计者就需要将这些任务合理地分配到不同的营销中介机构中，使其能够最大地发挥作用。由于不同的设计有不同的优劣之处，因此我们可以产生若干个渠道结构的可行性方案以供最高层进行选择。一个渠道选择方案包括三方面的要素确定：渠道的长度策略、渠道的宽度策略，以及商业中介机构的类型。

五、确立影响渠道结构的因素

进行渠道的设计工作，就不能不对影响渠道结构的因素进行分析。影响渠道结构的因素很多，我们在此只讨论一些比较基本的影响因素：市场因素、产品因素、公司因素、中间商因素、顾客因素、环境因素和行为因素。

（一）市场因素

市场因素在渠道策略中起着举足轻重的作用，其对渠道的影响主要通过以下三个方面来实现：

1. 市场规模　也就是市场的潜在顾客数目。市场规模直接决定着渠道的长短和宽度。一般而言，规模越大，渠道的长度和宽度会相对更大一些。

2. 市场在地理上的分散程度　市场在地理上的分散程度是由每单位区域面积上的销售量决定的。市场的地理分散程度越高，渠道的控制越难，费用也相应较高。

3. 市场的主要购买方式　市场上的消费者习惯于哪种购买方式对于渠道的结构也十分重要。比如说，中国的顾客就习惯于在商店里购买商品，如果制造商采用直接上门推销的方法就可能事倍而功半。

（二）产品因素

产品因素是另一个在评价渠道结构中十分重要的因素，下面是一些主要的产品因素：

1. 产品的价值和重量　笨重的、价值高的商品往往意味着高的装运成本和高的重置成本，因此一般而言高价值、笨重的商品往往采用较短的渠道结构。

2. 产品的耐腐性　产品是否会迅速腐烂是一个在实体运输和储存中非常关键的问题。如果产品十分容易腐烂，那么渠道的长度就不易太长，而应该采用短而迅速的渠道结构。如鲜活产品的渠道一般都较短就是这个道理。

3. 产品标准化程度　一般而言,渠道的长度与宽度是与产品的标准化程度成正比的。产品的标准化程度越高,渠道的长度也越长,宽度也越大。

4. 单位产品的价值　如果是低单位价值的产品(如方便面、零食等),它往往会通过中间商来进行销售,以让中间商承担部分的销售成本。另一方面,只有通过大量的中间商,方便食品才有可能最大限度地覆盖整个市场。

5. 产品的技术特性　一件高技术产品往往会采用公司的销售人员向目标顾客直接销售的方法。因为中间商可能对产品的各项性能不是很了解,有可能对顾客产生误导,为以后埋下隐患。

6. 产品的创新程度　许多新产品进入市场都需要进行广泛而深入的宣传促销活动,而且需要公司随时掌握市场的变化情况。因此,在实际销售工作中,短渠道被视为是产品进入市场时最好的渠道结构。

(三) 公司因素

在前文中我们讲过,渠道的设置需要与公司的整体情况相一致。因此,在渠道的设计中,我们也必须将公司的因素考虑在内。最主要的影响渠道结构的往往是以下这些因素:

1. 总体规模　企业的总体规模决定了其市场范围、较大客户的规模以及强制中间商合作的能力。

2. 财务能力　企业的财务能力决定了哪些营销职能可由自己执行,哪些应交给中间商执行。财务薄弱的企业,一般都采用"佣金制"的分销方法,并且尽力利用愿意并且能够承担部分物流配送、顾客融资等成本费用的中间商。

3. 产品组合　企业的产品组合也会影响其渠道类型。企业产品组合的广度越大,则与顾客直接交易的能力越大;产品组合的深度越大,则使用独家专售或选择代理商就越有利;产品组合的关联性越强,则越应使用性质相同或相似的营销渠道。

4. 渠道经验　企业过去的渠道经验和现行的营销政策也会影响渠道的设计。

(四) 中间商因素

作为渠道中的主要成员,中间商自然对渠道的结构产生举足轻重的影响。与渠道结构有关的中间商的影响因素包括:

1. 中间商的能力　中间商的能力在很大程度上影响着渠道策略。如果中间商的能力不能令公司感到放心,那么公司有可能宁可增加成本进行直接销售,也不愿采用中间商来进行销售。

2. 利用中间商的成本　如果公司认为中间商进行销售或向公司提供的服务小于公司的付出,那么公司对渠道的选择就有可能偏向于减少中间商的数目,毕竟公司采用渠道的目的是降低自己的成本与不便。

3. 中间商的服务　公司总是希望能用最为"合理"的价格获得最多的来自中间商的服务。但评价中间商服务的优劣往往是从公司的直观感觉出发的,带有较强的主观性,所以在渠道结构的设计中这是一个需要谨慎对待的问题。

(五) 顾客因素

渠道设计深受顾客人数、地理分布、购买频率、平均购买数量以及对不同营销方式的敏感性等因素的影响。当顾客人数多时,生产者倾向于利用每一层次都有许多中间商的长渠道,但购买者人数的重要性又受到地理分布程度的修正。例如,生产者直接销售给集中于同一地区的1 000个顾客所花的费用,远比销售给分散在1 000个地区的1 000个顾客少。购买者的购买方式又会对购买者人数及其地理分布产生影响。如果顾客经常小批量购买,则需采用较长的营销渠道为其供货。因此,少量而频繁的订货,常使得五金器具、烟草、药品等产品的制造商依赖批发商为其销货。

(六)环境因素和行为因素

渠道的活动属于组织的运作,这就不可避免地受到经济、社会文化、法律、竞争、技术等环境因素的冲击。这些因素中,有的是直接对渠道的结构造成影响,有的则通过对市场、顾客产生影响而反映到渠道结构上。比如计算机网络的发展使得企业可以通过网络直接与异地顾客交易,然后通过当地的中介商送货上门,减少了在各个地区设立门市网点的成本。对顾客而言,通过网络直接与制造商交易也能够获得较低的购买成本。这种电子商务的发展必然将对营销渠道的任务、性质产生重大影响。

六、选择"最佳"的渠道结构

从理论上讲,我们可以在所有的备选方案中找出最优化的方案,得到最好的效果。即要求用最少的成本来确定各渠道任务在中间商之间的分配是最有效的。但在实际上,寻求最优的方案是不可能的,因为这意味着设计者将考虑所有的可能因素,列示出所有的可能方案,这样成本就太高了。因此,我们在此所说的最佳方案实际是指在已经列示出的方案中的最好的选择。它将对渠道的任务做出相对比较合理的分配。评估方案的方法有许多,如财务信息分析法、储运成本法、管理科学方法和加权计分法等。

【案例 11-2】

海尔的垂直渠道系统(又称产销联合体的渠道模式)

海尔的垂直营销系统可以分为管理式和合同式两种类型。管理式垂直营销系统是由某一家规模大、实力强的企业出面组织的,名牌制造商有能力从再售者那里得到强有力的贸易合作和支持。海尔在一、二级市场设立的海尔店中店和海尔专柜所采取的就属于这样一种营销系统。从1995年开始,海尔在全国各大中城市的大商场大力开展店中店、海尔电器园建设。由于海尔产品质量好、服务更好,经销海尔产品可以为经销商带来利益与信誉,海尔就可以从这些商家获得强有力的支持,如将黄金地段让给海尔。在这些海尔店中店里,集中展示、销售海尔系列产品,其产品售后服务更加完善。海尔在许多二、三级市场开设的专卖店则属于合同式垂直营销系统中由制造商倡办的零售特约代营系统。这些专卖店都是独立的零售机构,他们以与海尔订立的合同为基础统一行动,按照海尔的标准进行管理;海尔对各专卖店进行工作指导并制定海尔专卖店激励政策以提高各专卖店的销售积极性。

第四节 营销渠道的控制与评估

公司在确定了方案,选择了渠道成员后,营销渠道就建立起来了,但这并不意味着公司的工作就结束了。营销渠道必须作为企业的一项宝贵资源而加以长期、有效地管理,这就意味着企业必须对渠道的每个成员管理工作,进行必要的激励和评价。此外,随着时间的变化,渠道必须调整以适应新的市场状况和环境变化。

一、激励渠道成员

同企业的员工一样,渠道的成员也需要激励。促使他们参加渠道体系的条件固然已提供了若干激励因素,但是这些因素还必须通过制造商经常的监督管理和再鼓励得到补充。从这个角度出发,我们认为制造商要想激励渠道成员出色地完成任务,就必须尽力了解各个中间商的不同需要和欲望。

首先,中间商作为一个独立经营的商业企业,它必然会追求利润。因此,从某种意义上讲,中间商是充当一个顾客的采购代理人,其次才是他的供应商的销售代理。他希望顾客对从他那儿买到的任何产品都感兴趣。所以,如果企业能及时地向中间商提供市场热销的产品,那么中间商就会感到企业对他的重视,而且出于自身的利益,中间商也会更为热情地投入销售制造商的产品中去。

由于中间商往往是同时为多个制造商经销产品,因此中间商有可能把他的商品编成一个品目组合;他可以把商品像一揽子品种组合那样综合起来出售给单个顾客。由于这样的做法能使商品更快地流转,更有效地使用资金,所以中间商的销售努力往往主要用于获取这类品种组合的订单,而不是个别的商品品目。如果企业提供这样的产品组合的建议或能较好地满足中间商所提出的类似要求,那么企业也能达到激励中间商的目的。

同样,由于中间商为多个企业经销产品,因此除非有一定的刺激,中间商不会为所出售的各种品牌分别进行销售记录。有关产品开发、定价、包装或者促销计划的大量信息都被埋没在中间商的非标准记录中,有时他们甚至有意识地对供应商保密。而对企业来说,这些信息是非常宝贵的。因此,企业及时提供必要的业务折扣,销售支持就显得十分重要,它将会给企业带来重要的市场信息。

在与中间商进行合作谈判时,价格是非常重要的一项内容。有时,企业会为了争到些许小利而雀跃不已,殊不知,这已经埋下了隐患。如我们前文所说的,中间商也追求自己的利润,所以我们应当给予中间商适当的利润。如果公司锱铢必究,势必会挫伤中间商的积极性。

对中间商进行适当的培训也是一种激励的方式。由于中间商并不是对自己的所有商品都了解得很详细,因此对中间商的销售和维修人员进行适当的培训是非常重要的一环,而中间商出于更快地售出商品也非常愿意接受企业的这种培训。

二、评价渠道成员

制造商要想对中间商进行适当的激励,首先需要按一定的标准来衡量中间商的表现,并将这种衡量长期化。这些标准可以根据中间商的不同而不同,往往包含以下几个方面:

中间商的渠道营销能力是每一个制造商在选择中间商时首先考虑的问题,也往往是衡量中间商的能力与参与程度的第一个标准。其中又包括销售额的大小、成长和盈利记录、偿付能力、平均存货水平以及交货时间等内容。

中间商的参与热情也是评价中间商的一个重要标准。一个十分有能力的中间商不积极配合制造商的营销活动,其结果可能比一个普通的中间商积极配合制造商的活动的效果要差许多,甚至可能会危害到制造商目标的完成。衡量中间商参与程度的内容包括对损坏和遗失商品的处理、与公司促销和培训计划的合作情况,以及中间商应向顾客提供的服务等。

由于中间商往往是经营多种品牌或多种类型的产品,因此我们也可以通过对中间商经销的其他产品进行调查来衡量中间商的能力。如果中间商的经营品种多,总体的销售量大,那么就说明该中间商是非常有实力的。同时,我们还可以从中了解到自己的产品销量在中间商销售的产品总量中占有多少比例,处于什么样的地位,从而决定对中间商进行的激励着重于哪一个方面。

三、渠道控制

对渠道成员进行激励、评价的目的都是为了更好地对渠道成员进行管理、控制,使渠道能够按照企业的目标共同前进。营销渠道的目的是促使商品不断地、更好地向消费者或用户运动,而只有所有渠道成员的目标相一致时,渠道才能很好地运转。所以控制渠道的首要任务是使中间商了解企业的营销目标。

其次,制造商的任务不能仅限于设计一个良好的渠道系统,并推动其运转。由于各个独立的业务实体的利益总不可能一致,因此无论对渠道进行多好的设计,总会存在某些冲突,尤其是当消费者的购买方式发生变化、市场扩大、新的竞争者兴起和创新的分销战略出现时,这种冲突更为突出,所以渠道结构需要不断改进,以适应市场新的动态。制造商采用较多的,改变渠道结构的方法包括增减个别渠道成员,增减某些特定的市场渠道,或者创立一个全新的方式在所有市场中销售其产品。只有不断适应市场的变化,才能更好地控制好渠道为己所用。

网络也可以并正在被视为一种新兴的渠道,它并非如往昔的渠道一样层次分明。谁是制造商、谁是批发商、谁是零售商在网上是难以分辨的。任何一个渠道成员都有可能设置网页,将商品直接展示在顾客面前、回答顾客提问、进行直接面向消费者的促销活动。这种直接互动与超越时空的电子购物无疑是营销渠道上的革命。所以所有的营销经理都应该仔细审视企业的渠道营销策略,早日将网络纳入企业的营销渠道之中。

【小资料】

窜货现象及其整治

(一)窜货及其原因

窜货是指经销商置经销协议和制造商长期利益于不顾而进行的产品跨地区降价销售。产生这种现象的原因主要有:某些地区市场供应饱和;广告拉力过大而渠道建设没有跟上;企业在资金、人力等方面的不足,造成不同区域之间渠道发展的不平衡;企业给予渠道的优惠政策各不相同,分销商利用地区之间的差价进行窜货;由于运输成本不同而引起窜货,一些经销商自己到厂家去提货,其费用低于厂家送货,从而使经销商可以窜货。具体原因如下:

(1)多拿回扣,抢占市场;
(2)供货商给予中间商的优惠政策不同;
(3)供应商对中间商的销货情况把握不准;
(4)辖区销货不畅,造成积压,厂家又不予退货,经销商只好拿到畅销市场销售;
(5)运输成本不同——自己提货,成本较低,有窜货空间;
(6)厂家规定的销售任务过高,迫使经销商去窜货;

(7) 市场报复，目的是恶意破坏对方市场。

(二) 窜货的整治

(1) 企业内部业务员与企业之间、客户与企业之间签订不窜货乱价协议。从博弈论的纳什均衡看，该协议是没有意义的，但是却为处罚违约者提供了法律依据。该协议是一种合同，一旦签订，就等于双方达成契约，如有违反，就可以追究责任。

(2) 外包装区域差异化。即厂方对相同的产品，采取不同地区不同外包装的方式，可以在一定程度上控制窜货乱价。主要措施是：一是通过文字标识，在每种产品的外包装上，印刷"专供××地区销售"。

(3) 发货车统一备案，统一签发控制运货单。在运货单上，标明发货时间、到达地点、接收客户、行走路线、签发负责人、公司负责业务员等，并及时将该车的信息通知沿途不同地区业务员或经销商，以便进行监督。

第五节　分销渠道的发展趋势

美国著名未来学家阿尔温·托夫勒曾经预言："电脑网络的建立与普及将彻底地改变人类生存及生活的模式，而控制与掌握网络的人就是人类未来命运的主宰。谁掌握了信息，控制了网络，谁就将拥有整个世界。"事实确实如托夫勒所预言的那样，随着互联网在20世纪90年代的异军突起，互联网技术的发展对社会经济生活的各个方面，包括企业的生产和经营都产生了巨大的影响。作为企业营销系统的一个重要部分，分销渠道及其结构形式在这种影响下也正在发生深刻的变化。可以这样说，由于互联网技术的出现，传统分销渠道模式正在受到强烈的冲击。

第一，大型零售商的地位正在加强。大型零售商面对市场，掌握着众多直接接触消费者的窗口，拥有第一手的市场信息，对市场风向感受灵敏。由于买方市场的形成，零售商在分销渠道体系中的竞争优势不断增强。从世界范围来看，在美国、中国香港等竞争激烈的市场，零售商对制造商已发出了咄咄逼人的挑战。

第二，零售商业的多业态化。大型百货、超市、连锁商店、折扣店等蓬勃发展，它们规模大、进货量大，承担了部分批发商的功能。下游零售商势力增强，上游制造商又努力向下游扩展，对批发商形成压力。

第三，传统的分销渠道向纵向联合渠道转化，渠道成员之间趋向组成一个联合体，以增强竞争力。

第四，电子商务的出现，信息流相对超前发展，使物流体系成为瓶颈，如何建设信息流、货币流、物流、所有权流、促销流有机结合的社会电子商务物流体系，成为研究的热点。同时，企业也在思考，在网络经济时代，如何利用互联网提供更多的顾客价值，将网络经济与传统产业成功地融合在一起。

第六节 零售商及其营销策略

一、零售商的特征

零售商,是指所有从事面向最终消费者进行销售活动的企业和个人。零售商数目众多,是一个庞大的行业。在人类社会经济发展中,营销活动中分销渠道变化最大的是零售商。客观经济环境对零售商的要求越来越严格,迫使他们要不断地变化来适应新形势。

零售包括将商品或服务直接销售给最终消费者供其非商业性使用的过程中所涉及的一切活动。任何从事这一销售活动的机构,不管是制造商、批发商或者是零售商,都进行着零售活动。至于这些商品或服务是如何出售的(是通过个人、邮售、电话或者自动售货机)或者它是在什么地方出售的(在商店、街上或消费者家里)则无关紧要。另一方面,零售商或零售店则是指主要从事零售业务的商业企业。零售商的主要特征有三点:①商品的销售对象是直接消费者,包括城乡居民和社会集团单位,不是转售或加工者;②商品一经出售就脱离了流通领域,进入消费领域,零售商店处于商品流通末端,其商品的价值随着使用价值的消失而消失;③零售商店的商品销售数量往往小于批发商的销售数量。而其中销售对象对于所购商品的用途则是零售与批发最为本质的区别。由于零售商处于流通领域的终端,直接连接消费者,承担实现产品最终价值的任务,因此它对于满足各种各样的消费者需求,促进产品的顺利销售以及推动社会再生产的正常运转具有十分重要的作用。

二、零售商的主要类型

零售机构多种多样,新形式不断涌现。在此,我们仅对主要的零售商的形式作一个简单的介绍。

(一)综合商店

综合商店是指在同一家商店内,不分门类,销售多种类型商品的零售商。实际上,最早的零售商大多数属于综合商店。在一些城镇和乡村,一家小商店常常是连服装带食品,从锅碗瓢勺到农药化肥,什么东西都经营,有时还会提供邮政服务。这种早期的综合商店规模一般不会很大,因为规模过大必然会带来管理上的麻烦。当发展到一定的规模时,小商店就有可能转化为百货商店。

(二)专业商店

专用品商店经营的产品线较为狭窄,但产品的花色品种较为齐全。例如服装店、体育用品商店、家具店、花店和书店均属于专用品商店。根据产品线的狭窄程度可以将专用品商店再分类:①单一产品线商店,如服装商店;②有限产品线商店,如男士服装店;③超级专用品商店,如男士定制衬衫店。在这三类专用品商店中,超级专用品商店的发展最为迅速,因为它们可以利用的目标市场和产品专业化的机会将越来越多。

（三）百货商店

百货商店是一种大规模、综合性、分部门经营日用工业品的零售商业企业。其特点在于经营的商品类别多，同时每类商品（每条商品线）的花色、品种、规格比较齐全，实际上是许多专业商店的综合体。通常每一大类商品作为一个独立的部门，有各自的管理人员负责商品的进货业务、控制库存、安排销售计划等工作。近年来，许多专业百货店也应运而生，它只经营服装、鞋类以及箱包之类的商品。在某些发达国家，百货商店已进入零售生命周期的衰退阶段。它们面临激烈竞争，特别是折扣商店、专业连锁商店和仓库商店对它的挑战，此外，还有交通拥挤、停车场不足以及城市空心化现象的出现等，致使商业区的购物吸引力日益减弱。针对这些因素，百货商店也采取了在郊区购物中心设立分店、增设地下廉价品商场、电话订货和对商店形式进行改变等方法来延长自己的寿命。

（四）超级市场

超级市场是一种开架销售、自助服务、低成本、低毛利的零售商店。它是为更便利地满足消费者对食品和家庭日常用品的种种需求而创建的一种新的零售形式。超级市场一般以经销食品和日用品为主，有的大型的超级市场还兼营化妆品、文具、五金、服装等商品。目前不少超级市场通过开设大型商场，扩大经营的品种，建造大型停车场，周密设计商场建筑和装潢，延长营业时间，广泛提供各种顾客服务来进一步扩大其销售量和提高它们的方便性。

（五）便利店

便利店是一种以经营最基本的日常消费用品为主，规模相对较小，位于住宅区附近的综合商店。便利店营业时间较长，不少是 24 小时营业，一般经营周转较快的方便商品，如日用百货、药品、应急商品、即食食品等。由于便利店能随时满足消费者的即时需要，所以商品的价格相对较高，目前，便利店的经营者认为根据居民的生活特点和需求，大概每一万人口应当配备一家便利店。根据这种推断，在中国的一些大城市中便利店的发展前景是很广阔的。

超级市场与便利店的销售形式是类似的，两者都采取开架陈列、自我服务、一次结算的方式，但两者的经营定位却有很大差异。超市是满足顾客日常生活所需商品的商店，而便利商店则是以满足顾客即时消费需求的商店；超市以居民区一般消费者为主，以家庭为主要销售单位，而便利商店则以追求生活质量、习惯于夜生活、生活节奏快的人为主；超市以居民区为主要选址点，而便利店除了选择居民区外，还可以选择闹市区、交通枢纽地带，以便于顾客购物。

（六）折扣商店

折扣商店之间、折扣商店与百货商店之间的竞争非常激烈，从而导致许多折扣零售商经营品质高、价钱贵的产品。它们改善内部装修，增加新的产品线，如穿戴服饰；增加更多服务，如支票付现、方便退货；在郊区购物中心开办新的分店。这些措施导致折扣商店成本增加，被迫提价。另外，百货商店经常降价与折扣商店竞争，使两者之间的差距日益缩小。折扣零售已经从普通产品发展到专门产品商店，例如折扣体育用品商店、折扣电子产品商店和折扣书店。折扣商店是二次大战之后兴起的有影响的零售企业，它也是一种百货商店，主要以低价竞销、自助选购的方式出售家庭生活用品，其价格低于一般商店、毛利较少、薄利多销、销售量较大。早期的折扣商店几乎都是从设在租金较低而交通集中的地区发展起来的，其主要的服务对象是那些收入不是很高的工薪阶层。这些消费者往往对价格高低较为敏感，而对服务则没有很高要求。

（七）连锁商店

连锁商店是指由许多中小企业通过组织上和经营上的联合而形成的联营网。连锁商店的经营业务在不同程度上受总店的控制。其主要特点在于其管理制度相当标准化，规模适当、数量较多、分布面广，能获得规模经营的各种利益。例如，通过统一的连锁形象能提高和扩大商店规模经营的声誉；能通过大量采购降低进货成本；市场信息比较充分，利于随时了解消费者的需求变化，做出相应的变动。当然，由于连锁商店进行统一管理，集中进货，因此在一定程度上降低了各分设商店的灵活性。

（八）其他零售商店形式

1. 仓库商店　是一种不重形式，价格低廉，而服务有限的商店。这种商店出售的商品，大多是顾客需要选择的大型笨重的家用设备，如家具、冰箱、电视等。仓库商店往往在租金比较低廉的地段租用场地，一部分开辟为展销地点。一旦顾客选中商品，付清价款，即可在仓库取货，自行运走。

2. 样品目录陈列室　是一种将商品目录和折扣原则应用于大量可供选择的毛利高、周转快的有品牌商品销售的零售方式。店铺中往往只有大量的商品目录和少量的样品，顾客只需对其所喜欢的商品进行登记，就能由店家按要求送货上门。如珠宝、照相机和摄影器材等商品的销售常用这种方式。它利用减少成本和毛利来扩大销售量。

3. 邮购目录营销　邮购是近年来较常用的一种零售方式。许多公司每年将商品目录寄给消费者，商品目录印刷精美，商品的照片、价格及尺寸、编号等信息一一分列在上面，消费者通过目录选择商品，然后将订单和支票寄给售货公司，消费者要负担运费。邮购对商店和消费者都有好处，商店可以减少售货员的数量，还可以节约一笔店面的费用，消费者可以大大减少购物的时间。电话购物就是消费者用电话将所需商品的详细信息及信用卡号码告知售货公司，售货公司便会发货并与消费者信用卡所属银行结清账款。

4. 自动机售货　是零售的另一种方式，已经用于多种商品，包括带有很大方便价值的冲动型商品（香烟、软饮料、报纸等）和其他产品（袜子、化妆品、唱片集等）。自动售货机向顾客提供了 24 小时销售、自我服务和提供未被触摸过的商品。但相对而言，经营费用较高，所以其价格也略高。

5. 流动售货车　通过流动售货车售货也是零售的方式之一。夏季流动的冷食、冷饮车较为普遍。除此而外，各类家用杂品或化妆品等也有使用个人推销员进行流动售货的，尤其是公司为了推销一些尚未被消费者认识的新产品时，比较容易选择流动售货车方式进行售货，通过推销员的才干扩大销售。目前，流动售货车的零售形式在我国已发展成为地摊形式，而且从事这种行业的人员规模相当可观，这些人通常使用一辆三轮车，早出晚归，摆摊经营，从服装、百货到食品，一应俱全。

三、零售商的营销策略

过去，个别零售商通过销售特别的或独特的花色品种，提供比竞争者更多更好的服务来赢得竞争优势，但现在各零售商在服务上的分工差异正在逐渐缩小，因此许多零售商不得不重新考虑营销战略。下面我们将讨论零售商在目标市场、产品、服务、商店气氛、定价、促销和销售地点等方面的营销策略。

1. 目标市场策略　零售商最重要的策略是确定目标市场。只有当零售商确定目标市场并且勾勒出其轮廓时,才能对产品编配、商店装饰、广告词、广告媒体和价格水平等做出一致的策略。为此,零售商应该定期进行市场信息的收集工作,以检查其是否满足目标顾客的需求,是否已成功地使自己的经营日益接近其目标市场了。

2. **产品品种和服务策略** 零售对商品的选择要注意一般性和特殊性。特色商品会增加商店的销售额,提高商店的声誉;对特殊性商品的采购和销售要充分发挥具有专业知识人员的作用。一般性商品也是需要的,它可以增加商品的品种,扩大服务面。所以,货色搭配已经成为在相似零售商之间进行竞争的关键因素。零售商要想在产品品种上确立自己的优势,就必须制定在保持与目标市场一致前提下的产品差异化战略。比如,以竞争的零售商所没有的独特品牌为特色;或者公司自行设计服装在店内销售;商店还可以以新奇多变的商品为特色,带动其他商品的销售;率先推出最近或最新的商品,提供定做商品的服务也不失为一种吸引顾客的好方法。总而言之,公司需采用"人无我有、人有我好、人好我新、人新我快"的经营方法来取得商业竞争中的优势。

3. **商店气氛策略** 每个商店都有一个实体的布局,使人们容易或不容易走动;每个商店都必须精心构思,使其具有一种适合目标市场的气氛,使顾客乐于购买。如晚礼服专卖店的气氛应该是典雅、高贵的;而运动服专卖店则应该是青春、活泼和激动人心的。

4. **价格策略** 价格对零售的策略十分重要,是提高竞争力的重要因素。在确定价格时,要考虑产品、顾客的购买行为、商店的经营目标和法律与法规的约束四个方面的因素。大部分零售商可分为高加成、低销量(如高级专用品商店)和低加成、高销量(如大型综合商场的折扣商店)两大类。常见的零售商也就较多地表现为高成本和低销量(如高级专用品商店)或低成本和高销量(如大型综合商场和折扣商店)两大类。零售商还必须重视定价的战术技巧。有时零售商必须通过对某些产品标低价来招徕顾客,有时还要通过全部商品的大减价来周转资金,以便更好地发展企业。

5. **销售地点策略** 零售商店的店址选择是它能否吸引顾客的一个关键性竞争要素。大零售商必须仔细考虑这样一个问题:是在许多地区开设许多小店,还是在较少的地方开设几个大店。一般而言,零售商应该在每个城市里开设足够的商店,以便扩大商店影响,获得分销经济。零售商可在中心商业区、地区商业街、小区商业密集地点选择开设商店的地点。比如上海的第一百货商店便在南京路、淮海路等中心商业地区开设了多家分店,同时也开设了沪西店、沪太店等分店,在地区性的商业中心也占有一席之地。

6. **促销方法策略** 零售促销中,宣传自己商店的特色是中心任务,这种宣传应当让顾客容易记忆,以利于与其他零售商店相区别,突出其定位。高级商店会在有相当影响的杂志或报刊上刊登文雅的广告,大众化商店则多在广播电台、电视台和报纸上做广告,宣传其商品价格低廉,富有特色。

7. **销售服务策略** 零售的销售服务包括服务人员的着装、态度,导购的适度和准确,售后服务等。销售服务能使顾客心情舒畅、轻松、放心、满意和没有后顾之忧,使顾客成为回头客。服务组合是竞争零售店之间实现差异化的主要手段。

四、零售业的发展趋势

零售商是变化最多的商业组织,其发展应充分认识社会发展的特点。目前工业发达国家,人口和经济增长率趋向缓慢;资金、能源和劳动力等成本不断提高;消费者的生活方式、购物习惯和送货态度也已经发生变化;电子售货、电脑记账、网络购物已经日益普及;各国的消费者利益运动日益兴起。所有这些因素对零售商的结构产生深刻的影响。

1. 各类商店的竞争日益加剧　当前在不同类型商店之间的竞争日益激烈。如我们可以看到百货商店和电视直销之间的竞争,超市和便利店也在为争夺同一批顾客不惜血本进行大降价。

2. 零售生命周期缩短,新的零售形式不断涌现　由于竞争激烈,所有的零售企业都想确立自己独特的优势,因此零售企业不断推出新的零售形式,最终导致零售业的变革不断加速,零售生命周期不断缩短。

3. 商品综合化、多样化的趋势　由于消费者选择的自由度增加了,许多商店不得不进一步开拓自己的经营范围。许多原来专业化经营的商店也开始经营原先并不属于自己经营范围但利润丰厚的商品。但是,另一方面也有一些零售企业坚持专业化的道路,同样也获得了成功。如 Kmart 等大型综合商场和无线电器材公司等专用品商店都能实现高额利润和高增长率。这样在零售业内就出现了一种两极分化的态势。

4. 技术的飞速发展对零售业产生巨大冲击　零售技术作为竞争手段正变得日益重要。现在的零售商广泛使用先进的电子技术为其提高需求预测水平、控制仓储成本、进行盈利分析。

5. 大零售商着手全球扩张　跨国经营也正在日益深入零售领域。许多大的国际集团正以连锁的形式进入许多国家。1998 年 3 月,法国的家乐福集团在天津举行大型的采购说明会,向与会的出口商介绍其在中国的采购渠道和采购方式。现在该集团已在中国的深圳、上海、天津等地设立了多家超市。同样地,还有许多世界知名的大型零售企业正在或已经进入了中国市场,如日本的大荣、香港的华润超市、德国的麦德隆等。大型的零售商正以强大的品牌促销和独特的形式日益快速地走向其他国家。

6. 零售企业的管理水平日益提高　现在的零售商除了以市场观点指导业务以外,还开始重视管理的专业化。过去零售商店的管理人员多数是由经验丰富的营业人员提升而来的。

【案例 11-2】

零售业巨头——沃尔玛的发展过程

创立背景

沃尔玛百货有限公司由美国零售业的传奇人物山姆·沃尔顿先生于 1962 年在阿肯色州成立。经过五十多年的发展,沃尔玛公司已经成为美国最大的私人雇主和世界上最大的连锁零售企业。沃尔玛在全球 27 个国家开设了超过 10 000 家商场,下设 69 个品牌,全球员工总数 220 多万人,每周光临沃尔玛的顾客达 2 亿人次。

1991 年,沃尔玛年销售额突破 400 亿美元,成为全球大型零售企业之一。据 1994 年 5 月美国《财富》杂志公布的全美服务行业分类排行榜,沃尔玛 1993 年销售额高达 673.4 亿美元,比上一年增长 118 亿多,超过了 1992 年排名第一位的西尔斯(Sears),雄居全美零售业榜首。1995 年沃尔玛销售额持续增长,并创造了零售业的一项世界纪录,实现年销售额 936 亿美元,在《财富》杂志 95 美国最大企业排行榜上名列第四。事实上,沃尔玛的年销售额相当于全美所有百货公司的总和,而且至今仍保持着强劲的发展势头。至今,沃尔玛已拥有 2 133 家沃尔玛商店,469家山姆会员商店和248家沃尔玛购物广场。它在短短几十年中有如此迅猛的发展,不得不说是零售业的一个奇迹。

2011年,沃尔玛公司和沃尔玛基金会慈善捐赠资金累计3.19亿美元、物资累计超过4.8亿美元。2014年,沃尔玛公司以4 762.94亿美元的销售额力压众多石油公司而再次荣登《财富》世界500强榜首。

公司宗旨

沃尔玛提出"帮顾客节省每一分钱"的宗旨,实现了价格最便宜的承诺,沃尔玛还向顾客提供超一流服务的新享受。公司一贯坚持"服务胜人一筹、员工与众不同"的原则。走进沃尔玛,顾客便可以亲身感受到宾至如归的周到服务。此外,沃尔玛推行"一站式"购物新概念。顾客可以在最短的时间内以最快的速度购齐所有需要的商品,正是这种快捷便利的购物方式吸引了现代消费者。

虽然沃尔玛为了降低成本,一再缩减广告方面的开支,但对各项公益事业的捐赠上,却不吝金钱、广为人善。有付出便有收获,沃尔玛在公益活动上大量的长期投入以及活动本身所具的独到创意,大大提高了品牌知名度,成功塑造了品牌在广大消费者心目中的卓越形象。

最后,也是沃尔玛能超越西尔斯最关键的一个原因,是沃尔玛针对不同的目标消费者,采取不同的零售经营形式,分别占领高、低档市场。例如:针对中层及中下层消费者的沃尔玛平价购物广场;只针对会员提供各项优惠及服务的山姆会员商店以及深受上层消费者欢迎的沃尔玛综合性百货商店等。

发展历史

1950年 山姆·沃尔顿开设了第一家特价商店。

1962年 沃尔顿以"Wal-Mart"为名在阿肯色州拉杰斯市开办了第一家沃尔玛平价商店。

1972年 沃尔玛公司在纽约股票上市,其价值在以后的25年间(到1999年)翻了4900倍。

1979年 沃尔玛总销售额首次突破10亿美元。

1985年 美国著名财经杂志《福布斯》把沃尔顿列为全美首富。

1987年 在德州加伦市开设了第一家综合性百货。

1988年3月 在密苏里州华盛顿市成立了第一家沃尔玛平价购物广场(Super Center)。

1992年3月17日 沃尔顿荣获"总统自由勋章"。

1993年 在英、法、德等欧洲国家已拥有330家零售商店,其海外营业额已占总营业额的27.6%。

1994年 正式成立国际业务部,专门负责境外事务。

1997年 沃尔玛年销售额首次突破千亿美元,达到1 050亿美元。

1999年 员工总数达到114万人,成为全球最大的私有雇主。

山姆会员店2005年11月4日对日本零售企业西友百货公司(Seiyu Ltd.)实施10亿美元援助计划,增持西友股份到56.56%。原沃尔玛全球高级副总裁兼首席运营官的埃德·克罗兹基于12月15日接任西友公司CEO。

2006年8月28日 深圳配送中心由蛇口搬迁至龙岗区坪山镇,第一期使用面积比现原配送中心的面积增加一倍。

2008年10月22日　沃尔玛全球可持续发展高峰会议在北京召开,会议邀请了超过900名的官员和供应商代表,探讨全球变暖条件下的节能减排、减少包装的环保新举措。

2010年11月19日　沃尔玛中国旗下品牌山姆会员商店在中国推出网上购物服务。山姆网上购物还处于测试阶段,上线的版本也仅限于深圳站。成功收购好又多商业发展有限公司,沃尔玛总共耗资约10亿美元,将好又多101家门店全数纳入麾下。

2012年4月　推出了一种名为"现金支付"(Pay with Cash)的新功能,允许用户在线上下单购买商品,然后在附近的沃尔玛实体零售店进行支付。

2013年3月　有人预计沃尔玛在线销售额有望超过90亿美元。

2015年7月　沃尔玛全资收购1号店,将继续以现有名称运营。

第七节　批发商及其营销策略

一、批发的性质和意义

批发是指一切将物品或服务销售给为了转卖或者其他商业用途而进行购买的个人或组织的活动。我们使用批发商这个词来描述那些主要从事批发业务的公司。这个词的内涵排除了制造商和农场主,因为他们主要从事生产,同时也排除了零售商。批发商的特征表现在以下几个方面:

1. 批发商一般处于商品进入流通后运动的起点或中间阶段。因此在商品流通过程中,批发商始终表现为中间环节。

2. 批发商较少注意促销、气氛和店址,因为他们的交易对象是商业顾客,而不是最终消费者。

3. 批发交易通常大于零售交易,批发商所涉及的交易领域常常大于零售商,当然也有部分例外。

批发商的职能主要包括:

1. 销售与促销职能　批发商通过其销售人员的业务活动,可以使制造商有效地接触众多的小客户,从而促进销售。

2. 采购与搭配货色职能　批发商代替顾客选购产品,并根据顾客需要,将各种货色进行有效的搭配,从而使顾客节省不少时间。

3. 整买零卖职能　批发商可以整批地买进商品,再根据零售商的需要批发出去,从而降低零售商的进货成本。

4. 仓储服务职能　批发商可将商品储存到出售为止,从而降低供应商和顾客的存货成本和风险。

5. 运输职能　由于批发商一般距零售商较近,可以很快地将商品送到顾客手中。

6. 融资职能　批发商可以向客户提供信用条件,提供融资服务;另一方面,如果批发商能够提前订货或准时付款,也等于为供应商提供了融资服务。

7. **风险承担职能**　批发商在分销过程中,由于拥有商品所有权,故可承担失窃、瑕疵、损坏或过时等各种风险。

8. **提供信息职能**　批发商可向其供应商提供有关买主的市场信息,诸如竞争者的活动、新产品的出现、价格的剧烈变动等。

9. **管理咨询服务职能**　批发商可经常帮助零售商培训推销人员、布置商店以及建立会计系统和存货控制系统,从而提高零售商的经营效益。

二、批发商的类型

按照批发商在进行商品交易时是否拥有所有权,可以将批发商分为经销商和代理商;按照批发商提供服务的范围和程度,可以将其分为提供完全服务和有限服务两种批发商类型。所谓完全服务是指批发商提供诸如存货、顾客信贷以及协助管理等服务;而有限服务则是指批发商对其供应者和顾客只提供部分或极少的服务。在此,我们主要按照所有权的拥有与否来进行分类。

（一）经销商

经销商是指买下所经销商品的所有权,然后再出售的那一类批发商。他们往往是独立于所有的商业企业,有自己的经销网络。经销商也有多种表现形式,常见的有以下几种:

1. **批发中间商**　批发中间商主要向零售商销售,并提供全面服务。其下又可细分为综合批发商（一般商品批发商）、专线经营批发商和专业批发商几种。综合批发商一般都经营几条各有特色,花色品种较为齐全的产品线,并且往往雇佣自己的推销员。而专线经营批发商则经营一条或两条产品线,但是品种深度较大。至于专业批发商则是专门经营一条产品线中的部分专业产品的批发商（如海味商品批发商等）。

2. **工业经销商**　工业经销商是指向制造商销售的批发商,也是一种正规的批发商。工业经销商可以集中经营诸如 MKO 品目（保养、维修和作业供应品）,或者 OEM 品目（原始设备零部件供应,如滚珠轴承等）,或者设备（如手工工具等）等产品线。他们往往对自己经营的产品和适用的市场了解比较深刻。

3. **现销批发商**　现销批发商又叫现销交易批发商,他们经营一些周转快的商品,卖给小型零售商,收取现款,一般不负责送货。由购货单位到批发商那里挑选商品、支付现款,自行负责提货和运输。

4. **货车批发商**　货车批发商主要执行销售和送货职能,他们经营一些容易变质的商品（如牛奶、面包和快餐）,现货现卖。

5. **承运批发商**　承运批发商具有产品所有权,但他们不存货而是代替制造商完成运输的功能,并承担其中的风险。他们专门经营一些笨重的工业产品,如煤、木材和重型设备等。

6. **邮购批发商**　邮购批发商向较为边远地区的零售商、工业用户、相关顾客寄送商品目录,获得订货后以邮寄或用其他的运输方式交货。

上述的六种方式中,后四种属于有限服务的批发商,而前两者则提供较为全面的服务。

（二）代理商与经纪人

代理商是指接受生产者或消费者委托,从事商品购销业务,但不拥有商品所有权的中间商。又分为企业代理商和销售代理商。代理商不拥有经营商品的所有权,是代制造商进行经销活动的批发商业企业。由于使用代理商可以在制造商收到货款以后才支付佣金,因此对于财务资源有限的新企业和小企业而言,这种形式就特别有利。对于制造商而言,使用代理商有很大的灵活性。比如一个企业新进入一个地区时,由于不熟悉当地情况,可以利用代理商。当过了一段时间后,制造商可以脱离代理商自己进行市场营销,但制造商与经销商则往往因为签订有较为长期的协议而无法给予制造商这样的优惠。

1. 企业代理商 也称区域代理商,是指在某一区域范围内为多家制造商代理销售业务的代理商,是代理商中的主要形式。这种代理商通常和几个制造厂家签订长期代理合同,在一定地区,按照这些企业规定的销售价格或价格幅度及其他销售条件,替这些企业代销全部或部分产品,而制造商按销售额的一定百分比付给佣金。企业代理商虽然同时替几家企业代销产品,但是这些产品都是非竞争性的、相互关联的品种。代销的产品范围不大,因而他们比其他中间商更能提供专门的销售力量。

2. 销售代理商 销售代理商是在协议规定的时间和范围内,为某一生产厂商独家代理销售业务的代理商,他们代理制造商销售全部产品,并为制造商提供很多服务(如设置产品陈列和负责广告费用等)。这种代理商受托负责代销生产企业的全部产品,不受地区限制,并拥有一定的售价决定权。一个生产企业在一定时间只能委托一个销售代理商,且本身也不能再进行直接销售活动。因此,销售代理商实际上是生产企业的全权的独家代理商。

3. 采购代理商 采购代理商一般和买主建有长期关系,为其采购商品,经常为买主收货、验货、储存和送货。此种形式的代理商常见于服装市场。

4. 佣金代理商 是指为企业临时代理销售业务的代理商,通常是以每一笔生意为单位同生产厂商建立委托代理关系。生意做完委托代理关系也就结束,然后按销售额的多少提取佣金。

5. 经纪人 经纪人是一种独特的代理商。它的作用是为买卖双方牵线搭桥,协助谈判。说它比较特别是因为经纪人往往是针对业务进行代理,而不是针对企业。也就是说,经纪人只负责介绍业务的买卖双方,帮助交易达成。经纪人拿着货物说明书和样品,替卖主找买主,或替买主寻找卖主,把卖主和买主结合在一起,介绍和促成卖主与买主成交。成交后,由卖主把货物直接运给买主,而经纪人向委托人收取一定的佣金。

(三)其他批发商类型

其他的批发商类型主要包括一些制造商和零售商在批发领域延伸的办事机构。

1. 销售分部和营业所 制造商为了加强存货控制,改进销售和促销工作,经常开设自己的销售分部和营业所。销售分部备有存货,常见于木材、汽车设备和配件行业。

2. 采购办事处 又叫进货营业所。许多零售商在大的市场中心,如纽约和芝加哥等地设立采购办事处。这些采购办事处的作用与采购代理商的作用相似,但是前者是买方组织的组成部分。

3. 拍卖行 拍卖行在一定时间内,把货物大量集中在一定地点,按照一定的章程和规则,通常以公开叫价竞购的方法,将现货按批卖给出价最高的买主。采取拍卖方式进行交易的商品,一般都是品质不能高度标准化或容易变质的商品,如茶叶、烟草、毛皮、水果、旧家具等。

4. 其他批发商 在某些特定的经济领域,可以看到一些特殊的批发商。如农产品集货商、散装石油厂和油站以及租赁公司等。

三、批发商的营销策略

批发商最近几年来正遭遇着日益增长的竞争压力。他们面临着竞争的新力量、顾客的新需求、新技术和来自大的工业、机构及零售买主的更多的直接购买计划。因此,他们不得不制定适合的战略对策,在目标市场、产品品种和服务、定价、促销和销售地点等方面改进其战略策略。

1. 目标市场策略　批发商应该明确自己的目标市场,而不能企图为每一个人服务。他们可以按顾客的规模、类型、所需要的服务或者其他标准,选择一个目标顾客群。在这个目标顾客群里,他们可以找出较有利的顾客,设计有吸引力的供应物,和顾客建立良好的关系。

2. 产品品种和服务策略　批发商的"产品"是指他们经营的品种。批发商迫于巨大的压力,花色品种必须齐全,并且要有充足的库存,以便随时供货。但是这样会影响盈利,因此批发商正在重新研究应该经营多少品种最为适当。批发商还在研究,在与顾客建立良好关系的过程中,何种服务最为重要,哪些服务可以取消,哪些应该酌收费用。这里的关键是找出一种被顾客视为是有价值的独具一格的服务组合。

3. 定价策略　批发商通常在货物成本上,按传统的比例加成,比如说20%,以抵补自己的开支。其中,开支可能占17%,余下3%就是毛利。杂货批发商的平均利润率一般在2%以下。批发商正在开始试用新的定价方法,他们可能会减少某些产品的毛利,以赢得新的、重要的客户。当他们能凭此扩大供应商的销售机会时,就会要求供应商给予特别的价格折让。

4. 促销策略　批发商主要依靠他们的销售员以获得促销目标。即使如此,大多数批发商仍然把推销看成是一个推销员和一个客户的交谈,而不把它当作是向主要客户推销商品、建立联系和提供服务的协同努力。至于非人员促销,批发商可以从使用零售商所采用的树立形象的技术中获益。他们还需要充分利用供应商的一些宣传材料和计划方案。

5. 批发地点策略　批发商将批发地点一般设在租金低廉、征税较少的地段,以尽可能地降低成本。为了对付日益上升的成本,富有进取心的批发商正在进行货物管理过程中的时间和动作研究。其中最大的一项发展就是自动化仓库,在那儿,订单被输入计算机。商品由机器自动取出,通过传送带输送到平台,在那儿集中送货。这类机械化发展很快,许多办公室活动也实现了机械化。

四、批发业的发展趋势

制造商总是拥有越过批发商的选择权,或者使用一个更主动、积极的批发商来取代某个低效率的批发商的权利。另外,具有进取心的批发经销商通过改进服务以迎接他们的供应商和目标顾客的挑战需要。他们认识到,生存的唯一基础就是提高整个营销渠道的效率。为了达到这个目标,他们必须经常改进服务和降低成本。正是存在这样两种力量,批发业不断发生着变化,当前主要的变化包括以下几个方面:

1. 竞争呼唤低成本业态　由于批发商的最大优势在于成本低廉,所以低成本运营的企业优势较大。这也就使得自动化仓库等低成本运营的形式在近几年内大放光彩。

2. 批发商之间的激烈竞争导致企业不断扩大　当前在批发商之间的竞争日益激烈,其中较大规模的企业的优势也就越大。因此,批发商的规模越来越大,经营的品种也越来越多。

3. 提供服务多寡的螺旋式变化　由于竞争激烈,所有的批发企业都想确立自己独特的优势,因此这些企业不断推出新的服务以吸引顾客。而当全面的服务导致过高的成本,批发商的利润得到严重侵犯时,批发商提供的服务又会逐渐减少。但无论是全面的服务,还是有限的服务,只要经营的产品合适,批发商都能获得利润。

4. 商品综合化、多样化的趋势　由于零售商往往希望在一个批发商那里买到尽可能多的商品,因此批发商经营的产品跨行业的趋势越来越明显。批发商开始经营一些不属于自己经营范围但利润丰厚的商品。但是,另有一些批发企业坚持专业化的道路,同样也获得了成功。

5. 技术的飞速发展对批发业产生了巨大冲击 技术作为竞争手段正变得日益重要。由于批发商的成本的重要组成部分来自于商品的运输和储存成本,因此现在的批发商广泛使用先进的电子技术为其控制仓储成本、进行盈利分析,甚至还有的企业用计算机配合使用高效率的搬运工具来降低搬运成本。

6. 大的批发商开始进入全球扩张 跨国经营也正在日益深入批发领域。许多大的国际集团正在进入许多国家,虽然这种进入受到当地政府的限制,但流通业国际化经营的大势已经形成。

7. 批发企业的管理水平日益提高 现在的批发商非常清楚管理的专业化对他们而言意味着成本的下降和利润的增加,而且好的管理能够针对市场环境和销售环境做出相应的调整,这对于企业在行业内长期生存有极大的帮助。

【小资料】

分销渠道的一些术语解读

直接营销渠道:没有中间商的分销渠道。

非直接营销渠道:有一个或几个中间商的分销渠道。

渠道冲突:渠道成员对目标或作用产生不同看法,如谁应该做什么或获得什么样的报酬。

传统分销渠道:一个分销渠道由生产商、批发商、零售商组成,每个企业寻求实现自己的最大利润,甚至可以以整个渠道损失为代价。

垂直营销系统:一个分销渠道中的生产商、批发商、零售商在统一的系统中工作,一个渠道成员可以拥有另一个成员,或者二者之间有契约式关系,要不就是一个成员的实力可以使大家合作。

统一垂直营销系统:垂直营销系统在一个所有权下,把生产和分销过程成功地联系起来,渠道的领导作用建立在共同的所有权的基础上。

契约垂直营销系统:垂直营销系统中的独立企业,从事不同水平的生产和分销活动,通过合同联系起来,获得独自不能实现的销售或经济效益。

水平营销系统:同一层次的两个或多个公司,在分销渠道中组织起来,寻找新的营销机会。

章节总结

营销渠道是产品由生产者向最终消费者或用户流动所经过的途径或环节。营销渠道由众多承担营销功能的中介机构所组成。由于这些营销中介机构的存在,缓和了产需之间在时间、地点、商品数量和种类方面的矛盾,也使得市场上总体交易的次数减少,交易费用降低,并且大大提高了产品流通的速度和效率。

营销中介机构按照是否拥有商品所有权可以分为买卖中间商、代理中间商和辅助机构。按照在流通领域中承担的不同角色可以分为批发商、零售商、进口商和内外贸兼营商等几种类型。

企业在构建营销渠道时，必须做出几种渠道策略的选择，即是选择长渠道、宽渠道还是联合渠道。通过这些策略，企业可以搭建出自己所需的营销渠道的框架。

在进行企业营销渠道设计时，企业可以遵循以下六个步骤：①分析服务产出水平；②设置和协调渠道目标；③明确渠道任务；④确定渠道结构方案；⑤确定影响渠道结构的因素；⑥做出可能的渠道结构方案并选出最佳方案。在进行渠道设计时，企业要综合考虑市场因素、产品因素、公司因素、中间商因素、环境因素和行为因素对渠道的影响，以求设计尽可能的完善，能够适应多种市场态势。

有了一个适用于企业的分销策略和营销渠道体系之后，企业还必须注意对渠道成员进行控制、评估和激励。企业可以通过设置一定的标准来衡量适用的中间商；通过给予中间商一定的财力、物力、人力的支持，激励其发挥积极的作用。企业还必须根据市场的新动态，及时改变渠道结构和分销方式，只有这样，企业才能有效地控制好渠道为己所用。

由于互联网技术的出现，分销渠道及其结构形式正在发生深刻的变化。互联网对分销渠道的影响主要体现在：增加分销渠道、疏通分销渠道、细化分销渠道、整合分销渠道、降低分销成本、提高分销效率和使分销渠道透明化。

思考题

1. 企业应当如何在渠道的长度和宽度上进行决策？
2. 什么是垂直营销系统？有哪些主要类型？
3. 设计一个高效的分销渠道主要应做哪些工作？
4. 如何实施对分销渠道的有效控制？
5. 互联网对分销渠道管理产生了哪些主要影响？

可的便利店经营模式

上海可的便利店有限公司于1996年正式成立，现属于中国乳业首强——光明乳业股份有限公司旗下的控股子公司。目前，公司店铺规模已拓展至上海、嘉兴、杭州、萧山、绍兴、宁波、昆山、太仓、苏州、无锡、张家港、常熟、江阴、常州、扬州、广州等16个大中城市，拥有集直营、委托和特许加盟三种经营模式于一体的专业便利店，总数达1 000余家。年营业总额突破13亿元。

便利店这种业态起源于美国，发展于日本等亚洲国家与地区，在当时的国内几乎是一个空白点，既没有现成的模式与经验，又没有前人的实践。可的采取了探索、模仿、学习的态度，跨越了一道又一道"难坎"。经过多年的实践，门店遍及上海和江浙两省，每年销售额有60%左右的递增，连续五年成为全国百强连锁企业。2000年全公司首次实现了扭亏为盈的目标，进入了良性运行、快速发展的时期。

第十一章 分销策略

坚定地跨越第一道坎——组织转型、分配转制、经营定位

1995年年末,可的食品公司建立时,原有的几十家经营小企业,经营种类繁多,规模小而分散,这是实行连锁经营管理最大的障碍。在当时不具备改变企业体制的条件下,就从改变组织形式入手,首先把无数个具有法人资格的独立经营企业转为一个法人单位下属的无数个非独立核算的门店,实行连锁经营。其次,按照连锁经营、统一管理的要求,在商品的进、销、调、存和人、财、物的控制与核算方面,实行高度集中,建立了总部各职能部门,明确了总部与门店各自的职责,至1997年中期,基本完成了组织结构从相对分散到高度集中的转型任务,形成了适应连锁经营要求的管理雏形。

便利店与其他连锁企业比较具有门店面积小而分散,营业时间长,门店人员内部分工不细的特点。因而,投资者具有更大的管理风险。而传统的用工与分配制度显然不适应这种情况。为了使门店员工有更多的经营积极性,对门店的资产管理有更大的责任心,可的除制定一系列相应的规章制度外,注重坚持推行"准利润"提成的薪酬分配制度。即门店每月实现的销售毛利,扣除门店可控制的当月费用后(余下部分为"准利润"),其30%作为该门店当月的工资收入。这样,就能使员工意识到"门店的每笔业务都为自己而做",提高了经营积极性,并且更注重高毛利商品的销售和降低门店费用。更重要的是,使门店长不会一味向总部申请用工额度,而会注意每一个劳力的有效劳动时间的配置。同时,总部坚定执行商品损耗的赔偿制度,防止资产无节制地损失。实践证明,当劳动成果与劳动者收益密切关联时,劳动者的潜能就会得到极大发挥,劳动者对自身的劳动岗位也更加珍惜,更会关心企业的发展。所以,在目前人员流动相对频繁的情况下,进入市场化运作的"可的",劳动力也能相对稳定,很少出现不服从分配、擅离岗位的现象。同时,坚持推行合理的分配制度,也为以后推行员工作为投资者加盟"可的"的改革举措打下了较好的基础。

便利店顾名思义为"便利",其生命力也在于能否为顾客提供更多的商品销售和服务便利。可的的经营定位就是不断追求"便利性"的服务,成为人们生活的伙伴,人们的"好邻居"。

在组建初期,当时的许多门店都是柜台式销售,显然是一种传统模式。要改进,苦于没有一种可参照的模板。当时只知道封闭自选式,其中的配置、陈列都一无所知,把商店的门都开在当中。这时,正好有一家日资便利店进入上海,就近学习与模仿,逐步形成"可的"的形象与风格。1997年,"可的"基本完成了对原有门店的改造,全部实行了开架自选式销售,为市民购物提供了方便。

可的实行24小时全年无休经营,也经过了逐步推行的过程。在1997年前,沪上除了罗森的几家门店实行24小时销售外,很少有通宵营业的商店。我们想,便利店实行24小时服务是一种趋势,人们的消费习惯可以通过创造与培养形成。于是在1997年春节前,可的首先选择了几家较有可能成功的门店试行。起初效果不是很明显,下半夜的销售额只有几十元、上百元,情况确实很叫人担心。但"可的"一直坚持,相信随着经济的增长,人们消费习惯的变化,市场需求一定会出现。果然,没过一年,当可的的大多数门店都实行了24小时营业时,夜间销售需求有了明显增长,日夜销售比逐步在变化,基本达到6:4,个别门店达到5:5对半。而当可的在外地开设便利店时,在当地都是首创24小时全年无休营业,给人们的购物带来了时间上的便利。

便利店经营什么，主要满足哪部分的需求，一直是经营者的困惑。严格地说，沪上几家国内便利店公司，基本上都是沿袭了超市的模式，是缩小门店面积的"小超市"，人们很难看出它们与超市的差异。难怪在与超市比商品品种和价格时，便利店很难有特有的个性。这个问题对于比较早进入便利店业态的"可的"来说，也是一个难题。"可的"的优势在哪里？可的就从光明牛奶的销售与服务入手。牛奶是人人喜欢的健康食品，"光明"也是一个知名品牌，而且上海市民又养成了全月预定的习惯，但碍于条件，人们对于预付交款与储存都感到不方便。而可的店实行24小时服务，又增添了冷藏设备，正好可以弥补这些不足。于是，"可的"相继在全市所有门店推出"24小时付款，24小时取奶"的服务。这样几个月后，就吸引了几万名顾客，方便了市民，提升了企业知名度，牛奶销售就成为"可的"的一个强项。可的的光明牛奶销售额在全市连锁企业中名列第一，销售比例一直在10%以上。在以后的摸索中，可的争取了方方面面的支持与理解，推出了公用电话、传真、复印业务；销售报刊、杂志、IP卡、交通卡；代收冲扩件；代收部分公用事业费；个别门店设立ATM机；销售人们喜欢食用的中华大包、茶叶蛋、鲜肉月饼、串煮食品等，到目前为止属于便捷性商品与服务的约占销售收入的55%～60%。店内的设施与陈列也做了很大的改进，分为功能服务区、冷藏冷柜区、传统货架区。

及时地跨越第二道坎——应用信息技术，提升经营管理水平

到了1998年中期，"可的"的门店数已超过五十多家，尽管公司的配送中心已经有了几台PC机，再也不需要人工开单了，但整个公司的管理与核算仍在采用传统的方法。逐渐增长的业务量，已不可能用更多的人力投入，而且其准确性也令人担忧，况且门店的销售业务也难以控制，难免出现管理漏洞——"出血点"。应用新的信息技术，提升企业的经营管理水平成为迫在眉睫的任务。

用怎样的方案来达到目的，就成为新的问题。便利店的特点是店小、门店多、布点散，又是24小时营业，管理难度很大。员工基本来自社会再就业人员，对电脑技术的理解和应用较弱，所以必须要求后台（总部）控制与处理问题能力较强，而前台（门店）操作简单。商品销售与核算的全过程都由电脑代替人脑来控制与操作，于是就采用了以单品为基础的自动补货、自动配货、自动核算、自动付款的信息技术应用系统。

当配送仓库的库存低于基本警戒线时，系统就会产生对供应商的订货单，而且规定了基本的进货量、进货价格、进货时间。每家供应商每周进货一到两次，保证有序进货。

门店每只单品的销售量低于规定的下限时，在总部收集其销售信息的同时开出该门店的配货单。配送频率为每天一次，间隔时间为8～16小时。

各门店的进、销、调、存都由电脑记录，商品的毛利都由电脑核算到每个单品。

各门店的月度核算与经营分析全由电脑进行。

当供应商的供货发票转入电脑后，按双方约定的付款周期，自动导出该笔货款的付款日期，再加上银行的信贷汇票方法的应用，整个付款行为完全简单化了。

采用了"四自动"的运行方式，把大量业务工作程序化、规范化、简单化；紧接着利用信息系统在门店的商品库存盘点和货款解缴等方面加以管理，基本保证了可的的经营活动都是在可控的状态下运行，取得了较好的效果，树立了良好的企业形象。

消费者的成熟和日新月异的现代化进程将赋予便利业更多发展契机，可的将在未来5年内，以2 500家门店的规模（加盟店数占总数的50%以上）和超过40亿元的营业总额，成为中国便利店行业中集规模和管理、技术和服务于一体的领先企业,并努力为社会及认同和钟爱它的投资者和顾客创造更大的价值。

 思考题

1. 可的便利店的经营定位是什么?便利店与超市的差异在哪里?
2. 信息技术是如何在可的便利店的经营中发挥作用的?该案例中可的便利店都采用了哪些信息技术?
3. 你认为目前便利店在我国城市有发展前景吗?为什么?
4. 观察你所能接触到的便利店,分析影响便利店成功的因素。

第十二章 促销及组合策略

本章简介

由于现代市场营销活动是在广泛的地域范围和复杂的人际关系为背景的社会化大生产条件下进行的,所以仅有优质的产品、合理的价格和适当的渠道,并不一定就能立即招来大量的顾客。因为在商品经济的大千世界中,他们并不一定会对某一企业的产品及其有关情况引起注意,甚至会闻所未闻。这就需要企业采取各种有效的方法,把企业的有关信息传递给自己的目标市场,以引起消费者的注意,激发他们的需求欲望,吸引他们购买企业的产品。这一系列做法及其策划,即为企业的促销组合。

学习重点

1. 掌握促销的基本含义和本质特征;
2. 掌握促销传播的基本原理;
3. 掌握整合营销传播的基本含义;
4. 了解广告宣传的特点及广告策划的内容;
5. 了解营业推广的基本特征和主要手段;
6. 了解公共关系的基本概念和主要方法。

雪津啤酒的夏日促销

2012年雪津啤酒在江西范围内举行了"与您畅饮一夏"的主题活动。活动中聘请的司仪利用多种促销手段来吸引人们的眼球,其中主要的促销手段为"掷骰子游戏"。台前放好12瓶雪津啤酒,宾客每次需要购买一瓶雪津啤酒作为赌资上来掷骰子,谁掷的点数最高,就拿走所有啤酒。这一促销方式的奇妙之处在于调动了大家的"赌性"和"娱乐性",属于心理促销的高级形式。

第一节 促销的本质及促销组合

一、促销的本质与功能

促销是企业市场营销活动的基本策略之一,它是指企业以各种有效的方式向目标市场传递有关信息,以启发、推动或创造对企业产品和服务的需求,并引起购买欲望和购买行为的综合性策略活动。它一般包括广告、人员推销、营业推广和公共关系等具体活动。促销的本质是通过传播实现企业同其目标市场之间的信息沟通,所有的促销活动无非有以下一些基本功能。

1. 告知功能　促销活动能把企业的产品、服务、价格、信誉、交易方式和交易条件等有关信息告诉给广大公众,使他们对企业由无知转为有知,从知之不多到知之较多,从而能使他们在选择购买目标时,将企业的产品或服务纳入其选择范围。一般来说,消费者比较喜欢购买他们所了解的产品,若他们对某一企业的有关信息知道得越多,选择该企业产品的可能性也就越大。

2. 说服功能　促销活动往往致力于通过提供证明、展示效果、解释疑虑和表示承诺等方法来说服消费者,加强他们对本企业产品或服务的信心,以促使其迅速采取购买行为。一般来说,消费者在购买决策犹豫不定的时候,很希望能有新的信息来帮助他们做出决策。促销活动在这方面的信息沟通往往能恰到好处地促使消费者做出对本企业有利的购买决策。

3. 影响功能　促销活动通过对社会进行广泛、经常的信息传播,往往能使消费者的印象不断加深,甚至形成一种社会舆论,从而通过从众心理的作用,对目标市场的消费者产生舆论导向,使他们在不知不觉之中,接受本企业的各种宣传,建立对本企业的认识,形成对本企业及产品的好感。

二、信息传播

因为促销的本质是同目标市场之间的信息沟通,其主要手段就是通过各种形式的信息传播活动。所以要在激烈的市场竞争中,确保企业的竞争优势,就必须掌握信息传播的客观规律,努力提高促销活动中的信息传播效果,以强化促销的各种基本功能。无论是哪种形式的促销活动,其信息传播的一般过程可用图 12-1 表示。

从图 12-1 中我们可以看到,信息传播的一般过程包含五个要素、三个阶段。这五个要素为:发送者、接收者、信息符号、媒体和噪音;三个阶段为:信息译出阶段、信息译入阶段和信息反馈阶段。信息传播的一般过程为:信息的发送者将信息译出为信息符号,并通过一定的媒体进行传播;又由接收者将信息符号译入还原为信息并予以接收;接收者对所接收的信息做出反应,并将部分反应反馈给发送者。发送者一般为进行促销活动的企业。为使他们

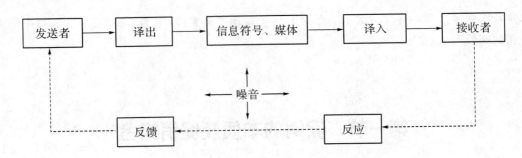

图 12-1 信息传播过程

的产品能够被消费者所接受，企业往往会试图将一些思想传递给目标市场的消费者，从而成为信息的发送者，也称"信源"。译出是将发送者的思想转变为可以被传播和为接收者所感知的信息符号的活动。"译出"的工作可以由企业自己来做，但在大多数情况下，企业往往会委托广告公司等传播代理机构从事这项工作。信息符号是用以反映人们的思想并能被人们传播和感知的信号，如语言、文字、图画、色彩、表情、动作、标识、象征物等。媒体介于信息的发送者和传播者之间，是用以复制和传递信息符号的各种载体，如报纸、杂志、广播、电视等。媒体可在短时间内将信息符号在很大的范围内进行传播和扩散。译入是接收者对信息符号进行理解和接受的过程，这往往是传播活动能否成功的关键环节。接收者是接触、感知、注意或理解了企业所传播的信息的那部分人，他们可能是企业的目标市场，但也可能是毫不相干的群体。噪音是指在信息传播过程中同时存在的，对同一接收群体所进行的其他信息传播活动，它们对于企业的传播活动具有干扰影响。要使促销活动取得成功，必须研究信息传播过程中存在的一些规律性问题。从信息传播的几个主要阶段来看，以下一些方面是应当特别予以重视的。

（一）信息符号是信息传播的关键要素

信息传播实质上是人们的思想交流活动，而人的思想却是一种看不见摸不着的东西。要实现人们之间的思想交流，只有借助某种能被人所感知的东西来反映其所要进行交流的思想，信息符号发挥的就是这种作用。正因为人们是完全依赖于信息符号来实现思想的交流的，所以信息符号对于信息传播和思想交流的程度和质量就有着至关重要的影响。首先，信息符号必须能全面、准确地反映信息发送者的思想，这就是信息传播活动中的"译出"阶段，"译出"的质量决定了信息传播的质量。其次，信息符合必须能为接收者感知和理解，这就是信息传播活动中的"译入"阶段。"感知"的清晰度和"理解"的准确度也影响着信息传播的效果。再次，信息符号必须能借助于一定的载体（如声波、光波、电波、报刊、书籍等）在空间进行传递，这决定了信息传播的可能性和范围。最后，信息传播的质量还取决于发送者和接收者双方对于信息符号的共识。双方对于符号的理解越是趋向一致，信息传播的质量就越高。而对信息符号的理解往往取决于各方的经验领域，所以说信息传播双方的经验领域交叉面越大，对于信息符号理解一致的可能性也就越大。

（二）噪音的必然性及其防止

在现代社会中，信息是大量存在的，信息的接收者不可能同时接收所有的信息，而必须根据其需要或经验，对其可能接触到的信息有选择地进行接收。这包括选择性注意、选择性理解和选择性记忆。对于某一发送者来讲，社会信息的大量并存和接收者接收信息的选择性,就使得信息传播活动中必然存在着大量噪音。噪音的存在会使发送者的信息最终不被接收或被曲解。要防止噪音,以保证信息传播得以成功,就必须分析影响接收者选择信息的因素。基本因素有两个方面:一是接收者的需要和经验。信息的接收者往往根据自己的特定需要去选择有关信息,并根据自身的经验去判别和理解信息,这是影响接收者选择信息的内在因素。二是信息刺激的强度。信息的接收者往往会特别注意和记住那些刺激相对比较强烈的信息,这是影响接收者选择信息的外在因素。所以信息的发送者只要根据接收者的需要和经验特点,注意选择适当的信息符号,并努力增强刺激的相对强度,就能比较有效地防止噪音的干扰。

（三）信息的反应和反馈

信息的反馈是检验信息传播质量的重要依据,也是信息的发送者与接收者实现思想交流的必要条件。信息的接收者接收信息后就会产生反应,反应的情况同发送者的愿望可能一致,也可能不一致,发送者只有了解了这些反应才能不断调整所发送信息的强度和质量,以促使接收者的反应同发送者的愿望趋向一致。接收者的反应并不全部形成反馈,只有向发送者传送回去,并为发送者所接收的那部分反应才形成反馈。这就使得信息反馈的质量会受到两方面的影响:一是反馈的全面性。即所反馈的部分占接收者实际反应的比重大小,反馈得越全面,反馈的准确度也就越高。二是反馈的相关性。即所反馈的部分是否是接收者反应的本质内容。反馈的相关度大,即使反馈得不全面,也可准确地了解接收者的实际反应,而且还可能降低反馈成本。所以在了解接收者反应时应尽可能提高信息反馈的相关度,以准确了解接收者对信息的实际反应。促销作为一种有目的的信息传播活动,必须重视通过信息传播对接收者(消费者)行为加以控制和引导。这就要求在促销的信息传播活动中掌握好四个层次:一是要求信息能被目标市场的消费者所感知,引起他们的注意;二是要求信息能被目标市场的消费者所接收,被他们准确理解;三是要求信息能成为促进目标市场消费者行为的动力,激发他们的购买动机;四是要求信息能引导目标市场消费者的行为方向,使他们的行为能为企业所控制。掌握好这四个层次,才能实现企业同目标市场之间的信息沟通,才能提高企业促销活动的效益。

三、促销策略组合

企业的促销活动是由一系列具体活动所构成的,它们一般可归结为四种主要手段,即广告、人员推销、营业推广和公共关系。同时又可将其分为以人员活动为主的促销活动(如人员推销)和以非人员活动为主的促销活动(如广告、营业推广和公共关系)。当然,在某一个具体的促销活动中,人员促销和非人员促销往往是同时存在、相互补充的。四种促销手段各有特点(以后几节将详细介绍),适应于不同企业、不同产品、不同时机、不同场合的促销需要。一般来讲,广告往往较适应于消费品的促销,而人员推销则更适应于生产资料的促销。但这并不是绝对的,对促销手段的选择主要应当考虑以下因素。

1. **产品类型**　不同类型的产品消费者往往有不同的信息要求,因此所选择的促销手段也应有所不同。如价格昂贵、购买风险较大的耐用消费品或生产资料,购买者往往倾向于理智性购买,并不满足于一般广告所提供的信息,而希望能得到更为直接可靠的信息来源。对这类产品,人员推销往往是很重要的促销手段;又如服装、化妆品等时尚性产品以及消费者购买频繁的一般日用消费品,购买者则比较倾向于品牌偏好,指名购买。因此提高产品的知名度是很关键的。对于这些产品,广告和公共关系等促销手段的效果比较明显。

2. 市场状况　　企业目标市场的不同状况,也影响着促销手段的选择。因为目标市场的特征决定了其对于信息的接收能力和反应规律。如企业若面临的是地域分布辽阔而分散的目标市场,广告的作用就显得很重要。因为相对于人员推销,其平均个别成本比较低;而目标市场的面若比较窄且又相对集中,人员推销和营业推广等手段就比较理想,广告的相对成本则可能大大提高。此外,目标市场的购买习惯、文化水准、经济状况以及信息接收的便利程度都会对各种促销手段效应的发挥产生不同的影响。

3. 产品生命周期　　在产品生命周期的不同阶段,所选择的促销手段也应有所不同。如在产品的导入期,扩大产品的知名度是企业的主要任务。在各种促销手段中,应以广告宣传为主,因为广告以其广泛的覆盖面,有可能在短时期内形成较好的品牌效应;而一旦产品进入了成长期,单有广告就不够了,营业员和推销人员的积极推销,往往能更深入宣传产品的特点,并能争取那些犹豫不定的购买者,迅速扩大产品的销量;在成熟期,为巩固产品的市场地位,积极的公共关系宣传并辅之以一定的营业推广手段,往往能有效地巩固和扩大企业的市场份额,增强企业的竞争优势;而到了衰退期,随着企业营销战略重点的转移,对于剩余的产品,一般则采取一些以营业推广为主的促销手段,以求迅速销售产品,回收资金,投入新的产品的生产。

4. 营销环境　　企业的营销环境也会在一定程度上影响企业促销手段的选择。如一个国家或一个地区对大众传播媒体的控制程度,以及该国家或地区居民接触传播媒体的可能性(如报刊订阅率,电视机和收音机的拥有率等),都会极大地影响广告的宣传效果;一些大型的社会活动(如体育运动会、旅游节等),又可能为营业推广和公共关系创造良好的机会;某些政策法令会对各种促销手段的应用形成直接或间接的促进或制约;甚至政治局势的变化和某些重大社会事件的发生也会因其舆论导向的作用而成为某些促销手段实施的契机。所以促销手段的选择和应用必须充分注意其对营销环境的适应性。对各种促销手段加以适当地组合,就有可能产生出积极的综合效应,企业产品的促销策略往往是在对各种促销手段加以认真组合的基础上产生的。对促销手段的组合必须考虑到以下一些问题,一是促销手段的组合应紧紧围绕企业的营销目标,应以营销目标的最佳实现为促销手段组合的基本出发点;二是利用其互补性防止其互斥性。即应使组合中的各种促销手段能相互补充,形成促进销售的合力;而应防止两种以上促销手段同时利用时所可能造成的相互能量抵消,甚至产生逆向效应;三是有主有次,形成立体效应。在每一组促销手段的组合中,一般都应有一个在某阶段作为主体的促销手段发挥主要作用,其他促销手段则发挥辅助作用,这样就可能有效地防止互斥性的出现,而且也有利于企业有重点地实施其促销策略,形成立体效应。四是合理分配促销费用。对于促销费用的预算,既要考虑总的预算水平应保持在一个最佳的尺度上,又要考虑在不同的销售阶段和不同的促销组合中各种促销手段费用的合理分配,使各种促销手段都有可能达到预期效应,而总的预算水平又不至于突破。

【小资料】

十大促销方式优劣势比较

1. 折扣促销　　在门业的销售中,折扣促销往往用于尾货、死货的处理。使用折扣策略需

要选择好时机,否则促销效果事倍功半。一般而言,以下几种时机可采用折扣促销的方式:
- 店庆、节假日等特殊日期时,采用折扣促销吸引顾客,促进销量;
- 企业推出新产品时,为唤起顾客的需要,增加持续销售量,折扣促销可以实现这一目标;
- 当竞争对手采取促销活动时,折扣促销可充当对抗的有力武器;
- 当产品定价偏高,导致市场销售不畅时;
- 为加快资金周转,加速资金回收力度时;
- 为扭转销售全面下跌的局面时;
- 为提高某一品牌的产品在同类产品中逐步递降的市场占有率时;
- 为提升消费者对处于成长期的品牌的兴趣时。

优劣势评析:折扣促销可以或多或少促使消费者产生购买的欲望,而折扣促销的弹性空间较大,可由经营者完全掌控促销活动的每一个环节。但折扣促销并不能从根本上解决销量提升的问题,也不能使消费者产生品牌忠诚度;对于那些尚未获得认可的品牌而言,只有给予较高的折扣优惠才有可能吸引到消费者的注意,通常促销效果也并不理想,经常性举办折扣促销的品牌也容易给消费者造成不好的印象,认为是低价低质的产品,反而影响到销量。

2. 特价促销 特价促销是指在短期内通过直接降价的方法,以低于正常价位的价格来优惠顾客,以达到促进销售的目的。由于特价促销对顾客具有特殊的吸引力和很强的视觉冲击力,被建材产品经营者所普遍采用。特价促销的时机可参见折扣促销。

优劣势评析:在开展特价促销时,要给特价促销找一个合适的理由,不能让消费者认为是产品滞销或者有质量问题才降价。而特价促销幅度判断也是一个难题,幅度太小,对顾客的吸引力小,促销效果不明显;幅度太大,虽能在短期内大幅度提高销售额,但利润会损失惨重,得不偿失。

3. 抽奖促销 抽奖促销就是利用人的侥幸、追求刺激和"以小赢大"的心理,通过抽奖来转化为购买欲望。而抽奖活动的受众非常广泛,会有众多的消费者参与其中。

优劣势评析:抽奖促销是依靠奖品去吸引消费者的一种促销手段,因此,奖品的设置是抽奖促销活动的关键所在。一般来说,要根据产品的价位来设置奖项,活动奖品要有特色,还要设置适量的大奖,中奖率必须高,小奖要多。建议奖品最好设置为产品代金券或其他服务类项目而非现金,这样更有利于促进销售并减少企业的促销成本。

4. 增值服务 增值服务就是指在产品本身价值的基础上提供额外的优良服务给消费者。这种促销方式对于往往需要提供上门服务以及售后服务的建材产品非常适用。比如消费者购满一定金额的地板,经营者提供免费送货上门和铺装服务;消费者在约定时间内购买涂料,可享受免费送货上门和配色喷涂服务等。

优劣势评析:增值服务的好处在于经营者一般都是提供人性化的贴心服务,使消费者容易对品牌产生好感,更有可能主动为你介绍其他客户。但由于增值服务大多雷同,形不成差异化,因此需要经营者利用产品特性发掘一些更具特色的服务项目。

5. 赠品促销 赠品促销是利用消费者占小便宜心理的一种常见促销方式,在节假日使用非常有效。建材产品多数是耐用品,尤其是灯饰、开关插座或装饰画等小件建材产品,比较适合作为赠品进行促销。运用赠品促销时,必须考虑促销产品与赠品之间的关联性,这样的促销方式对消费者来说比较实用,容易达到良好的效果。

优劣势评析：赠品促销还要核算促销成本，赠品价值太高，虽能够更有效地提升销量，但赚不到钱，而赠品价值太低显得没诚意，不能引起潜在客户的注意。

6. 捆绑促销　捆绑促销一般是利用热销产品带动滞销产品，比如购买热销的浴缸享受滞销的台盆的折扣优惠。捆绑促销往往给顾客带来意想不到的惊喜，有的经营者在消费者选定购买热销产品前并不告诉对方这一优惠信息，这是捆绑促销不同于折扣促销之处。

优劣势评析：捆绑促销值得注意的是一款热销产品最多带两款滞销产品，一般来说一款带一款效果是最好的。捆绑的产品一定要是有消费需求的，否则，促销效果很难体现出来。

7. 现金抵扣　面对种类繁多的打折手段，消费者的兴趣和热情渐渐消退，一度盛行的代金券由于人为设限也造成了消费者一定的抵制心理。因此，现在一些经营者开始模仿零售业尝试现金抵扣的促销策略。现金抵扣是只要消费者购买了规定的产品，可立即在购买处获得现金返还。

优劣势评析：现金抵扣可以让消费者感到这是实实在在的现金优惠，可由消费者任意支配，而不受太多人为的限制。因此，这种促销方法更容易被消费者所接受，促销效果也更加明显。

8. 联合促销　联合促销最大的好处是可以使促销联盟内的各成员以较少的促销费用取得较大的促销效果。具体体现在：第一，费用分摊，降低相应的促销成本；第二，消费融合，实现品牌互动；第三，功能互补，提升促销效果；第四，风险共担，抵御市场冲击。

优劣势评析：做联合促销要选择合适的联盟产品，因为联合促销的多家商家必须是卖不同的产品才行，以免造成"内讧"，而联盟内部的品牌往往需要知名度相当。

9. 公关促销　公关促销是指结合社会公益事业或自行营造公众事件开展促销活动，从而借助事件的影响力来达到促销的目的。

优劣势评析：有的产品将每笔销售所得资金中的1%或1‰用于向公益基金捐赠。此前已有大卫地板与李连杰的壹基金成功合作的案例，在扩大销售的同时，也提升了企业的形象。

10. 短信促销　短信促销是当下一种比较时髦的促销方式，也是成本较低的促销手段。在操作短信促销时要注意短信不要对手机用户造成骚扰，否则会引起消费者的反感，进而影响经营者的品牌形象。

优劣势评析：短信促销一般是结合其他促销方式进行，如特价促销、折扣促销等。实践表明，短信促销通常对已经建立起信任关系的老客户比较奏效。

（资料来源：http://www.360doc.com）

【案例12-1】

价格——永远的促销利器

方案1：错觉折价——给顾客不一样的感觉

例："花100元买130元商品"错觉折价等同打七折但却告诉顾客我的是优惠不是折扣货品。

方案2：一刻千金——让顾客蜂拥而至

例：超市"10分钟内所有货品1折"，客户抢购的是有限的，但客流却带来无限的商机。

方案3：超值一元——舍小取大的促销策略

例："几款价值10元以上的货品以超值一元的活动参加促销"，虽然这几款货品看起来是亏本的，但吸引的顾客却可以以连带销售方式来销售，结果利润是反增不减的。

方案4：临界价格——顾客的视觉错误

例：10元改成9.9元，这是普遍的促销方案。

方案5：阶梯价格——让顾客自动着急

例："销售初期1～5天全价销售，5～10天降价25%，10～15天降价50%，15～20天降价75%"这个自动降价促销方案是由美国爱德华法宁的商人发明。表面上看似"冒险"的方案，但因为抓住了顾客的心理，对于店铺来说，顾客是无限的，选择性也是很大的，这个顾客不来，那个顾客就会来。但对于顾客来说，选择是唯一的，竞争是无限的。自己不去，别人还会去，因此，最后投降的肯定就是顾客。

方案6：降价加打折——给顾客双重实惠

例："所有光顾本店购买商品的顾客满100元可减10元，并且还可以享受八折优惠"，先降价再打折。100元若打六折，损失利润40元；但满100减10再打8折，损失28元。但力度上双重的实惠会诱使更多的顾客消费。

（资料来源：郭佩麒．东方烟草报，2014-11）

第二节　广告宣传

广告是企业促销组合中十分重要的组成部分，是运用的最为广泛和最为有效的促销手段。在商店内、在道路旁、在报刊上、在电视里……斑斓多姿、形形色色的广告时刻都冲击着人们的视觉和听觉。它曾塑造过"一个广告救活一个企业"的神话，然而也可能导致负面效应，给消费者造成误导，或使商品陷入无人问津的困境。广告，以其意想不到而又难以捉摸的效应使企业对其既迷恋又困惑。

一、广告的基本特征

广告的概念，严格地来说可划分为广义和狭义两种。广义的广告即"广而告之"，是指向广大公众传递信息的手段和行为；狭义的广告，确切地讲即商业广告，是指企业为扩大销售获得盈利，以付酬的方式利用各种传播手段向目标市场的广大公众传播商品或服务信息的经济活动。广告是利用各种传播媒体来传递商品和服务信息的，这就形成了广告宣传的一些固有特征。

1. 传播面广　　由于传播媒体能大量地复制信息并广泛地进行传播，所以广告的信息覆盖面相当大，可以使企业及其产品在短期内迅速扩大影响。

2. 间接传播　　由于是通过传播媒体进行宣传，广告主同广告的接收者并不直接见面，所以广告的内容和形式对广告的宣传效果就会产生很大影响。

3. **媒体效应** 由于消费者是通过传播媒体来获得产品和服务信息的,所以媒体本身的声誉、吸引力及其接触的可能性都会对广告信息的传播效果产生正反两方面的效应。

4. **经济效益** 由于广告对传播媒体的利用是有偿的,所以企业的广告活动就必须重视经济效益,必须对广告费用的投入及其产生的促销效果进行核算和比较。二战后,在科技进步与经济增长的双重驱动下,世界广告事业进入了发展的黄金时代。首先,广告的传播手段不断更新与丰富,呈现高科技化的特点,图文并茂、形象生动的电视备受受众喜爱而成为一种主要的传播媒体,光纤、激光、电脑等技术手段也逐步走上了广告的舞台;其次,广告的策划与设计技巧日益提高和创新,更加注重手法的艺术化和主题的感染力,或以情感人,或以理服人,使受众在欣赏和思考的同时,接收到广告所要传达的信息;再次,广告的决策管理愈加系统和完善,它建立在现代市场营销观念的基础上,以消费者为中心,与企业的发展计划及促销策略相配合,突出了形象的整体性和战略的长期性。

二、广告的分类

广告的分类是指为适应广告决策和策划的需要,按照一定的标准将广告活动划分为不同的类型,亦称广告形态。了解广告的分类,有利于企业围绕其营销目标,恰当地选择广告种类和手法,准确地传达广告信息和主题,合理地进行广告安排和组合。在此,我们主要依据广告的内容、目的、诉求点、作用期、媒体形式等标准分别对广告进行分类。

(一)按广告的内容分类

根据广告内容的不同,可将其划分为商品广告、服务广告、公共关系广告及公益广告、启事广告。

1. **商品广告** 商品广告主要传递企业商品或服务的品牌、质量、性能、特点等信息,以宣传、推销企业的产品(包括有形商品和无形商品)为主旨。其数量在现代广告中占有较高的比重。

2. **服务广告** 服务广告是宣传企业在销售某类产品时所提供的附加服务项目的广告,如对顾客购买的空调,实行免费送货、安装、维修等,以激发消费者购买某产品的欲望。

3. **公共关系广告** 公共关系广告是为增加企业知名度和美誉度,以宣传企业整体形象为主要内容的广告,它既包括直接传递企业宗旨、概况等信息的企业广告(或称声誉广告),也包括企业参与某项社会活动的倡议或响应广告,以及为慈善机构向社会集资、募捐,或配合政府有关部门开展的诸如戒烟、环保、计划生育等方面活动的社会公益广告。

4. **启事广告** 广告活动不含促销信息,而只是传递某些必要的信息,如更名启事、迁址启事等。

(二)按广告的目的分类

按照广告具体目的的不同,可将其分为显露广告、认知广告、竞争广告和扩销广告。

1. **显露广告** 显露广告以迅速提高知名度为目的,着重突出品牌等简单明了、便于记忆的文字或符号等信息,而对商品和企业则不做具体的介绍。

2. **认知广告** 为使受众全面深入地了解,详细介绍其特性、用途、优点的广告,其目的是增加受众对商品的认知度。

3. **竞争广告** 与竞争对手的广告等其他促销手段针锋相对、有意识地展开攻击或进行防御,是一种针对性极为明显的广告。如美国百事公司"七喜从来不含咖啡因,也永远不含咖啡因"的宣传则隐含了对可口可乐公司的影射,是极具代表性的竞争性广告。

4. 扩销广告　短时期内为推动销售量的急剧扩大而实施的广告,如有奖或优惠销售的广告等,这类广告的刺激性较强。

（三）按广告的诉求方式分类

消费者购买行为的产生往往源于不同的动机,广告的诉求方式即广告所期望激发的消费者的购买动机。依此标准,广告可分为感情诉求和理性诉求两大类。

1. 感情诉求广告　通过广告对无生命的商品赋予一定的生动的感性色彩,与消费者对某种情感的追求相吻合,即动之以情,使其在好感和共鸣的基础上采取购买行为。

【案例 12-2】

万科形象广告之情感诉求篇

最温馨的灯光一定在你回家的路上,

如果人居的现代化只能换来淡漠和冰冷,那么它将一文不值。

我们深信家的本质是内心的归宿,

而真诚的关怀和亲近则是最好的人际原则。

多年来我们努力营造充满人情味的服务气质和社区氛围,

赢得有口皆碑的赞誉,

正如你之所见。

2. 理性诉求广告　通过直接或间接的形式科学论证商品的优点,理性地说服受众,即晓之以理,使其在信服的基础上采取购买行为。除此之外,按照传播的地域范围,可将广告划分为地方性广告、区域性广告、全国性广告和国际性广告;按照媒体方式的不同,可将广告划分为报纸广告、杂志广告、广播广告、电视广告、户外广告、POP 广告（售点广告）、邮寄广告、其他广告等;按照广告的作用期不同,可划分为即时广告、近期广告和战略广告;按照广告产品的生命周期不同,又可将广告划分为导入期广告、成长期广告、成熟期广告、衰退期广告等。

脑白金形象广告之理性诉求篇

今年过节不收礼,收礼只收脑白金

收礼只收脑白金

三、广告策划

作为一个企业的营销经理,在围绕某一营销目标进行广告策划时,必然会考虑五个主要问题:任务(Mission)——广告的目标是什么?资金(Money)——要投放多少费用?信息(Message)——要传送什么信息?媒体(Media)——选择什么样的媒体?测评(Measurement)——如何评价广告效果?我们也可称其为"5M"决策。

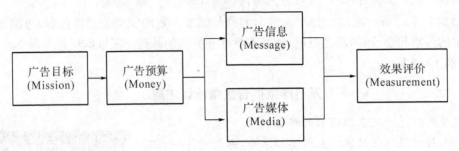

图 12-2　广告策划的主要步骤(5M)

(一)广告目标

所谓广告目标,是企业借助广告活动,在规划期内所期望达到的最终效果。广告目标对广告总体活动具有指导意义,也是制定广告战略和策划的首要步骤及准则。广告目标的确定,首先取决于其经营目标和市场状况,如产品所处的生命周期、竞争对手战略、企业的市场地位等,据此明确广告活动的目的,然后再根据广告活动目的来选择和确定广告的目标。在广告活动中,广告活动的目的体现了企业经营目标和市场竞争的要求,相对比较抽象;而广告的目标则是把广告活动的目的进行具体化、数量化,比较实际。

(二)广告预算

广告是有偿地使用传播媒体进行宣传的手段,因此广告必须要投入大量的费用。企业在广告策划时必须要根据其广告目标和自身能力对广告费用的提取和使用做出预算。在制定广告预算时一般要考虑五个方面的因素:

1. **产品生命周期的阶段**　处于导入期的新产品一般要投入大量的广告费用,以扩大产品的影响力。而以建立了较高的品牌知名度的产品,或已处在成长期的产品广告费用的投入就可少一些。

2. **市场份额和顾客忠实度**　市场份额已经比较大的企业不需要利用广告去拓展更大的市场,而市场份额比较小的企业,广告的投入就可能少一些;同样以建立了一批忠实顾客群体的企业比那些仍需要去建立自己的忠实顾客群体的企业,广告的投入也可能会少一些。

3. **竞争与干扰**　如果市场竞争者众多,对于企业广告宣传的干扰因素较多,那么企业就需要投入较多的广告费用,因为只有加强宣传的力度,才可能抵御各种干扰。反之,广告的投入就可能少一些。

4. **广告频率**　广告必须达到一定的宣传频率才能给受众留下较深的印象,所以根据受众的接收规律,安排一定的广告宣传频率,也就决定了所需投入的广告费用大小。

5. **产品的替代性**　往往具有大量同类品牌的产品(如香烟、饮用水、化妆品等)为了突出产品的差异性特征,争取更多的顾客,就需要投入大量的广告费用进行促销宣传。而同类替代产品比较少的产品广告就可能少做一些。

（三）广告信息

广告是传送产品和服务信息的手段，那么必然会面临传送什么信息和怎样传送信息的问题。这里就涉及广告信息的选择和广告信息的设计问题。

1. 信息选择　广告信息的选择主要是涉及企业想告诉目标受众哪些事情。因为对于一种产品和服务来讲，能够吸引顾客的因素是很多的，广告如果什么都想说，结果必然是不能给人留下任何印象，也不可能建立自身的品牌特色，所以在进行广告宣传之前，必须对所要传播的信息进行认真的选择，从各种能反映产品和服务优势的要素中，挑选出一两种对顾客最有吸引力、对竞争对手最有竞争力的要素，将其作为进行传播的主要内容。

2. 广告设计　广告信息的设计是营销人员根据企业所要传递的商品、服务信息，结合企业营销的内外部环境，运用广告艺术手段来塑造形象，传递信息的创作活动。广告设计的基本内容主要包括主题设计、文稿设计、图画设计和技术设计四部分。

（1）图画设计　广告图画，是广告艺术化的突出反映，指运用线条、色彩及其组成图案对广告主题的表达。在平面广告中，图画通常以绘画或摄影的形式来表现，或为黑白，或为彩色；在电视或电影广告中，图画则以摄制的画面为载体，它几乎占据了广告的全部。无论哪一种广告，图画的作用都是不言而喻的，主要有三个方面：一是吸引受众注意、强化受众记忆；二是显露广告的主题和内容；三是愉悦受众精神、美化社会环境。

（2）技术设计　技术设计是广告设计中的最后一道环节，是由广告设计向广告制作的过渡。不同的广告形式，技术设计的重点也不一样。就平面广告而言，技术设计的重点体现在版面布局上，版面布局的主要任务包括：确定广告面积的大小；确定广告版面的基本形状；确定广告各部分的位置；勾画广告的装饰轮廓等。而广播广告的一个突出特点是其听觉效果非常强，由此技术设计的基本内容主要指音响与文字的和谐搭配，包括广告歌词的谱曲、背景音乐的选择及播音或对话的语气的界定等；电视广告中，技术设计偏重于场景的布置、人物的造型、音乐的穿插等；而霓虹灯或POP广告则注重空间的结构、灯光的烘托等。总的来讲，技术设计就是将广告设计中的所有元素进行最佳组合，使广告效果尽可能的理想化。

（四）广告创意

广告设计的成功关键在于广告的创意，即广告的艺术表现手段。广告创意是广告设计人员对广告的主题思想和表现形式所进行的创造性的思维活动，它指导着广告的设计和创作。与普通的创意相一致，广告创意的关键也在于一个"新"字，一定要有所突破，而且能给予受众愉快、兴奋的艺术享受；然而，广告创意与一般创意又有所不同，它必须符合企业的广告目标，在受众心目中塑造企业所期望的形象，一切都是为广告的现实目的——激发消费者的购买动机服务的，所以广告的创意具有很强的目的性，就是要寻求最佳的广告诉求的表现形式。广告创意在广告活动中占据重要的地位，它对广告活动的全过程都有指导作用，其成败直接影响着广告的总体效果。

【案例12-3】

广告策划创意案例

好的广告语就是品牌的眼睛，对于人们理解品牌内涵，建立品牌忠诚都有不同寻常的意义。下面我们来看看这些耳熟能详的世界经典广告，是如何造就世界级的品牌的。

雀巢咖啡：味道好极了

这是人们最熟悉的一句广告语，也是人们最喜欢的广告语。简单而又意味深远，朗朗上口。因为发自内心的感受可以脱口而出，正是其经典之所在。以至于雀巢以重金在全球征集新广告语时，发现没有一句比这句话更经典，所以就永久地保留了它。

m＆m巧克力：只溶在口，不溶在手

这是著名广告大师伯恩巴克的灵感之作，堪称经典，流传至今。它既反映了m＆m巧克力糖衣包装的独特，又暗示m＆m巧克力口味好，以至于我们不愿意使巧克力在手上停留片刻。

大众甲壳虫汽车：想想还是小的好

20世纪60年代的美国汽车市场是大型车的天下，大众的甲壳虫刚进入美国时根本就没有市场，伯恩巴克再次拯救了大众的甲壳虫，提出"Think Small"的主张，运用广告的力量，改变了美国人的观念，使美国人认识到小型车的优点。从此，大众的小型汽车就稳执美国汽车市场之牛耳，直到日本汽车进入美国市场。

（资料来源：http://www.795.com.cn/）

四、广告媒体

广告，从本质上来讲是一种沟通信息的传播活动，它的实现往往需要借助一定的传播媒体。广告媒体就是介于广告发布者与接收者之间、用以传递信息的手段与设施。

（一）广告媒体的类型

总的来看，现代广告媒体主要包括八大类型：

1. 印刷媒体　即在广告的制作、宣传中利用印刷技术的媒体，包括报纸、杂志、书籍、宣传册及其他各种印刷品。

2. 电子媒体　利用电子技术进行广告宣传的媒体，如电视、广播、电影、幻灯等，这一类媒体在近年来的发展变化尤其突出。

3. 户外媒体　在户外公共场所，使用广告牌、霓虹灯、灯箱及邮筒、电话亭等公共设施进行广告宣传。

4. 直复媒体　指直接邮递广告或电话、电视直销广告等。此类媒体担负着直接推销的双重功能，即宣传者、销售者原则上是合二为一的，由于可根据其购买行为掌握和分析消费者对广告的反应，所以这种形式的广告媒体体现了广告发布者与接收者之间的双向沟通。

5. 售点媒体　指在销售现场及其周围用以广告宣传的设施和布置，包括商店的门面、橱窗、商品陈列及店内外的海报、横幅、灯箱等，这类媒体在消费者最后的购买决策中体现了较为明显和直接的沟通、引导作用。

6. 包装媒体　指同时兼有广告传播效应的包装纸、包装盒、包装袋等。这在我国是较为悠久的一种广告媒体。

7. 交通媒体　指在广告中利用车、船、地铁等交通设施进行宣传，表现为汽车或火车、船等交通工具内部的产品、品牌广告，以及一些汽车的车体广告，即通过汽车外部的装饰或图画进行传播。

8. 其他媒体　广告的触角深入到了世界的各个角落，似乎任何存在的事物都具有被广告媒体选中的可能性。如：烟雾广告，即用飞机在空中喷出的字体或色彩进行宣传，这种媒体鲜艳夺目，在20公里范围内都看得清清楚楚；写云广告，即通过激光将广告语打在云层之上，与前一种媒体有异曲同工之处；空中飞艇广告，日本"三得利"、"诺基亚（Nokia）"手机等都曾在我国使用过这类媒体。

（二）广告媒体的特征

媒体计划人员在选择媒体种类时，需了解各媒体的特性。

1. 报纸的优点是弹性大、及时，对当地市场的覆盖率高，易被接受和信任；其缺点是时效短，转阅读者少。

2. 杂志的优点是可选择适当的地区和对象，可靠且有名气，时效长，转阅读者多；其缺点是广告购买前置时间长，有些发行量是无效的。

3. 广播的优点是大量使用，可选择适当的地区和对象，成本低；其缺点是仅有音响效果，不如电视吸引人，展露瞬间即逝。

4. 电视的优点是视、听、动作紧密结合且引人注意，送达率高；其缺点是绝对成本高，展露瞬间即逝，对观众无选择性。

5. 直接邮寄的优点是沟通对象已经过选择，而且媒体形式灵活；其缺点是成本比较高，容易造成滥寄的现象。

6. 户外广告的优点是比较灵活，展露重复性强，成本低、竞争少；其缺点是不能选择对象，创造力受到局限等。

（三）广告媒体选择的因素

媒体策划是广告策划的重要组成部分，在媒体选择时需要考虑以下因素：

1. 商品的性质与生命周期　不同的媒体在展示、解释、可信度与颜色等各方面分别有不同的说服能力。例如，照相机之类的产品，最好通过电视媒体或互联网做活生生的实地广告说明。商品本身的性质、特点是选择广告媒体的重要根据，如报纸、杂志、产品说明书等，这些广告媒体能够详细地说明产品的结构、性能、保养、维修方法。而日用消费品最好用形、声、色兼备的电视媒体，或广播媒体，因为这种媒体具有形象感，能诱发消费者的购买欲望。

2. 目标受众的接收习惯与接收能力　做广告一定要考虑到不同广告对象对媒体的偏好。如妇女对电影、电视、流行杂志等感兴趣，在这些媒体上宣传化妆品、流行服装，就容易引起妇女的注意和兴趣。而如农药、农机等农业生产资料的购买对象是农民，他们有听广播或看电视的习惯，所以利用广播或电视来介绍这些商品就比用报纸杂志更容易被农民接受。

3. 广告信息的时效性　广告信息有不同的时效要求。有些广告信息要求及时、迅速地传递，以便捷足先登，取得"先入为主"的市场竞争优势。从商品类型来看，凡鲜活易腐、容易变质的商品，或一些时令、时髦商品以及演出、比赛等文体活动，必须尽快发布广告信息，这一类的广告可以借助报纸、广播或海报等媒体。反之，广告信息传播的时间要求不是太迫切的，就可以考虑制作时间或发行间隔较长的电视、杂志等广告媒体。

4. 媒体的覆盖范围与特点　从地域上来说，媒体有全国媒体和地区性媒体之分，由于广告的最终目的是为了销售，所以广告的传播范围应该与商品的销售范围基本一致。如果是地产地销的产品，就不必到全国性的广告媒体上做广告。反之，如果是面向全国市场的产品，本企业又有巨大的资本能力及扩产潜力，就可以选择有全国影响的电视、广播、报刊等媒体做广告。

5. 广告费用 是选择广告媒体的制约因素之一。不同的广告媒体的广告费用不一样。一般而言,电视、电影媒体的广告费用最高,广播、报刊次之,路牌、橱窗、招贴的广告费用则更低。对于企业来说,广告费用对其的制约主要体现在两方面,一是经济承受力,若一次性支付的广告费用很高,而企业经济实力又不是很雄厚,企业就难以选择这样的广告媒体;二是广告的经济效果。

【小资料】

网络广告的特点

网络广告之所以受到各国企业的重视和喜欢,是因为它与当今电视、广播、报纸、杂志四大媒体的广告相比具有以下特点:

1. 非强迫性:电视、广播、报纸、户外路牌、霓虹灯等广告的信息传递都具有一定的强迫性,而网络广告却可以让受众自由查询、自由浏览,较好地避免了受众关注的无效性和被动性。

2. 交互性:网络广告是一种交互式的广告,受众可参与信息讨论,进行进一步的在线咨询,也可通过网络下订单。

3. 实时性:从广告主的角度看,网络广告能根据需要实时更新广告信息,并可同步发布。从访问者的角度看,网络广告突破了时间和空间的限制,可以随时看到最新的广告信息。

4. 广泛性:网络广告传播范围广,理论上可传播到互联网所覆盖的所有国家和地区的受众。

5. 形式多样:网络广告的表现形式包括动态影像、文字、声音、图像、表格、动画、三维空间、虚拟现实等。

6. 经济性:目前网络广告相对传统媒体而言便宜得多,但近年来价格总体呈不断上涨的趋势。

(资料来源:郭国庆. 市场营销学. 北京:中国人民大学出版社,2007)

五、广告效果评价

就本质而言,广告活动是一种经济活动,它是以大量的广告费用为代价的,因此任何一位企业主都不可能漠视广告的效果,而应当根据其投入和产出并对比广告目标来进行综合评价。虽然广告效果的评价属于事后评价,但它却可以在总结前期活动的基础上,有效地指导下一步的广告计划和广告策略。

(一)广告效果的性质

广告活动的产出就是指广告对企业经营活动所产生的促进作用,这种作用即广告的效果。广告效果的性质表现在以下四个方面:

1. 滞后性 在广告播出或刊登之后,一般来说其效应不可能立即产生。因为,一方面消费者接受广告存在时间间隔,另一方面消费者的购买决策需要一定的过程,而且有些产品的价格可能并非受众当时所承受得起的。所以广告效果的滞后短则几天,长则几年。例如,日本日立电视机、瑞士雷达手表早在20世纪80年代起就在中国投入大量的广告,而其一定规模的销售却大约是10年之后。

2. 交融性　广告的主要作用是促进企业产品的销售和市场环境的改善，但是这个目标还会受到其他许多因素的影响，如价格、产品质量、企业的竞争环境等，这些因素相互交融在一起，成为推动企业产品销售和企业形象提高的合力。

3. 隐含性　由于广告效果的交融性，使其隐含在广告的其他经营销售情况之中，难以从各种相互交融的因素中分离出来。广告活动的"产出"是无形产品，所以广告效果可能体现在企业的柜台销售上，也可能体现在市场中的知名度或美誉度上，很难明显地分辨和测量。

4. 难测定性　广告效果的测定与一般经济活动，如新项目投资、销售渠道开发等不同，难以从经济效益上进行确切地分辨和测定；另一方面，由于大部分广告活动是借助大众媒体，广告作用的对象广泛而分散，增加了信息反馈、收集的难度，从而也给广告实际效果的测定带来困难。

（二）广告效果的分类

1. 社会效果和经济效果　按照性质划分，广告效果可分为社会效果和经济效果。前者是指广告所引发的社会公众各种心理反应、行为反应的总和，即对受众的舆论导向和意识形态的影响，又称广告的宏观效果；后者是指广告对目标受众的消费心理和购买行为所产生的、与企业经营活动密切联系的效应，也称广告的微观效果。广告的社会效果和经济效果并非毫不相关的，假如企业的广告产生了不良的社会效果，有悖社会消费观念或道德规范，那么这就可能导致企业社会声誉的下降，间接破坏了企业的经营环境和效益。所以企业在进行广告宣传时，必须兼顾社会效果和经济效果，甚至可以通过创造良好的社会效果来提高企业的声誉。

2. 即时效果、近期效果和远期效果　按广告效果的作用期，广告效果可分为即时效果、近期效果和远期效果。即时效果是广告传播时当场就产生的效果。广告受众有时在接收到某一广告信息时，有可能立即就做出反应。如POP（售点）广告对在商场内外观光或购物的受众当场就能产生强烈的刺激作用，促使他们走进商场选购商品。近期效果是广告在企业所期望的一个短时期内所能产生的效果。这一般是围绕企业的某一近期目标而言的，如产品月内、季内、或年内的销售增长状况等，只要广告能对这些目标的实现直接产生影响，即可称其为近期效果。远期效果是广告对将来一个长时期内可能产生的潜在效果。由于广告宣传对广告受众所产生的影响总会有一部分在受众的记忆中保存、积累起来，甚至转化为受众的观念和意识，对其将来的购买和消费行为产生影响，所以广告的作用不完全是短期的和直线的，也可能是长期的、深远的。

3. 传播效果、促销效果和心理效果　从广告效果的目标层次来分，可分为传播效果、促销效果和心理效果。传播效果是广告被接收的情况。如广告的覆盖面、接触率、注意度、记忆度和理解度等是广告效果的第一层次，只有达到一定的传播效果，广告的其他效果才可能产生。促销效果是广告所引起的产品销售增长情况，这往往是广告最为明显的实际效果，也是大多数企业开展广告活动的直接目的，这是广告效果的第二层次。心理效果则是广告所引起的广告受众的心理反应，如产品知名度的提高，顾客消费观念的转变，对企业好感的增强或某些误解和疑虑的消除。广告心理效果的理想目标是消费者品牌忠实度的建立。因为消费者在心理上一旦对企业的产品建立起一定的品牌忠实度，就有可能使企业拥有一个稳固的市场。所以广告的心理效果可视为广告效果的第三层次，也是最高的层次。

第三节　营业推广

一、营业推广的性质与作用

营业推广又称销售促进,是企业在某一段时期内采用特殊的手段对消费者实行强烈的刺激,以促进企业销售迅速增长的一种策略。营业推广常用的手段包括:赠送样品、发放优惠券、有奖销售、以旧换新、组织竞赛和现场示范等。营业推广有时也用于对中间商的促销,如转让回扣、支付宣传津贴、组织销售竞赛等。各种展销会和博览会也是营业推广经常采用的手段。

营业推广同其他促销策略的显著区别在于:它以强烈的呈现和特殊的优惠为特征,给消费者以不同寻常的刺激,从而激发起他们的购买欲望。营业推广不能作为一种经常的促销手段来加以使用,但在某一个特定时期内,对于促进销售的迅速增长则是十分有效的。

营业推广的主要作用在于:

1. 企业可利用各种营业推广手段来吸引新顾客和新用户。因为营业推广对消费者的刺激比较强烈,很有可能吸引一部分新顾客的注意,使他们因追求某些利益方面的优惠而转向购买和使用本企业的产品。

2. 企业可利用各种营业推广手段来报答那些忠诚于本企业品牌产品的顾客。如"赠券""奖售"等手段所体现的利益让渡,受惠者大多是企业的品牌忠诚者,这就有可能增加这部分顾客的"回头率",稳定企业的市场份额。

3. 企业可利用各种营业推广手段来补充和配合广告等其他促销策略,实现企业的营销目标。因为广告等手段的促销效应是长期的,从消费者接收广告信息到采取购买行为往往有一段时间。在这期间,广告的促销效果可能减弱也可能增强;而营业推广的促销效果则是即时的,反应较快;营业推广和广告同时使用,就有可能强化广告的促销效果,促使消费者尽早采取购买行为。如果说广告主要是为了建立消费者的品牌忠诚度,促使消费者指名购买企业产品的话,营业推广则在很大程度上是为了打破消费者对于其他企业产品的品牌忠诚度,以特殊的手段来扩大企业产品的消费市场。在大多数情况下,品牌声誉不高的产品,采用营业推广的手段比较多。而名牌产品若过多地采用营业推广的手段,则有可能降低其品牌声誉,所以企业在运用营业推广策略时必须慎重。由于营业推广一般都表现为企业对购买者在利益上的让渡,所以对于价格弹性较大的产品来讲比较适用;而价格弹性小,品质要求高的产品则不宜过多采用。

近年来,我国某些企业利用营业推广的手段来推销一些质量很次的伪劣产品,给营业推广蒙上了不良的阴影,但这并不足以影响营业推广成为我国发展商品经济中搞活企业经营的重要手段。应在加强市场管理的同时,积极利用各种营业推广的手段,搞活企业经营。

二、营业推广的基本策略

企业在利用营业推广手段时,首先应根据企业的营销目标来确定营业推广的目标,如:或是争取新顾客,扩大市场份额;或是鼓励消费者多购,扩大产品销量;或是推销落令产品,延长产品生命周期。营业推广目标一旦确定,企业就应选择适当的营业推广手段来实现既定目标。营业推广手段选定后,企业应进一步制定具体的实施方案,如:刺激的规模、刺激的对象、实施的途径、实施的时间、实施的时机和实施的总体预算等。若有需要,在实施营业推广方案之前还应对营业推广的做法在小范围内进行预试,在实施过程中也应随时掌握情况,不断调整对营业推广的全过程的控制;在一项营业推广活动结束后,还应及时总结,对实施的效果进行评估,并注意同其他促销策略之间的配合情况。

(一)对消费者的营业推广

营业推广的手段是多种多样的,其中对消费者推广的手段主要有:

1. **赠送样品** 企业将一部分产品免费赠予目标市场的消费者,使其试尝、试用、试穿。可直接赠送,也可随销售其他商品时附送或凭企业广告上的附条领取。这种方式对新产品介绍和推广是最为有效的。

2. **发放优惠券** 企业向目标市场的部分消费者发放一种优惠券,凭券可按实际销售价格折价购买某种商品。优惠券可分别采取直接赠送或广告附赠的方法发放。这种方式可刺激消费者购买品牌成熟的商品,也可用以推广新产品。

3. **有奖销售** 企业对购买某些商品的消费者设立特殊的奖励。如凭该商品中的某种标志(如瓶盖)可免费或以很低的价格获取此类商品或得到其他好处;也可按购买商品的一定数量(如十个以上),赠送一件消费者所需要的礼品。奖励的对象可以是全部购买者,也可用抽签或摇奖的方式奖励一部分购买者。这种方式的刺激性很强,常用来推销一些品牌成熟的日用消费品。

4. **组织展销** 企业将一些能显示企业优势和特征的产品集中陈列,边展边销,由于展销可使消费者在同时同地看到大量的优质商品,有充分挑选的余地,所以对消费者吸引力很强。展销可以一个企业为单位举行,也可由众多生产同类产品的企业联合举行,若能对某些展销活动赋以一定的主题,并同广告宣传活动配合起来,促销效果会更佳。

5. **现场示范** 企业派人将自己的产品在销售现场当场进行使用示范表演。现场示范一方面可以把一些技术性较强的产品的使用方法介绍给消费者;另一方面也可使消费者直观地看到产品的使用效果,从而能有效地打消顾客的某些疑虑,使他们接受企业的产品。因此,现场示范对于使用技术比较复杂或是效果直观性比较强的产品最为适用,特别适宜于用来推广一些新产品。

(二)对中间商的营业推广

对于中间商企业通常可采用以下一些营业推广的手段:

1. **批发回扣** 企业为争取批发商或零售商多购进自己的产品,在某一时期内可按批发商购买企业产品的数量给予一定的回扣。回扣的形式可以是折价,也可以是附赠商品。批发回扣可吸引中间商增加对本企业产品的进货量,促使他们购进原先不愿经营的新产品。企业为促使中间商购进本企业产品,并帮助企业推销产品,还可支付给中间商以一定的推广津贴,以鼓励和酬谢中间商在推销本企业产品方面所做的努力,推广津贴对于激励中间商的推销热情是很有效的。

  2. 销售竞赛 企业如果在同一个市场上通过多家中间商来销售本企业的产品,就可以发起由这些中间商所参加的销售竞赛活动。根据各个中间商销售本企业产品的实绩,分别给优胜者以不同的奖励。如现金奖、实物奖、或是给以较大的批发回扣。这种竞赛活动可鼓励中间商超额完成其推销任务,从而使企业产品的销量大增。

  3. 交易会或博览会 同对消费者的营业推广一样,企业也可以举办或参加各种商品交易会或博览会的方式来向中间商推销自己的产品。由于这类交易会或博览会能集中大量优质产品,并能形成对促销有利的现场环境效应,对中间商有很大的吸引力,所以也是一种对中间商进行营业推广的好形式。企业对于各种营业推广策略的选择应当根据其营销目标,根据其产品的特性,根据目标市场的顾客类型以及当时当地的有利时机灵活地加以选用。但任何营业推广的前提是产品必须能够达到规定的质量标准或具有明显的优势,而绝不能利用营业推广来推销损害消费者利益的假冒伪劣产品。

【案例 12-4】

蓝马啤酒的营业推广方案案例分析

  一、案例概况

  蓝马啤酒是金星啤酒集团有限公司和已有 160 多年历史的美国明尼苏达啤酒酿造公司于 1993 年合资成立的河南蓝马啤酒有限公司生产的河南省第一个高档啤酒品牌。

  上市十多年来因其精美的高档包装、魔鬼般的独特口味、美轮美奂的品质和浓厚的美国文化(广告语是:来自美国的好啤酒。宣传画和广告片形象代言人都是外国人,画面不是反映浪漫的爱情故事就是充满激情和活力的运动主题)塑造出非常个性化的品牌形象受到许多追求时尚、消费水平较高的年轻人和成功人士的喜爱,在河南省高档啤酒市场一直保持较好的销售业绩,尤其是在郑州市的高档酒店、宾馆、酒吧、歌厅等高档消费场所有一席之地。但近年来高档啤酒市场竞争非常激烈,百威、喜力、青岛等外来啤酒借其品牌优势对郑州市场的大举进攻,给蓝马啤酒造成了较大的市场压力。

  随着中国改革开放,人们思想观念、生活习惯发生了深刻的变化,越来越多的人尤其是年轻一代能够接受外来文化。圣诞节这个欧美国家的传统节日,近年来已经在我国大中城市被越来越多的中青年人所接受和喜爱。过圣诞节对他们来说不再是一种时尚和流行,已成为一种生活的必需,不再是可过也可不过,而是必须过。而在圣诞节平安夜,人们去的最多的地方就是酒吧、迪厅等休闲、娱乐场所,去感受那一种浪漫和疯狂,去体验那种新鲜的外来文化气息。而蓝马啤酒的品牌文化内涵就是浓浓的美国文化,酒吧、迪厅又是蓝马啤酒的主要销售场所。

  平安夜到酒吧和迪厅的消费者几乎 100% 的人要消费啤酒,因为啤酒最能够表达当时的情感,最能够营造气氛。如果抓住平安夜这个机会,紧紧围绕"体验域外文化的激情与浪漫"这一主题,在酒吧和迪厅搞一次大规模的公关促销活动一定会取得良好的效果,不但会促进当期销售量的快速增长,而且会在众多竞争对手中进一步提升自己的品牌形象和竞争力,促进市场的健康发展。

  二、营销推广策略

  1. 市场考察和调研,确定合作伙伴。对郑州生意好、规模大、知名度高的酒吧和迪厅进行了排序,选择30家店作为这次活动的合作伙伴。然后派精干的人员到这些店与老板进行交流和沟通,争取他们的认同和支持,保证方案的顺利执行。

2. 扩大宣传,广而告之。在《郑州晚报》、《郑州电视台》分别打出文字广告,并在二七广告商业区和郑大等高校区散发2万多份传单,在30个合作店外打横幅、贴海报对这次活动进行广泛深入的宣传。宣传文案的主标题是:"蓝马啤酒邀请您参加圣诞狂欢夜",方案内容是:中美合资蓝马啤酒有限公司为答谢新老朋友,特在圣诞平安夜在以下酒吧和迪厅(列出30个合作店名字,对这些店进行一次广泛宣传,老板非常高兴)举行蓝马啤酒狂欢夜,凡参加者均可以免费享受蓝马啤酒的魔鬼风味,并和外国朋友一起表演节目,还有机会参加抽奖活动,还可以得到精美礼品,还能够得到免费现场留影照片!

3. 联系外国留学生,组织节目。到郑大、河医大等高校联系欧美国家留学生60多人,邀请他们参加我们的活动,到酒吧和迪厅与大家一起表演节目,共度平安夜。把这些人分成6组,每组10人,每组轮流参加3个店的活动。

4. 赠酒和鲜花祝福,消费者获得意外惊喜。凡当晚到合作店的消费者蓝马对每桌客人都免费赠送1瓶355毫升精装蓝马啤酒,并由礼仪小姐向情侣们中的女士送一支红玫瑰。

5. 丰厚奖品不断,消费热潮叠起。凡当晚购买蓝马啤酒四瓶以上者均可获得抽奖券一张,参加晚上9点和11点举行的现场抽奖活动。一等奖1 000元,二等奖800元,三等奖价值500元的消费卡一张,鼓励奖一顶圣诞帽。

6. 与留学生同歌共舞,燃烧品牌激情。除了店内的节目之外,穿插着让留学生表演节目。他们全部一身牛仔服,留着前卫的发型,个个酷呆了,具有浓厚的欧美风格,充满动感和激情的表演引起阵阵掌声和喝彩,许多消费者忘情地与留学生们一起狂歌劲舞,把活动一次次地推向高潮。

7. 赠送精美照片,留住精彩瞬间。为了让消费者永远留住这一精彩瞬间,永远记住蓝马啤酒,又对参加抽奖的消费者每张奖券可以免费获得为其拍摄的精美照片一张。只要留下详细地址和电话,蓝马亲自送到。让消费者手里举着蓝马啤酒拍照,并且每张相片都装进一个简易的相框里,为的是让消费者放地显眼的上方,而不是放进相册,能够经常看到照片和照片上的蓝马啤酒,就永远忘不了这一难忘的时刻,也就永远记住了蓝马啤酒。

(资料来源:http://www.docin.com,豆丁网)

第四节　公共关系

一、公共关系的性质

公共关系是企业促销的又一重要策略。公共关系是企业利用各种传播手段,同包括顾客、中间商、社区民众、政府机构以及新闻媒介在内的各方面公众沟通思想情感,建立良好的社会形象和营销环境的活动。公共关系不是一般的促销活动,它具有以下一些基本特征:

1. 公共关系不仅仅是为了推销企业的产品,更重要的是为了树立企业的整体形象。通过企业良好形象的树立来改善企业的经营环境。

2. 公共关系的传播手段比较多,可以利用各种传播媒体,也可以进行各种形式的直接传播。公共关系对传播媒体的利用,通常是以新闻报道的形式,而不像广告那样需要支付费用。

3. 公共关系的作用面比较广泛,其作用于企业内外的各个方面,而不像广告那样只是针对企业产品的目标市场。

公共关系作为企业促销活动的一大策略,其提出是有其背景条件的。

首先是随着商品经济的发展,消费者的需求层次有了很大的提高,面对日益繁荣的商品市场,消费者开始倾向于商品的品牌选择,偏好差异性增强,习惯于指名购买。而消费者品牌忠诚度的建立则取决于企业在消费者心目中的形象。形象对于产品促销影响力的增大,就使得现代企业由单纯的产品宣传变为越来越重视企业形象的宣传。

其次是随着消费者需求层次的提高,购买行为已由单纯的物质追求转为同时对精神方面也有相应的追求。不少消费者把购买商品的活动看做是一种消遣和享乐,讲究在购买过程中的精神满足。现代企业就把同消费者的情感沟通看做是促销活动的重要方面。

再次是随着现代社会系统的发展,社会活动各方面的关联性增强,相互间的影响作用越来越大,企业营销活动所面临的环境制约条件增多,如环境保护法、消费者利益保护、反垄断、贸易限制等。现代企业的经营活动必须同其环境条件相适应,处理好同社会各方面的关系,寻求社会各方面的认同,才有可能改善企业的营销环境。正因为如此,现代企业的营销活动就必须把公共关系作为重要的促销手段。

二、企业形象

企业形象是企业在社会公众心目中从内在到外表的整体特征和综合印象。企业形象的建树和扩展是企业公共关系活动的核心,因为只有当广大社会公众,包括目标市场的消费者对企业有比较深刻的印象和比较强烈的好感时,他们才会对企业的营销活动给予积极的支持,才可能成为企业品牌的忠实者,从而使企业获得良好的经营环境。企业形象主要可表现为企业在社会公众心目中的知名度和美誉度。企业的知名度是指社会公众中知道企业的人数占全部人数的比率,企业知名度高,说明企业的社会影响面大。由于"从众效应"的作用,有可能使企业获得良好的经营环境。企业的美誉度是指社会公众对企业的综合评价的平均指数。企业的美誉度高,就说明企业的社会声誉较好。由于社会公众对企业的好感有可能导致企业品牌忠实者增加,企业在目标市场的地位有可能得到巩固和发展。企业形象通常由两方面的要素所构成,一为形象素质,即企业的产品、服务、历史、规模、管理、效率以及道德精神等基本情况,这是形成企业总体形象的内在要素;二为形象标识,如企业的名称、商标、徽记、建筑、门面装潢、广告风格以及代表色等,这是形成企业总体形象的外在要素。企业形象必须由这两方面共同构成。形象素质决定了企业形象的本质特征,形象标识则是社会公众对企业形象进行识别、记忆和传播的必要条件。企业公共关系首先必须确定企业的形象目标。企业应当在对社会公众进行充分调查研究的基础上,对于建立什么样的企业形象,建立到什么程度等问题做出决策。企业应当在自身的各种形象素质中选择最能反映企业优势和特征的某些要素作为企业形象的主要方面,并相应设计和选择能引起社会公众注意并广泛传播的形象标识,对企业的目标形象进行认真的塑造;企业还应对通过一段时期的公共关系活动,促使企业知名度和美誉度提高的期望程度做出具体规划,从而构成企业的形象目标。企业形象目标的建立同企业产品发展规划一样,也有一个"形象定位"的问题,应当根据企业形象目标的基本特征和发展水平,准确地确立企业的形象位势。企业形象位势的确立应当同企业的营销目标和产品的市场位势相一致;应当从企业形象的现状和实际发展能力出发;应当避免同其他企业,特别是竞争企业的形象位势发生重叠,而应当突出自己的特征,发挥自己的优势。

三、公共关系的基本策略

企业公共关系的策略可分为三个层次,一为公共关系宣传,即通过各种传播媒体向社会公众进行宣传,以扩大企业的影响;二为公共关系活动,即通过支持和组织各种类型的社会活动来树立企业在公众心目中的形象,以获得公众的好感;三是公共关系意识,即企业营销人员在日常经营活动中所具有的树立和维护企业整体形象的意识。公共关系意识的建立,能使公众在同企业的日常交往之中就能对企业留下深刻的印象。从这个意义上讲,公共关系经常是融于企业的其他促销策略之中,同推销、广告、营业推广等手段结合使用,从而使促销的效果得以增强。

具体来讲,企业营销活动中的公共关系通常采用以下一些手段。

1. 新闻宣传　企业可通过新闻报道、人物专访、记事特写等形式,利用各种新闻媒介对企业进行宣传。新闻宣传不用支付费用,而且具有客观性,能取得比广告更为有效的宣传效果。但是新闻宣传的重要条件是:所宣传的事实必须具有新闻价值,即应具有时效性、接近性、奇特性、重要性和情感性等特点。所以企业必须十分注意提高各种信息的新闻性,使其具有被报道的价值。企业可通过新闻发布会、记者招待会等形式,将企业的新产品、新措施、新动态介绍给新闻界;也可有意制造一些新闻事件,以吸引新闻媒介的注意。制造新闻事件并不是捏造事实,而是对事实进行适当的加工。如利用一些新闻人物的参与,创造一些引人注目的活动形式,在公众所关心的问题上表态亮相等,都可能使事实的新闻色彩增强,从而引起新闻媒介的注意并予以报道。公共关系的新闻宣传活动还包括对不良舆论的处理。如果在新闻媒介上出现了对企业的不利报道,或在社会上出现了对企业不利的流言,企业应当积极采取措施,及时通过新闻媒介予以纠正或澄清。当然若确因企业经营失误而导致不良舆论,则应通过新闻媒介表示诚恳的歉意,并主动提出改进措施,这样才能缓和矛盾,重新获得公众的好感。

2. 广告宣传　企业的公共关系活动中也包括利用广告进行宣传,这就是前文所提及的公共关系广告。公共关系广告同一般广告之间的主要区别在于,其以宣传企业的整体形象为内容,而不仅仅是宣传企业的产品和劳务;其以提高企业的知名度和美誉度为目的,而不仅仅是为了扩大销量。公共关系广告一般又可分为以直接宣传企业形象为主的声誉广告,以响应某些重大的社会活动或政府的某些号召为主的响应广告,以及通过广告向社会倡导某项活动或提倡某种观念为主的倡议广告。

3. 企业自我宣传　企业还可以利用各种能自我控制的方式进行企业的形象宣传。如在公开的场合进行演讲;派出公共关系人员对目标市场及各有关方面的公众进行游说;印刷和散发各种宣传资料,如企业介绍、商品目录、纪念册等,有条件的企业还可创办和发行一些企业刊物,持续不断地对企业形象进行宣传,以逐步扩大企业的影响。

4. 社会交往　企业应通过同社会各方面的广泛交往来扩大企业的影响,改善企业的经营环境。企业的社会交往活动不应当是纯业务性的,而应当突出情感性,以联络感情,增进友谊为目的。如对各有关方面的礼节性、策略性访问；逢年过节发礼仪电函、送节日贺卡；进行经常性的情况通报和资料交换；举办联谊性的舞会、酒会、聚餐会、招待会等；甚至可以组建或参与一些社团组织,如联谊会、俱乐部、研究团体等,同社会各有关方面发展长期和稳定的关系。公共关系对于促进销售的效应不像其他促销手段那样容易立见成效,但是一旦产生效应,其作用将是持久的和深远的,对于企业营销环境的根本改善,能发挥特殊的效应,是企业促销策略组合中不可忽视的重要策略。

【案例 12-5】

麦当劳的公共关系营销策略

麦当劳非常重视公共关系,大力在报纸上寻找刊登消息的机会,这些消息有的是由人力制造出来的微不足道的消息,有的则是精心设计,显示麦当劳威力的资料,如早年在美国的宣传"所使用的面粉已可填平大峡谷""所用的番茄酱已相当于密西西比河的水量",以及后来的"将所卖的汉堡包连接起来,可来回月球几次"等。

麦当劳还主动创造记者采访机会,参加公益活动,获得公众注意。在麦当劳的公关手册中,还提到在各个不同市场应采取的不同手段,如在以家庭为主的市场可将汉堡所得捐给当地的学校做乐队制服,手册还指导加盟者如何争取报纸报道各店的活动,如何争取照片上报等。麦当劳每年捐出 4% 的营业所得,约 5 000 万美元用于各项赞助活动。

在连锁店的公共关系中,社会关系是相当重要的一环,由于连锁店各分号一般以一定区域的居民为目标顾客,它便需要和所在地的政府、社会团体或单位以及全体居民保持和睦的关系,根据各分店附近的商圈特性,人潮特性制定公关策略。麦当劳要求各连锁店主参加当地的公益活动,如学校乐队、童子军医院等。坐落在北京王府井的麦当劳分店还组织员工打扫天安门附近的地面。麦当劳还专门设有"麦当劳叔叔之家",大部分建于儿童医院附近,专门提供免费或低价的住宿环境,招待病童的父母。

（资料来源：http://media.openedu.com.cn）

章节总结

促销是指企业以各种有效的方式向目标市场传递有关信息,以启发、推动或创造对企业产品和服务的需求,并引起购买欲望和购买行为的综合性策略活动。它一般包括广告、人员推销、营业推广和公共关系等具体活动。促销的本质是通过传播实现企业同其目标市场之间的信息沟通。促销活动具有告知功能、说服功能和影响功能。

作为促销手段的信息传播活动一般包含发送者、接收者、信息符号、媒体和噪音等五个要素,信息传播的过程一般可分为信息发送、信息传递和信息接收等三个阶段。促销作为一种有目的的信息传播活动,必须重视通过信息传播对接收者(消费者)行为加以控制和引导。这就要求信息能被目标市场的消费者所感知,引起他们的注意;能被目标市场的消费者所接收,被他们准确理解;能成为促进目标市场消费者行为的动力,激发他们的购买动机。

促销手段的组合应紧紧围绕企业的营销目标;应使组合中的各种促销手段能相互补充,形成促进销售的合力;应有主有次,形成立体效应;应合理分配促销费用,使各种促销手段都有可能达到预期效应,而总的预算水平又不至于突破。整合营销传播是在促销策略组合的基础上发展起来的。

广告是企业促销组合中十分重要的组成部分,是运用的最为广泛和最为有效的促销手段。广告策划必须考虑任务(目标)、资金、信息、媒体、测评等五个主要问题。完整的广告目标包括时间跨度、地域界限、目标受众、性质描述、数量指标等五个方面的内容,这也是广告实施后进行效果评定的重要依据。一般地,销售增长目标、市场拓展目标、产品推广目标、企业形象目标等具体目标好的创意是广告设计成功的关键。广告媒体的选择应当遵循目的性、有效性和可行性的原则。广告效果的评价包括对传播效果的评价,对促销效果的评价和对企业形象效果的评价。

营业推广是企业在某一段时期内采用特殊的手段对消费者实行强烈的刺激,以促进企业销售迅速增长的一种策略。营业推广常用的手段包括赠送样品、发放优惠券、有奖销售、以旧换新、组织竞赛和现场示范等。营业推广有时也用于对中间商的促销,如转让回扣、支付宣传津贴、组织销售竞赛等。各种展销会和博览会也是营业推广经常采用的手段。营业推广以强烈的呈现和特殊的优惠为特征,给消费者以不同寻常的刺激,从而激发起他们的购买欲望。

公共关系是企业利用各种传播手段,同包括顾客、中间商、社区民众、政府机构以及新闻媒介在内的各方面公众沟通思想情感,以建立良好的社会形象和营销环境的活动。树立良好的企业形象是公共关系的主要目标,企业形象是企业在社会公众心目中从内在到外表的整体特征和综合印象,主要可表现为企业在社会公众心目中的知名度和美誉度。

思考题

1. 促销活动具有哪些基本功能?促销策略组合包括哪些主要策略?
2. 指出信息传播活动的基本要素和主要过程,进行成功的信息传播应重视哪些主要问题?
3. 广告策划包括哪几个主要部分?
4. 选择广告媒体要考虑哪些主要因素?
5. 营业推广有哪些主要作用?对消费者和对中间商的营业推广各有哪些主要手段?
6. 为什么说树立良好的企业形象是公共关系的主要目标?企业公共关系活动主要表现在哪些方面?

# 案例讨论

娃哈哈集团的促销策略

娃哈哈集团是浙江省一家集工业、物业、商贸等产业为一体的大型企业集团。

尽管娃哈哈和那些国际知名大名牌相比,还稚嫩的像个孩子,但在短短的十年内,娃哈哈已成为今天中国食品行业的"大哥大",这与它出奇制胜的营销策略是分不开的。"喝了娃哈哈,吃饭就是香"的USP——独特的销售主张诉求把娃哈哈产品形象生动地刻进了人们的脑海中。为了加大宣传力度,娃哈哈不惜巨资,从1988年起,每晚必在"新闻联播"前的黄金时段亮相,被人们称为"宇宙流"和"地毯式轰炸"。1993年,娃哈哈在杭州市各大报纸上刊登了一则广告:将报纸上的"娃哈哈"标志剪下来,可以到杭州市各大商场领取一盒娃哈哈果奶。当天报纸发行了100万份,娃哈哈公司领导预计能有30%的反馈率就不错了,然而没料到各大商场的果奶很快告罄,可商场门前人山人海,手持剪报标志来兑现果奶的人迟迟不肯散去。如果到此为止的话,那么这一活动并不特别,而娃哈哈下一步所做的就不是每个企业都能做到的了。为了保证每一标志持有者领到果奶,公司连夜生产,使每一个消费者都满意而归。这一企业与中间商的广告技术活动成为各大报纸争相宣传的热点,娃哈哈的美誉得到大幅度提高。同年,成都全国糖烟酒订货会上,娃哈哈集团别出心裁,请了一支由金发碧眼的模特组成的游行队伍,在街上身披绶带,向路人分发娃哈哈宣传品。洋人给娃哈哈做广告的消息不胫而走,在糖烟酒会期间,订单就像雪片似地飞到娃哈哈公司的手中。一天,郑州街上突然出现了许多醒目的"小黄帽",帽子上印着"娃哈哈捐赠"。原来,娃哈哈公司为郑州5万名小学生定做了5万顶小黄帽,以便放学过马路时醒目,避免事故。这次活动不仅提高了娃哈哈在郑州的知名度,而且在人们心中也树立了高大的"公益形象"。

 ## 讨论题

1. 请具体分析娃哈哈集团采用的主要是什么促销策略,其目标是什么?
2. 分析娃哈哈集团所采用的促销策略有什么特点。

第十三章 市场营销计划、组织与控制

 本章简介

本章介绍了市场营销部门不同组织形式的特点,以及与市场营销活动相适应的市场营销组织,归纳总结了对市场营销活动进行年度计划控制、盈利能力控制、效率控制和战略控制的多种方法。

 学习重点

了解市场营销组织的演变过程
理解市场营销部门不同组织形式的特点和通用条件
掌握市场营销执行的技能

 引入案例

更接地气的特斯拉

2015年4月,特斯拉正式进入中国市场一年。

一年之间,在经历了从刚入华时出尽风头到第四季度市场销量急剧下滑的"过山车"经历后,特斯拉中国区转而寻求更务实的市场策略。

在2015年4月3日特斯拉面向中国车主ModelSP85D的交车仪式上,特斯拉中国区负责人朱晓彤对媒体表示,2015年,特斯拉在中国市场上将放弃"高举高打"的策略,而是变得"更接地气"。

上述策略的改变,与特斯拉在中国市场的糟糕表现,以及特斯拉CEO埃隆·马斯克3月来华对中国市场的重新认知不无关系。

3月底,马斯克来华出席博鳌亚洲论坛曾反思过对中国市场的认知错误。他透露,自己一度被市场假象所蒙蔽。在特斯拉刚刚进入中国市场时,投机者和黄牛党造成了市场需求极其高的假象。后来,投机者们取消了不少订单,特斯拉的库存一时高企。

之后,中国区总裁吴碧瑄和CMO金俊两位中国区高管离职,第四季度中国市场表现糟糕,以及库存高企等一系列事件后,朱晓彤作为新上任的中国区负责人,开始逐步探索改善市场表现的途径。

比如,特斯拉免费为车主安装充电桩,面向新老车主推行移动充电桩,以及售后升级等举措。此次,ModelSP85D新车交付后,特斯拉还推出"特斯拉车主尊享服务",为车主提供在高端餐饮、五星级酒店等场所消费时的增值服务。

此外在生产一侧,朱晓彤表示,特斯拉将推动在中国的本地化生产。这意味着,未来特斯拉可能不再是单纯依靠进口的策略,而是同与其他外资汽车品牌一样,在中国有和本地品牌合资建厂的可能。

而在之前,马斯克对本地化生产已有表态:特斯拉会在三年内在中国设立工厂和研发中心,以实现本土化生产。不过特斯拉在加州的工厂目前还没有实现全负荷运转,只有达到全部产能后,特斯拉才会考虑在海外市场建厂。

(资料来源:腾讯科技,作者:鲲鹏,2015-04-03)

第一节 营销计划

市场营销计划是指在研究目前市场营销状况,分析企业所面临的主要机会与威胁、优势和劣势以及存在问题的基础上,对营销目标、营销战略、营销行动方案以及预计损益的确定和控制。

制订营销计划是企业根据自身所处的营销环境,整合营销资源,制定营销战略和营销策略的过程。因此,营销计划包括两个部分,即营销战略和营销策略的制定。前者包括营销战略目标、战略重点和实施步骤的确定;后者包括进行市场细分、选择目标市场、营销组合的确定。

制定营销战略的依据包括两个方面,即外部环境分析和内部环境分析。外部环境分析的主要目的是找出外部环境中的机会和威胁,可以分为宏观、中观和微观三个层面。宏观环境分析涉及国家有关经济产业政策,中观环境指行业环境分析,这是制定企业营销活动的关键因素,微观环境是指具体的行业竞争对手分析。内部营销环境主要是指企业自身的优势和劣势。内部环境分析主要包括:基本经营状况分析、企业具备的优势、企业存在的弱点、企业存在的机会、企业面临的威胁。

一、企业市场营销目标的确立

经过内外环境分析,就可以将外部机会与威胁同内部优势、劣势加以综合权衡,利用优势,把握机会,降低劣势,避免威胁。这个过程就构成了市场营销的选择过程。有三种提供成功机会的方法,可以使企业成为同行业中的佼佼者,这就是总成本领先战略、差别化战略和集中战略。通过这三种基本战略方法的特征分析及企业所处行业的结构特点分析、竞争对手分析及企业具备的优势、存在的弱点、面临的机会与威胁分析,可以确定企业自身的基本战略模式,并可根据企业的现有条件如市场占有率、品牌、经销网络确立营销战略目标。企业营销战略目标通常包括产品的市场占有率、企业在同行业中的地位、完成目标的时间。

二、企业的营销战略重点

通常根据企业已确定的市场营销战略目标结合企业的优势如品牌优势、成本优势、销售网络优势、技术优势、形象优势确定企业的营销战略重点。

三、企业的营销战略实施步骤

为建立保持当前市场和开发新市场双重目标,可以把企业的营销战略实施分为三个步骤,即可以分为短期战略、中期战略及长期战略三种情况。短期战略要点包括保持市场不被挤出及扩大新市场潜入能力。中期营销战略要点包括:①扩大新市场潜入能力和开辟未来市场;②开发新产品可行性;③克服竞争威胁。长期市场开发战略要点包括:①调整企业的产品结构和改变市场组成;②预测潜在的竞争对手。

企业的市场营销策略制定过程,是同企业的市场营销战略制定过程相交叉的。在企业的市场营销战略确定后,市场营销策略就必须为市场营销战略服务,即全力支持市场营销战略目标的实现。市场营销计划的制订过程包括5个组成部分:①发现、分析及评价市场机会;②细分市场与选择目标市场;③市场定位;④市场营销组合;⑤市场营销预算。

第二节　营销组织与机构

一、组建具备良好"内在品质"的营销计划机构

要制订出良好的营销计划,就应建立一个高效、有力的计划制定和监督机构,这个机构应具备如下"内在品质"。

1. **高素质**　指要求机构整体高素质。为组建好机构,其机构成员要精心挑选。要选择那些具备以下素质的人员:有较高的文化水平、懂专业、懂现代科学知识、懂现代市场经济、懂现代企业管理,有较丰富的实践经验,具备创新意识、敢于批评直言、头脑智慧的人员。还应具备以下能力:敏锐的市场分析判断能力、决策应变力、组织协调能力、表达沟通能力以及善于把企业目标以及企业所处环境、实际结合起来,开展创造性工作的能力。

2. **高效率**　指要求整个机构工作高效率。首先,机构要由不同人员构成不同的比例搭配。既要有企业要层决策人员、专家智囊人员选入,还要有一线信息灵通、经验丰富的人员,形成合理的人员结构。形成知识、经验等诸优势互补,优势叠加效应,为其高效率打下基础。

机构里每个成员需要负责整个计划制订工作的某一项,责任到人。成员之间既有明确分工,又有相互间的有机配合。这些主要通过企业文化的暗示作用,通过团队精神,对机构人员施以良好的影响,形成凝聚力、向心力。此外,要不断提高机构人员的独立工作能力,保持旺盛的工作状态,一旦发现观望和懒散情绪时,应立即予以排除,确保工作高效率。

3. 权威性 包括机构中应有权威人士参加,又包括授予机构展开工作的必要责权,还包括计划制订完成后,其落实、执行的完整性、有效性、监督检查的可行性等内容。由于制订营销计划工作的特殊性、涉及的广泛性、开展工作的艰巨性等,就要求上至企业的决策层,下至企业的执行层,以及企业的各管理层都必须予以协调配合和支持,为该机构展开工作铺平道路。这种权威性的含义不仅体现在企业内部,还体现在企业外部,体现在企业的对外工作上,体现在对外的影响力、感召力、外部认可上。这样,才有利于搞好制订营销计划工作。因此,这种权威性无疑是制订计划工作顺利开展所必需的条件之一。为了实现权威性,机构里必须包括企业内的决策人员,具有社会影响的专家人员,以及市场经验丰富的资深人员,这既是上面所提及的制订营销计划必不可少的人员,也是构成权威性的基础。为了确立权威性,企业还赋予该机构特定的权力,如人员选调权,信息搜集、调查取证权,各部门的工作给予配合权,必要的资金、设备使用权等。

4. 技术性 是指整个机构工作要讲技术、讲方法、讲科学,机构中技术人员应占必要比例,机构的操作运行除前面提及的应遵循市场经济规律、要按市场规律办事外,重点是要将现代管理中的先进技术方法、手段、设备工具运用于机构工作中。为了实现技术性的要求,作为机构成员,要经常将自己的创新思路、想法与一线管理人员交流,加强沟通,使他们对精心选择的完整计划制订过程给予理解与配合。同时,要经常倾听一线管理人员反馈来的意见、看法和建议,对他们的想法给予充分重视,并及时吸纳其合理成分融会到营销计划制订中去。技术性中最重要的内容在于:机构运行中,要遵循科学的方法和步骤实施操作,即按照科学的以工作单位为基础的层级模型思路展开制订工作。

二、确立以工作单为基础的层级模型

制订营销计划应建立以工作单为基础的层级模型,并以终层级工作单为核心完成制定任务。

1. 确立层级模型 应建立一套可付诸实际操作实施的层级模型来帮助营销计划的制订,具体做法为:可设计出层级模型。即由第一层级设计至最终层级。每一层级均由若干工作单组成。最终层级可由46张工作单构成(根据不同企业情况可做增删调整)。在制订营销计划具体操作时采用两大步骤:第一,采用"信息倒序探寻法",即首先参照终层级工作单要求,由此层级信息着手倒序展开工作。在该步骤初始,先向次终层级方向搜寻信息,然后再由次终级向下继续搜寻衔接支持性信息,接着向次后终层级继续搜寻衔接支持性信息……依此类推,直至找出最初状态层级(第一层级),也即搜寻出最原始的信息层级。第二,采用"信息正序推进法",即由前步骤探寻出的最初层级(第一层级)正式展开工作。从制订营销计划所需的最原始层级信息开始,进行信息的采集、整理、分析,提炼出该层级所需信息,由此上升,归纳提供给第二层次……如此下去,直至使企业获得最后需要的终层级,而此终层级的工作单之间密切关联,相互支持。这种以大量工作单为基础,建立起诸多层级模型的方法,在实践操作中,使得不论是厂长、经理或是企业的一般职员,甚至对营销理论及实践缺乏经验的人员,只需按照此方法一步步去实施操作(而并非一定要懂得为什么如此去做),就可制订出适合该企业的营销计划。这里,建立终层级模型就成为制订营销计划的工作核心。

2. 终层级的特殊结构及分析　终层级以下若干层级为依托,而该层级是以若干相互关联的工作单构成,所设计的工作单必须以逐层大量的信息作为支持。只有来自清晰、准确的各方面信息结果,才能帮助制订出有效的营销计划。在前述准备阶段,其每一步都为后一步提供所需数据。而工作单操作即是利用若干表格这一形式,以其特有的表格设计来帮助收集信息,而每一张工作单则反映了计划过程业务的一个领域内容。随着后期阶段更多信息的获取,计划人员去不断修善前期工作单,直到它适应了总体经营目标为止。各工作单的信息之间构成了一个相互依存的拓扑结构,这种结构自上而下,由粗至细,使制订计划机构人员在制订计划的每一阶段都有明确的目标,在每一阶段都能得到相对最佳的方案。即经由局部到整体、由不完善到完善、去粗取精、去伪存真的信息处理及分析过程,并利用科学的拓扑结构,为计划人员创造这样一条途径,通过严格遵循这种工作单的分析填制,逐步形成一个适合本企业的良好市场营销计划的雏形。所以,工作单能适应帮助生成制订最佳计划的需要。当然,由于市场是多样的,因此工作单列出的信息有时可能得不到或对具体市场不合适,对此,我们必须灵活理解和运用,关键在于掌握终层级特殊结构及工作单的分析填制思路。

三、市场营销计划的执行

执行市场营销计划,是指将营销计划转变为具体营销行动的过程,即把企业的经济资源有效地投入到企业营销活动中,完成计划规定的任务、实现既定目标的过程。企业要有效地执行市场营销计划,必须建立起专门的市场营销组织。企业的市场营销组织通常由一位营销副总经理负责,他有两项任务:一是合理安排营销力量,协调企业营销人员的工作,提高营销工作的有效性;二是积极与制造、财务、研究与开发、采购和人事等部门的管理人员配合,促使公司的全部职能部门和所有员工同心协力,千方百计地满足目标客户的需要,保质保量地完成市场营销计划。实际上,营销部门在开展营销工作时的有效性,不仅依赖于营销组织结构的合理性,同时还取决于营销部门对营销人员的选择、培训、指挥、激励和评价等活动。只有配备合格的营销管理人员,充分调动他们的工作积极性和创造性,增强其责任感和奉献精神,把计划任务落实到具体部门、具体人员,才能保证在规定的时间内完成计划任务。可见,高效合理的营销组织和德才兼备的营销人员是执行计划的必备条件。

第三节　营销控制

所谓市场营销控制,是指市场营销经理经常检查市场营销计划的执行情况,看看计划与实际是否一致,如果不一致或没有完成计划,就要找出原因所在,并采取适当措施和正确行动,以保证市场营销计划的完成。市场营销控制有四种主要类型,即年度计划控制、赢利能力控制、效率控制和战略控制。

一、年度计划控制

任何企业都要制订年度计划,然而,年度市场营销计划的执行能否取得理想的成效,还需要看工作进行得如何。所谓年度计划控制,是指企业在本年度内采取控制步骤,检查实际绩效与计划之间是否有偏差,并采取改进措施,以确保市场营销计划的实现与完成。许多企业每年都制订有相当周密的计划,但执行的结果却往往与之有一定的差距。事实上,计划的结果不仅取决于计划制订得是否正确,还有赖于计划执行与控制的效率如何。可见,年度计划制订并付诸执行之后,搞好控制工作也是一项极其重要的任务。年度计划控制的主要目的在于:①促使年度计划产生连续不断的推动力;②控制的结果可以作为年终绩效评估的依据;③发现企业潜在问题并及时予以妥善解决;④高层管理人员可借此有效地监督各部门的工作。年度计划控制系统包括四个主要步骤:①制定标准,即确定本年度各个季度(或月)的目标,如销售目标、利润目标等;②绩效测量,即将实际成果与预期成果相比较;③因果分析,即研究发生偏差的原因;④改正行动,即采取最佳的改正措施,努力使成果与计划相一致。

企业经理人员可运用五种绩效工具以核对年度计划目标的实现程度,即销售分析、市场占有率分析、市场营销费用与销售额比率分析、财务分析、顾客态度追踪。

(一)销售分析

销售分析主要用于衡量和评估经理人员所制订的计划销售目标与实际销售之间的关系。这种关系的衡量和评估有两种主要方法。

1. 销售差异分析 销售差异分析用于决定各个不同的因素对销售成效的不同作用。例如,假设年度计划要求第一季度销售 4 000 件产品,每件 1 元,即销售额 4 000 元。在该季结束时,只销售了 3 000 件,每件 0.80 元,即实际销售额 2 400 元。那么,这个销售绩效差异为 -1 600 元,或预期销售额的 -40%。问题是,绩效的降低有多少归因于价格下降?有多少归因于销售数量的下降?我们可用如下计算来回答:

$$因价格下降的差异 = (1-0.80) \times 3\,000 = 600\,(占差异的\,37.5\%)$$
$$因数量下降的差异 = 1 \times (4\,000-3\,000) = 1\,000\,(占差异的\,62.5\%)$$

可见,约有 2/3 的销售差异归因于未能实现预期的销售数量。由于销售数量通常较价格容易控制,企业应该仔细检查为什么不能达到预期的销售量。

2. 微观销售分析 微观销售可以决定未达到预期销售额的特定产品、地区等。假设企业在三个地区销售,其预期销售额分别为 1 500 元、500 元和 2 000 元,总额 4 000 元。实际销售额分别是 1 400 元、525 元、1 075 元。就预期销售额而言,第一个地区有 7% 的未完成额;第二个地区有 5% 的超出额;第三个地区有 46% 的未完成额。主要问题显然在第三个地区。造成第三个地区不良绩效的原因有如下几种可能:①该地区的销售代表工作不努力或有个人问题;②主要竞争者进入该地区;③该地区居民收入下降。

(二)市场占有率分析

企业的销售绩效并未反映出相对于其竞争者,企业的经营状况如何。如果企业销售额增加了,可能是由于企业所处的整个经济环境的发展,或可能是因为其市场营销工作较之其竞争者有相对改善。市场占有率正是剔除了一般的环境影响来考察企业本身的经营工作状况。如果企业的市场占有率升高,表明它较其竞争者的情况更好;如果下降,则说明相对于竞争者其绩效较差。衡量市场占有率的第一个步骤是清楚地定义使用何种度量方法。一般来说,有以下四种不同的度量方法:

1. 全部市场占有率 以企业的销售额占全行业销售额的百分比来表示。使用这种测量方法必须做两项决策:第一是要以单位销售量或以销售额来表示市场占有率;第二是正确认定行业范围,即明确本行业所应包括的产品、市场等。

2. 可达市场占有率 以其销售额占企业所服务市场的百分比来表示。所谓可达市场一是企业产品最适合的市场;二是企业市场营销努力所及的市场。企业可能有近100%的可达市场占有率,却只有相对较小百分比的全部市场占有率。

3. 相对市场占有率(相对于三个最大竞争者) 以企业销售额对最大的三个竞争者的销售额总和的百分比来表示。如某企业有30%的市场占有率,其最大的三个竞争者的市场占有率分别为20%、10%、10%,则该企业的相对市场占有率是30/40=75%。一般情况下,相对市场占有率高于33%即被认为是强势的。

4. 相对市场占有率(相对于市场领先竞争者) 以企业销售额相对市场领先竞争者的销售额的百分比来表示。相对市场占有率超过100%,表明该企业是市场领先者;相对市场占有率等于100%,表明企业与市场领先竞争者同为市场领导者;相对市场占有率的增加表明企业正接近市场领先竞争者。

(三)市场营销费用与销售额比率分析

年度计划控制与需要检查与销售有关的市场营销费用,以确定企业在达到销售目标时的费用支出。市场营销费用对销售额比率是一种主要的检查方法。市场营销管理人员的工作,就是密切注意这些比率,以发现是否有任何比率失去控制。当一项费用对销售额比率失去控制时,必须认真查找问题原因。

(四)财务分析

市场营销管理人员应就不同的费用对销售额的比率和其他的比率进行全面的财务分析,以决定企业如何以及在何处展开活动,以获得赢利。尤其是利用财务分析来判别影响企业资本净值收益率的各种因素。

(五)顾客态度追踪

如上所述的年度计划控制所采用的衡量标准大多是以财务分析和数量分析为特征分析的,即它们基本上是定量分析。定量分析虽然重要但并不充分,因为它们没有对市场营销的发展变化进行定性分析和描述。因此,企业需要建立一套系统来追踪顾客、经销商以及其他市场营销系统参与者的态度。如果发现顾客对本企业和产品的态度发生了变化,企业管理者就能较早地采取行动,争取主动。企业一般主要利用以下系统来追踪顾客的态度。

1. 抱怨和建议系统 企业对顾客的书面的或口头抱怨应该进行记录、分析,并做出适当的反应。对不同的抱怨应该分析归类做成卡片。较严重的和经常发生的抱怨应及早予以注意,企业应该鼓励提出批评和建议,使顾客经常有机会发表意见,才可能收集到顾客对其产品和服务反应的完整资料。

2. 固定顾客样本 有些企业建立了由一定代表性的顾客组成的固定顾客样本,定期地由企业通过电话访问或邮寄问卷了解其态度。这种做法有时比抱怨和建议系统更能代表顾客态度的变化及其分布范围。

3. 顾客调查　企业定期让一组随机顾客回答一组标准化的调查问卷,其中问题包括职员态度、服务质量等。通过对这些问卷的分析,企业可及时发现问题,并及时予以纠正。

通过上述分析,企业在发现实际绩效与年度计划发生较大偏差时,可考虑采取如下措施：削减产量,降低价格,对销售队伍施加更大的压力,削减杂项支出,裁减员工,调整企业簿记,削减投资,出售企业财产,出售整个企业。

二、赢利能力控制

除了年度计划控制之外,企业还需要运用赢利能力控制来测定不同产品、不同销售区域、不同顾客群体、不同渠道以及不同订货规模的赢利能力。由赢利能力控制所获取的信息,有助于管理人员决定各种产品或市场营销活动是扩展、减少还是取消。下面拟就市场营销成本以及赢利能力的考察指标等逐一阐述。

(一) 市场营销成本

市场营销成本直接影响企业利润,它由如下项目构成：①直接推销费用,包括直销人员的工资、奖金、差旅费、培训费、交际费等；②促销费用,包括广告媒体成本、产品说明书印刷费用、赠奖费用、展览会费用、促销人员工资；③仓储费用,包括租金、维护费、折旧、保险、包装费、存货成本等；④运输费用,包括托运费用等,如果是自有运输工具,则要计算折旧费、维护费、燃料费、牌照税、保险费、司机工资等；⑤其他市场营销费用,包括市场营销管理人员工资、办公费用等。上述成本连同企业的生产成本构成了企业总成本,又直接影响到企业经济效益。其中,有些与销售额直接相关,称为直接费用；有些与销售额并无直接关系,称为间接费用。有时二者也很难划分。

(二) 赢利能力的考察指标

取得利润是任何企业的最重要的目标之一。企业赢利能力历来为市场营销管理人员所高度重视,因而赢利能力控制在市场营销管理中占有十分重要的地位。在对市场营销成本进行分析之后,我们特提出如下赢利能力考查指标。

1. 销售利润率　一般来说,企业将销售利润率作为评估企业获利能力的主要指标之一。销售利润是指利润与销售额之间的比率,表示每销售 100 元使企业获得的利润,其公式是：

$$销售利润率 = 本期利润 / 销售额 \times 100\%$$

但是,在同一行业,各个企业间的负债比率往往大不相同,而对销售利润率的评价又常须通过与同行业平均水平来进行对比。所以,在评估企业获利能力时最好能将利息支出加上税后利润,这样将能大体消除由于举债经营而支付的利息对利润水平产生的不同影响。因此,销售利润率的计算公式应该是：

$$销售利润率 = 税后息前利润 / 产品销售收入净额 \times 100\%$$

这样的计算方法,在同行业间衡量经营水平时,才有可比性,才能比较正确地评价市场营销效率。

2. 资产收益率　指企业所创造的总利润与企业全部资产的比率。与销售利润率的理由一样,为了在同行业间有可比性,资产收益率可以用如下公式计算：

$$资产收益率 = 税后息前利润 / 资产平均总额 \times 100\%$$

其分母之所以用资产平均总额,是因为年初和年末余额相差很大,如果仅用年末余额作为总额显然不合理。

3. 净资产收益率　指税后利润与净资产所得的比率。净资产是指总资产减去负债总额后的净值。这是衡量企业偿债后的剩余资产的收益率。其计算公式是:

$$净资产收益率 = 税后利润 / 净资产平均余额 \times 100\%$$

其分子之所以不包含利息支出,是因为净资产已不包括负债在内。

4. 资产管理效率　可通过以下比率来分析:

(1) 资产周转率:该指标是指一个企业以资产平均总额除去产品销售收入净额而得出的全部资产周转率。其计算公式如下:

$$资产周转率 = 产品销售收入净额 / 资产平均占用额$$

该指标可以衡量企业全部投资的利用效率,资产周转率高说明投资的利用效率高。

(2) 存货周转率:该指标是产品销售成本与存货(指产品)平均余额之比。其计算公式如下:

$$存货周转率 = 产品销售成本 / 存货平均余额$$

这项指标说明某一时期内存货周转的次数,从而考核存货的流动性。存货平均余额一般取年初和年末余额的平均数。一般来说,存货周转率次数越高越好,说明存货水准较低,周转快,资金利用效率较高。

管理效率与获利能力密切相关。资产管理效率高,获利能力相应也较高。这可以从资产收益率与资产周转率及销售利润率的关系表现出来。资产收益率实际上是资产周转率和销售利润率的乘积:

$$资产收益率 = 产品销售收入净额 / 资产平均占用额 \times 税后息前利润 / 产品销售收入净额 = 资产周转率 \times 销售利润率$$

三、效率控制

假如赢利能力分析显示出企业关于某一产品、地区或市场所得的利润很差,那么下一个问题便是有没有高效率的方式来管理销售人员、广告、销售促进及分销。

(一) 销售人员效率

企业的各地区的销售经理要记录本地区内销售人员效率的几项主要指标,这些指标包括:①每个销售人员每天平均的销售访问次数;②每次会晤的平均访问时间;③每次销售访问的平均收益;④每次销售访问的平均成本;⑤每次访问的招待成本;⑥每百次销售访问而订购的百分比;⑦每期间的新顾客数;⑧每期间流失的顾客数;⑨销售成本对总销售额的百分比。

(二) 广告效率

应该至少做好如下统计:①每一媒体类型、每一媒体工具接触每千名购买的广告成本;②顾客对每一媒体工具注意、联想阅读的百分比;③顾客对广告内容和效果的意见;④广告前后对产品态度的衡量;⑤受广告刺激而引起的询问次数。企业高层管理可以采取若干步骤来改进广告效率,包括进行更加有效的产品定位,确定广告目标,利用电脑来指导广告媒体的选择,寻找较佳的媒体,以及进行广告后效果测定等。

(三) 促销效率

为了改善销售促进的效率,企业管理阶层应该对每一销售促进的成本和对销售影响做记录,注意做好如下统计:①由于优惠而销售的百分比;②每一销售额的陈列成本;③赠券收回的百分比;④因示范而引起询问的次数。企业还应观察不同销售促进手段的效果,并使用最有效果的促销手段。

(四) 分销效率

分销效率是对企业存货水准、仓库位置及运输方式进行分析和改进,以达到最佳配置并寻找最佳运输方式。

效率控制的目的在于提高人员推销、广告、销售促进和分销等市场营销活动的效率,市场营销经理必须关注若干关键比率,这些比率表明上述市场营销组合因素的有效性以及应该如何引进某些资料以改执行情况。

四、战略控制与市场营销审计

(一) 战略控制

企业的市场营销战略,是企业根据自己的市场营销目标,在特定的环境中,按照总体的策划过程所拟定的可能采用的一连串行动方案。但是市场营销环境变化很快,往往会使企业制定的目标、策略、方案失去作用。因此,在企业市场营销战略实施过程中必然会出现战略控制问题。战略控制是指市场营销经理采取一系列行动,使实际市场营销工作与原规划尽可能一致,在控制中通过不断评审和信息反馈,对战略不断修正。市场营销战略的控制既重要又难以准确。因为企业战略的成功是总体的、全局性的,战略控制注意的是控制未来,是还没有发生的事件。战略控制必须根据最新的情况重新估计计划和进展,因而难度也就比较大。

企业在进行战略控制时,可以运用市场营销审计这一重要工具。各个企业都有财务会计审核,在一定期间客观地对审核的财务资料或事项进行考察、询问、检查、分析,最后根据所获得的数据按照专业标准进行判断,得出结论,并提出报告。这种财务会计的控制制度有一套标准的理论、做法。但是市场营销审计尚未建立一套规范的控制系统,有些企业往往只是在遇到危机情况时才进行,其目的是为了解决一些临时性的问题。目前,在国外越来越多的企业运用市场营销审计进行战略控制。

(二) 市场营销审计

所谓市场营销审计,是对一个企业市场营销环境、目标、战略、组织、方法、程序和业务等做综合的、系统的、独立的和定期性的核查,以便确定困难所在和各项机会,并提出行动计划的建议,改进市场营销管理效果。市场营销审计实际上是在一定时期对企业全部市场营销业务进行总的效果评价,其主要特点是不限于评价某一些问题,而是对全部活动进行评价。第二次世界大战以后,发达国家经济缓慢地增长,产品翻新加快,需求趋向个性化、多样化,市场竞争日益激烈,企业市场营销呈现危机。工业企业为提高经济效益,对市场营销活动加强核查、分析和控制,逐渐展开市场营销审计。进入20世纪70年代,美国许多工商企业,尤其是一些跨国公司,日益从单纯关注利润和效率发展到全面核查经营战略、年度计划和市场营销组织,高瞻远瞩地改善企业经营管理和更有效地扩大经济效果。他们对市场营销活动的核查范围逐步扩大,包括用户导向、市场营销组织、市场营销信息、战略控制以及作业效率等,同时制定了核查的具体要求,确立了核查标准并采用计分办法加以评估。从那时起,市场营销审计开始成熟,并逐步发展。工商企业把它当做加强市场营销管理的一个有效工具,从而为市场营销理论谱写了新的篇章。

市场营销审计的基本内容包括市场营销环境审计、市场营销战略审计、市场营销组织审计、市场营销系统审计、市场营销赢利能力审计和市场营销职能审计。

1. **市场营销环境审计**　市场营销必须审时度势,必须对市场营销环境进行分析,并在分析人口、经济、生态、技术、政治、文化等环境因素的基础上,制定企业的市场营销战略。这种分析是否正确,需要经过市场营销审计的检验。由于市场营销环境的不断变化,原来制定的市场营销战略也必须相应地改变,也需要经过市场营销审计来进行修订。目前,我国企业许多重复投资、重复建设、盲目上马,不能适应市场需要,不利于形成适度的市场规模,因而难以取得理想的经济效益,原因就在于缺乏充分的市场营销环境的调查与分析。即使有些在这方面做了一些工作,但是绝大多数企业还远没有进行市场营销环境审计。审计内容包括市场规模,市场增长率,顾客与潜在顾客对企业的评价,竞争者的目标、战略、优势、劣势、规模、市场占有率,供应商的推销方式,经销商的贸易渠道等。

2. **市场营销战略审计**　企业是否能按照市场导向确定自己的任务、目标并设计企业形象,是否能选择与企业任务、目标相一致的竞争地位,是否能制定与产品生命周期、竞争者战略相适应的市场营销战略,是否能进行科学的市场细分并选择最佳的目标市场,是否能合理地配置市场营销资源并确定合适的市场营销组合,企业在市场定位、企业形象、公共关系等方面的战略是否卓有成效,所有这些都需要经过市场营销战略审计的检验。

3. **市场营销组织审计**　市场营销组织审计,主要是评价企业的市场营销组织在执行市场营销方面的组织保证程度和对市场营销环境的应变能力,包括企业是否有坚强有力的市场营销主管人员及其明确的职责与权利,是否能按产品、用户、地区等有效地组织各项市场营销活动,对销售人员是否有健全的激励、监督机制和评价体系,市场营销部门与采购部门、生产部门、研究开发部门、财务部门以及其他部门的沟通情况以及是否有密切的合作关系等。

4. **市场营销系统审计**　企业市场营销系统包括市场营销信息系统、市场营销计划系统、市场营销控制系统和新产品开发系统。对市场营销信息系统的审计,主要是审计企业是否有足够的有关市场发展变化的信息来源,是否有畅通的信息渠道,是否进行了充分的市场营销研究,是否恰当地运用市场营销信息进行科学的市场预测等。对市场营销计划系统的审计,主要是审计企业是否有周密的市场营销计划,计划的可行性、有效性以及执行情况如何,是否进行了销售潜量和市场潜量的科学预测,是否有长期的市场占有率增长计划,是否有适当的销售定额及其完成情况如何等。对市场营销控制系统的审计,主要是审计企业对年度计划目标、赢利能力、市场营销成本等是否有准确的考核和有效的控制。对新产品开发系统的审计,主要是审计企业开发新产品的系统是否健全,是否组织了新产品创意的收集与筛选,新产品开发的成功率如何,新产品开发的程序是否健全,包括开发前的充分的调查研究、开发过程中的测试以及投放市场的准备及效果等。

5. **市场营销赢利能力审计** 市场营销赢利能力审计,是在企业赢利能力分析和成本效益分析的基础上,审核不同产品、不同市场、不同地区以及不同分销渠道的赢利能力,审核进入或退出、扩大或缩小某一具体业务对赢利能力的影响,审核市场营销费用支出情况及其效益,进行市场营销费用—销售分析,包括销售队伍与销售额之比、广告费用与销售额之比、促销费用与销售额之比、市场营销研究费用与销售额之比、销售管理费用与销售额之比,以及进行资本净值报酬率分析和资产报酬率分析等。

6. **市场营销职能审计** 市场营销职能审计,是对企业的市场营销组合因素(即产品、价格、地点、促销)效率的审计。主要是审计的质量、特色、式样、品牌的顾客欢迎程度,企业定价目标和战略的有效性,市场覆盖率,企业分销商、经销商、代理商、供应商等渠道成员的效率,广告预算、媒体选择及广告效果,销售队伍的规模、素质以及能动性等。

章节总结

再好的营销策略也要靠具体的企业组织去实施,才能获得效果。现代营销观念的确立,要求企业重新考虑组织设计的指导,使市场导向的原则不仅贯穿在经营战略规划、日常管理业务中,而且贯穿于组织设计中。企业内营销部门的构成是随着企业规模和营销业务量及范围的扩大经长期演进而来的,经历了简单的销售部门、兼管营销职能的销售部门、独立的营销部门、现代营销部门4个阶段。营销部门内部的组织分工有多种形式:①职能式组织;②地区式组织;③产品式组织;④市场式组织;⑤产品市场式组织;⑥事业部组织。

营销计划应包含以下内容或步骤:①分析营销现状;②分析机会与威胁、优势与劣势;③表述营销目标;④列出主要的营销策略;⑤制定行动方案;⑥编制预算;⑦预测结果及主要的风险分析。

营销控制是企业用于跟踪营销活动过程的每一环节,确保按计划目标运行而实施的一套工作程序或工作制度。营销计划控制方法主要有4种:①年度计划控制;②获利性控制;③效率控制;④战略控制。

思考题

1. 营销计划包括哪些主要内容?
2. 为什么说了解营销计划制订程序应在了解营销计划的内容之前?
3. 为确保营销计划的实施,企业营销人员应掌握哪些重要技能?
4. 市场营销控制的主要方法有哪些?去调查一下它们是否采用了某种营销控制方法,效果如何?

案例讨论

七匹狼寄望并购发力轻奢品牌代理业务

谈及知名男装品牌七匹狼，消费者并不陌生。在服装行业低迷的大环境下，七匹狼的发展也面临着严峻的考验。据七匹狼方面透露，公司寄望并购发力轻奢品牌代理业务。

七匹狼证券部相关高管公开表示，未来七匹狼在保持原有品牌运营之外，还会通过并购来加码轻奢品牌的代理运营业务。其实，早在2011年七匹狼就曾通过收购一家奢侈品代理公司，实现了营收和净利润的大幅增长。如今，七匹狼为扭转颓势再启并购，不过国内奢侈品增速放缓、境内外服装企业压力大、自主品牌消费不振等问题为七匹狼的此次并购增添了更多不确定性。

二次并购

此次七匹狼将并购对象放在轻奢及精品项目上。七匹狼证券部相关高管目前表示，除了现有业务外，七匹狼会进行轻奢品牌的代理、精品运营等。未来大品牌会依托公司现有团队开发经营，轻奢品牌和精品会通过投资并购去操作。

实际上，服装行业的并购代理业务早已不是新鲜事，公开资料显示，自2001年以来服装企业就有了通过并购实现其他品牌代理业务的实例，到2011年呈现出热潮趋势。例如，报喜鸟2012年向韩国品牌出手，买下韩国LG时装集团旗下休闲品牌HAZZYS在国内市场十年的经营权；雅戈尔集团早在2008年宣布以1.2亿美元完成了对美国KELLWOOD公司旗下男装业务部门新马集团的并购。

对于七匹狼而言，此次涉足奢侈品的代理业务也并非首次。早在2011年，七匹狼并购杭州肯纳服饰有限公司从而接手了康纳利、范思哲等奢侈品的国内代理权。值得注意的是，七匹狼并购肯纳服饰的同年称业绩利润双双大幅上涨，该公司当年的营业收入和净利润分别达到29.21亿元和4.12亿元，比上年增长了32.89%和45.61%。

七匹狼在其财务报表中并未明确指出，对于肯纳服饰的并购为其2011年的业绩带来了多大贡献，但是熟悉七匹狼的一位业内人士向北京商报记者表示，七匹狼的并购代理奢侈品为其进入高端百货提供了条件，2011年的大丰收与并购肯纳服饰有着至关重要的联系。也正因为有了上一次的并购代理业务经历以及业绩突破，七匹狼的二次并购效果变得尤为值得期待。

救市依托

在业内人士看来，对于服装企业而言，从自主品牌的运营到代理其他品牌，其最大的好处就是实现业务的拓展和告别单一的盈利项目，为企业寻找新的利润增长点。对于2011年以后的七匹狼而言，这一点尤为重要。

自2011年后七匹狼的业绩并未实现持续增长。2013年七匹狼出现了自上市以来的首次业绩下滑，直到现在其业绩仍然处于下滑状态。七匹狼2014年的财务报表显示，去年七匹狼营业收入和净利润分别为23.9亿元和2.8亿元，同比下滑了13.79%和23.76%，该成绩已远低于2011年时的水平。

关于业绩的下滑，七匹狼在其财务报表中解释为，伴随着宏观经济的持续低迷，各种新的商业模式、新经济、新技术、新应用的崛起，传统行业面临着转型升级的紧迫形势。因为终端盈利能力下降，公司代理商、经销商放缓了拓展渠道终端的速度。

服装行业内人士向北京商报记者表示，在营收、净利双双下滑之际，七匹狼重启并购业务，再度加码代理业务，短期内对七匹狼的业绩会有推动作用，并且对七匹狼的股市表现会有一定的帮助，但是后期消化程度如何仍有待观察。

另值得注意的是，七匹狼将此次并购对象目标锁定为轻奢代理商。业内人士指出，自2013年开始国内整体奢侈品行业发展受到约束，虽然轻奢仍是一枝独秀，但是其热销能持续多久，七匹狼能否物色到合适的并购对象，都将成为此次并购成败的关键。

针对七匹狼此次二次并购的相关细节问题，北京商报记者多次尝试联系七匹狼有关人员，但是截至北京商报记者发稿并未得到对方回复。

困难重重

虽然七匹狼方面对于重启并购显得胸有成竹，但是业内却对此表现出了更多担忧。"并购会为七匹狼带来一定的希望，表面上也会带来些许的盈利。但是七匹狼若想走出连续亏损的逆境，还是会有很多的阻碍与挑战"，服装行业分析师马岗对于七匹狼的二次并购效果如是判断。

在业内人士看来，七匹狼面临的第一个困难是服装企业国内外竞争加剧现状。进出口贸易政策的放松致使国内外服装品牌竞争更加激烈，此外，服装业已经不单单只是拼品牌了，还有供应链周转等其他问题，而这些恰巧是七匹狼还未能顺利解决的。

除此之外，马岗进而指出，服装企业的收益主要来自两个方面：一是渠道的拓展，二是门店的数量。七匹狼此次轻奢项目并购是其在业务渠道方面的拓展，虽然表面上看是有可行性的，但是其自主品牌门店频频关闭的问题却不能由此得到解决。

"七匹狼作为上市公司在服装行业也是有实力的，但是其缺乏自己的创意队伍。"有位不具名服装专家坦言，服装企业想要生存下去，必须要从设计、做工、服务以及销售四方面入手才能走得久、走得远，而七匹狼目前还未在这方面有所突破，这是该公司遇到的第三个问题。

业内人士由此总结，七匹狼想效仿2011年通过并购来改变目前业绩下滑局势是较为困难的。"关键是对并购项目的消化能力如何，通过消化再作用于自身的主营业务，若消化不良，对于七匹狼而言反而会成为累赘"。

（资料来源：http://news.tbshops.com/Html/news/381/190215.html，2015-06-17）

 讨论题

根据七匹狼企业的特点，结合企业目前的市场背景，谈谈七匹狼如何进行有效的计划与控制才能扭转业绩连续下滑的颓势。

第十四章 市场营销发展与创新

 本章简介

本章介绍了网络营销、绿色营销、关系营销和定制营销等市场营销新发展的营销模式,分析了不同营销模式的功能和策略组合,引入了国内外市场营销发展与创新方面较新的研究成果。

 学习重点

1. 了解几种代表市场营销新发展的营销模式。
2. 明确网络营销、绿色营销、关系营销和定制营销的含义及特点。
3. 掌握不同营销模式的功能和策略组合。
4. 了解国内外市场营销创新的最新研究成果。

 引入案例

小米的人民战争:社会化营销推动全产品周期参与

截至2013年9月,正式发售11个月的小米2(包含小米2A和2S)销量突破1 000万台、2013年上半年销量703万台、MIUI用户超过2 000万人,预计小米手机全年销量约1 800万台,销售额约300亿左右。

小米手机凭什么成功?

对此,小米公司内部与公司外部总结出了很多经验,总的来说包括两个层面,一是极致的产品体验,实现的手段是"铁人三项",即软件+硬件+互联网;二是互联网驱动,包括营销互联网化、渠道互联网化、供应链管理互联网化。外界谈论得最多的是营销,一些行业竞争对手甚至认为小米成功仅靠营销。

一、"米粉"经济学

目前在小米论坛上,有几个核心的技术板块:资源下载、新手入门、小米学院,后来也增加了生活方式的板块:酷玩帮、随手拍、爆米花等。目前小米论坛注册用户已经超过1 000万,日发帖量超过10万。

在小米论坛上,"米粉"参与调研、产品开发、测试、传播、营销、公关等多个环节。除了线上活动外,还有更为强大的线下活动平台——"同城会"。目前"米粉同城会"已经覆盖31个省市,各同城会会自发搞活动。小米官方则每两周都会在不同的城市举办"小米同城会",根据后台分析哪个城市的用户多少来决定同城会举办的顺序,在论坛上登出宣传帖后用户报名参加,每次活动邀请30~50个用户到现场与工程师做当面交流。没有举办"米粉"活动的时候,或者没有举办"米粉"活动的地方,当地"米粉"会自发地组织各种形式的同城聚会,全国各地加起来,每年有三四百场。

此外,小米还设立了"米粉节",是与用户一起狂欢的PARTY。"米粉"是小米手机最忠实的用户,"米粉"中重复购买2~4台手机的用户占42%。

二、社会化营销奇迹

论坛、微博不是小米社会化营销的全部,此外还有微信、QQ空间等。

小米对不同社区渠道有比较明确的分工,简单说就是"微博拉新、论坛沉淀、微信客服"。微博的强传播性适合在大范围人群中做快速感染、传播,获取新的用户;论坛适合沉淀、持续维护式的内容运营,保持已有用户的活跃度;而微信则是一个超级客服平台。

小米论坛目前注册用户近1 000万,每天有100万用户在里面讨论,日发帖量有20多万,小米手机的微博账号已经有200多万粉丝;微信账号订阅数是256万,每天在微信上的用户互动信息有3万多条。小米QQ空间也有超过1 000万的粉丝数,小米公司在QQ空间做活动时,很容易产生几万条的转发量。

天猫"双11"当天,5万部小米盒子13分钟内全部抢空,11万部小米3手机2分钟内全部抢空,单店销售额5.53亿元,创造了"单店破亿速度第一、手机类单店销售额第一、手机品牌关注度第一"的成绩。

用户的参与感通过什么形式产生?小米的方法通常是两种:话题和活动。

举例来说,"150克青春"话题发布后,所有人都在讨论:"传说人的灵魂是21克,那为什么是150克呢?"在青春版手机发布时,答案正式揭晓,150克是青春版的小米手机重量。在小米手机青春版发布会当天,"150克青春"的微博转发创下了2012年微博最高转发数。该次活动共有200多万转发,100多万的评论。另一个活动则是"我是手机控"。2011年8月,小米手机在微博上发布了这一活动,小米董事长雷军在微博里率先炫耀自己的"藏品",用户的怀旧情绪和炫耀心理被激发了出来,在很短的时间,就有100万用户参与了,同样没有花一分钱。

小米社区举行过"智勇大冲关"活动,比拼谁更了解小米手机的一些参数,优胜者可以获得小米社区的勋章、积分等奖励,参与人次是1 800万人次,有100万人参与了。被激发的同样是人们的炫耀心理。

红米手机发布时,小米携手QQ空间联合发布活动,让大家猜测发布产品是什么,有650万人参与此活动,有750万用户预约,首批10万台红米手机90秒内卖完。

三、并行模式、全产品周期参与

MIUI开发版每周五发布,小米公司把这一天定义为"橙色星期五":小米的品牌基调色彩是橙色,每周五下午5点,MIUI正式升级。

在小米论坛上,用户可以决定产品的创新方向或者功能的增减,小米公司为此设立了"爆米花奖":下一周的周二,小米会根据用户对新功能的投票产生上周做的最好的项目,然后给员工奖励,颁发"爆米花奖"。

众多米粉参与讨论产品功能,以在下一个版本中做改进。这种将员工奖惩直接与用户体验与反馈挂钩的完整体系,确保员工的所有驱动不是基于大项目组或者老板的个人爱好,而是用户的反馈。

近日,海尔集团董事局主席张瑞敏表示:未来的生产制造是并行的,即开发者、消费者、供应链伙伴、销售渠道、售后服务等在产品设计阶段即参与进来,参与开发、产品设计、生产制造、销售、服务等整个产品周期;与之相对应,过去的生产制造是串行的,开发者、消费、供应链、渠道、售后服务是割裂的,只参与某个环节。

"并行模式、全产品周期参与"正是小米的秘诀:小米公司、"米粉"、小米供应商、小米电商、小米售后全程参与"小米手机"的所有环节,各个环节的各个参与者高频度互动、高度参与。

社会化营销在其中起到的作用则是,通过互动、口碑模式,将更多的人裹挟进入小米发起的这场"人民战争"。

正是从这种意义上来说,小米卖的不是手机,卖的是参与感。

(资料来源:侯继勇. 21世纪经济报道,2013-11-18)

第一节 市场营销新概念、新理念

随着时代的变迁,人们生活方式的改变,消费观念的变化,传统的营销观念出现了若干局限性并逐步完善,形成了现代营销体系,其中包括知识营销、网络营销、绿色营销、个性化营销、口碑营销、创新营销、整合营销、消费联盟、连锁经营渠道、大市场营销等,也因为信息技术的出现,实体经济和虚拟经济加快了融合,形成了新的营销模式,如微信营销、微博营销、SNS营销、O2O营销等。

市场营销组合也由传统的4P即产品(product)、价格(price)、地点(place)、促销(promotion)发展为以消费者需求为中心的营销组合4C,即消费者(consumer)、成本(cost)、便利(convenience)、沟通(communication)。营销学家菲利普·科特勒认为,企业所有部门为服务于顾客利益而共同工作时,其结果就是整合营销。其意义就是强调各种要素之间的关联性要求它们成为统一的有机体。具体地讲,整合营销更要求各种营销要素的作用力统一方向,形成合力,共同为企业的营销目标服务。

美国学者唐·舒尔茨在4C营销理论的基础上提出的新营销理论4R,即关联(relevance)、反应(reaction)、关系(relationship)和回报(reward)。该营销理论认为,随着市场的发展,企业需要从更高层次上以更有效的方式在企业与顾客之间建立起有别于传统的新型的主动性关系。

满意（satisfaction）服务、微笑服务待客（service）、速度（speed）、诚意（sincerity）的4S行销战略强调从消费者需求出发，打破企业传统的市场占有率推销模式，建立起一种全新的"消费者占有"的行销导向。要求企业对产品、服务、品牌不断进行定期定量以及综合性消费者满意指数和消费者满意度的测评与改进，以服务品质最优化，使消费者满意度最大化，进而达到消费者忠诚的"指名度"，同时强化了企业抵御市场风险、经营管理创新和持续稳定增效的"三大能力"。

第二节 市场营销未来市场发展趋势

一、网络营销

互联网起源于20世纪60年代的美国，几十年来，在全球范围内以一种不可阻挡的势头迅猛发展，整个社会步入了全新的网络经济时代。互联网的出现深刻地影响了人类生活的各个角落，改变了人们的生活方式和消费习惯。美国亚马逊网上书店自1995年7月在互联网上正式营业后，其每周7天、每天24小时方便快捷的营业方式立即受到了消费者的欢迎，加之网上销售的图书普遍要比实体店便宜30%～50%，因而吸引了大量的消费者光临。经过短短三年的发展，亚马逊迅速将其市场扩展到世界的每一个角落，其年销售额达到54亿美元，成为世界第三大图书销售商。很多企业通过类似的网络营销方式获得了商业上的巨大成功。

（一）网络营销的含义

与许多新兴学科一样，网络营销尚没有一个公认的、完善的定义。广义地说，凡是以互联网为主要手段进行的、为达到一定营销目标的营销活动，都可称之为网络营销。根据国内外学者的研究，结合市场营销的实践，我们将网络营销做如下定义：网络营销是指企业以电子信息技术为基础，以计算机网络为媒介和手段，为实现一定营销目标而进行的各种营销活动的总称。

网络营销可以通过互联网手段更好地实现各项营销的职能，为增加企业销售、提升品牌价值、提高整体竞争力而提供支持，也就是说，可以充分利用网络资源营造一个有利于企业发展的经营环境。根据网络营销的定义，可以得出下列认识：

第一，网络营销不是网上销售。网上销售是网络营销发展到一定阶段产生的结果，网络营销是为实现网上销售目的而进行的一项基本活动。网络营销本身并不等于网上销售，因为网络营销的效果可以表现在多个方面，例如企业品牌价值的提升、加强与客户之间的沟通、作为一种对外发布信息的工具等，网络营销活动并不一定实现网上直接销售的目的，但是有利于增加总的销售量；网上销售的推广手段也不仅仅靠网络营销，往往还要采取许多传统的方式，如传统媒体广告、发布新闻、印发宣传册等。

第二，网络营销不仅限于网上。这是因为互联网本身还是一个新生事物，在我国，上网人数占总人口的比例还不大，即使对于已经上网的人来说，由于各种因素的限制，在互联网上通过一些常规的检索办法，不一定能顺利找到所需信息，因此，一个完整的网络营销方案，除了利用网络进行推广之外,还很有必要利用传统营销方法进行网下推广,如阿里巴巴网站在电视、专业杂志等传统媒体上发布广告,吸引更多的企业通过阿里巴巴交易平台实现交易行为。

第三,网络营销建立在传统营销理论基础之上。网络营销是企业整体营销战略的一个组成部分,网络营销活动不可能脱离一般营销环境而独立存在,网络营销理论是传统营销理论在互联网环境中的应用和发展。

(二) 网络营销的特点

网络营销是以国际互联网为平台,借助于现代通信技术实现营销目的,其特点与互联网有紧密的联系。

1. **具有鲜明的理论性** 网络营销是在众多新型营销理念的积淀、新的实践和探索的基础上发展起来的。半个世纪以来,各种营销理念的积极探索,使网络营销吸纳了直复营销、关系营销、整合营销以及软营销理论的精髓,计算机科学、网络技术、通信技术、密码技术、信息安全技术、应用数学、信息学等多学科的综合技术,给予了网络营销坚实的技术铺垫。

2. **市场的全球性** 互联网在全球范围内的迅速崛起给企业带来了新的商机,使企业商业活动向着区域化、跨国化、全球化发展,企业面临一个更广阔、更具有选择性的全球市场。传统的营销理念和营销方式,都是在一定的范围内去寻找目标客户,而网络营销面对的是一种无国界的、开放的、全球的目标市场。由于互联网已经形成了一个全球体系,企业运用网络进行营销能够超越国界的限制,随时随地为不同区域的顾客提供营销服务,实现营销过程。

3. **营销的低成本** 传统的营销方式往往要花大量的经费用于产品目录、说明书、谈判、运输等环节,并设专人负责向顾客寄送各种资料和收集顾客的有关信息。在网络营销过程中,企业可以将产品的信息输入计算机系统,让顾客自己进入网站查询,只需花费少量的费用用于印刷、谈判、储存和运输,大部分信息的发送和收集通过企业信息管理系统自动完成。这样就大大减少了企业的交易费用,降低了营销成本。

4. **采用新的营销方式** 网络营销是一对一的、理性的、消费者主导的、循序渐进的营销过程,具有直复营销、关系营销、定制营销的特点。由于购买力的提高和新产品的不断涌现,促使消费者的需求向多元化方向发展,企业利用信息管理系统,通过网络营销的方式可以实现消费者各种各样的需求。企业经营者运用多媒体展示技术和虚拟现实技术,使顾客可以坐在家里了解最新产品和最新价格,自行选择各种商品,最大限度地满足顾客个性化的需求。

5. **营销过程的虚拟化** 由于互联网所具有的虚拟性,致使网络营销也具有虚拟的一面。在互联网这个虚拟世界里,企业、商场、商品都是虚拟的,交易的货币也是电子货币,营销活动中的生产者、中间商和消费者在很大程度上以数字方式进行信息交互,整个营销过程无需面对面,完全在网络这个虚拟的环境中得以实现。

(三) 网络营销的功能

正确认识和理解网络营销的功能和作用,是完成网络营销的基础和前提。网络营销主要有以下几大功能:

1. **网上调查** 市场调研是营销工作不可或缺的内容,企业网站为网上调查提供了方便而又廉价的途径,通过网站上的在线调查表,或者通过电子邮件、论坛、实时信息等方式征求顾客意见,可以获得有价值的用户反馈信息。企业将通过不同方式获取的信息和商机进行对比分析,可以了解竞争对手的竞争策略和态势,帮助决策者进行科学的经营决策。随着网上调查和信息搜索由单一化向集群化、智能化的发展,以及定向邮件搜索技术的延伸,网络搜索的商业价值得到了进一步的扩展和发挥,能够容易地寻找到特定的消费群体,更好地实现网络营销目标。

2. 信息发布　网络营销的基本思想就是通过各种互联网手段,将企业营销信息以高效的手段向目标用户、合作伙伴、公众等群体传递,因此信息就成为网络营销的基本职能之一。在网络营销中,企业可以把信息发布到全球任何一个地点,既可以实现信息的全面覆盖,又可以形成地毯式的信息发布链,信息的扩散范围、停留时间、表现形式、延伸结果等都大大超过了其他传统媒体。同时,在网络营销中,还可以实现能动的跟踪,获得消费者回复并进行再交流和再沟通,这是其他营销方式所无法比拟的。

3. 销售促进　市场营销的基本目的是为最终增加销售提供支持,网络营销也不例外,各种网络营销方法大都直接或间接具有促进销售的效果。企业利用网络广告、搜索引擎注册与排名、交换、病毒性营销等多种网络促销手段,打破交通阻断、资金限制、语言障碍,吸引更多的消费者参与购买,不仅可以提高网上销售的数量,对于网下销售同样具有较强的促进作用。

4. 品牌塑造和扩展　网络营销的重要任务之一就是在互联网上建立并推广企业的品牌,以及让企业的网下品牌在网上得以延伸和拓展。与传统品牌管理相比,互联网的出现不仅给品牌带来了新的生机和活力,而且推动和促进了品牌的拓展和扩散。网络品牌价值是网络营销效果的表现形式之一,通过网络品牌的价值转化实现持久的顾客关系和更多的直接收益。

5. 在线顾客服务　互联网提供了更加方便的在线顾客服务手段,从形式最简单的 FAQ (常见问题解答),到电子邮件、在线论坛、聊天室等各种即时信息服务,还可以获取在线影音介绍、订购、交款等选择性服务以及无假日的紧急服务和其他服务。在线顾客服务具有成本低、效率高的优点,加上服务的跟踪延伸功能,极大地提高了顾客服务水平,也直接加强了网络营销的效果。

二、绿色营销

绿色营销的产生源于生态环境的恶化和政府及消费者绿色意识的觉醒,它为传统的市场营销引入了一种新的理念和思维方式,引起了各界的普遍关注,并成为 21 世纪营销的主流。

(一) 绿色营销的含义

所谓绿色营销是指企业在充分满足消费需求,争取适度利润和发展水平的同时,在市场营销过程中注重生态环境的保护,促进经济与生态的发展,以保护环境和回归自然为主要特征的一种新型营销观念和活动。

绿色营销的实质就是在企业的整个营销活动过程中,都要与维护生态平衡、重视环境保护、提高人们生活质量的绿色观念紧紧相扣,并将其贯穿于营销活动的始终。绿色营销是一种新的营销理念和思维方式,对于绿色营销我们可以这样进行理解:

1. 市场营销的观念是绿色的　绿色营销以节约能源、资源和保护生态环境为中心,强调污染防治、资源的充分利用、新资源的开发和资源的再生利用。

2. 绿色营销企业的所属产业是绿色的　绿色营销企业生产经营的产品是绿色的,其产业或产品应该有节约能源资源、新型资源利用或促使资源再生利用等特点。而一般企业的防治污染和三废的整治只能算作是"绿色措施",而不能算作一种完备的绿色营销。

3. 绿色营销强调企业服务　绿色营销服务的对象不仅仅是客户,而且包括整个社会;考虑的不仅是近期,更包括远期。

4. 绿色营销强调对大自然的保护　绿色营销不仅要从大自然,更要强调对大自然的保护,即企业从生产技术的选择、产品的设计、材料的采用、生产程序的、包装方式的确立、废弃物的处置、营销策略的运用,直到产品的消费过程,都必须注意对环境的影响,体现营销过程中方方面面的"绿色"形象。

(二) 绿色营销的特点

绿色营销是传统营销的延伸与发展,就营销过程而言,两者并无太大的差别,都包括市场营销调研、目标市场选择、制定企业营销计划、制定市场营销组合策略等。由于绿色营销是以保护环境和回归自然为主要特征的一种营销活动,所以与传统营销活动相比具有以下特点:

1. 绿色　绿色营销的核心是提倡绿色消费意识,是在企业营销过程中,进行以绿色产品为主要标志的市场开拓。真正意义上的绿色产品,不仅质量合格,而且生产、使用和处置过程中都符合特定的环境保护要求,与同类产品相比,具有低毒无害、节约资源等环境优势。此外,绿色营销还需要营造绿色消费的群体意识,创造绿色消费的宏观环境,培育绿色文化。

2. 实行绿色促销策略　绿色营销对企业提出了环保的要求,使企业的促销策略发生了重大转变,企业的注意力从单纯追求利润,转变为注重生态环境的保护、促进经济与生态的协调。因此,企业营销过程中必须采取绿色促销策略,不能以破坏或损害环境来达到赢利的目的。

3. 采用绿色标志　采用绿色标志是绿色营销的重要特点。企业产品的生产过程涉及众多环节,需要进行环保监控来保证避免对环境的破坏,于是"绿色标志"就成为衡量生产企业环保生产的标准。我国现行的绿色标志,是由国家指定的机构或民间组织依据环境标志产品标准及有关规定,对产品的环境性能及生产过程进行确认,并以标志图形的形式告知消费者哪些产品符合环境保护的要求,对生态环境更为有利。

4. 培育绿色文化　绿色营销的发展推动了绿色文化的建设,随着绿色营销的开展,绿色文化出现了以下几个明显的特点:绿色文化成为了企业文化的中心内容;在绿色文化的建设中,企业目标开始与环境目标进行融合;企业管理理念、营销理念开始了与绿色生态理念的融合。绿色文化的产生和发展适应了时代的要求,反映了企业管理理念特别是现代营销理念的新进展。

(三) 绿色营销的兴起

随着现代工业的大规模发展,社会创造了巨大的财富,给广大消费者提供了丰富的物质产品,给企业带来了巨额的利润,同时也严重地浪费了自然资源,造成自然环境和社会环境的恶化,破坏了自然生态环境的平衡。要使人类社会能够实现良性循环发展,必须坚持走保护自然环境、治理环境污染及改变社会恶劣环境的可持续发展道路。20世纪70年代以后,以保护环境、保护地球为宗旨的环境保护运动在全球轰轰烈烈地发展起来,各国相继爆发了以"绿色食品"为主导的"绿色革命",伴随绿色消费的需求,绿色营销开始逐步兴起并发展起来。

绿色营销的推动力来自多种因素,即包括外部环境和公众的压力,也包括来自企业自身的内部动力。一般来说,绿色营销的兴起有以下几方面的因素:

1. 绿色运动的兴起使绿色消费成为共识　20世纪60到70年代,生态失衡日趋严重,自然灾害的反复无常给人类的发展蒙上一层阴影。如何重新定位人与自然的关系,如何反思文明进程中的积极与消极因素,深刻影响着人们对生态平衡、人与自然界协调的各种理性认识,在此认识的基础上人们开始发起绿色运动,宣扬崇尚自然、有益健康的绿色消费,催生了人们的绿色意识。在发达国家,众多企业已经率先行动起来,将环保观念纳入自己的经营活动之中,绿色产品、绿色技术、绿色设计等新鲜事物刺激了世界绿色市场的兴起。而这种观念的迅速传播和被消费者接受,带动崇尚自然的绿色消费,环境问题被市场化的消费现象所吸收和反射出来,最终转化为一种新兴的消费需求倾向。

2. **相关立法活动迫使企业开展绿色营销** 市场经济条件下,市场鼓励充分竞争和选择实现最大效率,但对于经济增长的成本和代价的关注往往弱化,致使许多靠牺牲整体利益而满足局部私利的现象在各国蔓延。为避免这种现象带来的巨大潜在威胁,世界上许多国家先后制定了严格规范企业经营行为的立法,限制一切不利于环境发展的行为的发生,促使企业经营行为和营销活动必须以有利于生态环境的发展为前提,这给企业的经营带来了巨大的压力。

3. **消费者和最终使用者的需求造成对市场的压力** 尽管人类的绿色需求早就存在,但直到人类生态的有效供给与现实需求发生严重失衡时,才真正转化为现实的市场,从而引发绿色营销活动。随着社会经济的发展,消费者的收入水平迅速提高,他们不再仅仅满足于优越的物质享受,还要追求一种更自然健康的生活,这就要求企业在进行营销活动时必须考虑消费者的绿色消费需求,关注环境的保护。同时,在绿色意识推动绿色消费发展的过程中,产生了具有发展前景的绿色产业,如环保业和绿色农业,这些产业也预示着企业可能获得极佳的市场机会及丰厚的利润回报。

4. **为了取得竞争优势和谋求企业长远发展** 面对激烈的市场竞争,企业必须掌握现代市场竞争手段,而实施绿色营销是现代企业战胜竞争对手的有力武器。从环保的角度实施绿色营销,提供给人们有益健康的产品和服务,不仅能获取公众的认同,更能树立良好的社会形象,为其获取竞争中的相对优势赢得先机。此外,企业实施绿色营销虽然增加了产品成本,但是拥有强烈绿色意识的消费者愿意为绿色产品支付更高的价格,国家的产业政策、税收也对从事绿色营销的企业给予种种优惠,从而可以保证企业的长远发展。

三、关系营销

关系营销随着市场经济的发展,市场营销活动范围日益扩大,市场竞争更加激烈,传统营销理论越来越难以适应复杂多变的市场营销环境。进入20世纪70年代后,西方国家一些营销学学者积极研究和探索出了适应当代企业竞争要求的新型营销理论——关系营销理论,并成为21世纪企业营销的指导思想。

(一)关系营销产生的历史背景

关系营销是20世纪70年代由北欧的学者在研究服务市场与工业品市场的基础上提出来的,1985年,巴巴拉·本德·杰克逊强调了关系营销的重要性,提出把营销活动看成是一个企业与消费者、供应商、分销商、竞争者、政府机构及其他公众发生相互作用的过程,其核心是建立和发展与这些公众的良好关系。一般认为,关系营销是识别、建立、维护和巩固企业与顾客及其他利益相关人的关系的活动,并通过企业努力,以诚实的交换及履行承诺的方式,使活动涉及各方面的目标在关系营销活动中实现,强调营销活动要与顾客及其他利益相关者之间建立长期的相互信任的互惠关系。

关系营销的产生具有较为深刻的时代背景,是后工业社会市场经济和人类文明高度发展的客观要求。

1. **传统营销活动已经不适应激烈的市场竞争的要求** 随着市场经济的发展,物质产品日益丰富,市场形态已经明显转向买方市场,企业之间的竞争更加激烈,竞争对手也更加多样化。同时,先进技术使不同产品之间的差异日益减小,企业很难通过产品、渠道、促销等传统营销手段取得竞争优势,产品之间营销活动的效果相互抵消,也使得传统营销活动的效果越来越不明显。这就促使企业必须与顾客保持良好的关系,同时加强与供应商等其他利益关系人的交流与合作,以形成稳定的市场。

2. 消费者需求的多样化使市场细分加剧　随着物质条件的改善和消费水平的提高,消费者的观念向外在化、个性化、自然化方向发展,精神消费和心理消费的要求越来越高,使得企业的市场细分工作越来越困难,这就迫切需要企业与顾客之间通过更多的交流来实现各自的需要与利益,通过营销方式的变革来实现企业的营销目标。

3. 信息技术的飞速发展为营销方式的变革奠定了基础　信息技术的发展使得人与人之间的时空距离相对缩短,企业之间、企业与顾客之间的依赖性、相关性也越来越强,彼此之间的交流和协作更加便利。传统的营销方式已不能传递充分满足消费者需要的信息,而信息技术的长足进步大大降低了信息传递的成本,为企业开展关系营销提供了技术基础。

（二）关系营销的含义及特点

关系的一般含义是指事物与事物之间以及事物内部要素之间的客观联系。在社会学中,关系是随着人类社会的诞生而出现,随着社会发展而发展。只要有人存在,就有不以人的意志为转移的关系存在;只要有人的交往,就存在着关系的发生、发展、终止等变化。在远古时代,社会成员为了征服自然、获得生存而保持一定的相互协调关系,这种关系是被无意运用的,用来调整相互之间的利益分配;随着社会的发展,人们之间的种种联系由于利益而更加持久,这种关系被人们有意识地加以利用,涉及的范围越来越广,特别是人类社会生产关系已经成为影响和决定其他一切社会关系的基石。

关系营销是 21 世纪以及未来营销的核心理念,是对传统营销理论的发展和创新。有关关系营销的定义,不同专家、学者有着不同的表述。关系营销的最早提出者巴利是从服务业的角度来定义关系营销的,认为关系营销就是在各种服务的组织中有吸引力地保持和改善顾客关系。摩根和亨特则认为关系营销就是指在建立、发展和保持成功的关系交换的所有营销。而佩恩则把关系营销看做是市场营销、顾客服务和质量管理的综合体。根据我国社会经济发展情况,结合市场营销的实践,我们给关系营销定义如下:关系营销是指企业通过建立、维持和促进与顾客和其他相关利益者的关系,实现参与各方的目标,从而完成企业经营目标的互动营销过程。

关系营销把营销活动看成是企业与消费者、供应商、分销商、竞争者、政府机构及其他公众发生互动作用的过程,正确处理企业与这些组织及个人的关系是关系营销的核心,是企业经营成败的关键。与传统营销过程相比,关系营销具有以下特点:

1. 关系营销是企业与顾客其他相关利益者之间的双向信息交流。社会学认为关系是信息和情感交流的有机渠道,良好的关系可以使渠道畅通。在企业营销过程中交流应该是双向的,既可以由企业开始,也可以由营销对象开始。广泛的信息交流和信息共享,可以让企业赢得支持和合作。

2. 关系营销是企业与顾客其他相关利益者之间的以合作协同为基础的战略过程。随着竞争的日益激烈以及经济全球化进程的加快,企业经营者开始寻求与利益相关者的合作,建立长期的、彼此信任的、互利的关系。各具优势的关系双方,相互取长补短,联合协作地去实现对双方都有益的共同目标,这可以说是协调关系的最高形态。

3. 关系营销是关系双方以互利互惠为目标的营销活动。关系营销的基础,在于交易双方之间有利益上的互补。如果没有各自利益的实现和满足,双方都不会建立良好的关系。关系建立在互利的基础上,要求相互了解对方的利益要求,寻求双方利益的共同点,并努力使双方的共同利益得到实现。

4. 关系营销是利用控制反馈的手段不断完善产品和服务的管理系统。关系营销要求建立专门的部门,用以追踪利益相关者的态度。关系营销需要一个反馈的循环,连接关系双方,企业由此了解到环境的动态变化,根据合作方提供的信息,以改进产品和技术。

(三)关系营销的六个市场模型

关系营销是一项系统工程,它有机地整合了企业所面对的众多因素,把一切内部和外部利益相关者纳入研究范围,用系统的方法考察企业所有活动及其相互关系。在关系营销中我们运用六个市场模型来概括关系营销的市场活动范围,即企业必须处理好顾客市场、供应商市场、内部市场、竞争者市场、分销商市场、其他相关利益者市场六个子市场的关系。其中的内部市场关系是关系营销的基础,顾客市场关系是关系营销的核心和归宿。

1. 顾客市场　顾客是企业存在和发展的基础,市场竞争的实质是对顾客的争夺。只有企业为顾客提供了满意的产品和服务,才能使顾客对产品进而对企业产生信赖感,成为企业的忠诚顾客。菲利普·科特勒指出:"忠诚的顾客是企业最宝贵的财富,现在日益重视设计出最好的关系组合以争取和保持顾客。好的顾客就是资产,只要管理得当和为其服务,他们就能成为公司丰厚的终身利益来源。在紧张的竞争市场中,公司的首要任务,就是持续地用最优的方法满足他们的需要,以保持顾客的忠诚度。"最新的研究表明,争取一位新顾客的费用往往是留住一位老顾客所花费用的 6 倍,因此企业在争取新顾客的同时,还必须重视留住老顾客,培育和发展顾客忠诚。在发展顾客关系营销的过程中,企业以通过了解顾客的需要,树立以消费者为中心的观念,采用数据库营销、发展会员关系、设立顾客关系管理机构等多种形式,更好地满足顾客需求,增加顾客信任,密切双方关系。

2. 供应商市场　供应商是指那些向企业提供各类产品以供企业进行生产或者销售活动的各经济单位。供应商可以通过提高价格、降低产品质量、拖延交货时间、减少供货数量来影响企业生产产品或销售商品的质量、价格和利润。企业必须对供应商市场开展营销,在精心挑选供应商的基础上与供应商建立长期紧密合作与互惠互利的关系,在产品开发、产品质量、制造、后勤、营销等方面进行全面的沟通与合作。在营销过程中,企业可以通过有组织地、有计划地制定和推行供应商关系的政策,对采购部门进行升级,与供应商进行有效的沟通交流等措施,结成紧密的合作网络,巩固和完善企业伙伴关系,增强企业竞争能力。

3. 内部市场　在关系营销理论中,一般把员工看做是企业的内部市场。在营销过程中,要想让外部顾客满意,首先需要让内部员工满意,只有工作满意的员工,才可能以更高的效率和利益为外部顾客提供更加优质的服务,并最终让外部顾客感到满意。内部市场不只是企业营销部门的营销人员为外部顾客提供服务的其他服务人员,它包括所有的企业员工和部门。建立良好的内部营销策略是实施关系营销的基础,其目的是协调和促进内部所有员工之间、部门之间以及企业与股东之间的相互关系,使企业员工和部门转向关系营销的新视野,激励全体员工执行关系营销策略。

4. 竞争者市场　在传统市场营销中,企业与企业之间是竞争关系,任何一家企业若想在竞争中取胜,就得不择手段地打败竞争对手,这种方式既不利于社会经济的发展,又易使竞争双方两败俱伤。随着市场竞争的加剧和经济全球化的进程,企业之间的竞争开始转向合作,竞争者关系营销成为企业经营过程中不可或缺的内容。实施竞争者关系营销的主要目的是争取那些拥有与自己具有互补性资源的竞争者的协作,实现知识的转移、资源的共享和更有效的利用。企业与竞争者结成各种形式的战略联盟,通过与竞争者进行研发、原料采购、生产、销售渠道等方面的合作,可以相互分担、降低费用和风险,增强经营能力。种种迹象表明,现代竞争已发展为"协作竞争",在竞争中实现"双赢"的结果才是最理想的战略选择。

5. 分销商市场　在分销商市场上,零售商和批发商的支持对于产品的成功至关重要。销售渠道对现代企业来说无异于生命线,随着营销竞争的加剧,掌握了销售的通路就等于占领了市场,优秀的分销商是企业竞争优势的重要组成部分。通过与分销商的合作,利用他人的人力、物力、财力,企业可以用最小的成本实现市场的获取,完成产品的流通,并抑制竞争者产品的进入。

6. 其他相关利益者市场　企业作为一个开放的系统从事经营活动,不仅要注意与顾客、员工、竞争者、供应商和分销商的关系,还必须考虑与金融机构、新闻媒体、政府、社区,以及诸如消费者权益保护组织、环保组织等各种各样的社会团体的关系。这些组织和团体是企业经营管理的影响者,对于企业的生存和发展产生着重要的影响。因此,企业有必要把它们作为一个市场来对待,并制定以公共关系为主要手段的营销策略。

四、定制营销

企业在经营过程中,往往在生产前先根据各种因素将整体市场加以细分,确定自己的目标市场,再根据这一市场上消费群体的需求,设计开发产品并投入大量生产。但按照这种程序生产出来的产品常常无人问津,这是因为企业在进行细分市场时忽略了每个消费者的需求差异,认为在某一特定市场中顾客的消费爱好是一致的。因此,产品虽然能够满足某些共同的需要,却不适应由于顾客性格各异造就的多样化偏好。随着社会的发展和人民生活水平的提高,消费者的需求进入了个性化需求时代,这对企业的营销模式提出了新的要求,定制营销逐渐成为企业选择的新型营销方式。1999年10月,上海一家著名的百货公司在其下属的所有门店都建立了"消费者家庭档案"。该公司根据档案设计出各种档次的家庭用品消费方案,结果家庭用品销售额立即猛增了3倍。2000年8月,推出的海尔"定制冰箱"上市只有一个月,就从网上接到了多达100余万台的订单,相当于1999年海尔冰箱全年产销量(300万台)的1/3。

(一)定制营销的含义及其特征

定制营销是指企业在大规模生产的基础上,将每一位顾客都视为一个单独的细分市场,根据个人的特定需求来进行产品设计和生产,以满足每一位顾客特定需求的一种新型营销方式。与早期手工作坊式的定制营销相比,现代定制营销采用了大规模定制的模式,它的核心目标是以顾客愿意支付的价格并能获得一定利润的成本高效率地进行产品定制。与早期手工定做方式以及传统营销方式相比,现代定制营销具有以下特征:

1. 大规模生产　定制营销是社会化大生产发展到一定阶段、市场逐渐趋于饱和的情况下产生的,它仍然以大规模生产作为基础,追求企业的规模效益。企业借助产品设计和生产过程的重新组合,来更好地适应消费者需求的变化。

2. 数据库营销　企业在采取营销时,通常以顾客数据库作为营销工具。企业将自己与顾客产生的每一次联系都记录下来,包括顾客购买的数量、价格,采购的条件,特定的需要,业余爱好,家庭成员的名字、生日等信息。这样,企业就可以知道自己的新产品开发出来之后会有哪些顾客购买,自己的老顾客目前会有哪些新的需求,如何更好地维护老顾客,从而与顾客之间建立紧密的联系。

3. 细分极限化　企业在进行目标市场营销时,通常要按照一定的变量进行细分,如地理变量、人口变量、心理变量和行为变量等,然后针对特定的子市场展开相应的营销活动。而在定制营销中,企业无需运用市场细分技术,因为这时候细分已经达到了极限,每一位顾客都是一个子市场,企业根据每个人的需要确定自己的营销组合。

4. 顾客参与性　企业在采取定制营销时,为了确保顾客的满意度,必然要鼓励顾客的积极参与。在这种营销方式下,顾客直接向企业提出自己的要求,并且同技术人员一起合作,事先设计好最终产品的蓝图。当顾客得到最终产品时,也可以直接向企业反映满意程度。这样企业可以及时地收集反馈信息,进一步调整自己的营销组合。

5. 按需生产　定制营销是"根据用户的需求制作量体裁衣的方案",实行以销定产和零库存模式,解决了困扰销售的"库存"问题,经营风险降低到最低水平。

(二) 定制营销的类型

企业在实施定制营销时,需要认真分析客户的需求,认清自己的客户究竟需要怎样的定制方式,从而选择一种适合自身实施定制营销的类型。定制营销主要包括合作型定制、适应型定制、选择型定制、消费型定制四种类型。在某些情况下,一种类型就可以实现企业的营销过程,但在多数情况下,企业需要将几种类型加以配合运用,才能满足每一位消费者,实现定制营销过程。

1. 合作型定制　当产品的结构比较复杂,可供选择的零部件式样比较繁多时,顾客一般难以权衡,甚至有一种束手无策的感觉,他们不知道哪种产品最适合自己的需要,例如汽车、自行车、复印机等产品。在这种情况下可采取合作型定制,企业与顾客进行直接沟通,帮助他们确定满足其需要的最佳产品,并以最快的速度将定制产品送到顾客手中。如以松下电器公司为首的一批企业,开创"自选零件,代客组装"的业务。

2. 适应型定制　如果企业的产品本身构造比较复杂,顾客的参与程度比较低时,企业可以采取适应型定制营销方式。顾客可以根据不同的场合、不同的需求对产品进行调整、变换或重新组装来满足自己的特定要求。如灯饰厂可按顾客喜欢的式样设计,再按顾客对灯光颜色强度进行几种不同组合搭配,满足顾客在不同氛围中的不同需求。

3. 选择型定制　在这种定制营销中,产品对于顾客来说其用途是一致的,而且结构比较简单,顾客的参与程度很高,从而使产品具有不同的表现形式。例如在饮水杯上印上顾客的照片或者所喜爱的图案,可以突出消费者的个性。另外,一些厂家根据不同零售商店的经营特色来选择不同的商品包装。例如提供给仓储商店、廉价超市的产品是大包装,而提供给精品店、专卖店的都是小包装。尽管产品是一致的,但由于包装是针对顾客的需求设计的,因而能很好地满足顾客。

4. 消费型定制　在这种情况下,顾客的参与程度很低,他们一般不愿意花费时间接受公司的调查,但他们的消费行为比较容易识别。这时公司需要花费大量的时间,在顾客并不察觉的情况下对其进行跟踪调查,从而掌握顾客的个人偏好,为其设计出其口味的系列产品,从而增加数量或次数。

(三) 定制营销的实现条件

定制营销是企业市场营销战略从大批量市场到目标市场营销的一个飞跃,也是加强企业核心竞争力的主要手段之一。定制营销这一新观念推出后,已经在时装、鞋类、箱包、首饰、家具、室内装修、家电、旅游、汽车等许多行业得到了运用。要实行定制市场营销战略,企业需要做好以下工作:

1. 企业应加强信息基础设施建设　信息是沟通企业与顾客的载体,没有畅捷的沟通渠道,企业无法及时了解顾客的需求,顾客也无法准确表达自己需要的产品。目前,Internet、卫星通信、可视电话等现代通信技术的发展和企业信息管理系统的使用为这一问题提供了很好的解决途径。海尔"定制冰箱"的成功,就与它完善的电子商务网络设施是分不开的。

2. 企业必须建立柔性生产系统　柔性生产系统的发展是大规模定制营销实现的关键,柔性生产系统一般由数控机床、多功能加工中心及自动化生产设备组成,它只要改变控制软件和少量的生产环节就可以适应不同品种式样的加工要求,从而使企业的生产装配线具有了快速调整的能力,这使得企业在生产成本增加不多的情况下,可以大规模高效率地生产非标准化或完全标准化的顾客化产品,从而实现定制营销的全过程。

3. 提高企业的设计生产水平　同传统的产品批量生产不同,定制营销中的产品生产是适应消费者个性化需求的个性化生产。要做到这一点,企业必须实现适合于个性化生产的模块化设计和模块化制造,生产线也必须是柔性的以适合于个性化生产。只有这样,企业才有可能向消费者提供高质量的定制产品,真正满足消费者千差万别的个性化需求。

4. 建立卓越的管理系统　没有过硬的管理,定制营销的实施是很难实现的,比如消费者定制了一套家具,设计人员要按照消费者要求设计,采购部门要按照设计采购原料,生产部门要重新安排生产,物流部门要送货到家等。一套家具容易做到,而几万套各不相同的家具要做到丝毫不差,就必须要求企业具有较高的管理能力和管理水平。

章节总结

伴随着时代的进步,新生事物的出现,市场营销出现了许多新模式,其方法手段也进行了大量的创新。网络营销、绿色营销、关系营销和定制营销等市场营销模式的出现,迎合了公众的新需求,使以消费者为中心的营销理念更加完善和丰满。通过营销模式的功能和策略组合的分析,企业可以结合自身的资源特点进行营销方面的创新与组合,使企业的产品或服务能更深程度地被消费者接受,形成品牌忠诚。

思考题

1. 网络营销具有哪些特点?
2. 网络营销的优势和不足包括哪些方面?
3. 网络营销具有哪些功能?

4. "80后""90后"倾向于移动端进行消费,企业应该如何应对?
5. 如何理解绿色营销?
6. 试述绿色营销策略组合的内容。
7. 在越来越注重环境的今天,如何引导消费者进行绿色消费?
8. 与传统交易营销模式相比,关系营销具有哪些特点?
9. 试述关系营销的六个市场模型。
10. 定制营销的实现条件有哪些?

案例讨论

揭秘顺丰优选的运营模式

顾名思义,顺丰优选是知名的生鲜电商平台,其最先启动全网布局的战略具有极大的开创性。随着顺丰优选的不断升级,顺丰优选的运营模式引起了业界人士的高度重视。

一、传统 B2C 模式切入

顺丰优选刚起步时是王卫布局的独立的 B2C 平台,不仅仅电商是独立的,就连物流也是独立的,没纳入顺丰快递的体系。

1. 产品定位:顺丰优选的起步就定位中高端市场。
2. 品类方面:起初阶段覆盖全了食品 9 大品类,但 SKU 仅 7 000。
3. 物流方面:启动的前半年配送覆盖区域仅限北京。

在 2012 年的时间内,顺丰优选都是独立的 B2C 运营模式,团队和供应链体系经历了半年的历练,2013 年才开始全面渗透全国。值得注意的是,顺丰速运自顺丰优选成立之初,已开始在冷链领域布局。

二、产地直采模式

产地直采模式是顺丰优选 2013 年启动的全新的生鲜电商供应链模式。以荔枝的产地直采模式来说,实现的是从枝头到舌头的闭环供应链模式。

产地直采的闭环供应链模式有如下特征:

1. 预售模式:顾客下单后才开始采摘,完全按需采摘,完全实现零库存售卖,同时实现健康的资金流。
2. 快速物流:在 24 小时内通过顺丰航空极快物流直达消费者手中,这是国内其他任何生鲜电商不能够实现的。
3. 温度控制上:"全程冷链"但"非冷藏",对产品实现有效的保障,同时避免因冷藏造成的对新鲜度的影响。
4. 采购优势:顺丰依托在全网布局,顺丰速运各地的员工,可帮助顺丰优选深入原产地进行选品,据说为了抢到今年各荔枝品种的"头茬儿",顺丰优选的采购人员春节刚过就开始深入荔枝原产地做调研、选品、与供应商接洽,地方政府、顺丰速运员工也会帮忙做推荐和协助。
5. O2O 的营销模式:除了打造"快时尚"的生鲜供应链服务体系之外,顺丰优选是最早推动 O2O 营销的生鲜电商,在 2013 年、2014 年荔枝大战中,就提前空运荔枝到北京,在人口密集的地铁口赠送。吃货玩的就是口碑,顺丰的线上线下协同的营销方式让同行刮目相看。

不仅仅是荔枝,嘉兴的粽子、内蒙古的羊肉等各种地方特色的商品同样通过这样的快速供应链模式卖到消费者手上。

三、特色农产品馆模式

特色农产品馆模式是顺丰优选在2013年12月启动的新模式,将顺丰优选、顺丰速运、地方政府"三位一体"进行整合,是新型地方特产电商化运营模式。

1. 采购环节:与地方政府合作(地方特色馆),由地方政府进行品牌背书,政府负责推荐当地安全优质的食品供应商并提供政策支持,通过产地直供模式,取消中间环节。

2. 运营整合:顺丰速运的地方工作人员帮助进行商品甄选和供应商审核,并通过顺丰的快速物流进行商品配送。

3. 营销方面:顺丰优选提供商品销售和推广平台。

4. 农村战略:2014年4月,顺丰速运已经启动了农村战略,全面布局农村乡镇快递市场,这对特殊农产品馆来说,彻底打通了前端的供应链接口。

据悉,目前已上线湖南、金华、厦门、新疆、宁波、云南、大连、北京、安徽、吉林地方特色馆,顺丰优选成为继淘宝之后第二家上线地方特色馆的电商平台。

四、高端家庭蔬菜宅配卡定制预售模式

顺丰优选低调地推出了一种有机蔬菜宅配卡模式,主要针对顺丰优选的家庭高端定制服务。

1. 基地整合:顺丰优选已联合北菜园、草鲜禾堂、维真、汇源四大有机蔬菜基地。

2. 定制预售:向北京、天津两地用户推出有机蔬菜宅配卡,长期以及定期将有机蔬菜配送到户。

3. 运营模式:用户可根据家庭人口数选择不同的蔬菜包装。有机蔬菜宅配为每周1~2次,商品种类可在一定范围内任意搭配,对于菜品和配送时间,用户可随时致电客服进行调整。

这是顺丰优选为高端用户提供定制化服务的首次试水,据说未来顺丰优选还将在更多城市推广宅配业务,并推出以"顺丰优选"命名的宅配卡。

综合点评:顺丰优选以B2C为切入,依托顺丰快速的物流通路,已经打造出一条中国生鲜电商独特的供应链,可以算是"快时尚"的生鲜电商供应链模式。

(资料来源:http://analyse.tbshops.com/Html/news/337/168033.html,2014-05-31)

 讨论题

试分析顺丰是如何进行营销模式创新的。

参考文献

[1] 菲利普·科特勒,加里·阿姆斯特朗. 市场营销原理[M]. 13版. 楼尊,译. 北京:中国人民大学出版社,2010.
[2] J.保罗·彼得,杰里·C.奥尔森. 消费者行为与营销战略[M]. 8版. 徐瑾,王欣双,吕作良,等,译. 大连:东北财经大学出版社,2010.
[3] 何静文,戴卫东. 市场营销学[M]. 北京:北京大学出版社,2014.
[4] 孟祥林. 市场营销学——理论与案例[M]. 北京:机械工业出版社,2013.
[5] 施放,陶云彪,张锐. 现代市场营销[M]. 2版. 杭州:浙江大学出版社,2014.
[6] 张秋林. 市场营销学——原理、案例、策划[M]. 南京:南京大学出版社,2007.
[7] 马进军. 市场营销学[M]. 北京:机械工业出版社,2011.
[8] 孔锐,高孝伟,韩丽红,等. 市场营销决策与管理[M]. 北京:清华大学出版社,2013.
[9] 高鸿业. 西方经济学[M]. 4版. 北京:中国人民大学出版社,2008.
[10] 唐俊华,李明武. 市场营销学[M]. 北京:清华大学出版社,2013.
[11] 吴健安. 市场营销学精要[M]. 北京:清华大学出版社,2013.
[12] 郭国庆,吴健安. 市场营销经典案例[M]. 北京:高等教育出版社,2008.
[13] 吴健安. 市场营销学[M]. 4版. 北京:高等教育出版社,2000.
[14] 郭国庆. 市场营销学通论[M]. 北京:中国人民大学出版社,2011.
[15] 质量安全知识读本编写组. 企业管理人员质量安全知识读本[M]. 北京:中国计量出版社,2009.
[16] Philip Kotler, Gary Armstrong. Principles of Marketing[M]. 13th ed. Beijing: China Renmin University Press, 2010: 179-188.
[17] J Paul Peter, James H Donnelly Jr. Marketing Management Knowledge and Skills[M]. 10th ed. Beijing: China Renmin University Press, 2012: 65-76.
[18] William D Perreault Jr, Joseph P Cannon. Basic Marketing: A Marketing Strategy Planning Approach. 18th Edition[M]. Beijing: China Renmin University Press, 2012: 58-61.
[19] Al Reis, Jack Trout. Brand Positioning[M]. 2nd ed. Bejing: China Friendship Press, 1991: 58-61.
[20] Philip Kotler. Marketing Managemengt[M]. 14th ed. Beijing: China Renmin University Press, 2013: 400-410.

[21] 刘瑛,赵永新,靳娟. 市场营销[M]. 西安：西安交通大学出版社,2014：97-110.
[22] 陆剑清. 市场营销学[M]. 北京：清华大学出版社,2014：58-65.
[23] 施放,焦长勇,等. 现代市场营销[M]. 杭州：浙江大学出版社,2014：95-105.
[24] 王槐林,李林. 市场营销学[M]. 北京：北京大学出版社,2014：141-147.
[25] 倪自银. 新编市场营销学[M]. 北京：电子工业出版社,2013：148-150.
[26] 吴健安. 市场营销学[M]. 北京：高等教育出版社,2011：167-171.
[27] 陈祝平. 服务营销管理[M]. 北京：电子工业出版社,2003.
[28] 甘碧群. 宏观市场营销研究[M]. 武汉：武汉大学出版社,1994.
[29] 郭国庆,成栋. 市场营销新论[M]. 北京：中国经济出版社,1997.
[30] 郭国庆,李先国. 市场营销案例[M]. 北京：中国人民大学出版社,1999.
[31] 陆娟. 现代企业品牌发展战略[M]. 南京：南京大学出版社,2002.
[32] 安妮·T. 科兰,等. 营销渠道[M]. 8版. 北京：电子工业出版社,2003.
[33] 骆温平. 物流与供应链管理[M]. 北京：电子工业出版社,2003.
[34] 钱明辉. 论市场营销在构建和谐社会中的作用[J]. 当代经济管理,2005（5）.
[35] 徐蔚琴. 营销渠道管理[M]. 北京：电子工业出版社,2003.
[36] 巴诺斯. 客户关系管理成功奥秘[M]. 北京：机械工业出版社,2002.
[37] 符国群. 消费者行为学[M]. 北京：高等教育出版社,2001.
[38] 刘伟萍. 中国民营企业管理制度与发展模式[M]. 北京：机械工业出版社,2003.
[39] 杨坚. 网络广告学[M]. 北京：电子工业出版社,2003.
[40] 陆军. 市场调研[M]. 北京：电子工业出版社,2003.
[41] 菲利普·科特勒,加里·阿姆斯特朗. 市场营销[M]. 北京：华夏出版社,2003.
[42] 于立宏,章毛平. 营销创新[M]. 徐州：中国矿业大学出版社,2001.
[43] 应恩德. 人员推销[M]. 北京：电子工业出版社,2003.
[44] 杨伟文. 现代市场营销学[M]. 长沙：湖南人民出版社,2001.
[45] 郭毅. 市场营销学原理[M]. 北京：电子工业出版社,2003.
[46] 格罗鲁斯. 服务营销与管理：服务竞争中的客户关系管理[M]. 北京：电子工业出版社,2008.
[47] 迈克尔·R. 辛科塔. 营销学：最佳实践[M]. 北京：中信出版社,2003.